广视角·全方位·多品种

权威·前沿·原创

皮书系列为
"十二五"国家重点图书出版规划项目

广东外经贸蓝皮书

BLUE BOOK OF
FOREIGN ECONOMICS &
TRADE ON GUANGDONG

广东对外经济贸易发展研究报告
（2013~2014）

ANNUAL REPORT ON DEVELOPMENT RESEARCH OF FOREIGN
ECONOMICS & TRADE ON GUANGDONG (2013-2014)

主　编／陈万灵
副主编／李　青　林吉双

社会科学文献出版社
SOCIAL SCIENCES ACADEMIC PRESS (CHINA)

图书在版编目(CIP)数据

广东对外经济贸易发展研究报告.2013~2014/陈万灵主编.
—北京：社会科学文献出版社，2014.6
（广东外经贸蓝皮书）
ISBN 978-7-5097-6114-4

Ⅰ.①广… Ⅱ.①陈… Ⅲ.①对外贸易-贸易发展-研究报告-广东省-2013~2014 Ⅳ.①F752.865

中国版本图书馆CIP数据核字（2014）第124096号

广东外经贸蓝皮书
广东对外经济贸易发展研究报告（2013~2014）

主　　编 / 陈万灵
副 主 编 / 李　青　林吉双

出 版 人 / 谢寿光
出 版 者 / 社会科学文献出版社
地　　址 / 北京市西城区北三环中路甲29号院3号楼华龙大厦
邮政编码 / 100029

责任部门 / 经济与管理出版中心（010）59367226　　责任编辑 / 许秀江　王婧怡
电子信箱 / caijingbu@ssap.cn　　　　　　　　　　责任校对 / 韩海超
项目统筹 / 许秀江　　　　　　　　　　　　　　　责任印制 / 岳　阳
经　　销 / 社会科学文献出版社市场营销中心（010）59367081　59367089
读者服务 / 读者服务中心（010）59367028

印　　装 / 北京季蜂印刷有限公司
开　　本 / 787mm×1092mm　1/16　　　　　印　张 / 22.25
版　　次 / 2014年6月第1版　　　　　　　　字　数 / 359千字
印　　次 / 2014年6月第1次印刷
书　　号 / ISBN 978-7-5097-6114-4
定　　价 / 79.00元

本书如有破损、缺页、装订错误，请与本社读者服务中心联系更换
▲ 版权所有　翻印必究

广东外语外贸大学国际经济贸易研究中心
广东"走出去"协同创新中心
广东外语外贸大学国际战略研究院

《广东外经贸蓝皮书》编辑委员会

学术顾问 隋广军 温思美 张汉林 柴海涛 于立新
　　　　　 张　捷 吴　军 郑建荣 肖振宇 陈　磊
　　　　　 黄静波 林　勇 丘　杉

主　编 陈万灵

副主编 李　青 林吉双

编　委 陈万灵 李铁立 肖鹞飞 李　青 林吉双
　　　　　 孙晓琴 申明浩 陈伟光 左连村 张　昱
　　　　　 袁　欣 刘继森

主要编撰者简介

陈万灵 四川武胜人，博士（博士后），教授，现任广东外语外贸大学国际经济贸易研究中心（广东省普通高校人文社会科学重点研究基地）主任。兼任中国国际贸易学会理事，广东省经济学会国际经济研究会副会长、跨国公司研究会副会长兼秘书长，广东省农村经济学会常务理事。1998年9月，被中共广东省委高校工委、广东省教育厅评为"广东省1998年南粤教坛新秀"。2010年1月，获得教育部"新世纪优秀人才"资助计划资助。

主要研究领域：国际贸易与经济发展。曾主持教育部哲学社会科学研究重大课题攻关项目1项，国家社会科学基金1项，省（部）级课题4项，广东省人文社科基地重大项目1项，厅局级课题4项，完成政府政策咨询、企业委托研究项目10余项。在《经济研究》《改革》等专业刊物上发表论文70余篇，出版专著1部，主编教材1部。2005年获得广东省首届哲学社会科学优秀成果奖（政府奖）二等奖。

李青 女，湖南人，博士、教授，现任广东国际战略研究院秘书长，广东外语外贸大学工商管理学院教授，兼任中国新兴经济体研究会常务理事、广东国际科学技术合作协会常务理事、广州市应急管理咨询专家、广州市创新城市咨询委员会专家等。

主要研究领域：跨国公司经营与管理、战略管理。曾主持和参与教育部哲学社会科学研究重大课题、教育部创新团队项目、国家社会科学基金、省自然科学创新团队、广东省人文社科重大项目、政府政策咨询、企业委托研究项目等30多项。出版专著1部，主编15部论著与教材，发表学术论文30余篇。

林吉双 黑龙江人，经济学教授，现任广东外语外贸大学国际服务外包研究院院长。兼任广东省服务外包投资促进会、广州市服务外包协会副会长，广东省价格协会常务理事，广州市政府采购专家评审委员等。主要研究方向为宏观经济学、制度经济学和国际贸易学等。在《人民日报》《光明日报》《中国教育报》《改革》等报纸和期刊上发表论文近50篇，其中，多篇被《人大复印报刊资料》全文转载；主编教材和合作出版著作3部；主持完成省级以上课题和政府横向课题近15项；主持完成的教学改革成果，获得省级教学成果一等奖、二等奖各1项。

摘 要

转变外经贸发展方式是社会各界长期关注的问题，特别是其中的外经贸区域协调问题，成为中国各级政府多年来大力推进和解决的重大问题。由商务部牵头、国家十部委联合颁发的《关于加快转变外贸发展方式的指导意见》（2012年）指出"优化外贸国内区域布局"是加快转变外贸发展方式的主要任务。财政部和商务部曾联合发文实施《外经贸区域协调发展促进资金管理暂行办法》（2008年），试图通过公共财政来促进外经贸区域协调发展。可见，外经贸区域协调发展成为转变外贸发展方式的重要问题。

广东作为改革开放前沿地区，近年来快速发展成为一个外经贸大省，但同时也使中国对外经济贸易版图向华南地区倾斜，导致全国外经贸发展出现区域不平衡和不协调。在广东内部同样也存在外经贸发展的区域不平衡问题。

从理论上看，外经贸发展方式包含了外经贸结构及其区域分布。外经贸结构问题在空间上表现为区域问题，表现为外经贸区域不平衡和不协调的问题。沿着这个思路，"广东外经贸蓝皮书"已经重点研究了广东外经贸发展方式（2011年）、出口市场多元化（2012年）、服务贸易发展（2013年）等问题。本年度（2014年）蓝皮书重点研究"广东外经贸区域问题"，大概分三个层次：一是广东内部珠三角、粤东、粤西和粤北四个区域，探讨其外经贸分布及发展水平差异；二是广东外经贸功能园区发展态势；三是进行比较研究，对比广东与全国沿海主要区域的外经贸发展水平、发展能力和态势。所以，本年度研究选题除了"总报告"的形势分析外，安排了"广东区域外经贸发展""广东外经贸功能园区""区域比较研究"三个专题。

"总报告"部分，由两篇研究报告构成，对广东外贸状况及其趋势进行了分析和预判，并对广东外经贸区域问题进行了梳理。第一篇报告是《广东外经贸形势分析报告（2013～2014年）》，从国内外经济形势分析入手，在对世界经济和国内宏观经济的基本走势进行分析的基础上,比较详细地分析了2013年广东外经贸形势的特征,对2014年的外贸走势进行了预测。2013年广东货物进出口贸易首次突破1万亿美元的大关,达到10915.7亿美元,同比增长10.9%;其中出口增长10.9%,高出全国出口增速3个百分点;进口增长11%,高出全国进口增速3.7个百分点。从月度数据看,进出口贸易出现较大波动,1月份同比增长53.9%,9月份同比降低5.2%。2013年广东实际利用外资额249.52亿美元,同比增长5.96%。在此基础上,预测2014年广东进出口贸易的增幅为5%左右。第二篇报告是《广东外经贸区域协调发展问题的研究》,运用一系列数据揭示广东外经贸区域不平衡状况。珠三角地区9市外经贸额占据广东外经贸总额的95%以上,利用外资额集中了广东外商投资的80%以上。"走出去"利用外资和经济合作的成果也绝大部分集中在深圳和广州。导致这种不平衡格局的原因比较复杂,主要是由于珠三角地区毗邻中国香港这个国际经贸中心,其他地区则相对较远,获得的辐射和影响较少;另外,制度和政策因素也是外经贸区域失衡的原因。据此,提出外经贸区域协调发展的思路:坚持深化体制改革和机制创新,提高广东各区域对外开放水平;通过规划引导,加强各区域之间的相互联系,强化区域之间分工与产业布局合理化,促进珠三角发达地区优化发展;通过优化投资环境,改善区域交通和基础设施,促进资本、产业、技术、人才向粤东、粤西、粤北转移,推动粤东、粤西、粤北地区快速发展,形成广东区域协调发展格局。

广东区域外经贸发展专题部分,由四篇研究报告构成,重点探讨广东几个主要区域外经贸发展问题。第一篇是《广东服务业外商直接投资技术效应研究》,从整体上探讨了广东服务业引进外资的效应。首先揭示服务业外商直接投资技术效应的作用机制,运用DEA-Malmquist指数方法对广东1985~2010年服务业各项效应进行了测算:服务业外商直接投资的技术效应总体上显著,外商直接投资每增加1%将引致服务业全要素生产率指数提高0.080,技术进步指数增加0.068。说明国外服务企业进入广东后,通过前后向产业关联、人员流动等途径对服务业产生技术外溢效应。外商直接投资对广东服务业技术效率指数并没有显著效应,这是由于国内其他因素的推动力不足,而且需要越过"技术门槛"和"适应期"才能完全发挥技术效应。研究说明外商直接投资的技术效应主要通过促进技术进步提高全要素生产率来实现。第二篇是《珠三角地区研发外包与技术创新的关系研究》，对珠三角地区离岸服务外包和技术创新进行了总体分析，同时，重点分析了内部区域如广州、深圳、珠海、佛山和东莞等"广东省服务外包示范城市"（2013年）的研发外包和技术创新的现状。运用计量分析方法说明了珠三角地区承接研发外包与技术创新提升之间存在显著的互动关系；并对其互动关系进行了因素分析，说明人力资本、对外贸易依存度、服务业增加值、劳动力成本、外商直接投资、服务业固定资产投资额等因素的显著影响。其中，经济开放度、服务业增加值对珠三角地区承接研发外包具有显著的提升作用；外商直接投资在一定程度上削弱了珠三角地区自主创新的能力；劳动力素质对提升技术创新有一定促进作用；劳动力成本与研发外包水平显著负相关，说明珠三角地区离岸研发外包优势主要体现在劳动力成本上。所以，珠三角地区保持离岸研发外包成本竞争优势的途径在于全面提升劳动者的素质，发展高端服务外包产业，从而促进珠三角区域技术创新能力持续提升。第三篇是《东莞加工贸易企业转型升级的过程和经验》，通过深入分析东莞加工贸易的发展历程，揭示近年来国际金融危机对东莞加工贸易产生的冲击，发现了核心技术和自主品牌缺乏，资金、信息及人才支持不足等一系列问题，迫使东莞加快加工贸易转型升级。从东莞加工贸易实践系统归纳了企业转型升级的经验——转变"三来一补"的企业性质，赋予加工贸易企业"内销"资格，鼓励加工贸易企业创立品牌，构建加工贸易企业转型升级平台，扩大对新兴市场国家的贸易，大幅度减轻企业负担，优化营商环境等。东莞是中国加工贸易发展的缩影，其转型升级的成效和经验具有一定代表性，值得借鉴。第四篇是《湛江外经贸发展的评价与战略选择》。湛江是中国首批对外开放的沿海城市，拥有最早一批国家级经济技术开发区，为外经贸发展创造了比较优越的条件。报告通过对湛江外经贸发展历程、外贸结构变化、利用外资与开发区发展状况的分析，结合湛江的区位、影响因素及其优劣势，对其外经贸发展进行了战略分析。提出了湛江外经贸发展的战略定位和发展方向——建设区域性商贸中心和物流中心；依托湛江港打造区域性航运中心，深化市场多元化战略和优化全球市场布局，发展临港重化工业和提高产业集聚水平，提高利用外资的质量和水平；构建各类功能园区和提升开发区外贸功能，"引进来"和"走出去"并举,加强与东盟的经贸合作,促进湛江外经贸持续发展。

通过这些研究可以初步判断:广东外经贸整体上已经进入了转型的关键时期,基本问题是"调结构、转方式和提质量",重点是发展现代服务业和服务贸易。但是,广东内部区域外经贸发展不平衡,在发展规模、发展水平、发展方向上存在较大差异,必须实现内部区域之间协调发展才能促进外经贸整体转型升级。其基本思路是深化体制改革和机制创新,提高广东各区域对外开放水平;通过规划引导,强化区域之间的分工与产业布局合理化;通过优化珠三角地区园区经济,促进珠三角发达地区优化发展;通过增强落后地区园区经济功能,推动粤东、粤西、粤北地区快速发展,形成广东区域协调发展格局。珠三角地区已经进入服务业和服务贸易时代,要关注服务业的开放和利用外资问题,通过承接离岸服务外包发展服务贸易,特别是通过承接研发服务外包,实现研发水平的提升和技术创新。其中,东莞实现了外贸方式初步转型,在加工贸易转型升级方面取得了经验,其主体结构、贸易方式和贸易增长方式正在发生变化。因此,珠三角地区外贸转型的主要问题是扩大服务业对外开放,有效吸引服务业 FDI;通过改善劳动收入比,扩大消费者服务需求,促进产业分工和产业链升级,扩大生产者服务需求,从而提高服务业对 FDI 的吸引力;加大对教育与职业培训的财政投入力度,提升服务业人力资本水平;改善服务业投资与发展的营商环境。湛江代表经济发展相对落后的地区。湛江地处粤西,具有区域经济中心的潜力,拥有比较优越的外经贸发展条件,其发展状况却仍然面临外资规模不足和外经贸发展规模较小的问题。说明远离香港国际经济中心和珠三角地区外向型经济中心的粤东、粤西、粤北地区的外经贸问题是"做大""做强"和稳定发展的问题。

广东外经贸功能园区专题部分,由五篇研究报告构成,重点探讨广东外经贸功能园区的发展状况及其创新发展。第一篇是《广东外经贸功能园区的制度创新及其发展的分析》,对广东外经贸功能园区的发展进行了梳理,重点从制度创新上总结体制改革经验和发现问题;提出了在"中国(上海)自由贸易试验区"的背景和示范下广东功能园区体制的改革开放问题,探讨如何利用现有经济功能区示范作用,充分利用优惠政策,进行制度创新和对外开放;提出了广东经济功能区未来制度创新方向。第二篇是《广东服务外包产业区域问题研究》对广东服务外包业的区域分布进行了研究。广东服务外包产业主要集中分布在珠三角地区，尤其集中在广州、深圳两个城市。2013年，广州服务外包执行额占广东服务外包执行额的54.86%，深圳服务外包执行额占广东服务外包执行额的42.17%，两地区服务外包执行额之和占广东服务外包执行额的97.03%；珠三角地区其他城市及广东其他地区的服务外包执行额之和所占份额不到3%。可见，广东服务外包的区域差异比较大。其原因主要是受到产业基础、政策扶持、人力资源、城市综合竞争力、基础设施和商务环境等因素的影响。广东服务外包及其服务贸易发展还处于起步阶段，还必须加大政策支持力度，完善现代服务业体系，强化服务外包基地及其基础设施建设，提升现代服务业发展水平和服务贸易竞争力。第三篇是《广州南沙新区政策演变与产业发展方向》，主要探讨南沙区域功能演变过程及其政策和产业定位的变化。南沙从当初的滩涂荒地发展成为现代化滨海新城，产业发展定位几经更换，摇摆不定，其发展主要受到政策变化的影响。从20世纪90年代初"小南沙"时代开始，1990年，南沙东部（22平方公里）被确定为重点对外开放区域和经济开发区；1993年，南沙升级为国家级经济技术开发区（9.9平方公里）；2005年，南沙扩区转换为独立行政区，成为广州市南沙区（527.65平方公里）；2010年设立南沙CEPA先行先试综合示范区；2013年，南沙区再次转换为国家级新区（803平方公里），承担国家战略任务，进行CEPA先行先试，提升内地与港澳经贸合作水平，促进两地服务业开放和发展等。随着南沙区域功能及其政策的演变，南沙产业发展方向也不断调整，现在基本定位于以现代服务业和先进制造业驱动的现代产业体系，承担粤港服务贸易自由化及内地与港澳贸易自由化的战略任务。南沙从经济功能区演变为一个承载社会众多功能的综合行政区，代表了广东经济功能区演变的一个方向。第四篇是《深圳建立自由贸易园区的探讨》，主要探讨深圳作为一个经济功能区及其政策演变和未来的改革开放任务。在上海建立自由贸易试验区的背景下，深圳经济特区未来改革开放和发展的方向成为广受关注的焦点。报告基于自由贸易园区的内涵和主要特点，首先，从发展基础、战略意义和战略定位三方面分析了深圳服务贸易发展趋势与构建深圳自由贸易园区的必要性和可行性；其次，从建设思路、功能定位、目标、空间布局和布局载体等方面，研究基于服务贸易自由化的深圳自由贸易园区构想；最后，从投资、服务、监管、财税政策等方面，提出深圳建立自由贸易园区的政策建议。第五篇是《提升广东外贸竞争力的研究》，选取经济基本面、贸易地位、贸易增速、贸易结构、金融支持力度5大类22个指标，对广东、江苏、上海、浙江和山东外贸竞争力水平进行综合评估。从最终得分结果来看，广东外贸竞争力指数的分值高于其他四省份，但从各个分项来看，广东外贸并不具有绝对优势，预示着广东外贸竞争力存在随时被超越的可能性。

区域比较研究专题部分，重点对广东与中国沿海主要地区进行比较，探讨了区域竞争力差异、沿海地区外向型企业转型升级的趋势，安排了三篇研究报告。第一篇是《珠三角地区和长三角地区服务贸易竞争力的比较分析》，对珠三角地区和长三角地区服务贸易的发展现状进行对比分析，运用贸易竞争指数、显示性比较优势指数和Lafay指数对比分析了珠三角地区和长三角地区服务贸易的国际竞争力。结果表明：珠三角地区整体服务贸易国际竞争力强于长三角地区，且两地具有竞争优势的部门均集中在旅游、运输、建筑等传统服务贸易部门，而技术密集型、知识密集型部门等现代服务业部门的国际竞争力较差。第二篇是《中国沿海地区外向型企业转型升级的实证研究》，从全球价值链分工的角度出发，基于2012年沿海地区509家出口企业的调研数据，运用决策树分析方法，研究了中国外向型企业在要素成本上扬和外需疲软的双重压力下如何持续发展的问题。研究结果表明，转型升级是外向型企业更具持续性的长期的路径选择；而构建国内价值链，建设自主创新、高端制造和市场拓展等关键能力，积累资金、人力资本等关键资源，对转型升级进程有明显的促进作用。特别指出国内市场将成为企业转型升级、重塑在全球价值链上的新定位的现实出路。第三篇是《外商投资负面清单管理模式改革探讨》，主要是基于上海自由贸易试验区改革的探索。介绍了上海自贸试验区外商投资负面清单管理模式改革的做法，分析了试验区2013版负面清单在处理扩大对外开放、政策透明度、国民待遇、最惠国待遇、行业分类体系等问题时的原则、局限和不足，提出了一系列深化外商投资管理改革的措施。

这部分研究从不同角度提出了增强区域外经贸竞争力的途径和政策选择。一是加快综合体制改革，积极探索服务业开放的管理模式创新，为前海、横琴、南沙三个国家级开放新区提供良好的制度环境。二是落实各项支持外贸发展转型的政策；促进广东（珠三角地区）全面开放，加快粤港澳自贸园区工作进程。三是充分发挥金融对外贸的推动作用，推动金融与贸易对称性发展。建立贸易金融互动机制，加快金融自由化，培育和组建综合性贸易金融集团，为外贸企业提供全方位的金融服务。四是加快调整产业布局和企业生产经营策略、淘汰低附加值产品，推动高新技术产业和战略性新兴产业发展。五是加强外向型企业自主品牌建设，扩大加工贸易产品内销，开拓国内市场。六是加强转型升级的人才储备，保持人力资本优势，为其转型升级和服务业发展提供良好的人力资源基础。

归纳起来，全书研究的广东外经贸区域发展主要有三个层次的问题。

一是广东整个区域在全国外经贸的地位问题。首先，2013年广东外贸进出口总值（10915.7亿美元）占全国的26.2%。其中，出口占全国的28.8%；进口占全国的23.3%。说明广东外经贸在全国仍然占据重要地位。其次，广东外贸竞争力指数排在全国首位，但是，与江苏、上海、浙江和山东等沿海外经贸大省、市比较，广东外贸并不具有绝对优势，预示着广东外贸竞争力存在随时被超越的可能性。主要是经济基本面和贸易结构两项指标不如其他省份，预示广东外贸发展基础薄弱，必须进行强化，并加快外经贸转型升级。

二是广东内部经济功能区发展的问题。广东拥有各类经济功能区，体系完整，包括经济特区、国家级经济技术开发区、国家级新区、各类特殊监管区、国家级高新技术产业开发区、中外合作区、CEPA先行先试综合示范区以及各类专业出口基地，比如国家软件出口创新基地、国家汽车及零部件出口基地、船舶制造基地、国家医药出口基地、服务外包基地等。这些经济功能区在广东外经贸发展和开放型经济建设过程中发挥了重要作用。下一步需要研究的是如何引导体制改革，发挥优惠政策潜力；如何进行组织模式、运行机制和管理体制的创新，带动技术创新和产业转型升级，提升广东产业竞争力；如何推动集约式，实现发展方式的转型，促进广东外经贸持续发展、外经贸质量和水平的全面提升。

三是广东内部珠三角地区、粤东、粤西和粤北四个区域协调发展的问题。长期以来，珠三角地区的进出口规模始终占广东进出口总规模的95%以上，而粤东、粤西、粤北欠发达地区仅占不到5%。2013年，广东外贸总值分布为：珠三角地区95.94%、粤东2.02%、粤西0.83%和粤北1.21%；珠三角地区外贸分布又主要集中于深圳、东莞和广州三个地区，分别占全省的49.23%、14.02%和10.89%，合计占全省的74.14%。从外贸依存度看，2012年，广东四个区域分别为124.64%、30.73%、10.73%和20.60%。所以，广东外经贸存在极大的区域差异，导致内部区域不均衡、不协调发展的严重问题，并且阻碍广东外经贸转型升级和持续发展。

目 录

BⅠ 总报告

B.1 广东外经贸形势分析报告（2013~2014年）
　　…………………………………………… 肖鹞飞　邹霞影 / 001
B.2 广东外经贸区域协调发展问题的研究 ………… 陈万灵　曹莹莹 / 018

BⅡ 广东区域外经贸发展专题

B.3 广东服务业外商直接投资技术效应研究
　　…………………………………………… 钟晓君　刘德学 / 043
B.4 珠三角地区研发外包与技术创新的关系研究 ………… 崔　萍 / 069
B.5 东莞加工贸易企业转型升级的过程和经验
　　……………………………………… 陈万灵　肖奎喜　杨　岩 / 108
B.6 湛江外经贸发展的评价与战略选择 ……………………… 张士海 / 137

BⅢ 广东外经贸功能园区专题

B.7 广东外经贸功能园区的制度创新及其发展的分析
　　…………………………………………… 尤玉平　陈万灵 / 161
B.8 广东服务外包产业区域问题研究 ………………………… 林吉双 / 194

B.9 广州南沙新区政策演变与产业发展方向 ……… 李晓莉 申明浩 / 205

B.10 深圳建立自由贸易园区的探讨 ……………………… 刘伟丽 / 223

B.11 提升广东外贸竞争力的研究
　　　——基于沿海主要地区外贸发展的比较分析 ………… 蔡春林 / 235

BⅣ 区域比较研究专题

B.12 珠三角地区和长三角地区服务贸易竞争力的比较分析
　　　………………………………………………… 李晓峰 姚传高 / 253

B.13 中国沿海地区外向型企业转型升级的实证研究
　　　——基于国内价值链建设的视角 ………… 张媛媛 张 捷 / 274

B.14 外商投资负面清单管理模式改革探讨
　　　——基于上海自由贸易试验区的改革探索 ………… 陈 磊 / 297

B.15 后记 …………………………………………………………… / 312

Abstract ……………………………………………………………… / 314

Contents ……………………………………………………………… / 325

总报告
General Report

B.1
广东外经贸形势分析报告
（2013～2014年）

肖鹞飞　邹霞影*

摘　要： 本文从分析国内外经济形势入手，阐述了2013年世界经济和国内宏观经济的基本走势，对2014年世界经济和国内宏观经济的基本趋势进行了预判。在此基础上，比较详细地分析了2013年广东外经贸形势的特征，对2014年的外经贸走势进行了预测。2013年1~12月份广东商品进出口贸易的增幅为10.9%，其中出口增长10.9%，进口增长11%。我们预测：2014年广东进出口贸易的增幅为5%左右。

关键词： 外经贸形势　经济预测　广东

---

* 肖鹞飞，广东外语外贸大学国际经济贸易学院教授，主要研究方向为国际金融、世界经济、国际贸易。邹霞影，广东外语外贸大学国际经济贸易学院研究生。

广东外经贸蓝皮书

一 2013～2014年国际经济形势分析

金融危机之后，2013年世界经济依旧处于复苏阶段，经济增长不稳定和低迷并存，世界经济增长仍然十分缓慢，经济预期不断下调，国际贸易和投资还处于低位徘徊期，国际金融市场仍旧动荡不安。但是，在这样的背景下，世界经济也出现了一些全新的特点，比如新兴经济体经济增长速度逐渐放缓，与之相反，发达经济体经济增长却在缓慢提升，特别是美国的经济增长速度较为强劲、增长势态较为稳定；日本经济刺激政策效果显著，经济增长有所加快；欧元区逐步走出欧元债务危机的影响，经济增长开始回暖，金融市场趋于稳定向前发展；新兴经济体在经历了自金融危机以来的一轮超出潜能的高增长后，经济增速明显放缓，发展中国家整体经济有逐步转弱趋势。全球经济复苏缓慢拖累了全球贸易增长，贸易保护主义对国际贸易健康发展的威胁在上升，国际大宗商品价格在高位震荡。

（一）2013年全球宏观经济形势分析

世界经济继续恢复，并维持低速增长态势。2013年国际经济的一些基本特征表现如下：2012年下半年到2013年年初，全球主要发达经济体——美、日、欧三大经济体先后实施无限期量化宽松政策来刺激内需，由于世界经济处于复苏阶段，自身发展能力并未完全恢复，无限期的量化宽松政策难免导致经济复苏缓慢，低于世界经济预期水平。国际货币基金组织（IMF）在2013年年初预计2013年世界经济增长速度约为3.3%，但是到了2013年7月中旬，国际货币基金组织（IMF）将2013年世界经济增长预期重新调整为3.1%，到了2013年10月份，国际货币基金组织（IMF）又进一步下调经济预期至2.9%，而2013年世界经济实际增长速度也仅为3%。经济增长预期反复下调，世界经济复苏缓慢；2013年美国经济逐步好转，复苏逐步趋于稳定，就业形势有所缓和，但是经济复苏乏力，经济增长速度仅为1.9%，比上年的2.8%下降约0.9个百分点；日本通过无限期量化宽松政策刺激日元贬值，来加速日本经济增长，2013年全年日本经济增长率达1.6%，略高于上年1.4%的增长水平；欧元区虽然逐步走出债务危机影响，金融市场趋于稳定，但是其长期积累的资产负债状况是很难在短期内得以改善的，失业率依旧居高不下，经济走出衰退的难度依然较大。而新兴经济体由于受到世界经济低迷和需求不足的影响，经济增长明显放缓，特别是主要新兴经济体，经济增长内生动力被严重削弱。国际货币基金组织（IMF）预计2013年金砖四国经济增长情况分别为：俄罗斯1.6%、中国7.7%、巴西2.4%、印度4.7%。

（二）2013年全球贸易分析

首先，2013年全球贸易持续低迷。在全球经济增长动力不足、失业率居高不下、债务危机威胁挥之不去和国际金融动荡的情况下，经济复苏缓慢，拖累了全球贸易的发展。据世界贸易组织（WTO）统计，过去的2011年和2012年，全球货物贸易平均增长速度约为12%，而2013年上半年全球货物贸易量统计数据显示增长十分缓慢，同比增长仅为1.2%，其中能源贸易反而下降了1.6%；新兴经济体进口增长速度也仅达5%，欧盟地区进口增长速度不增反降2%。2013年4月份WTO预计全球贸易增长速度约为3.3%，然而到了2013年10月份WTO将全球贸易增速预期下调至2.5%。2014年1月WTO统计数据进一步显示，2013年世界贸易量增长率仅为2.7%，严重低于前几年的平均水平。

其次，贸易保护主义仍在上升。尽管二十国集团峰会数次延长不采取贸易保护主义措施的承诺，但许多国家为了各自的国家利益，促进国内经济的发展，缓解就业压力，依旧寻求各种手段采取贸易保护主义措施。据WTO 2012年6月24日发布的联合早报显示，从2001年到2010年的10年间，世贸组织成员国发起的反倾销案高达1550起。而到了2011年，贸易制裁措施更是急剧增长，同比增长高达36%。从2011年年底到2012年6月底，G20国家颁布了125项贸易制裁措施，这些制裁措施使得全球1%的商品贸易受到不同程度的影响。各国也曾纷纷发出警告，认为贸易保护主义是目前全球面临的最大危险之一。自2008年10月以来，G20集团成员实施的贸易限制措施影响全球货物贸易的3.6%。制造业依然是受影响最大的行业，其中电气机械及零件、机械设备、化学产品、光学及精密仪器四大类产品在全部限制措施中的比重达58%。旨在刺激本国产业复兴的贸易保护主义仍在上升。贸易保护在各个国家之间其实就是一种"博弈"，如果各个国家共同努力，一起抵制贸易保护主义，就会取得"双赢"局面，不仅有助于世界经济的快速复苏，各国也将因此受益。然而，现实中各国为了各自的利益，打破了这种最优策略，导致世界经济复苏十分缓慢。

（三）2013年国际直接投资分析

2014年1月联合国贸易与发展会议发布的《全球投资趋势监测报告》显示：2013年全球外国直接投资额增长11%，达到14600亿美元，占全球投资总量的52%；但与此同时，发达国家吸收的外国投资则大幅度下降，所占份额仅为39%。

由于全球跨境并购和跨国公司的存在，全球外国直接投资依旧处于增长阶段。在发展中国家和转型经济体中，投资的增长主要源于在中美洲和加勒比地区的收购以及对俄罗斯进行的创纪录的投资。尽管亚洲发展中国家吸引的外资出现略微下降，但该地区仍然吸引了一半流向发展中国家的外国直接投资。发达国家外资出现下降主要是由于包括美国、法国和德国在内的一些主要东道国外资的下降。据IMF预计，未来五年全球对外直接投资年增长率约为10%。

尽管世界经济低迷、出口市场不景气、国内生产成本上升等一系列因素给中国吸引外国投资带来一定的压力，但是中国依旧是全球最大的外国投资国。据IMF统计，2012年中国吸引的外资依旧高达1210亿美元，仅次于美国，排名世界第二。2013年中国吸引外资水平发展较为平稳，全年吸引外资1176亿美元；中国海外投资市场增长速度也令人惊讶。2012年中国对外直接投资高达772亿美元，成为全球第三大对外投资国，仅次于美国和日本，创下了历史最高水平。2013年中国对外直接投资额同比增长16.8%，为902亿美元。IMF预计，2014年中国的吸引外资水平将依旧保持平稳增长态势，全年中国吸引外资额有望达到1450亿美元。预计到2015年中国对外投资额将增长至1500亿美元。

（四）2014年国际形势预判

由于目前世界经济处于复苏阶段，世界经济增长的动力将越来越大，经济发展将越来越好。2014年1月世界银行（WB）发布数据表明，预计2014年世界经济将好于2013年，增长速度也将加快，有望达到3.2%。2015年和2016年则分别可达到3.4%、3.5%；预计2014年发达经济体经济增长势头将继续保持稳中有升，2014年经济增长率有望达到5.3%，比上年增长0.5个百分点，并且在2015年和2016年经济增长率有望分别达到5.5%和5.7%。

其中，由于2013年美国经济增长势头较强，预计2014年其经济增长率有望达到2.8%；欧元区经济增长率则有望从2013年的-0.4%增长至1.1%；日本2014年经济增长率预计为1.2%；而新兴经济体2014年经济增长将好于2013年，有望达到5.1%；其中俄罗斯、印度等新兴国家经济增长率将大幅度回落，从6%~8%回落到3%~5%。

2014年全球贸易增长将有所加快。2014年1月WTO统计数据显示，2013年世界货物贸易量增长率仅为2.5%，严重低于前几年的平均水平。预计2014年全球贸易增长率将有所提高，约为4.5%，但是依旧远远低于2011年、2012年的平均增长速度。其中发达经济体和发展中经济体出口增速都将有所提高，预计分别达到2.8%和6.3%。详细见表1。

表1 2011~2014年世界贸易增长趋势

单位：%

	2011	2012	2013	2014
世界货物贸易量	5.4	2.3	2.5	4.5
出口：发达国家	5.1	1.1	1.5	2.8
发展中国家（含独联体国家）	5.9	3.8	3.6	6.3
进口：发达国家	3.2	0.0	-0.1	3.2
发展中国家（含独联体国家）	8.1	4.9	5.8	6.2

注：2013年和2014年为预测值。
资料来源：WTO：《贸易快讯》，2013年9月19日。

2014年全球对外直接投资有望稳定增长。由于全球经济持续复苏，世界经济状况将逐步改善，投资者信心也将稳步增加，预计未来几年，全球外国直接投资将稳步提高，增长势头强劲。据IMF预计，2014年、2015年全球外国投资额将分别达到16000亿美元、18000亿美元，未来五年全球对外直接投资年增长率约为10%。

二 2013～2014年中国经济形势分析

2013年以来，面对错综复杂的国内外经济形势，中国政府采取了一系列政策措施，坚持稳中求进的总基调，以提高质量、增加效益为原则，有效引导市场又好又快向前发展。2013年，国民经济呈现稳中有进、稳中向好的发展态势，主要指标处在合理区间，经济运行出现新的、积极的变化。

（一）2013年中国基本经济形势分析

根据中国国家统计局初步核算，2013年GDP 56.88万亿元，同比增长7.7%。分季度看，四个季度增长率分别为：7.7%、7.6%、7.7%和7.7%，增长速度基本保持稳定（参见图1）。分产业看，第一、第二、第三产业增加值分别为5.69万亿元、24.97万亿元、26.22万亿元，增长率分别为4.0%、7.8%、8.3%，GDP占比分别为10.0%、43.9%、46.1%。其中，第三产业增加值占比首次超过第二产业，国民经济平稳较快发展。

2013年全年工业增加值、规模以上工业增加值同比分别增长7.6%、9.7%。在规模以上工业中，分季度看，四个季度同比增长率分别为：9.5%、9.1%、10.1%和10.0%。分地区看，东部地区、西部地区、中部地区分别同比增长8.9%、11.0%、10.7%；分经济类型看，国有及国有控股企业、股份制企业、私营企业、集体企业、外商及港澳台商投资企业增长率分别为6.9%、11.0%、12.4%、4.3%、12.4%。从变化趋势来看，与2012年相比，2013年7月以后的工业生产增速快于2012年同期水平（参见图2）。

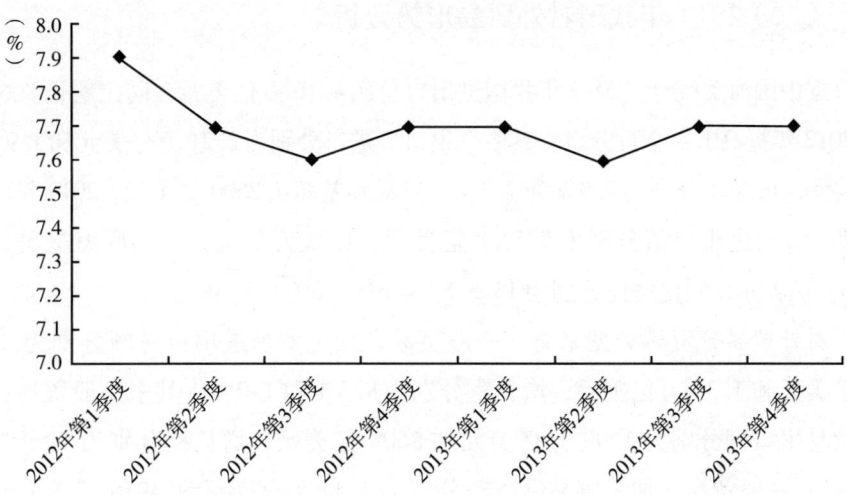

图 1　2012～2013 年中国 GDP 季度同比增长

资料来源：国家统计局。

2013 年全国财政收入增长比较稳定，2013 年公共财政收入达到 12.91 万亿元，同比增长 10%。2013 年全国居民消费价格比上年上涨 2.6%，居民消费价格基本稳定；城镇新增就业 1310 万人，就业持续增加。

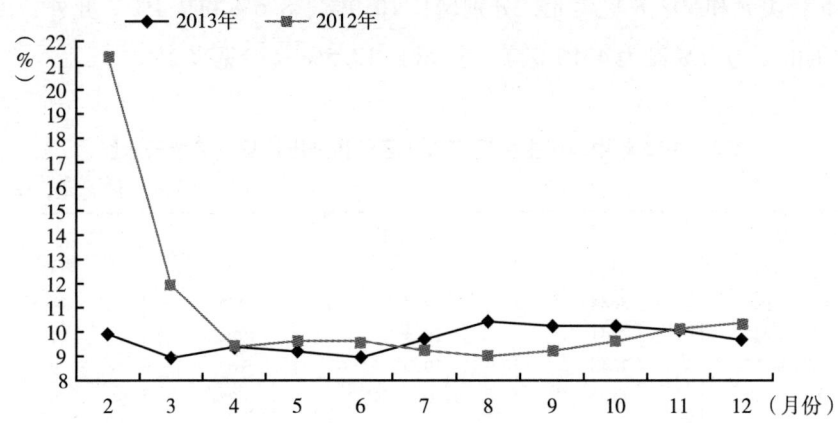

图 2　2013 年与 2012 年中国规模以上工业增加值月度同比增速比较

资料来源：国家统计局。

（二）2013年我国对外贸易形势分析

据中国海关统计，2013年我国进出口总额4.16万亿美元，同比增长7.6%，比2012年提高1.4个百分点。其中，出口、进口分别为2.21万亿美元和1.95万亿美元，增长率分别为7.9%和7.3%。贸易顺差高达2600亿美元。2013年四个季度，我国进出口值分别为9753.8亿美元、1.02万亿美元、1.06万亿美元和1.1万亿美元，同比增速分别为13.5%、4.3%、6%和7.3%。

对外贸易分贸易类型来看，一般贸易、加工贸易进出口总额分别为2.19万亿美元和1.36万亿美元，增长率分别为9.3%和1.0%；其中一般贸易、加工贸易出口额分别为1.09万亿美元和8608亿美元，增长率分别为10.1%和0.2%；一般贸易、加工贸易进口额分别为1.11万亿美元和4970亿美元，增长率分别为8.5%和3.3%。

2013年我国的前五大贸易伙伴分别为：欧盟、美国、东盟、中国香港和日本。其中，我国对欧盟、美国的双边贸易额分别为5590亿美元和5209亿美元，分别增长2.1%和7.5%；对日本的双边贸易额为3126亿美元，下降5.1%；欧美日占我国外贸的33.5%，同比下滑1.7个百分点。同期，我国对东盟、南非、中亚五国等新兴市场国家和地区双边贸易额分别为4437亿美元、651.5亿美元和502.8亿美元，分别增长10.9%、8.6%和9.4%。此外，内地对香港的双边贸易额为4010亿美元，增长17.5%（参见表2）。

表2　2013年中国对主要国家和地区货物进出口额及其增长速度

单位：亿美元，%

国家和地区	出口额	比上年增长	进口额	比上年增长
欧　　盟	3390	1.1	2200	3.7
美　　国	3684	4.7	1525	14.8
东　　盟	2441	19.5	1996	1.9
中国香港	3848	19.0	162	-9.3
日　　本	1503	-0.9	1623	-8.7
韩　　国	912	4.0	1831	8.5
中国台湾	406	10.5	1566	18.5
俄 罗 斯	496	12.6	396	-10.2
印　　度	484	1.6	170	-9.6

资料来源：中国海关总署。

（三）2013年中国利用外资和投资合作分析

据中国商务部统计，2013年全国新批设立外商投资企业22773家，同比下降8.63%；实际使用外资金额1175.86亿美元，同比增长5.25%。其中，美国对华实际投入外资金额33.53亿美元，同比增长7.13%，欧盟28国对华实际投入外资金额72.14亿美元，同比增长18.07%。而日本、韩国等国对华投资则出现下降。三大产业中，第一产业和第二产业吸引外资分别下降12.7%和6.8%，而服务业实际使用外资首次过半，同比增长速度高达14.2%。①

据中国商务部统计，2013年我国境内投资者共对全球156个国家和地区的5090家境外企业进行了直接投资，累计实现非金融类直接投资901.7亿美元，同比增长16.8%。2013年，我国对外劳务合作派出各类劳务人员52.7万人，较上年同期增加1.5万人，其中承包工程项下派出27.1万人，劳务合作项下派出25.6万人。年末在外各类劳务人员85.3万人，较上年同期增加0.3万人。截至2013年年底，我国对外劳务合作业务累计派出各类劳务人员692万人。②

（四）2014年中国宏观经济形势预判

我们预测2014年中国经济运行会保持基本稳定，GDP年增长率将在7.5%左右；第一季度和第二季度略低于7.5%，第三季度和第四季度略高于7.5%。进出口贸易增长率在5%至10%的区间；实际利用外资的年增长率也在5%至10%的区间；对外直接投资会略高于10%。理由是：2014年世界经济总体好于2013年，外部经济环境对中国经济保持稳定的增长有利；国内的经济环境比较复杂，经济运行面临下行的风险，包括环境保护的压力、产能过剩的压力和改革不确定性的压力。

---

① 资料来源于2014年1月中国商务部统计快讯。
② 资料来源于2014年1月中国商务部统计快讯。

三 2013年广东省经济贸易形势分析

(一) 2013年广东省经济形势分析

2013年,在世界经济复苏缓慢、国际市场需求不足的背景下,广东省委省政府以"稳增长、保下限"为目标,出台一系列政策措施,调整结构、加快实施产业转型升级,深化改革,努力促进区域的协调发展,促使2013年广东省经济形势平稳、较快发展。

据广东省统计局统计,2013年全省GDP达6.22万亿元,同比增长8.5%(参见图3),人均GDP达到5.85万元,增长7.8%。其中第一、第二、第三产业增加值分别为3047.5亿元、2.94万亿元和2.97万亿元,增长率分别为2.5%、7.7%和9.9%,占比分别为4.9%、47.3%和47.8%。与中国三大产业结构变化一样,2013年广东省三次产业结构发生了重大转折,第三产业比重近10年来首次超越第二产业,具有重要的转折性意义。

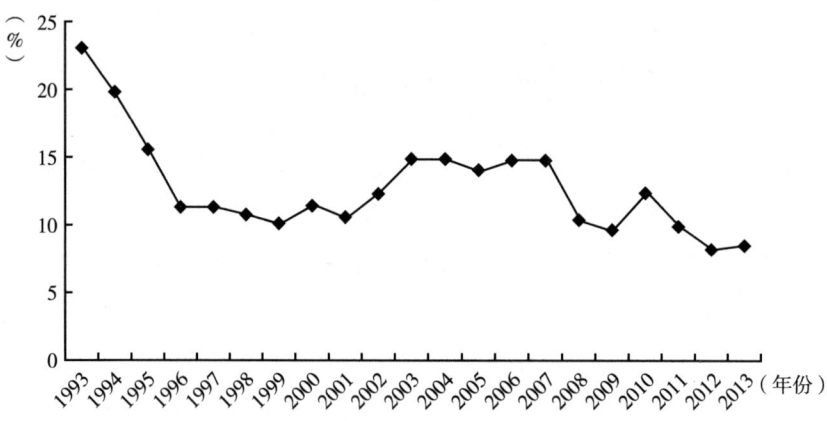

图3 1993年以来广东GDP年增长率

资料来源:广东省统计局。

规模以上工业增加值2.56万亿元,同比增长8.7%且保持稳定增长。来源于广东的财政总收入1.69万亿元,地方公共财政预算收入7075.54亿元,分别增长15.2%和13.6%。全年新增贷款8223亿元,占社会融资规模的59.5%,位居全国第一。物价水平微涨,CPI上涨2.5%。城镇新增就业164.5万人,促进创业17.6万人;失业率为2.43%,同比下降0.05个百分点。

(二)2013年广东外经贸形势分析

1. 进出口贸易情况

2013年广东外贸进出口总值为1.09万亿美元,同比增长约11%,占全国外贸总值的26%,年度进出口总值首次突破1万亿美元的大关(参见图4)。其中,进口、出口分别为4552亿美元和6364亿美元,增长率分别为11%和10.9%。贸易顺差严重扩大10.2%,高达1812亿美元。

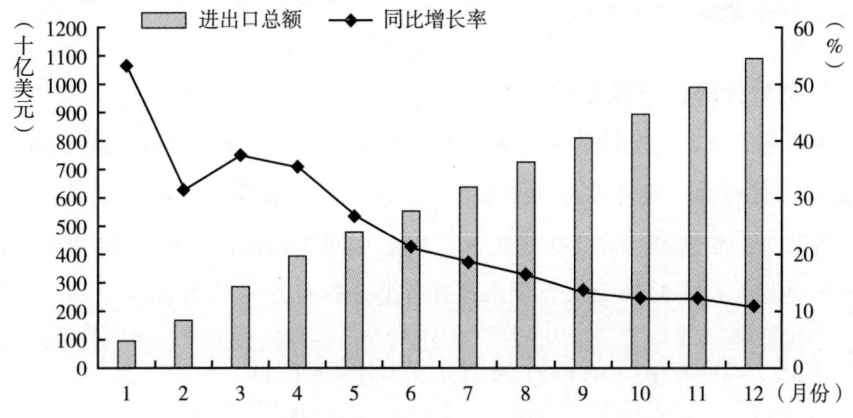

图4　2013年广东省月度进出口总额及同比增长率

资料来源:海关统计,亦可参见/www.gddoftec.gov.cn,统计数据。

2. 利用外资情况

2013年,广东实际使用外资金额249.5亿美元,同比增长5.96%;新批设立外商投资企业5520家,同比下降8.65%。从行业看,第一、第二、第三产业实际使用外资额分别为1.5亿美元、128.0亿美元和120.0亿美元,增长率分别为-0.8%、-2.1%和20%,占广东省利用外资总量的比重分别为0.6%、51.3%和48.1%。2013年广东省月度累计使用外贸金额及同比增长率如图5所示。

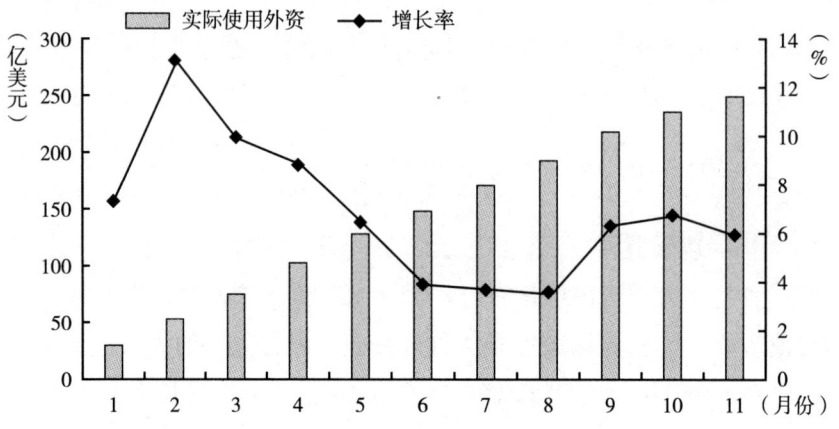

图 5　2013 年广东省月度累计实际使用外资金额及同比增长率

资料来源：广东省统计局。

3. 对外经济合作情况

据广东省统计局统计数据，2013 年广东省经核准境外投资新增中方协议投资额 52.4 亿美元；对外承包工程新签合同额 236.6 亿美元，同比增长 24.2%；2013 年度完成营业额约为 230 亿美元，与上年同期相比，增长了 42.4%。累计派出各类劳务人员 3.51 万人，期末在外各类劳务人员 5.75 万人。

（三）2013 年广东省外经贸走势的基本特征

1. 外贸规模首次突破万亿美元大关，月度走势跌宕起伏

2013 年全年广东省进出口总额高达 1.09 万亿美元，与上年同期相比，增长 11%，其进出口规模历史上第一次突破万亿美元。但套利性的贸易交易严重扭曲了进出口总额和贸易增长率。

受欧债危机、主要经济体经济不振等外部环境的冲击，以及套利贸易的影响，2013 年广东省外贸进出口月度走势出现较大波动。据统计，2013 年第一季度，广东进出口 2892 亿美元，同比增长 37.7%；第二季度，进出口 2652 亿美元，累计达 5544 亿美元，增速收窄至 7.3%；第三季度，进出口 2600.9 亿美元，累计达 8145 亿美元，增速进一步回落至 0.7%，到了 2013 年 10 月份，进出口额有所缓和，基本与上年持平，单月进出口额为 828 亿美元，增速趋近于0。在这样的情形下,广东省委、省政府出台了一系列促进贸易稳增长的措施。这些措施效果显著,2013年11月份,广东省外贸进出口单月达到941亿美元,大幅度提升,同比增长率高达10.6%,累计进出口额为9914亿美元。2013年12月单月进出口额为1002.3亿美元,但由于2012年同期基数比较高,同比下降约0.2%。

2013年广东的贸易数据受到深圳其他贸易项的扭曲,2013年1~4月,广东省其他贸易项比上年同期增长304.4%。发生在深圳保税区的贸易,主要是集成电路板和黄金等高价值的贸易套利套汇交易,2013年5月份后,经过国家外汇管理局、商务部、海关总署等部门的联合打击,这种现象得到了遏制。因此,如果剔除深圳的因素,2013年广东其他地区进出口总额增长7.2%;如果剔除其他贸易项,2013年广东省进出口贸易总额增长4%。

2. 一般贸易保持良好增势,加工贸易转型中面临"阵痛"

分行业来看,2013年广东省一般贸易增势良好,据广东海关统计,2013年广东省一般贸易进出口总额约为3688亿美元,增长率达到12%,占广东省进出口贸易总额的34%左右。其中一般贸易进口、出口额分别为1542亿美元和2146亿美元,增长率分别为11%和12.7%。

2013年广东省加快了加工贸易转型升级的步伐。2013年8月13日广东省政府网站公布了《广东省推进加工贸易转型升级三年行动计划(2013~2015年)》。该计划提出,首先,力争至2015年年末,全省加工贸易整体水平进一步提高,加快实现产品加工由低端向高端转型、产业链条由短向长转变、经营主体由单一向多元转变、营销市场由出口为主向国内外两个市场并举转变。其次,要加快东莞的全国加工贸易转型升级试点城市建设。但是,企业在加快加工贸易转型升级中面临着"阵痛",2013年广东省加工贸易进出口额达5268亿美元,同比略微下降0.6%,占2013年广东省进出口总额的比值高达48%。其中加工贸易进口、出口额分别约为2033亿美元和3234亿美元,同比下降分别为0.8%和0.4%。

3. 主要外贸伙伴结构发生变化,总体进出口保持平稳增长

据广东海关统计,2012年,广东省前五大贸易伙伴分别是中国香港、美国、欧盟、东盟和日本。2013年广东省外贸伙伴结构发生变化,前五大贸易伙伴分别为中国香港、美国、东盟、欧盟和中国台湾，贸易额分别为2687.8亿美元、1188.6亿美元、1022.1亿美元、965亿美元和752.8亿美元，同比增长率分别为18.1%、8.7%、10.7%、1.6%和28.4%。其中日本由第五位下降为第七位，对其进出口下降5.7个百分点。除日本外，对其他主要贸易伙伴进出口总体呈平稳增长态势。其中东盟超过欧盟，成为广东省第三大贸易伙伴。而中国台湾取代日本，成为广东省第五大贸易伙伴。

从广东省进口来源国或地区来看，广东省自中国台湾、美国、韩国进口速度增长十分迅速，增长率分别高达30.8%、38%、12.5%。而广东省自中国香港、日本和欧盟地区的进口则出现大幅度的下降，下降幅度分别高达14.7%、8%、3.5%；从广东省出口目的地来看，广东省出口中国台湾、中国香港、韩国和东盟地区增长速度十分迅速，增长率分别高达15.1%、19.2%、11%、14.9%。而出口到欧美地区的增长幅度较为稳定，增长率稳定在3%~5%。

表3　2013年广东与主要贸易伙伴贸易状况

国家和地区	进出口总额		出口		进口	
	金额	同比±%	金额	同比±%	金额	同比±%
中国香港	2687.8	18.1	2622.2	19.2	65.56	-14.7
美　国	1188.6	8.7	936.99	2.9	251.63	38
东　盟	1022.1	10.7	456.17	14.9	565.93	7.5
欧　盟	965	1.6	711.65	3.5	253.35	-3.5
中国台湾	752.8	28.4	—	15.1	—	30.8
韩　国	702.3	13.4	238.37	11	463.92	12.5

资料来源：广东海关。

4. 国有、集体企业进出口下滑，私营企业快速增长

2013年，广东省进出口按企业性质来看，国有、集体企业进出口出现下滑，进出口额分别为9045亿美元和196亿美元，同比分别下降3.3%和1.5%；私营企业进出口额为3551亿美元，进出口增长十分迅速，同比增长速度高达33%，其中进、出口增长速度也均高达41%、28%。而外商投资企业进出口额为5921亿美元，增长比较缓慢，仅为3.7%。

5. 高新技术产品、机电产品出口增势强劲，传统劳动密集型产品出口疲软

据广东省统计局统计，2013年广东省高新技术产品、机电产品出口增势十分强劲,出口额分别达到 2214 亿美元和 3895 亿美元,增长率分别高达 12% 和 9%,增长幅度均高于 2013 年广东省平均出口涨幅。劳动密集型产品出口 1101 亿美元,与上年基本持平。其中,服装及衣着附件、鞋类、纺织纱线织物及制品、家具及其零件、塑料制品、玩具出口额分别为 314 亿美元、138 亿美元、112 亿美元、154 亿美元、76 亿美元和 78 亿美元,增长率分别为 5.5%、5.1%、5%、13.2%、15.5% 和 8%。

四 2014 年广东外经贸走势预测

2013 年国内外经贸形势总体上有利于广东省进出口贸易继续增长,广东作为全国外经贸大省的地位得到巩固。但受国际需求增长缓慢和国内成本上升等因素影响,制约外贸发展的不确定因素仍然很多,增幅可能将延续此前的回落态势。根据我们上文的分析,2014 年世界经济的形势会延续 2013 年的发展趋势而缓慢变化,但 2014 年总体情况会好于 2013 年;2014 年国内的经济形势则会承受比 2013 年更大的压力。

(一)出口贸易的增幅会有所提高

我们预测,2014 年广东商品出口贸易的增幅为 5% 左右。基本依据是:国际货币基金组织(IMF)在 2013 年 10 月发布经济预估时称,全球经济 2014 年增长率可能升至 3.6% 左右,高于 2013 年的 2.9%。根据我们的实证研究,世界经济增长 1 个百分点会导致广东出口贸易增速大约加快 8 个百分点。2014 年世界经济比 2013 年加快 0.7 个百分点,意味着 2014 年广东出口贸易会加快 5.6 个百分点;如果剔除贸易套汇套利因素,2013 年广东出口贸易的增速为 6% 左右,实际出口额为 6000 亿美元;推断 2014 年广东出口贸易的增速为 11.5%,实际出口额 6690 亿美元。再用推算的实际出口额与 2013 年名义出口额 6364 亿美元进行比较,2014 年出口增速应该为 5%。2014 年是我国全面深化改革的第一年,改革对短期贸易的影响不确定性增加,劳动力成本继续增加,环境保护力度进一步增强,广东省的出口产能向内地和境外转移进一步增加。因此,综合国内外的有利和不利因素,我们认为,2014 年的出口增速为 5% 左右。

(二）加工贸易转型升级步伐将继续加快、贸易结构持续优化

广东省加工贸易转型升级战略一直都在实施过程中，广东省政府为促进加工贸易的转型升级先后出台一系列措施。2013年，广东省更是加快了加工贸易转型升级的步伐。2013年8月13日广东省政府网站公布了《广东省推进加工贸易转型升级三年行动计划（2013～2015年）》。该计划提出要加快广东省加工贸易转型升级步伐，要加快东莞加工贸易转型省级试点建设，力争至2015年年末广东省加工贸易整体水平得到进一步提高。

2011年加工贸易进出口总额增长13.8%，占GDP的比重为55.6%；2012年加工贸易进出口总额增长4.4%，占GDP的比重为53.9%；2013年广东省加工贸易进出口总额5267.6亿美元，微降0.6个百分点，占同期广东省进出口总额的48.3%，比2012年下滑5.6个百分点。2014年加工贸易转型升级将继续推进，贸易结构将继续优化，加工贸易的比重会继续下降。

2013年广东省机电、高新技术产品出口分别增长12.9%和15.8%，增速显著高于鞋类、纺织、服装等传统劳动密集型产品出口。随着广东省政府的"双转移"战略，广东省劳动密集型企业逐渐向中国的中西部和东南亚国家转移，进出口产品的结构将得到进一步优化。

随着深圳前海、珠海横琴、广州南沙等重大平台建设，对CEPA政策和广东先行先试机遇的充分利用以及粤港服务贸易自由化行动的推进，广东的贸易结构将发生较大的变化。

(三）利用外资较平稳增长

我国利用外资的政策已经调整，广东的招商引资政策也进行了调整，由过去的"招商引资"改变为"招商选资"。随着广东资源约束和环境约束的不断增强，要素成本不断提高，外商投资广东的步伐会放慢。我们预计：2014年合同利用外商直接投资和实际利用外商直接投资的增速都会在5%～10%，保持一个平稳增长的水平。利用外资的重点在第三产业，主要通过深圳前海、珠海横琴、广州南沙和中新知识城等重大平台和各重点产业园区来实现。广东省委、省政府正在力推"粤港澳自由贸易园区"建设，如能在2014年得到中央

政府的支持而获批,自贸园区会成为招商引资的新增长点,促进广东利用外资水平的快速增长。

(四)对外投资合作会快速发展

广东省正在抢抓"走出去"的战略机遇,积极培育本土的跨国公司,鼓励和支持优势企业通过跨国并购、重组和战略合作等形式,加快获取境外知名品牌、先进技术、市场资源与管理人才,大力提升国际化经营能力。预计2014年广东省核准境外投资新增中方协议投资额、对外承包工程新签合同额、完成项目营业额三项指标都会有较平稳的快速增长,劳务项下和工程项下派出的各类劳务人员也会有较快的增长。

参考文献

［1］广东国际战略研究院课题组:《国际经济形势、影响及对策建议(2013)》,《国际经贸探索》2013 年第 12 期。

［2］国家统计局:《2013 年国内生产总值(GDP)初步核算情况》,2013 年 12 月 27 日,中华人民共和国国家统计局官方网站。

［3］国家统计局:《2013 年全国规模以上工业企业实现利润同比增长 13.2%》,2013 年 12 月 27 日,中华人民共和国国家统计局官方网站。

［4］海关总署广东分署:《2013 年 11 月广东外贸进出口 9913.8 亿美元,全年增长 12.2%》,2013 年 12 月 18 日,中华人民共和国海关总署广东分署官方网站。

［5］IMF: World Economic Outlook, September 2013.

B.2 广东外经贸区域协调发展问题的研究

陈万灵 曹莹莹*

摘　要：

广东是一个外经贸大省，其内部区域严重不平衡。珠三角地区九市外贸占据广东外贸总额的95%以上，利用外资集中了广东外商投资的80%以上，"走出去"利用外资和经济合作也绝大部分集中在深圳和广州，而且主要是华为和中兴对外投资。导致这种不平衡格局的原因很复杂，主要是由于珠三角地区地处中国香港国际经贸中心，其他地区相比之下远离香港，获得的辐射和影响较少；另外制度和政策因素也是外经贸区域失衡的原因。因此，有必要采取一些措施，改善区域交通和基础设施，培育区域经济中心及其腹地产业；调整产业结构；提高劳动力和人力资本的质量，进行制度创新等。以此减缓这种失衡，促进广东区域外经贸协调发展，实现广东区域经济可持续发展。

关键词：

对外贸易　利用外资　区域经济　广东

改革开放以来，我国经济总体上的发展取得了举世瞩目的成就，但区域发展不协调的问题愈见突出。当前，区域发展不协调的问题已经严重影响到经济

---

* 陈万灵，男，博士（博士后），教授，广东外语外贸大学国际经济贸易研究中心主任，主要研究领域为国际贸易与经济发展。曹莹莹，女，广东外语外贸大学国际经济贸易研究中心研究生。

社会的发展，我国对此问题给予了高度关注，党的十六届三中全会提出的五个统筹、科学发展观以及建设小康社会都要求区域协调发展。经济发达的广东也存在明显的区域发展不协调的问题。因此，研究广东外经贸区域协调发展问题，分析外经贸发展不协调的形成原因，对促进广东区域协调发展具有重要的现实意义。

一 广东外经贸发展的区域状况

（一）广东外经贸发展简况

改革开放以来，广东经济发展取得了巨大的成就。广东 GDP 先后超过新加坡、中国香港和中国台湾等经济体，并连续十几年位列全国第一。这与广东外贸的贡献分不开。外贸对广东经济增长贡献多数年份为正，1981～2011 年外贸贡献率①平均为 3.05%，出口贡献率为 5.84%。出口贡献率弹性为 0.24，即出口每增长 10% 可以拉动 GDP 增长 2.4%。广东未来 30 年经济发展将会更加依赖国际经济发展，不能离开外经贸发展。

中国加入 WTO 后，促进了广东外贸快速发展。2002～2007 年这几年外贸增速都在 20% 左右，2003 年达到最高，为 28.28%。近几年，国际金融危机对广东外经贸影响比较大，2009 年外经贸增速一度为 -10.56%，2010 年快速反弹，增速达到 28.40%。总起来看，2000～2013 年，外贸年均增速达到 15.37%，其中，出口年均增速为 16.05%，进口年均增速为 14.51%。多年来，广东出口大于进口，一直存在贸易顺差。2013 年进出口贸易为 1.09 万亿美元，比上年增长 10.95%，其中，出口 6364.0 亿美元，比上年增长 10.84%，进口 4551.7 亿美元，比上年增长 11.10%。顺差 1812.30 亿美元，比上年扩大 10.20%（参见表1）。

---

① 外贸对经济增长的贡献率可定义为"净出口对经济增长的直接贡献加上出口通过引致消费和投资的增长而对经济增长做出的贡献"，其计算公式如下：外贸贡献率 = $\{(dC/dEX + dI/dEX)\Delta EX_t + \Delta NE_t\}/Y_{t-1}$，其中，$C$ 为消费，I 为投资，EX 代表出口，Y 代表国民收入，NE 为净出口。

表1 广东外经贸发展状况（2000～2013年）

单位：亿美元，%

年份	进出口		出口		进口		差额
	金额	同比±%	金额	同比±%	金额	同比±%	
2000	1701.06	21.39	919.19	18.29	781.87	24.77	137.32
2001	1764.90	3.76	954.21	3.81	810.69	3.69	143.52
2002	2211.21	25.28	1184.74	24.15	1026.47	26.62	158.27
2003	2836.46	28.28	1529.44	29.09	1307.02	27.33	222.42
2004	3571.29	25.91	1915.69	25.30	1655.60	26.67	260.09
2005	4279.80	19.84	2381.60	25.25	1898.20	14.65	483.40
2006	5272.24	23.20	3019.54	26.80	2252.70	18.68	766.84
2007	6340.50	20.20	3692.60	22.30	2647.90	17.54	1044.70
2008	6832.60	7.76	4041.00	9.44	2791.60	5.43	1249.40
2009	6111.20	-10.56	3589.60	-11.17	2521.60	-9.67	1068.00
2010	7846.60	28.40	4532.00	26.25	3314.60	31.45	1217.40
2011	9134.80	16.42	5319.40	17.37	3815.40	15.11	1504.00
2012	9838.20	7.70	5741.40	7.93	4096.80	7.38	1644.60
2013	10915.70	10.95	6364.00	10.84	4551.70	11.10	1812.30
2000～2013年均增速	15.37		16.05		14.51		—

资料来源：据广东省对外贸易经济合作厅网站/政务公开/统计数据整理，网址：www.gddoftec.gov.cn/sub.asp?channalid=1011。

广东外贸快速发展的主要促进因素是利用外资。广东作为中国改革开放的前沿窗口，凭着其优越的区位，引进了大量的FDI，外资企业带动外贸发展。广东的实际利用外商直接投资总额由1979年的0.31亿美元增加到1995年突破100亿美元大关，2008年更是高达191.67亿美元。外资企业出口额占广东出口总额的比重自1988年以来稳步上升，2003年以来这一比例稳定在63%左右。1979～2008年，广东外商直接投资项目累计达14.5万个，实际利用外商直接投资总额累计达2136.67亿美元，占全国的1/4；2008年广东进出口总额6832.6亿美元，是1978年的近30倍，约占全国进出口总额的1/3。

2008年国际金融危机爆发，近几年，FDI增长势头放缓，广东利用外资增速也减慢。2013年广东实际利用外资项目5520个，实际利用外资253.27亿美元，2008～2013年五年平均增长4.86%；比以前增速大幅度降低。其中1990～2003年增长迅猛，年均增长率高达18.8%（参见表2、图1）。

广东外经贸区域协调发展问题的研究

表 2　广东吸收外商直接投资状况（1979～2013 年）

年份	合同外资项目数		合同利用外资		实际利用外资		实际利用FDI占全国的比重(%)
	项目（个数）	外商直接投资项目（个数）	合同利用外资额（亿美元）	外商直接投资额（亿美元）	实际利用外资额（亿美元）	实际外商直接投资额（亿美元）	
1979	1642	70	2.29	1.46	0.91	0.31	7.07
1980	5048	188	13.89	12.00	2.14	1.23	
1985	13621	1640	25.65	20.01	9.19	5.15	19.31
1990	7196	3042	31.68	26.90	20.23	14.60	19.67
1995	9345	8177	261.05	248.32	121.00	101.80	25.14
2000	16879	4245	110.86	86.84	145.75	122.37	24.55
2001	13198	5317	158.04	134.35	157.55	129.72	31.72
2002	11706	6613	189.01	161.71	165.89	131.11	30.16
2003	11472	7306	244.67	217.89	189.41	155.78	33.74
2004	10530	8322	221.78	193.60	128.99	100.12	20.13
2005	11786	8384	267.57	237.44	151.74	123.64	23.78
2006	11276	8452	283.89	245.68	178.08	145.11	26.55
2007	11705	9506	364.66	339.38	196.18	171.26	25.04
2008	8980	6999	307.14	286.40	212.67	191.67	22.33
2009	5693	4346	182.41	175.58	202.87	195.35	22.10
2010	6022	5641	251.70	246.01	210.26	202.61	19.32
2011	7289	7035	348.55	346.92	223.28	217.98	18.97
2012	6263	6043	354.46	349.94	241.06	235.49	21.28
2013	5740	5520	366.63	363.13	253.27	249.52	21.54

资料来源：《广东统计年鉴（2013）》及广东省统计信息网、国家统计局网站。

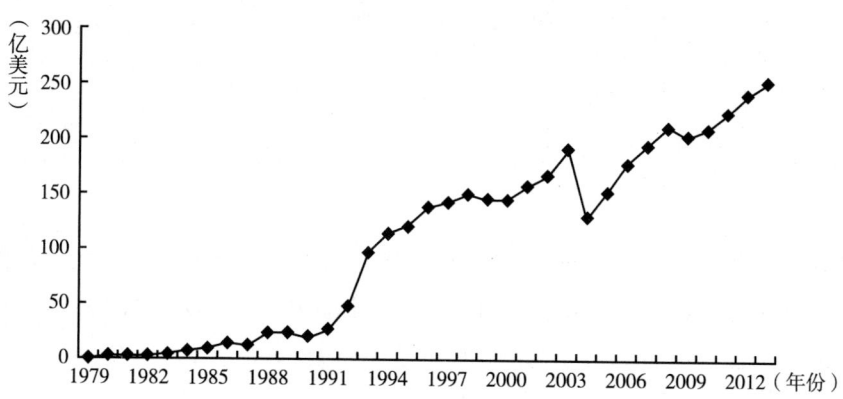

图 1　1979～2013 年广东实际利用外资变化过程

资料来源：《2013 广东统计年鉴》及广东省统计信息网。

（二）广东外贸发展的区域格局

尽管广东外贸呈现快速增长态势，但是，广东内部各区域外贸规模差异大，增长速度并不一致，出现了区域不平衡的格局。可以从广东"四大区域"①来看外贸发展格局（参见表3）。

表3 广东各区域外贸发展状况（2000~2013年）

单位：亿美元，%

年份	珠三角		粤东		粤西		粤北	
	金额	同比±%	金额	同比±%	金额	同比±%	金额	同比±%
2000	1590.9	—	64.2	—	30.5	—	15.5	—
2001	1684.6	5.9	43.7	-31.9	24.0	-21.3	12.6	-18.7
2002	2118.7	25.8	48.8	11.7	27.9	16.3	15.6	23.8
2003	2713.0	28.1	59.8	22.5	41.0	47.0	21.3	36.5
2004	3420.9	26.1	77.8	30.1	39.2	-4.4	33.4	56.8
2005	4110.8	20.2	94.5	21.5	32.2	-17.9	42.6	27.5
2006	5069.4	23.3	109.5	15.9	37.7	17.1	55.5	30.3
2007	6101.1	20.4	125.3	14.4	43.3	14.9	70.7	27.4
2008	6569.7	7.7	129.5	3.4	53.2	22.9	82.6	16.8
2009	5848.2	-11.0	135.4	4.6	49	-7.9	78.5	-5.0
2010	7513	28.5	168.7	24.6	61.5	25.5	105.8	34.8
2011	8742.9	16.4	197.0	16.8	74.8	21.6	118.7	12.2
2012	9433.7	7.9	201.5	2.3	79.6	6.4	124.7	5.1
2013	10472.0	11.0	220.0	9.2	91.1	14.4	132.4	6.2
2000~2008年均增速	19.39	—	9.17	—	7.20	—	23.26	—
2000~2013年均增速	15.60	—	9.94	—	8.78	—	17.94	—
2008~2013年均增速	9.78	—	11.18	—	11.35	—	9.90	—

资料来源：历年广东统计年鉴。

珠三角地区属于广东的发达地区，外贸起步早，发展快，在四大区域中处于领先地位。粤东、粤西和北部山区属于欠发达地区，外贸起步晚，基础差，

---

① 一般综合地理、资源、经济及行政因素，把广东划分为四大区域——珠三角、粤东、粤西和粤北山区。珠三角包括广州、深圳、珠海、佛山、江门、东莞、中山、惠州和肇庆九个地区；粤东包括汕头、汕尾、潮州和揭阳；粤西包括湛江、茂名和阳江；粤北山区包括韶关、河源、梅州、清远和云浮等区域。

发展相对比较慢，以至于外贸规模远远低于珠三角地区。

进入 21 世纪以来，2001 年中国加入世界贸易组织（WTO），各地全部开放，粤东、粤西和北部山区获得发展机会，对外贸易发展速度逐步加快。2000～2013 年，珠三角地区进出口贸易值从 1590.9 亿美元，增加到 10472.0 亿美元，年均增长 15.6%，远远超过粤东 9.94% 和粤西 8.78% 的外贸增长速度。2000～2008 年，粤北增速（23.26%）超过了珠三角地区（19.39%）。2008～2013 年，粤东、粤西和粤北山区年均增速分别为 11.18%、11.35% 和 9.90%，都超过珠三角增速（9.78%）。显然，近 5 年，粤东、粤西的外贸增速加快，珠三角地区的增速有所减缓，粤北山区增速稍有减缓。

尽管粤东、粤西和粤北山区近几年增长速度加快，但是其构成和地位近期难以改变和提高。长期以来，珠三角地区的进出口规模始终占广东进出口总规模的 95% 以上，而粤东、粤西、粤北山区等欠发达地区仅占不到 5%，特别是粤西地区，2013 年进出口总规模为 91.1 亿美元，仅占全省的 0.83%（参见表 4、图 2）。

表 4　广东外贸区域构成变化（2000～2013 年）

单位：亿美元，%

年份	广东总额	珠三角		粤东		粤西		粤北	
		金额	占比	金额	占比	金额	占比	金额	占比
2000	1701.06	1590.9	93.52	64.2	3.77	30.5	1.79	15.5	0.91
2001	1764.90	1684.6	95.45	43.7	2.48	24.0	1.36	12.6	0.71
2002	2211.21	2118.7	95.82	48.8	2.21	27.9	1.26	15.6	0.71
2003	2836.46	2713.0	95.65	59.8	2.11	41.0	1.45	21.3	0.75
2004	3571.29	3420.9	95.79	77.8	2.18	39.2	1.10	33.4	0.94
2005	4279.80	4110.8	96.05	94.5	2.21	32.2	0.75	42.6	1.00
2006	5272.24	5069.4	96.15	109.5	2.08	37.7	0.72	55.5	1.05
2007	6340.50	6101.1	96.22	125.9	1.98	43.3	0.68	70.7	1.12
2008	6832.60	6569.7	96.15	129.5	1.90	53.2	0.78	82.6	1.21
2009	6111.20	5848.2	95.70	135.4	2.22	49	0.80	78.5	1.28
2010	7846.60	7513.0	95.75	168.7	2.15	61.5	0.78	105.8	1.35
2011	9134.80	8742.9	95.71	197.0	2.16	74.2	0.82	118.5	1.30
2012	9838.20	9433.7	95.89	201.5	2.05	79.6	0.81	124.7	1.27
2013	10915.70	10472.0	95.94	220.0	2.02	91.1	0.83	132.4	1.21

资料来源：据历年广东统计年鉴的数据整理。

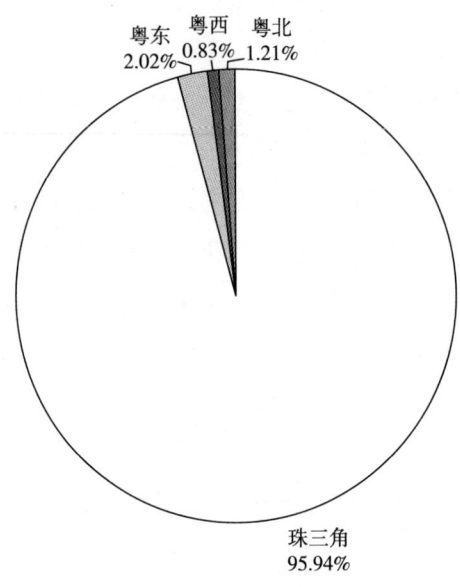

图2　广东外贸区域构成（2013年）

珠三角地区外贸分布，又主要集中于深圳、东莞和广州三个地区。2013年，广东对外贸易总额中，深圳、东莞和广州外贸之和占74.14%，分别为5373.6亿美元、1530.7亿美元和1188.9亿美元，占比分别为49.23%、14.02%和10.89%。

从出口来看，近几年，珠三角地区占全省比重基本稳定在95%；粤东地区由2000年的4.6%下降至2009年的2.6%，近些年稳定在2.5%左右；粤西地区由2000年的2.1%下降为2013年的0.87%，近些年变化幅度不大；粤北山区占全省的比重近几年稳定在1.26%左右。

从进口来看，珠三角地区除了在2009年受金融危机影响，进口规模有所降低以外，占全省的比重总体保持稳定，且近几年随着其他区域的发展有所降低；粤东地区占全省的比重在2009年达到1.66%的顶峰后逐年下降，到2013年下降为1.38%；粤西地区占全省的比重近五年一直保持在0.7%上下；粤北山区进口规模占全省的比重由2000年的0.74%上升至2010年的1.36%，又跌至2013年的1.15%，近些年呈缓慢递减趋势。

（三）广东利用外资的区域格局

外商对广东的直接投资主要集中在珠三角地区。2007年，珠三角地区利用外资占比为88.7%，逐年增加至2012年的91.4%；粤东利用外资占比由2007年的3.1%增至2011年的4.35%，2012年又降为3.44%；粤西利用外资占比最小，而且呈递减趋势，由2007年的1.9%降为2012年的1.36%；粤北山区利用外资缓慢增长，在全省的占比呈小幅递减趋势，由2007年的6.3%降为2012年的3.8%（见图3）。

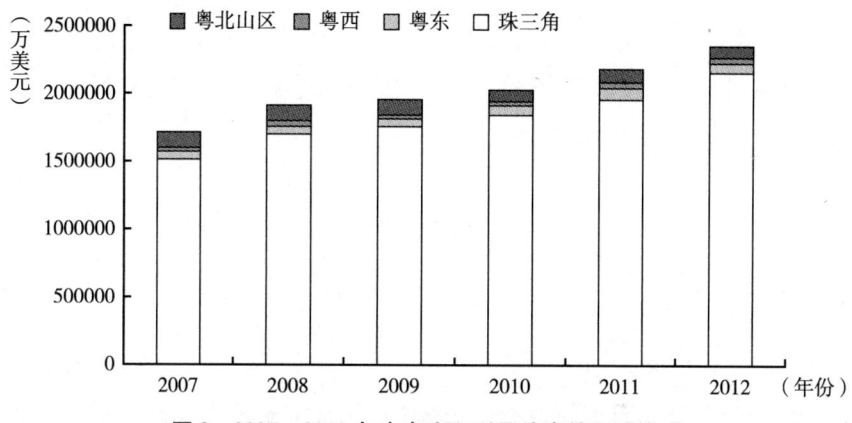

图3　2007~2012年广东实际利用外资的区域构成

首先，近几年，珠三角地区实际利用外资项目出现了较大幅度的下滑，其利用金额基本保持年稳步增长但也有一些波动。2007~2012年，珠三角地区在利用外资的项目数量上，从8445个下降到了5448个，下降幅度达到了35.49%。合同利用外资金额波动比较大，2007年达到299.41亿美元的峰值，2008年大幅度下滑至244.78亿美元，2009年继续下降到了148.34亿美元的低点，随后2010年反弹至213.49亿美元。实际利用外资的金额总体上较为稳定，从2008年的169.21亿美元缓慢提高到了2012年的215.23亿美元（参见表5）。

其次，利用外资的集中度有所提高。从每个外资项目平均利用外资额来看，2007年为289.85万美元，2012年为395.07万美元，增长幅度达36.30%。因此，珠三角地区利用外资的规模在保持总体稳定的同时，出现了外资向大项目集聚的趋势。

表5 珠三角2007～2012年利用外资基本情况

年份	利用外资项目(个)	合同利用外资额(万美元)	实际利用外资额(万美元)
2007	8445	2994058	2447820
2008	6159	2447820	1692091
2009	5283	1483386	1750849
2010	5043	2134870	1834656
2011	6408	2984025	1952875
2012	5448	3062009	2152349

资料来源：根据广东统计年鉴（2009～2013）整理而得。

最后，在珠三角地区利用外资总量中，又以深圳、广州和东莞为主，2012年，三地利用FDI在全省的占比达到55.95%，其吸收外资在全省的占比相对稳定；随后是佛山、惠州和珠海。

表6 广东吸收FDI的区域分布及其变化趋势

单位：%

| 年份 | 珠三角 | | | | | | | 东翼 | 西翼 | 山区 |
	合计	广州	深圳	珠海	东莞	佛山	惠州			
1990	77.19	13.21	25.63	5.35	5.03	10.87	7.76	8.48	2.37	3.49
1995	71.70	18.62	14.34	5.62	5.66	8.93	6.60	12.13	4.57	5.17
2000	88.56	21.84	20.81	7.15	11.55	6.75	7.36	5.83	1.63	3.98
2005	91.67	21.10	23.27	5.38	11.81	7.50	8.34	2.67	1.10	4.57
2007	88.68	19.19	21.38	6.01	12.36	9.18	7.17	3.10	1.94	6.28
2008	88.28	18.90	21.03	5.96	12.77	9.43	7.06	3.30	1.95	6.35
2009	89.63	19.32	21.30	6.04	13.28	9.59	7.14	3.46	1.20	5.72
2010	90.55	19.64	21.21	6.04	13.48	9.71	7.10	3.80	1.36	4.29
2011	89.59	19.60	21.10	6.14	13.99	9.88	7.19	4.35	1.50	4.56
2012	91.40	19.43	22.21	6.14	14.31	9.98	7.34	3.44	1.36	3.80

资料来源：《广东统计年鉴》（1991～2013）。

2012年，广州、深圳、东莞这三个城市在利用外资项目的数量上所占比重达到了77.34%，合同利用外资额占总量的55.10%，实际利用外资额占总量的61.21%。其他六个城市在外资利用项目和金额上相对要少一些。

具体而言，在利用外资的项目数量上，珠三角地区各城市由多到少的排名依次为：深圳、广州、东莞、惠州、珠海、中山、佛山、肇庆和江门。在合同利用外资额上，由多到少的排名依次为：广州、深圳、东莞、佛山、肇庆、惠州、珠海、江门和中山。在实际利用外资额上，由多到少的排名依次为：深圳、广州、东莞、佛山、惠州、珠海、肇庆、江门和中山。可以看出，无论是哪项排名，深圳、广州、东莞都稳居前三名。佛山、惠州、珠海的各项排名较为居中。江门、中山、肇庆的排名较为偏后。这说明珠三角地区各地利用外资的分布不均衡状态（参见表7）。

表7　珠三角地区利用外资的地区分布情况（2012年）

城市	利用外资项目		合同利用外资额		实际利用外资额	
	数量（个）	比重（%）	金额（万美元）	比重（%）	金额（万美元）	比重（%）
广州	1095	20.10	680186	22.21	457489	21.26
深圳	2428	44.57	626184	20.45	522940	24.30
东莞	690	12.67	381031	12.44	336938	15.65
惠州	327	6.00	265479	8.67	172787	8.03
佛山	155	2.85	330471	10.79	234983	10.92
中山	193	3.54	131881	4.31	80394	3.74
江门	153	2.81	136478	4.46	86982	4.04
肇庆	154	2.83	291321	9.51	115159	5.35
珠海	253	4.64	218978	7.15	144677	6.72
合计	5448	100	3062009	100	2152349	100

资料来源：《广东统计年鉴（2013）》。

（四）广东对外投资与经济合作的区域格局

广东"走出去"对外投资与经济合作起步晚，其水平相对落后。广东对外投资在全国的地位与广东经济地位不相称。近几年对外直接投资尽管不断增长，2011年，广东非金融对外直接投资19.03亿美元，同比增长59.1%。但是，对外直接投资占GDP的比重仍然较低，2012年为0.36%，而全国该指标为0.91%。另外，与利用投资相比，对外直接投资发展也不平衡，广东对外直接投资与利用外商直接投资比值为0.137，而全国该指标为0.78。无论是绝对数值还是与全国相比，广东对外直接投资与利用外商直接投资之比都明显偏小。

广东内部区域对外投资与经济合作的发展也不平衡，过于集中在广州和深圳两市，其他地区对外投资合作占全省比重很小。2011年，广东非金融对外直接投资 19.03 亿美元，其中，深圳 6.24 亿美元，占 32.79%；广州 4.01 亿美元，占 21.07%。2012 年，广东对外投资 43.38 亿美元，其中广州 6.85 亿美元，占 15.80%，深圳 28.21 亿美元，占 65.03%（参见表 8）。

表 8　广东对外投资与经济合作的分布区域（2012 年）

单位：亿美元，人

区域	中方协议投资额	对外承包工程		劳务合作人员	
		工程合同额	完成营业额	当期派出人员	期末在外人员
广东	43.38	190.51	160.53	41032	42463
广州	6.85	4.46	2.89	9867	13770
深圳	28.21	185.42	152.84	2591	1389

资料来源：根据商务部网站、广东省对外贸易经济合作厅网站、广州市对外贸易经济合作局网站数据整理。

从企业看，广东对外工程承包业务主要集中在华为和中兴等少数企业（参见表 9），无论是新签合同额还是实际完成额，两家企业业务占全省比例均超过 80%，最高接近 95%。所以，华为、中兴基本代表深圳"走出去"的企业情况。

表 9　华为、中兴对外承包工程业务及所占广东比重

单位：万美元，%

年份	华为		中兴		广东		华为和中兴占比例	
	完成营业额	新签合同额	完成营业额	新签合同额	完成营业额	新签合同额	完成营业额	新签合同额
2006	267565	311896	54057	120046	344170	458442	93.45	94.22
2007	488213	488213	4366	4940	546069	597733	90.20	82.50
2008	566913	592677	81825	93842	686045	84435	94.56	81.31

资料来源：《中国商务年鉴（2008）》和《中国商务年鉴（2009）》。

二　广东外经贸发展区域差异及其因素分析

（一）广东各区域外经贸发展差异

上述各地的外经贸发展差异还不足以准确说明其真实差异，因为各地区域

面积、人口、经济总量不同。一般使用外贸依存度指标来衡量。2012年，广东总体上外贸依存度为108.84%，其中，珠三角地区的外贸依存度高于全省水平，为124.64%，粤西的外贸依存度最低，仅为10.73%，可见，广东四大区域外经贸发展的巨大差异。动态地看，各区域外贸依存度差距并没有缩小。近几年，珠三角的依存度由2000年的156.37%升至2005年的184.22%，受国际金融危机影响较大跌落至2009年的124.27%，2012年为124.64%。粤东由2000年的49.78%降至2012年的30.73%。粤西由2000年的26.54%降至2012年的10.73%，近几年稳定在11%的水平。粤北山区由2000年的16.97%升至2008年的23.84%，由2009年的20.92%回升至2010年的23.55%，2012年为20.6%（参见表10）。总体说来，近几年全省以及各地区的外贸依存度持续走低。

可见，广东开放30多年来，各地基础和发展条件不同，起步和发展速度的差异导致了各区域规模、外贸依存度的差异，并形成了一个基本格局：珠三角地区进入发达地区的阶段，外贸依存度处于全国（60%）领先地位；粤东、粤西和粤北山区处于落后地区，其外贸依存度低于全国平均水平。

表10 广东各地区外贸依存度

单位：%

年份	全省	珠三角	粤东	粤西	粤北山区
2000	131.10	156.37	49.78	26.54	16.97
2005	155.43	184.22	50.33	15.39	25.26
2008	129.00	152.37	36.55	13.40	23.84
2009	105.73	124.27	33.98	11.48	20.92
2010	115.47	135.00	35.22	11.77	23.55
2011	110.86	129.16	34.39	11.47	21.37
2012	108.84	124.64	30.73	10.73	20.60

资料来源：根据广东统计年鉴数据计算整理。

（二）广东各区域的区位及设施条件的影响

区位条件是影响区域经济发展的一个重要因素。区位反映了一个地区与其他地区的空间关系,在对外交流过程中体现为交易成本的差异。广东珠三角、粤东、粤西和粤北山区四大区域的区位条件不同,对其外经贸发展有较大影响。珠三角地区邻近中国香港和中国澳门,中国香港是国际经济中心、航运中心和金融中心,国际经济、商业信息灵通。改革开放以来,珠三角地区利用濒临沿海的优势,充分发挥与港澳往来便利的区位优势,积极发展外向型经济,承接国外和香港、澳门的产业,促进经济迅速发展。而粤东、粤西和粤北山区离港澳比较远,交通不及珠三角地区便利,发展较慢。粤东也是沿海开放比较前沿的地区,得到汕头经济特区支撑,获得先行先试的政策支撑,为外经贸发展创造了有利的条件。粤西地处南海西北部,与东南亚各国航线比较近,但是远离香港国际经济中心,即使走高速公路,仍然有6~7小时车程,获得的经济辐射比较弱。粤北山区地处山地丘陵地区,交通不便,基础设施建设的造价比较高,与外界的经济交往较少,信息接收较慢,接受经济辐射所产生的经济带动作用弱。

珠三角地区位于广东腹地,地理位置优越,到香港1小时车程,交通非常便利,而且依赖其经济实力,使基础设施得到快速完善,公路、铁路、航道、航空交通便捷,而且香港、深圳、广州都有条件优越的海运良港,其他的电力、供水、能源、邮电通信等设施水平和供给水平较高,支撑了珠三角地区对外贸易和经济合作的快速发展。珠三角地区凭借优越的区位条件,迅速成为世界制造业基地和跨国采购中心。粤东、粤西和粤北山区经济实力比较弱,交通、电力、供水、能源、邮电通信等设施改善缓慢,严重影响资金、技术、人才和其他经济资源的聚集。此外,区域信息网络的建设和信息化水平的差异也是广东外贸区域发展差异大的原因。珠江三角洲信息化建设已经具有了一定的基础,在全国也处于前列。粤东、西部和粤北山区信息网络的建设相对较慢。因此,区位条件及其基础设施差距使得区位条件珠三角地区与广东其他地区的发展差异不断扩大。

(三)广东各区域经济实力对外经贸的影响

广东依靠改革开放"先行一步"的政策领跑经济发展30多年,外经贸发展对广东经济增长做出了重要贡献,广东各地区外经贸发展与经济发展态势基本一致。2012年,GDP达到了5.71万亿元,比1980年增长228.6倍,年均增长18.5%;比1990年增长36.6倍,年均增长17.8%;比2000年增长5.3倍,年均增长14.9%。从经济总量占全国的地位来看,1980年广东占全国的5.5%,1990年占8.4%,2000年占10.8%,2012年升至11.0%。从人均GDP来看,2012年人均GDP为54095元,比1980年增长112.5倍,年均增长15.9%;比1990年增长21.8倍,年均增长15.0%;比2000年增长4.2倍,年均增长12.8%。

从区域看,珠三角地区发展对广东的经济发展起主导作用,从地区生产总值来看,珠三角地区始终占全省的80%以上,而粤东、粤西和粤北山区的地区生产总值之和仅占全省的不到20%。珠三角地区对广东经济发展贡献率自改革开放以来逐年增加,2012年贡献率高达83.7%;粤西近几年的快速发展打破了以往粤东贡献率高于粤西的格局,2012年粤西的贡献率(8.2%)高于粤东(7.3%)将近一个百分点;粤北山区超过全省平均增长速度的快速发展,其贡献率呈现与粤东地区持平的趋势(参见图4)。

从利用外资看,2012年,广州、深圳、东莞这三个城市在利用外资项目的数量上所占比重达到了77.34%,合同利用外资额占总量的55.10%,实际利用外资额占总量的61.21%。其他六个城市在外资利用项目和金额上相对要少一些。这一分布特点与各城市的经济发展程度特别是制造业的发展水平较为吻合,即GDP总量越大、工业制造能力越强的城市,利用外资的金额就越高。

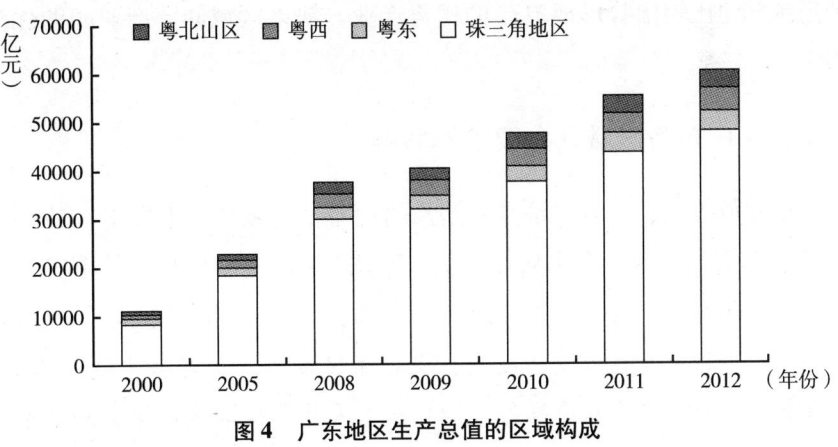

图4　广东地区生产总值的区域构成

(四)广东各区域的产业基础对外经贸的影响

外经贸发展与产业基础密切相关,产业发展水平和产业结构层次决定了外经贸发展状况。广东三次产业总体上的比重为5.0∶50.0∶45.0，基本完成了工业化任务，向服务型经济转型升级。但是，四大区域产业发展水平差距比较大，产业结构层次差异大，2011年各地产业结构为：珠三角地区为2.1∶47.9∶50.0，粤东为9.1∶54.0∶36.9，粤西为19.6∶41.4∶39.0；粤北为16.4∶44.3∶39.3。可见，珠三角地区产业发展水平非常高，大致相当于高收入国家的水平，已形成了电子信息、电器机械、汽车、化工行业等产业基地，并依托城市经济形成高水平的第三产业，已经成为高水平国际化、信息化的现代都市型经济。粤东接近中等收入国家水平。粤西和粤北山区地处偏远，产业演变缓慢，第一产业仍然占据较高的比重，一些地区工业化和城市化水平不高，粤西和粤北工业比重分别为37.6%和38.9%，产业结构比例关系仅相当于低收入国家水平，还有比较重的工业化任务，同时还要完成信息化、现代化和国际化任务。

从现代产业发展水平看，由于前期各区域发展定位不明显，各地政府为了发展当地的经济，盲目引进项目，造成各个地区产业结构类似，比如，陶瓷、纺织与服饰、工艺产品、家电、家具等制造产业在珠三角及其周边地区都有分布，产业结构相似。而粤东、粤西和粤北山区的产业发展滞后，产业集中化程度和竞争实力不强，缺乏高附加值、高科技和实力型的企业。目前四大区域没有利用各自的比较优势形成自己的优势产业，缺乏区域间、产业间的优势互补。

（五）广东各区域人力要素的影响

改革开放以来，广东经济高速增长的动力主要来自人力资本（特别是教育）投资和实物投资。广东从业人员以平均3%的速度增加，其中很大部分是外来人口的增加，大量外来劳动力对广东经济的作用不可替代（董福荣，2006）。由于珠三角地区经济发达，交通条件便利，企业多，就业机会多，报酬比较高，吸引了来自全国各地的高素质人才。特别是在深圳的外来人口中，有很大部分都富有创新精神，带动了当地文化及价值观念的创新。相对来说，粤东、粤西、粤北山区经济发展相对较慢，就业机会少，报酬较低，交通不便，对高素质人才吸引力较弱，而且还有一些本土人才流失到珠三角地区。

教育对经济增长产生重要的促进作用。小学文化人口存量对经济增长的影响作用呈逐年递减趋势，而初中、高中、大学文化程度的人口存量对经济增长的影响则逐年递增。其中以初中和高中的增幅较大，大学人口存量对经济增长的影响有所上升，但是相当弱小（董福荣、姚玲，2006）。广东省大部分高等院校分布在珠三角地区，珠三角地区的高层次人才比粤东、粤西和粤北山区高出数倍。从各项万人指标——万人拥有科技人员、万人拥有高校在校生数、在校普通中学生数、万人拥有在校中学生数——来看，珠三角地区均比其他三大区域高出数倍。

（六）广东金融服务对外经贸发展的影响

改革开放以来，广东的金融业快速发展，成为一个金融大省，有力地推动了外经贸的发展。首先，广东金融组织体系不断健全，金融市场发育不断完善，金融产品创新能力强，拓宽了外贸企业的融资渠道，为对外贸易发展提供了安全、稳妥、高效的结算服务平台。金融服务对广东外经贸的促进作用有明显的区域差异，在一定程度上扩大了广东经济的区域差距。珠三角地区金融发展对进出口贸易的促进作用明显大于东西两翼和山区（陈恩、黄桂良，2009）。从现实情况看，珠三角地区金融比较发达，金融组织体系完善，国有银行高效服务，信用社及民间金融机构发挥重要的补充作用。同时，对外开放水平较高，外资金融机构进入比较多，依赖其较强的创新意识和优质服务，获得了优质的信贷、结算、避险等涉外金融服务。其次，珠三角金融市场体系健全，金融产品不断创新，信贷资金充足，尤其是贸易融资新产品不断推出，形成了包括贸易融资、资金结算、外汇交易和现金管理及其组合，涵盖了进出口贸易各个环节的金融服务，拓宽了外贸企业的融资渠道，从而促进珠三角外经贸发展。而粤东、粤西、粤北山区金融市场化水平仍较低，金融开放步伐相对滞后，金融机构的数量及其服务质量远落后于珠三角地区，金融服务不能对进出口贸易发挥作用。

（七）广东区域外经贸发展的制度差异及困境

广东由于地理区位、自然禀赋、经济基础、历史文化、制度等多方面因素的影响，产生了区域不协调的问题。珠三角地区GDP、财政收入占全省近80％，粤东、粤西、粤北欠发达地区仅占20％。其中，制度差异是广东外经贸发展区域差异的重要因素。新制度经济学认为制度是经济绩效的决定性因素（诺斯，1994），对经济增长起决定性作用的是制度性因素而非技术性因素，也不是传统经济理论通常认为的劳动力、资金和技术等要素。制度创新鼓励行为主体进行技术创新、增加资本和劳力投入等促进要素的流动和效率改进（张培刚，1992）。制度经济学认为"制度"是一个广泛的概念，是指影响人类行为及其努力方向并最终影响资源配置和经济发展的一系列规则，它是由非正式制度（比如观念和惯例）和正式制度（比如规章、法制）所组成。明确的产权和个人利益的法制能激励效率，从而促进社会经济的发展，正是由于珠三角地区与粤东、粤西和粤北山区的制度差异导致激励程度和资源配置效率的差异，引起广东外经贸发展的区域差异。在制度因素中，广东各地观念差异、政策差异、体制差异、政府运作方式等都对广东区域外经贸发展产生重要影响。

改革开放以来，受改革开放政策实施的"梯度"推移战略的影响，各种优惠政策措施的实施首先在珠三角地区试验，并发挥明显的效应，以资金、技术及人才为主体的各种生产要素源源不断地流入这些地区，促使珠三角地区外向型经济迅猛发展。随着改革开放的发展，区位条件、政策条件的差异导致地区发展潜力差异性逐渐突出。一方面，在市场经济条件下，人才、资金、资源、技术源源不断地流入珠三角地区，使其在竞争中遥遥领先；另一方面，珠三角地区与外围地区缺乏关联，自身辐射扩散小，又利用了外围地区的资源和劳动力要素，导致珠三角地区与周围地区发展失调，从而逐渐形成了对比强烈的四大经济地域。至80年代末，形成了珠三角重、东西两翼和北部山区轻，并以沿海和内地山区不平衡为特征的区域经济格局。

近几年，广东"双转移"政策的效应带来了粤东、粤西、粤北山区外经贸的快速发展。2008年5月，广东省委、省政府提出的"双转移"就是产业转移和劳动力转移的统称，具体指珠三角地区劳动密集型产业向粤东西两翼、粤北山区转移；东西两翼、粤北山区的劳动力向当地第二、第三产业转移。"双转移"战略的实施在一定程度上减缓了广东外经贸发展的区域失衡态势。2000～2008年间，珠三角地区、粤东、粤西、粤北地区平均增速分别为

19.19%、9.17%、7.20%和23.26%；2008~2013年间，年均增速分别为9.78%、11.18%、11.35%和9.90%，珠三角地区外贸增速低于粤东、粤西、粤北地区，显然，由于政策影响，粤东、粤西、粤北地区外经贸发展速度加快，并超过珠三角地区。尽管产业转移并没有根本改变珠三角地区的领先格局，但是，抑制了广东外经贸区域失衡加剧的态势。

广东外经贸区域发展不平衡，导致区域经济关系的扭曲，从而影响经济运行的效率，会阻碍广东外经贸总体进一步发展的步伐。珠三角发达地区外经贸发展已经饱和，而且受到各类成本的限制，外经贸增长乏力。粤东、粤西和粤北山区落后区域的外经贸发展受到条件限制，生产日益萎缩，反过来也拖累发达区域经济发展。

三 广东外经贸区域协调发展的思路与对策

（一）广东外经贸区域协调发展的思路

广东各区域外经贸不平衡发展态势影响整体持续发展，也影响区域协调发展。区域协调发展一般是指各区域之间互相开放和合理分工，不断增强经济联系；保持各区域高效增长，促进差距逐渐缩小并趋向收敛；实现区域之间正向促进、良性互动的动态过程（覃成林、姜文仙，2011）。

广东外经贸区域协调发展的思路：坚持党的十八大以来关于全面改革开放的精神，深化体制改革和机制创新，提高广东各区域对外开放水平；通过规划引导，加强各区域之间的相互联系，强化区域之间分工与产业布局合理化；以功能园区为载体，增强利用外资、培育产业的能力，拓展外贸发展的基础，优化珠三角园区经济，增强落后地区园区经济功能；通过公共财政转移支付机制和公共服务平台建设，积极扶持落后地区基础设施配套建设，优化投资环境，促进资本、产业、技术、人才向粤东、粤西、粤北转移；从而促进珠三角发达地区优化发展，推动粤东、粤西、粤北地区快速发展，形成广东区域协调发展格局。

具体而言，一是树立一个"目标"：继续挖掘广东落后地区开放型经济潜力,积极实施外贸协调发展战略,构建区域协调发展的外经贸格局。二是增强两个"动力":继续大胆探索体制创新,以完善市场经济体制及其开放经济体系为基础,为外经贸发展营造良好的制度环境,提升制度激励动力;坚定不移推进创新驱动发展战略,加快外贸发展方式转型升级,为推动持续发展增添新动力。三是坚持五条"路径":加快外资发展方式转型升级,进一步提高外经贸质量;加大产业结构战略性调整力度,进一步优化外贸结构;深入挖掘民营经济的潜力,进一步提升外贸主体竞争力;优化利用外资的增量结构,进一步提升利用外资质量;加快企业"走出去"对外投资步伐,进一步提升带动进出口贸易发展的力度,从而实现广东外经贸区域协调发展。

(二)加强外经贸发展落后地区的制度创新和体制改革

广东东、西、北部地区与珠三角地区外贸发展差异关键是制度和体制差距。广义上的制度包括人们的观念、文化理念和规则等。要缩小区域差距,就要重点加强政治制度及政府体制改革,提高制度供给能力,通过一系列制度为社会服务,规范政府管理职能,加强经济规划、产业政策、法律等,引导市场主体行为。

(1) 加强更新观念,强化落后地区开放观念、信息观念、竞争观念和风险观念等,营造一个开放和发展的观念环境。这就必须学习借鉴珠三角地区在改革开放和发展制度过程中积累的经验,吸取教训,获取"后发优势",以此迅速缩小与珠三角地区区域外贸发展水平的差距。

(2) 健全互助、合作、扶持机制,促进珠三角发达地区对口支援粤东、粤西、粤北欠发达地区。按照公共服务均等化原则,加大政府对欠发达地区的支持力度。继续在经济政策、资金投入和产业发展等方面,加大对粤东、粤西、粤北地区的支持。鼓励和支持各地区开展多种形式的区域经济、技术协作,形成珠三角地区带动引领粤东、粤西、粤北共同发展的格局。

(3) 进一步优化营商环境,完善外经贸政策体系。一是大力提升政务国际化水平。进一步完善符合国际规则的制度环境,加强地方执法、完善规则、管理制度及其各项具体保护制度和惩罚措施,营造一个市场竞争有序的良好环境。二是按照国际规则和惯例,推进政府做事规则国际化。在成立企业、取得许可证、人才引进、外事管理、土地使用、融资、跨境交易、保护投资者、履约、结算等方面与国际对接，从制度建设和运作方式上加快与国际接轨，整体提升对外开放水平，增强参与国际合作与竞争的能力。三是加大对欠发达地区政策倾斜的力度，特别是在基础设施方面给予优惠，尽快改善投资环境，充分利用珠三角产业结构升级和产业转移的机遇，促成粤东、粤西、粤北新的外贸增长点的形成和发展。四是从区域金融协调发展的角度入手，促进广东对外贸易的均衡发展。一方面，通过制定税收等优惠政策，鼓励与引导金融机构资金投放向东西两翼、粤北山区等区域倾斜。另一方面，加大东西两翼、粤北山区等地区的金融开放力度，通过引进外部金融机构，引入先进的管理体制和经验，提高在贸易金融服务领域的创新能力，充分发挥金融服务对进出口贸易的促进作用。

（4）推进外经贸社会服务体系建设。转变政府职能，加快政事分开步伐，把政府部分事务性和辅助性职能及服务事项转移、委托、授权给社会单位，建立以中介组织、行业组织、社会团体为主，由政府引导的外经贸社会化服务体系；规范行业组织、中介机构的运作行为，维护外经贸经营秩序；引进国际知名中介机构，加快中介机构和行业组织的国际化进程，推动粤港澳及国际专业服务领域合作，提高本土中介机构的国际服务能力。

（三）加大产业结构战略性调整力度

广东整体外贸转型升级必须依赖于贸易结构调整，而贸易结构由产业结构或产品结构决定。区域的产业结构直接影响资源的组合和转化效率，从而影响区域外贸发展水平和协调发展。因此，必须加大各个区域产业结构战略性调整力度。按照区域协调发展的要求，必须促进珠三角地区的部分产业向粤东、粤西和粤北山区转移，同时粤东、粤西和粤北山区为珠三角地区提供市场和原材料、零配件加工服务。为此，就必须加强产业跨区域转移，把产业跨区域转移作为促进区域协调发展的一种重要手段。必须充分发挥各区资源优势，进一步完善全省基础产业、主导产业选择及空间布局等。第一，制订产业跨区域转移规划和配套政策，促进产业跨区域转移。第二，加快建设珠三角地区与粤东、粤西和粤北山区之间的快速公路和信息网络，降低产业转移的空间成本，提高

企业的积极性。第三，采取一定措施，激励骨干企业转移，从而带动相关配套企业转移，实现产业集群的整体转移。同时，鼓励企业利用转移机遇，进行内部组织的调整，把生产性环节外包出去，把企业研发、营销和管理环节留在珠三角发达地区，从而促成区域之间的产业及其价值链联系。

（四）优化各地利用外资增量的空间结构

改革开放以来，广东充分利用毗邻中国香港、中国澳门和侨乡的特殊区位优势，通过利用外资引进大量外向型产业，带动产业和外贸发展。外资企业多集中在发达地区，导致了广东区域发展的不协调。因此，必须鼓励外资流向粤东、粤西和粤北山区，优化外资的空间结构，促进当地经济发展，缩小区域差距。另外，提高引进外资的技术含量，完善与基础设施有关的配套设施，提高人力资本存量，发挥FDI的人才溢出效应，吸引大规模FDI项目，最终提高吸引外资的质量。在政策上，实施利用外资的区域倾斜性政策，从而对流向粤东、粤西和粤北山区的外资给予更多的优惠，弱化流向珠三角地区的外资的优惠政策。

对珠三角地区来说，必须改变港澳投资过于集中的局面，积极主动吸引美、欧、日等发达国家资本和技术，主动吸引高新技术领域世界500强企业在广州等地设立地区总部、研发中心、物流中心、采购中心、营运中心、培训中心等机构，不断提升跨国企业竞争力和对国际资本的影响力。实现从引进生产企业到引进研发中心，从引进跨国公司分支机构到引进跨国公司总部的转变，促进加工贸易整体结构优化升级。

对于落后地区来说，创新利用外资方式。一是扩大招商引资专项资金，加大对功能园区的贴息补助、优质外资项目奖励、完善招商网络、人才引进和培训、利用外资先进机构和个人奖励等。二是实行产业链招商方式。围绕战略性新兴产业、高新技术企业主导产品和高附加值服务业进行招商，重点选择资本密集型、技术密集型、价值链较长的产业。借鉴产业引资的成功经验，以"补链"主攻光电器材信息产业，以"建链"主攻新材料、新能源产业，以"强链"主攻高端石化塑料产业等方式，优化外资结构。三是积极引导民营企业利用外资。根据产业发展导向，鼓励一批有引资意愿的民营企业与外商合作。鼓励民营企业赴境外上市募集资金后返程投资。鼓励外商利用私募股权投资基金，设立创业投资企业。四是进一步加大高端人才引进力度，大力引进境外研发、创意设计、金融、法律、咨询、会计、品牌经营等机构。

（五）推动功能园区创新发展和提升开放型经济水平

广东属于对外开放的先行地区，各类功能园区担当了开发、开放试验区，为广东外经贸发展和开放型经济的形成做出了重要贡献。广东功能园区主要有：通过国家审核的经济开发区84个，其中，国家级经济技术开发区6个，海关特殊监管区17个，省级经济开发区61个。为了适应国内外经济形势新变化，必须加强功能园区转型建设，积极探索高效管理新模式。总体上，加强园区功能创新调整，增强园区开放经济的功能和效应；使功能园区成为广东区域现代产业新体系的重要生长点，引领广东经济发展方式的转型升级，促进开放型经济发展。一是通过体制、机制创新，不断对功能园区注入新的驱动力。功能园区以体制、机制创新带动了各地外向型经济发展，促进了外经贸发展。发挥园区功能和效应需要加强园区制度创新，深化园区的管理体制改革，创新园区机制。二是完善基础设施配套建设和公共服务体系，增强功能园区的集聚能力。基础设施和公共服务水平是充分发挥园区功能和效应的基础。围绕产业转型升级，加强园区现代基础设施建设，提高园区公共服务水平。三是加强园区技术创新，提升各个依托区域的产业国际竞争力。依托园区发展，加强技术创新，促进产业集聚和特色产业的形成，突出战略性新兴产业的发展，增强产业国际竞争力。四是依托自由贸易园区、CEPA先行先试、服务外包园区（示范区）、金融商务区、会展商务区以及创意产业园区载体，促进发达地区现代服务业和服务贸易的发展。五是依托各类开发区、海关特殊监管区，提升粤东、粤西和粤北山区利用外资的水平和质量。

（六）增强民营企业活力和加快"走出去"对外投资步伐

外贸进出口发展需要企业主体适应外部市场体系变化，因此，必须培育多元化外经贸主体。在外贸主体结构中，广东外资企业所占的比重一直很高，民营企业在外贸主体结构中所占的比例偏低，粤东、粤西和粤北山区民营企业实力尤其偏弱，不利于广东外经贸协调发展。珠三角地区，要扶持民营企业对外投资，加快"走出去"对外投资步伐，通过设立民营企业"走出去"专项基金，开展政策咨询、信息服务、简化审批手续等方式，降低民营企业境外投资的风险；要扶持具有综合实力和国际竞争力的机电、电信设备、信息技术等行业大型企业"走出去"，促进这些企业到发达国家建立研发中心，开发具有自主知识产权的新技术、新产品，吸收国外先进技术和最新研究成果。

东西两翼和北部山区，要加大对外开放力度，提高其外向依存度，加快民营经济的发展。只有增强出口民营企业活力，才能促使经济落后地区外贸快速发展。一是加快民营企业国际化经营的步伐。引导民营企业通过兼并、收购、参股等方式，提升外贸行业企业的集团化、国际化经营水平。二是积极鼓励和扶持经济落后地区民营企业直接开展出口业务，鼓励民营企业依靠技术研发和自有品牌，建立境外营销网络。三是进一步完善促进民营高新技术企业产品出口的配套政策，健全民营高新技术企业贷款的担保体系，为民营高新技术企业提供政府担保和知识产权质押贴息。四是鼓励企业"抱团"参加境外交易会，显示"中国"品牌的形象，提高产品议价和定价权。由政府出面，协调行业协会，把一些有出口潜力的优质产品企业协调起来，以团队形式出去参展。例如，2011年8月14日至17日，梅州市首次组团参加南美洲最大的展览会——巴西圣保罗国际家庭礼品及用品博览会，共有日用陶瓷、工艺陶瓷、玩具等15家生产企业10个展位参展，展会成交喜人，现场洽谈客户500多人，累计成交合同意向1500多万美元。五是增派省级贸易使团，加大对外商业宣传力度，通过一些宣传推介、贸易援助，鼓励广东企业在国外设立销售中心，开拓国际市场。

（七）加强粤东西北地区与内陆出海通道建设

广东对外开放30多年，积累的经济实力足以带动内陆对外开放。正在筹划的"海上新丝路"国家战略，需要内陆腹地资源和市场的支撑，需要对广东及其内陆辐射地区进行引导，通过广东对内开放，带动内陆对外开放。粤东、粤西、粤北地区与周边省份相邻，是珠三角地区经济发展向内陆辐射的过渡地带，也是内陆省份出海的通道，有条件引导内陆对外开放和聚集内陆要素。必须把握"海上新丝路"建设带给广东的战略机遇,扩大对周边省区的开放。一是加强对"海上新丝路"内陆腹地通道建设规划和政策引导。二是加强机场、港口、码头、铁路、公路等基础设施的科学规划和布局建设,加强自身港口及其集疏运条件建设,改善粤东、粤西、粤北地区的交通条件,加强与周边省区合作,改善内陆交通设施建设。三是加强广东与内陆省区产业合作,带动内陆地区对外开放。比如加快"粤桂合作特别试验区"建设,推动粤西地区与东盟的经贸合作,带动粤西产业和外贸发展。

(八)加强外贸职业人才培育和提升人力资本

人力资本是经济增长的重要引擎,对欠发达地区与发达地区差距的缩小、区域比较优势的发挥、合理的区域分工格局的形成、可持续发展的实现有着非常重要的影响。经过多年的制度改革,中国"人口红利"逐渐降低,掌握一定技术的劳动力日益缺乏。广东受劳动力和人才限制比较大,一些企业因为劳工不足,被迫减产、提高工资,或者转移投资和生产地,有的转向东南亚一些国家,这种趋势会影响广东开放型经济的发展。一些新兴行业没有专门的学校和培训机构,比如服务外包企业就比较缺乏人才。这些都需要政府进一步优化人才机制,加强技术人才引进,引导和鼓励紧缺人才的培训,加强外经贸队伍建设。

珠三角地区要大力吸引国内专家、教授、科研骨干、大企业主管来广东工作,鼓励和支持外经贸企业面向国内外积极引进和培育外经贸管理、投资、研发、设计、生产、营销、法律等各类适用、紧缺人才,特别是吸引开拓意识强、熟悉国内外市场运行规则的外经贸高端人才。粤东、粤西和粤北山区,一是要充分发挥劳动力优势,在当地建立灵活有效的人才培养、引进和激励机制。坚持对当地人才进行突出重点、有针对性地培养,造就经济发展急需的各级各类人才。二是与珠三角、港澳台地区及美国、日本等经济发达国家合作,建立技术交流平台,大力引进国内外高层次人才。三是建立政府对人才的重奖制度,鼓励创新、鼓励研发,创造良好的环境条件,吸引国内外高层次人才为粤东、粤西和粤北山区的发展服务。四是着力推进各类国际化人才队伍建设。以跨国经营管理人才、国际商务营销与谈判人才、国际经贸法律人才、国际标准化人才、国际服务外包人才、国际经贸分析和研究人才等六类高级国际化人才队伍建设为重点,从人才管理、配置、培养、引进、使用等环节整体推进国际化人才队伍建设。五是通过人才建设和人才交流,加强职业教育,增强粤东、粤西和粤北山区劳动力的劳动技能和就业竞争力,为在本地就业或劳务输出打下基础,扩大政府对东西两翼和粤北山区的教育投入,完善教育设施,扩大招生规模,开办技术学校或培训班。

参考文献

[1] 陈本良、陈万灵:《区域经济发展差异的制度经济分析》,《中国软科学》2000年第11期。
[2] 陈恩、黄桂良:《金融发展对广东对外贸易的影响及区域差异》,《国际经贸探索》2009年第6期。
[3] 陈淳、肖玲:《广东四大区域经济差异分析及对策研究》,《辽宁行政学院学报》2006年第2期。
[4] 董福荣、姚玲:《广东省人力资源投资状况分析》,《商业经济文荟》2006年第2期。
[5] 覃成林、姜文仙:《区域协调发展:内涵、动因与机制体系》,《开发研究》2011年第1期。
[6] 张培刚:《新发展经济学》,河南人民出版社,1992。

广东区域外经贸发展专题

Subject on Region Developing of Foreign Economic and Trade in Guangdong

B.3
广东服务业外商直接投资技术效应研究

钟晓君 刘德学*

摘 要： 本文在分析服务业外商直接投资技术效应作用机制的基础上，基于 DEA-Malmquist 指数方法测算出广东 1985～2010 年服务业全要素生产率指数、技术进步指数和技术效率指数，并分别以三者作为被解释变量实证考察服务业外商直接投资的技术效应。结果表明：总体上看，服务业外商直接投资存在显著的技术效应，但这种技术效应主要是通过促进技术进步进而提高全要素生产率实现的，技术效率效应并不显著，技术效率改进的驱动力似乎更多地来自于国内因素。另外，服务业外商直接投资技术效应的发挥存在一定"技术门槛效应"和"适应期效应"，只

---

* 钟晓君，广东技术师范学院讲师。刘德学，暨南大学经济学院教授，博士生导师，广东外语外贸大学国际经济研究中心研究员，主要研究方向：国际贸易与国际投资。

有越过技术门槛和适应期,外商直接投资的技术效应才能完全显现。

关键词:

服务业 外商直接投资 技术效应

一 服务业 FDI 技术效应作用机理:基于文献综述

随着经济全球化的深化,世界经济结构逐步变化,全球产业结构逐渐向服务业偏移,特别是1994年乌拉圭回合达成《服务贸易总协定》(GATS)以来,服务业获得快速发展并逐渐超过制造业,成为全球经济最具活力与增长最快的部门。全球经济服务化与"软化"趋势明显,服务经济向世界各国扩散。同时,对外直接投资(FDI)重点也从制造业转向服务业,服务业 FDI 占世界 FDI 的份额已由20世纪90年代的不足50%增加到近期的70%左右,说明服务业已经成为当今国际直接投资的主要承载体。

众所周知,当前广东正处于经济转型的重要战略时期,在国内外环境不断变化的新形势下,继续过度依赖制造业对经济的拉动作用显然是行不通的。加快产业结构调整与优化进程,大力推进现代服务业发展尤其是在规模扩张中不断提高技术水平和生产效率,无疑是广东经济转型、继续保持平稳较快增长的关键。

在 Fuchs(1965)提出服务经济生产率的概念之初,似乎并未引起经济学界的足够重视,而且传统观点普遍认为服务部门相比其他生产部门具有更低的生产率(Baumol,1967)。直到20世纪80年代以后,随着服务业的快速发展和地位日渐提高,国内外学者才开始真正关注服务业的生产率问题(Thurow,1989;Gouyette & Perelman,1997;程大中,2003;蒋萍、谷彬,2009;刘兴凯、张诚,2010;王恕立、胡宗彪,2012)。这些研究的目的都放在如何促进服务业生产率的提升上。可见,促进服务业生产率的提升是一个十分棘手且具有重大理论与现实价值的课题。在影响服务业生产率提升的诸要素中,外商直接投资逐渐进入学者们的研究视野,国内外学者逐渐开始关注服务业外商直接投资的技术效应问题。Markusen（1989）研究发现中间服务业 FDI 自由化提高了利用其作为中间投入的最终产品部门的生产率，从而有利于东道国技术进步和经济福利的增加。Miroudout（2006）研究结论认为包括 FDI 在内的服务自由化可促进外资企业和国内企业之间的知识交流，对于技术溢出具有显著的正向影响。王艾敏（2008）针对河南的实证研究表明，FDI 对新型服务业生产率的溢出效应主要是通过对技术效率的提升表征出来的，对技术进步的促进作用并不明显。

总体上看，由于数据可获得性以及长期以来对于制造业 FDI 的偏向性关注，国内外学术界似乎忽略了对服务业 FDI 的研究，使得关于服务业 FDI 的研究一直滞后于国际直接投资当前大举流入服务业的实践，系统分析服务业 FDI 技术效应的研究成果更是少见。

服务业 FDI 的技术效应是服务业跨国公司通过国际直接投资活动在东道国设立分公司或者子公司，这些分公司和子公司在东道国生产经营过程中不自觉产生技术外溢，并被东道国服务企业消化吸收，从而对东道国服务业技术进步产生作用的过程。服务业 FDI 技术效应的发挥涉及服务业技术供方、服务业技术受方以及服务业 FDI 技术外溢途径三个方面。具有先进生产技术水平以及高生产效率的服务业跨国公司是服务业的技术供方，在服务业 FDI 的技术效应中扮演技术溢出角色；具有较低生产技术水平以及劳动生产率的东道国服务企业是服务业的技术受方，在服务业 FDI 的技术效应中扮演技术吸收角色；服务业 FDI 的技术外溢途径是联系服务业技术供方和服务业技术受方之间技术扩散和转移的桥梁与纽带，具体包括竞争效应、示范效应、产业关联效应以及人力资本流动效应。服务业技术供方、服务业技术受方以及服务业 FDI 技术外溢途径是服务业 FDI 技术效应发挥作用的基本要素与必要条件，在服务业 FDI 技术效应的发挥过程中缺一不可。

服务业 FDI 技术效应发挥作用的充分条件是服务业跨国公司与东道国服务企业之间存在技术势差。技术势差是由服务业 FDI 企业与东道国服务企业之间的技术差距引起的，技术差距是影响 FDI 技术效应的重要因素（Kokko，1994；Kokko et al，1996）。技术势差与服务业 FDI 技术效应的强弱并不是简单地表现为线性关系。服务业 FDI 企业与东道国服务企业之间过大的技术势差将不利于东道国服务企业学习与吸收服务业 FDI 的技术外溢，而服务业 FDI 企业与东道国服务企业之间过小的技术势差则使东道国服务企业难以获得充分的服务业生产与经营实用技术。只有服务业 FDI 企业与东道国服务企业之间的技术势差处于东道国服务企业"既有机会学习，又有能力学习"的合理范围与区间，服务业 FDI 的技术效应才能得到最大限度的发挥。从东道国服务企业的角度来说，只有当东道国服务企业顺利越过一定的"技术门槛"（technical threshold），使其与服务业 FDI 企业之间技术势差处于合理的范围内，才能有效吸收服务业 FDI 企业的技术外溢，利用服务业 FDI 企业的先进技术促进自身技术进步。

服务业 FDI 技术效应发挥作用包括技术提供和技术吸收两个相互独立而又相互联系的过程。技术提供的主体是服务业跨国公司，技术吸收的主体是东道国服务企业，有服务业技术提供并不一定有有效的技术吸收。市场竞争的激烈程度决定着服务业跨国公司技术提供的多寡。在一个充分竞争的市场环境下，服务业跨国公司为了保持竞争优势、赢取市场份额，会将母国先进的生产技术与经营管理诀窍引至东道国，从而形成强大的服务业技术外溢源；相反，在一个缺乏竞争的市场环境中，服务业跨国公司无需引进母国先进生产技术与诀窍即可维持市场竞争地位，服务业跨国公司的技术外溢效果则会大打折扣。研究表明，企业生产、设计和开发技术诀窍的获得多是靠学习和经验积累（Cohen et al，2002）。可见，东道国服务企业的学习与吸收能力决定了技术吸收的多寡，在东道国服务企业与服务业跨国公司之间没有过大技术势差的前提下，如果东道国服务企业具备良好的学习与吸收能力，则能获得良好的技术吸收效果。相反，如果东道国服务企业学习与吸收能力欠缺，则无法有效汲取服务业跨国公司溢出的技术。

服务业 FDI 技术效应发挥作用的途径包括竞争效应、示范效应、产业关联效应以及人力资本流动效应。

（1）竞争效应。服务业 FDI 企业的进入打破东道国原有服务业市场的竞争态势，凭借自身拥有的先进技术与高效生产效率，服务业 FDI 企业给东道国带来强大的市场竞争压力。东道国服务企业为了在激烈的市场竞争中赢得生机、获取利润，将加大技术投入，增强技术创新水平与能力，改进经营管理理念，提高生产经营效率。在这个过程中，东道国服务企业的资源配置效率与技术水平都会获得改进与提高。Wang 和 Blomstrom（1992）、Kokko（1994）、陈涛涛（2004）的研究结论都验证了竞争能够促进技术进步。

（2）示范效应。服务业 FDI 企业的进入给东道国服务企业提供了学习与模仿的对象，服务业 FDI 企业有着先进的技术水平、完善的生产经营模式以及高效的管理与激励方法，在与服务业 FDI 企业同台竞技的过程中，东道国服务企业不断认识与发现自身与服务业 FDI 企业之间的差距，并通过"干中学""逆向工程"等途径不断获得效仿服务业 FDI 企业的机会，从而提高自身技术水平，缩小与服务业 FDI 企业的技术差距。服务业 FDI 企业示范效应的发挥大大降低了东道国服务企业技术升级的成本，有效规避企业进行自主技术创新的风险与不确定性，是促进东道国服务企业技术进步的重要途径。

（3）产业关联效应。服务业 FDI 企业进入东道国后并不是孤立存在，其在生产运营过程中将与上游企业以及下游企业产生频繁接触与联系。产业关联效应主要通过后向关联和前向关联得以实现。所谓后向关联，是指服务业 FDI 企业与当地供应商之间的联系。当地供应商为了满足服务业 FDI 企业对其产品的质量与技术要求，将努力改善生产经营条件，提高技术水平；同时，服务业 FDI 企业也会积极对当地供应商进行技术指导使其生产满足自身要求。有学者研究发现，后向关联对东道国的技术进步影响最大（Lall，1978；McAleese & McDonald，1978）。所谓前向关联，是指服务业 FDI 企业与下游企业以及消费者之间的联系。服务业 FDI 的进入将提高东道国服务产品的质量、增加东道国服务产品的种类、开创新的服务产品市场、提高消费者对服务产品的需求层次。所有这些改变都会推动或倒逼东道国服务企业不断提高技术水平，不断开发新的服务产品以应对激烈的市场竞争。

（4）人力资本流动效应。出于降低成本以及"本土化"策略的考虑，服务业 FDI 企业进入东道国后并不会将本国技术人员和管理人员大量引至东道国，而会在东道国引入当地人才，并对其进行管理与技能培训，使其满足服务业 FDI 企业的要求。随后，当这些受过系统培训并熟悉跨国公司经营管理流程的服务业 FDI 企业的员工自主创立企业或者流动到东道国本土服务企业的时候，服务业 FDI 企业的技术随之发生转移与扩散，服务业 FDI 的技术外溢由此发生。具体来说，人力资本流动效应能够在三个层次产生技术外溢作用：第一层次的技术外溢是服务业FDI企业引进当地员工并对其进行管理与技能培训，从而提高了当地员工人力资本水平与综合素质；第二层次的技术外溢是供职于服务业FDI企业的当地员工通过自主创建企业或者人员自由流动转移到东道国本土服务企业，其在服务业FDI企业所接受的专业培训以及所掌握的技能随即转移与扩散至东道国企业；第三层次的技术外溢是当这些员工在东道国本土服务企业之间再度转移与流动的时候，服务业FDI企业的技术将发生范围更广的溢出与扩散。

本土服务企业在面对上述四种服务业FDI技术效应发挥作用时，具有迥然不同的路径（策略）选择方式，以推动企业自身技术水平与生产效率的提高（傅元海等，2010）。在竞争效应下，本土服务企业推动企业技术进步最主要的路径选择是加大企业技术创新资金投入，以及引进服务业FDI企业的先进技术；在示范效应下，学习与模仿是本土服务企业促进自身技术进步的最主要路径选择；在产业关联效应下，本土服务业企业推动企业技术进步的最主要路径选择是接受服务业FDI企业的技术转让与技术援助，以及与服务业FDI企业进行技术合作开发；在人力资本流动效应下，人才引进与人才培养成为本土服务企业最主要的技术进步路径。这是上述服务业FDI技术效应的作用机理（参见图1）。

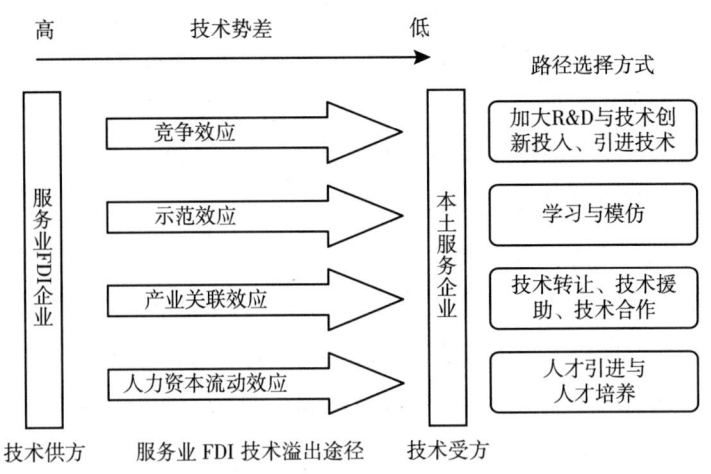

图1 服务业FDI技术效应作用机理

二 广东服务业外商投资发展状况

(一)广东服务业利用外资阶段性特征明显

改革开放以来的最初几年,广东先后设立经济特区、经济技术开发区、保税区等,首先对外资放开制造业,服务业开放比较滞后和缓慢,直到80年代中期才有了服务业利用外资。据统计数据,1986年,广东服务业实际利用外资仅为1.35亿美元,占广东当年实际利用外资的20.96%;1993年服务业利用外资达到18.31亿美元;2010年广东服务业实际利用外资79.71亿美元,这规模是1986年的59.04倍。1986~2010年,广东服务业实际利用外资的年均增长率为18.52%。根据广东服务业利用外资情况,大体可以分为四个阶段(参见图2)。

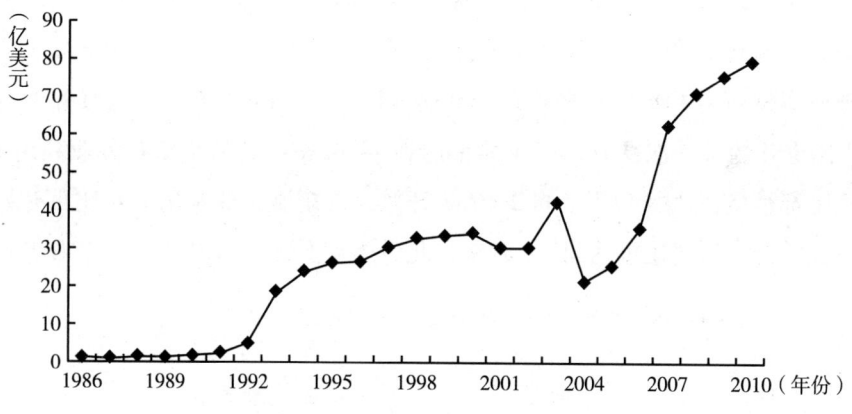

图2 广东服务业实际利用外商直接投资(1986~2010年)

第一阶段是起步阶段(1992年以前),这一阶段正值改革开放初期,处于放权让利阶段,服务业开始有限开放,跨国公司对广东服务业的投资比较犹豫。据统计数据看,广东服务业每年实际利用FDI都在5亿美元以下。第二阶段是平稳增长阶段(1993~2000年),1992年,中共十四大确定了建立社会主义市场经济体制的改革目标,市场机制改革开始全面铺开,外商增强了投资信心，对服务业投资不断扩大。广东服务业利用FDI年均增长速度达到9%左右。第三阶段为波动阶段（2001～2004年），进入新世纪以来，中国加入WTO促进服务业对外开放，带来了广东服务业利用外资的机遇；但是世界经济也受到网络泡沫、"9·11"恐怖袭击、阿富汗和伊拉克战争等因素影响。因此，广东服务业利用外资进入比较动荡的阶段。第四阶段为快速增长阶段（2005年至今），随着中国对入世各项承诺的履行以及CEPA的实施，广东服务业利用外商直接投资额在这一阶段屡创新高，服务业利用外资进入前所未有的快速增长时期（钟晓君、刘德学，2011）。

（二）广东服务业利用外商直接投资比重稳步上升

三次产业实际利用外资的比重反映了外商直接投资的产业流向，根据广东三次产业实际利用外商直接投资的时间序列图可以很好地反映外商直接投资在广东三次产业分布的情况。

1986～2010年，广东服务业实际利用外商直接投资占实际利用外商直接投资总额的比重总体上呈现稳步上升趋势（参见图3）。1986～1992年，广东服务业实际利用FDI的年平均比重仅为14.67%。1993年，广东服务业利用FDI比重开始第一次跃升，当年比重达到24.42%。此后每年服务业利用FDI的比重都维持在20%以上。自2007年开始，广东服务业利用FDI比重开始了第二次跃升，当年比重达到36.39%，此后逐年上升。2010年，广东服务业利

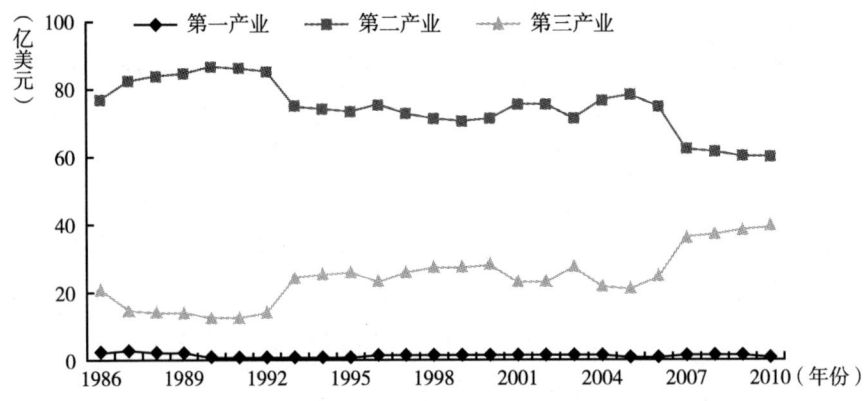

图3　广东三次产业实际利用外商直接投资比重（1986～2010年）

用 FDI 的比重达到历史新高的 39.34%。与此相对应,广东第二产业利用 FDI 的比重呈现逐渐下降的趋势,由 1986 年的 77.02% 下降到 2010 年的 59.95%。广东服务业利用 FDI 比重与第二产业利用 FDI 比重的差距在不断缩小。广东第一产业利用 FDI 比重则长期在 1% 左右徘徊,1986~2010 年平均比重为 1.25%。

(三)广东服务业外商直接投资行业流向

1986~2003 年,广东各服务行业中吸收外商直接投资最多的服务行业是房地产业,这与广东房地产业开放较早,外资流入门槛低有关(参见表 1)。房地产业利用 FDI 比重最高的年份出现在 1992 年(85.20%),此后其比重开始下降,2003 年比重降为 36.34%,1986~2003 年,房地产业的年平均比重达到 58.20%。比重排在第二、三位的是交通运输、仓储及邮电通信业以及批发和零售贸易、餐饮业这两个劳动密集型服务行业,这同样与这两个行业对外开放较早有关。值得注意的是,进入 1997 年后,社会服务业成为颇受外商直接投资关注的服务行业,其比重一直呈现上升趋势,2001 年更是达到 23.30%。其余服务业行业由于对外开放时间较晚,在 1986~2003 年利用外商直接投资的比重较低。

表 1　广东各服务行业实际利用外商直接投资比重(1986~2003 年)

单位:%

年份	地质勘查业、水利管理业	交通运输、仓储及邮电通信业	批发和零售贸易、餐饮业	金融、保险业	房地产业	社会服务业	卫生、体育和社会福利业	教育、文化艺术和广播电影电视业	科学研究和综合技术服务业	国家机关、政党机关和社会团体
1986	—	14.10	16.40	—	67.36	—	0.12	0.11	1.18	—
1987	—	10.87	10.04	—	64.39	—	0.18	0.45	1.69	—
1988	—	21.23	7.82	—	61.96	—	1.36	0.26	0.16	—
1989	—	16.74	10.78	—	65.03	—	0.40	0.95	—	—
1990	—	9.97	22.03	—	49.28	—	—	1.05	—	—
1991	—	14.52	7.49	—	72.50	—	0.15	0.18	0.33	—
1992	—	5.23	3.54	—	85.20	—	0.14	0.35	0.01	—
1993	—	11.59	8.14	—	73.31	—	0.43	0.27	0.05	—

续表

年份	地质勘查业、水利管理业	交通运输、仓储及邮电通信业	批发和零售贸易、餐饮业	金融、保险业	房地产业	社会服务业	卫生、体育和社会福利业	教育、文化艺术和广播电影电视业	科学研究和综合技术服务业	国家机关、政党机关和社会团体
1994	—	10.71	14.26	0.76	65.31	—	1.10	1.39	0.21	—
1995	—	17.20	10.86	0.57	60.85	—	5.91	1.54	0.17	—
1996	—	9.42	13.97	0.26	67.78	—	3.20	1.93	0.41	—
1997	—	26.73	6.46	—	32.68	12.62	3.51	1.73	0.01	—
1998	0.01	20.55	6.55	0.33	46.00	14.38	1.01	0.69	0.17	—
1999	—	19.15	8.47	—	48.51	12.99	4.24	0.36	1.04	—
2000	0.08	7.91	7.12	0.46	59.95	15.19	2.32	0.31	0.39	—
2001	0.003	11.35	8.39	—	44.24	23.30	1.98	0.04	0.33	—
2002	—	15.75	6.38	0.74	46.72	20.59	1.16	0.12	1.01	—
2003	1.20	13.85	10.37	2.14	36.34	19.93	0.39	0.06	0.88	—

资料来源：根据《广东省贸易外经统计资料（1979~1997）》、《广东统计年鉴》（1999~2004）以及《数说广东六十年（1949~2009）》相关数据整理计算。1986~1997年金融保险业数据为金融业数据，"—"符号表示数据缺失。

2004~2010年，广东服务业外商直接投资行业流向集中，在这期间吸收外商直接投资最多的行业依旧是房地产业。房地产业吸收外商直接投资的比重在2004~2007年保持上升趋势，特别是2007年，其比重达到了历史新高的56.36%，2008年的全球金融危机爆发使得房地产业吸收外商直接投资的比重有所下降，2010年房地产业利用外商直接投资比重为41.28%（参见表2）。

表2 广东各服务行业实际利用外商直接投资比重（2004~2010年）

单位：%

行　业	2004	2005	2006	2007	2008	2009	2010
交通运输、仓储和邮政业	11.77	14.56	14.10	8.45	9.85	5.65	7.07
信息传输、计算机服务和软件业	8.31	8.20	5.90	3.40	3.89	3.11	5.29
批发和零售业	3.31	7.59	9.50	10.84	15.87	25.67	24.96
住宿和餐饮业	7.51	3.22	6.16	3.44	3.66	2.24	1.93
金融业	0.76	1.37	2.08	0.37	0.10	0.57	0.86
房地产业	32.83	32.83	36.32	56.36	46.51	38.96	41.28

续表

行 业	2004	2005	2006	2007	2008	2009	2010
租赁和商务服务业	23.07	20.46	17.13	8.57	11.74	12.49	11.43
科学研究、技术服务和地质勘查业	3.76	4.64	4.32	4.77	4.21	8.81	5.34
水利、环境和公共设施管理业	0.94	0.36	0.74	0.19	0.44	0.70	0.36
居民服务和其他服务业	3.28	4.90	1.99	0.79	2.59	0.58	0.40
教育	0.01	0.06	0.08	0.02	0.01	0.01	0.002
卫生、社会保障和社会福利业	0.22	0.09	0.01	0.09	0.17	0.06	0.02
文化、体育和娱乐业	4.20	1.71	1.64	2.72	0.94	1.16	1.06
公共管理和社会组织	—	—	—	—	0.001	—	—

资料来源：根据《广东统计年鉴》(2005~2011) 以及《数说广东六十年 (1949~2009)》数据整理计算。

2004~2010年，房地产业实际利用外商直接投资的年平均比重达到40.72%，远远大于其他服务行业利用外商直接投资的比重。外商直接投资大量涌入房地产业，一方面推动了广东房地产业的繁荣，另一方面也大大助推了广东房价的飙升，不利于保持房价的稳定。可以说，国外资本的大举流入是广东房价居高不下的重要动因，对居民生活带来了一定的负面影响。租赁和商务服务业以及批发和零售业吸收外商直接投资的比重排在第二、三位，它们的年平均比重分别达到14.98%和13.96%，不同的是，租赁和商务服务业的比重处于逐渐下降趋势，由2004年的23.07%下降到2010年的11.43%；而批发和零售业的比重处于上升趋势，比重由2004年的3.31%上升到2010年的24.96%，上升趋势非常明显，反映出批发和零售业正成为服务业外商直接投资的新动向。交通运输、仓储和邮政业利用外商直接投资的比重也较高，但是最近几年开始下降到10%以下。

其中，2004~2010年各服务行业实际利用外商直接投资数据来源于《广东统计年鉴》(2005~2010)；第三产业实际利用外商直接投资数据来源于《数说广东六十年 (1949~2009)》；"-"符号表示数据缺失。

上述四个服务行业是外商直接投资流入最多的行业，其比重之和每年都在70%以上，比重之和最高出现在2010年，达到84.74%高位，反映出广东服务业外商直接投资行业流向集中度高的局面。其余服务行业方面，信息传输、计算机服务和软件业比重呈现先下降后上升轨迹,其年平均比重为5.44%;住宿和餐饮业比重下降较为明显,2010年下降到仅有1.93%,其原因是该行业市场准入条件较低,存在大量中小企业,市场竞争较为激烈,利润也较为微薄,国外投资者逐渐减少对该行业的直接投资,转向其他利润丰厚的行业;金融业利用外商直接投资的比重较低,其原因一方面是因为广东对金融业开放较晚,设置了严格的外资市场准入条件,另一方面也是因为广东缺乏FDI发展现代金融业所需要的高素质的人才;科学研究、技术服务和地质勘查业比重大体维持在5%左右;居民服务和其他服务业利用外商直接投资比重由3.28%下降到0.40%,下降趋势明显;水利、环境和公共设施管理业,教育业,卫生、社会保障和社会福利业,文化、体育和娱乐业,公共管理和社会组织等服务行业利用外商直接投资的比重一直很低,这与这些行业涉及国家意识形态与公共安全等因素,政府有意识限制国外资本大量流入上述行业有关。

三 广东服务业外商投资技术效应的实证分析

(一)广东服务业生产率测算

对广东服务业外商投资技术效应进行实证分析的前提是需要对广东服务业生产率进行测算,我们将采用国际通用的基于数据包络分析(DEA)的Malmquist指数方法。采用该方法测算服务业生产率,需要获得相关投入与产出数据,即服务业产出、服务业资本存量与服务业劳动投入。具体数据来源以及处理过程阐释如下:

(1)服务业产出。采用广东第三产业地区生产总值作为服务业产出的衡量指标,并运用广东居民消费价格指数(1983=100)将其折算为实际值。

(2)服务业资本存量。资本存量的估计一直是中国学术界的热点与难点问题。具有代表性的研究成果有黄勇峰等(2002)对中国1985~1995年制造业资本存量、张军等(2004)对中国1952~2000年省际物质资本存量、金戈（2012）对中国1953~2008年基础设施资本存量进行的估算等。我们将沿用已有研究的基本思路，采用国际上通用的由Goldsmith（1951）开创的永续盘存法（Perpetual Inventory Method）对广东服务业的资本存量进行估计。

永续盘存法的基本思想是本期的资本存量等于上期的资本存量加上本期的投资，并减去资本折旧。用公式表示为：$SK_t = (1-\delta)SK_{t-1} + I_t$，其中$SK_t$表示本期的资本存量，$SK_{t-1}$表示上期的资本存量，$I_t$表示本期实际投资额，$\delta$表示资本折旧率。本文参照杨勇（2008）、王恕立和胡宗彪（2012）的做法，采用服务业全社会固定资产投资额作为本期服务业投资额的度量。对于基年服务业资本存量的度量，借鉴Harberger（1978）提出的稳态方法（Steady-state Method），得出基年服务业资本存量的估计公式：$SK^{1983} = \dfrac{I^{1983}}{g+\delta}$，其中$g$为计算期内广东服务业实际产出的平均增长率，$\delta$表示资本折旧率。对于服务业资本折旧率$\delta$的确定，本文与Wu（2009）、王恕立和胡宗彪（2012）一样，选取4%作为服务业资本折旧率。

（3）服务业劳动投入。从一般意义上讲，应该全面考虑劳动人数、劳动时间、劳动效率等指标来综合反映劳动投入的数量和质量。但鉴于数据的可获得性，我们与大多数测算服务业全要素生产率的学者一样，只采用就业人数作为劳动投入的衡量指标。

采用DEAP 2.1软件，对广东服务业1985~2010年Malmquist生产率指数进行测算并分解，得到以下结果：1985~2010年，广东服务业全要素生产率基本呈现正增长趋势（参见表3）。通过全要素生产率指数（TFPCH）分解为技术效率指数（EFFCH）和技术进步指数（TECHCH），可以发现技术效率指数与技术进步指数也在大部分年份呈现正增长态势。这说明广东在服务产品生产过程中各种投入要素逐步得到合理有效的利用，资源得到优化配置，使得服务业的生产活动不断向潜在的生产可能性曲线逼近；其次，说明服务业的技术水平总体上也不断得到提升，使得服务业潜在生产可能性曲线得以不断向更高水平扩张。

表3 广东服务业Malmquist生产率指数及其分解（1985~2010年）

年份	技术效率指数（EFFCH）	技术进步指数（TECHCH）	全要素生产率指数（TFPCH）
1986/1985	0.925	1.303	1.205
1987/1986	0.873	1.314	1.147
1988/1987	1.129	0.917	1.036
1989/1988	0.916	1.187	1.088
1990/1989	1.077	1.079	1.162
1991/1990	1.076	1.061	1.142
1992/1991	0.984	1.130	1.112
1993/1992	1.085	0.881	0.956
1994/1993	1.057	0.995	1.052
1995/1994	1.128	0.914	1.032
1996/1995	1.023	0.986	1.009
1997/1996	1.032	1.045	1.079
1998/1997	1.086	0.987	1.071
1999/1998	1.000	1.082	1.082
2000/1999	0.891	1.291	1.151
2001/2000	1.102	1.033	1.138
2002/2001	1.019	1.093	1.114
2004/2003	1.015	1.013	1.029
2005/2004	1.000	0.923	0.923
2006/2005	1.037	1.002	1.040
2007/2006	1.063	1.053	1.120
2008/2007	0.979	1.125	1.102
2009/2008	1.033	1.063	1.097
2010/2009	1.053	0.976	1.027

（二）广东服务业外商投资技术效应实证检验

（1）变量选取与模型构建。基于服务业效率影响因素的一般解释（刘艳，2010），同时考虑到数据可获得性，本文除关注服务业外商直接投资以外，还引入服务业资本存量、服务业发展规模、服务业资本密集度、服务业职工工资水平等反映服务业自身特征的因素作为控制变量，这些因素能够体现服务业本身的"先天"条件，从而对服务业效率产生影响。为了更全面地考察外商直接投资对服务业效率的影响机制，我们分别以服务业全要素生产率指数

(TFPCH)及其分解项——技术进步指数（TECHCH）和技术效率指数（EFFCH）作为被解释变量构建时间序列模型。具体模型如下：

$$TFPCH_t = C_1 + \alpha_1 \ln SFDI_t + \beta_1 \ln SK_t + \gamma_1 \ln SCI_t + \delta_1 \ln SGDP_t + \varphi_1 \ln SW_t + e_{1t} \quad (1)$$

$$TECHCH_t = C_2 + \alpha_2 \ln SFDI_t + \beta_2 \ln SK_t + \gamma_2 \ln SCI_t + \delta_2 \ln SGDP_t + \varphi_2 \ln SW_t + e_{2t} \quad (2)$$

$$EFFCH_t = C_3 + \alpha_3 \ln SFDI_t + \beta_3 \ln SK_t + \gamma_3 \ln SCI_t + \delta_3 \ln SGDP_t + \varphi_3 \ln SW_t + e_{3t} \quad (3)$$

模型中各解释变量的含义及数据处理过程解释如下：

服务业外商直接投资（SFDI）：这里使用广东服务业实际利用外资额，并按美元兑人民币的年平均汇率将计价单位转为人民币，同时用广东居民消费价格指数（1983=100）进行平减，剔除物价因素的影响。

服务业资本存量（SK）：采用前文对广东服务业资本存量的估算结果，并用广东居民消费价格指数（1983=100）将其平减为剔除物价影响的实际量。一般认为，资本存量越多，代表可用于技术创新的资金越充裕，从而有利于产业的技术进步，但刘艳（2010）研究表明2004~2008年固定资本存量与中国服务业全要素生产率指数呈显著负相关关系。

服务业资本密集度（SCI）：采用广东服务业人均实际资本存量来反映服务业资本密集状况。朱钟棣和李小平（2005）、李小平等（2008）针对中国工业行业的研究表明，资本形成有利于全要素生产率的提高。但是资本深化也有可能延缓技术进步（刘艳，2010），张军（2002）指出资本深化是中国生产率增长减缓的重要原因。

服务业规模（SGDP）：采用广东服务业历年地区生产总值作为反映服务业规模的指标，并用广东居民消费价格指数（1983=100）进行物价平减，剔除物价因素的影响。一般认为，伴随着产业规模的扩大，由于内部或外部规模经济效应的作用，产业投入产出效率会逐步提高，但现实中规模不经济也有可能发生，特别是由于市场不完善或政府干预失当等原因导致产业规模过度扩张，从而导致过度竞争、生产率下降等不良现象的发生。

服务业职工工资水平（SW）：选用广东服务业职工年平均工资作为衡量指标，并用广东居民消费价格指数（1983=100）进行平减。提高服务业职工工资水平会通过两方面途径对服务业生产率产生影响，一方面，按照效率工资假说，较高的工资水平可以使企业吸引到工作效率更高的求职者，同时有利于调动员工的工作积极性，从而促进生产率提高；另一方面，提高工资水平将提高企业的生产成本，从而限制企业在技术创新活动方面的支出，对服务业效率的提升产生不利影响（刘艳，2010）。

（2）单位根检验。为了防止对时间序列数据直接进行回归可能产生的"伪回归"问题，必须对数据进行单位根检验，以确定数据的平稳性。单位根检验的常用方法是 ADF 检验，如果 ADF 检验拒绝序列存在单位根的原假设，表明序列为平稳序列，可以对序列直接进行回归分析。反之，如果 ADF 检验不能拒绝序列存在单位根的原假设，表明序列为非平稳时间序列，需要进一步检验序列之间是否存在协整关系。

首先根据变量的经济含义以及数据轨迹图选择合适的单位根检验类型，按 SIC 准则选择恰当的滞后阶数，然后进行具体单位根检验，具体结果如表 4 所示。

表 4　单位根检验结果

变量	检验类型（CTP）	ADF 值	临界值			整合阶数
			10%	5%	1%	
TFPCH	(NN0)	-0.6975	-1.60879	-1.95568	-2.66485	I(1)
△TFPCH	(NN0)	-4.97242 ***	-1.6085	-1.95641	-2.66936	I(0)
TECHCH	(NN1)	-0.99223	-1.6085	-1.95641	-2.66936	I(1)
△TECHCH	(NN0)	-8.13173 ***	-1.6085	-1.95641	-2.66936	I(0)
EFFCH	(NN2)	0.273369	-1.60818	-1.9572	-2.67429	I(1)
△EFFCH	(NN1)	-8.62776 ***	-1.60818	-1.9572	-2.67429	I(0)
lnSFDI	(CN0)	-1.26832	-2.63554	-2.99188	-3.73785	I(1)
△lnSFDI	(NN0)	-3.08449 ***	-1.6085	-1.95641	-2.66936	I(0)
lnSK	(CT1)	-2.82353	-3.24859	-3.62203	-4.41635	I(1)
△lnSK	(CN1)	-2.66995 *	-2.64224	-3.00486	-3.7696	I(0)
lnSSCI	(CT0)	-1.06006	-3.24308	-3.6122	-4.39431	I(1)
△lnSCI	(NN0)	-1.86895 *	-1.6085	-1.95641	-2.66936	I(0)
lnSGDP	(CT0)	-2.98585	-3.24308	-3.6122	-4.39431	I(1)
△lnSGDP	(CN0)	-4.05747 ***	-2.63875	-2.99806	-3.75295	I(0)
lnSW	(CN0)	0.891341	-2.63554	-2.99188	-3.73785	I(1)
△lnSW	(CN0)	-3.50353 ***	-2.63875	-2.99806	-3.75295	I(0)

注：△表示对序列进行一阶差分；检验类型中 C 表示含有截距项，T 表示含有趋势项，P 表示滞后阶数，N 表示不包含常数项（趋势项）；*、**、*** 分别表示在 10%、5%、1% 的显著性水平下通过检验。

由表 4 可以看出，序列 TFPCH、TECHCH、EFFCH、lnSFDI、lnSK、lnSCI、lnSGDP、lnSW 的水平值，即使在 10% 的显著性水平下，也无法拒绝序列存在单位根的原假设，表明上述序列的水平值都为非平稳序列；然后，对上述序列进行一阶差分处理，ADF 检验显示 △TFPCH、△TECHCH、△EFFCH、△lnSK、△lnSCI、△lnSFDI、△lnSGDP、△lnSW 都至少在 5% 的显著性水平下拒绝序列存在单位根的原假设，表明上述所有序列经过一阶差分后都变为平稳序列，因此，上述所有序列都为一阶单整序列 I（1），符合进一步进行协整分析的前提条件。

（3）协整分析。运用 Johansen（1988）协整检验方法分别对 TFPCH、lnSFDI、lnSK、lnSCI、lnSGDP、lnSW 和 TECHCH、lnSFDI、lnSK、lnSCI、lnSGDP、lnSW 以及 EFFCH、lnSFDI、lnSK、lnSCI、lnSGDP、lnSW 三组变量之间是否存在长期稳定的协整关系进行分析。结果表明，在 5% 的显著性水平下，拒绝上述三组变量不存在协整关系的原假设，表明上述三组变量之间存在长期稳定的协整关系。标准化的协整方程分别为：

$$TFPCH = 0.079661\ln SFDI + 0.345364\ln SK - 0.653191\ln SCI - 0.139426\ln SGDP$$
$$t = \quad (3.90935) \quad\quad (1.9847) \quad\quad (-5.87051) \quad\quad (-0.80728)$$
$$+ 0.144873\ln SW + 4.473308 + e_{1t} \quad\quad\quad\quad\quad\quad\quad\quad\quad (4)$$
$$(1.18717)$$

$$TECHCH = 0.067526\ln SFDI + 0.980345\ln SK - 1.209711\ln SCI - 0.530841\ln SGDP$$
$$t = \quad (2.03121) \quad\quad (3.60519) \quad\quad (-6.85779) \quad\quad (-1.91223)$$
$$+ 0.289946\ln SW + 6.602609 + e_{2t} \quad\quad\quad\quad\quad\quad\quad\quad\quad (5)$$
$$(1.4401)$$

$$EFFCH = 0.0058\ln SFDI - 0.20004\ln SK + 0.233489\ln SCI + 0.04497\ln SGDP$$
$$t = \quad (0.54136) \quad\quad (-2.28759) \quad\quad (4.04313) \quad\quad (0.50181)$$
$$+ 0.012744\ln SW - 0.192955 + e_{3t} \quad\quad\quad\quad\quad\quad\quad\quad\quad (6)$$
$$(0.1944)$$

由协整方程（4）、（5）、（6）可以看出，外商直接投资显著促进了广东服务业全要素生产率的提高和技术进步，服务业利用外商直接投资每增加 1%，将分别引致服务业全要素生产率指数、技术进步指数增加 0.07966 和 0.067526，说明国外服务企业进入广东后，通过前后向产业关联、人员流动等途径对广东服务业产生了显著的技术外溢效应，从而有利于广东服务业的发展。外商直接投资对广东服务业技术效率指数并没有显著影响，说明外商直接投资的技术效应主要是通过促进技术进步进而提高全要素生产率，而不是通过技术效率的路径实现的，同时也揭示广东服务业技术效率改进的驱动力更主要的是来源于内部因素。

资本存量的增加同样显著促进了广东服务业全要素生产率的提高和技术进步，但却对技术效率的提升产生一定抑制作用，说明广东在服务业发展过程中能够有效利用资金提升服务业技术水平，尽管一部分效应被技术效率的下降所抵消，但总体上仍然有利于服务业投入产出率的提升。至于资本存量对技术效率提升产生负面影响的原因，可能与广东服务业中长期存在的低水平重复建设和过度投资现象有关。

资本密集度与技术效率指数正相关，而与技术进步指数、全要素生产率指数负相关，说明随着资本密集度的提高，服务业的资源配置效率逐步得到改善，但资本深化却延缓了服务业技术进步，而且其负面效应超过了由于技术效率提高而带来的正面效应，并最终导致服务业全要素生产率的下降。

服务业规模对全要素生产率和技术效率的影响均不显著，说明在广东服务业发展过程中，资源配置效率并未随着规模的扩大而得到改善，规模经济不明显，更为严重的是，规模扩张与技术进步之间不但未形成良性互动，而且还对技术进步产生了一定负面影响，总体上看，广东服务业发展中粗放式的简单规模扩展乃至非理性的过度扩张现象仍然存在。

职工工资水平对服务业全要素生产率指数、技术进步指数和技术效率指数的弹性系数都为正，虽然不太显著，但仍在一定程度上反映出效率工资理论的适用性，即服务业职工工资水平的提高有利于吸引更高效率的求职者，能够增大员工偷懒成本与风险，从而通过不同渠道增进企业效率与绩效，促进服务业投入产出效率的提高。

（4）脉冲响应函数分析。协整关系反映变量之间长期稳定均衡关系，为了进一步反映服务业外商直接投资与全要素生产率指数、技术进步指数、技术效率指数在时序维度的动态相关关系，进而揭示外资对广东服务业投入产出效率的动态影响，可以借助基于向量自回归模型（VAR Model）的脉冲响应函数——用以反映VAR模型中某个内生变量的扰动项受到一个标准差新息（Innovation）的冲击后，通过模型传递而导致对模型中其他内生变量当前值和未来值的影响。一般的脉冲响应函数存在的问题在于随着VAR模型中内生变量顺序的改变，脉冲响应的结果也会产生较大的差异。广义脉冲响应函数可以很好地克服这一缺陷，其结果与VAR模型中变量的顺序无关（Pesaran and Shin，1998）。

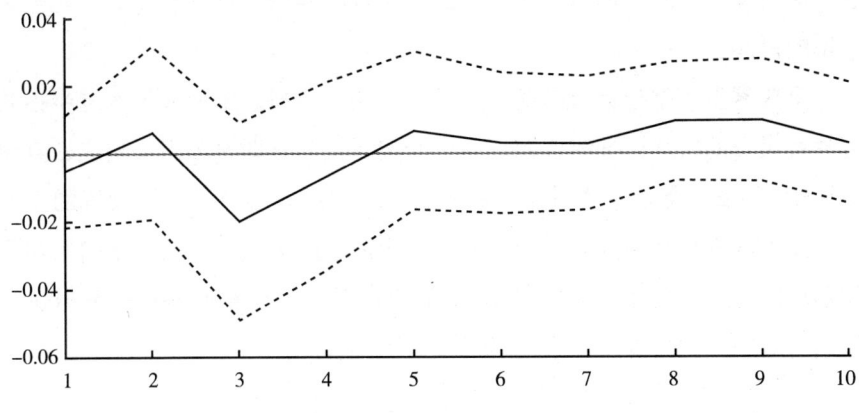

图4　TFPCH对lnSFDI一个标准差新息的广义脉冲响应

基于上述三组变量所建立的三个VAR（2）模型①，分别得到广东服业全要素生产率指数、技术进步指数和技术效率指数对服务业外商直接投资的广义脉冲响应函数如图4、图5、图6所示。图中横轴代表脉冲响应的期数，纵轴分别代表TFPCH、TECHCH、EFFCH对lnSFDI一个标准差新息的广义脉冲响应，虚线代表正负两倍标准差带。

服务业全要素生产率指数对服务业外商直接投资的冲击在初始阶段并没有立即显示出正向响应，特别是在第3期和第4期里表现为明显的负响应，从第4期后期开始一直到期末都呈现出正向响应（参见图4）。在外资企业的进入初期，由于内资企业在服务产品、服务水平等方面与外资企业存在较大的差距，可能使外商直接投资尚不能产生明显的技术外溢效应，反而外资企业的进

---

① 三个VAR（2）模型的所有特征根的倒数都位于单位圆之内，满足稳定性条件，模型整体效果良好，各项指标符合计量统计标准，可以进行脉冲响应分析。

入会给内资企业带来一定冲击，加之外资企业进入新的市场本身也需要一定的适应期，在外资进入的最初几年里，"全要素生产率指数对外商直接投资的冲击呈负向响应"应是上述不同因素综合作用的结果。经过几年以后，内资企业在与外资企业的竞争过程中技术水平不断得到提高，并逐渐越过了有效吸收外资企业技术溢出的门槛（technical threshold），随着时间的推移，外资企业也会更加熟悉国内市场环境，内外资企业的良性互动逐渐形成。在越过技术门槛和适应期之后，外资的进入在相当长的一段时间内都会有利于服务业全要素生产率的提高。

与全要素生产率指数对外商直接投资的响应类似，服务业技术进步指数对外商直接投资的广义脉冲响应同样在一开始并没有立即显示出正响应，直到第4期中期以后，服务业技术进步指数才稳定地呈现出对外商直接投资的正响应态势。技术进步指数的广义脉冲响应再次印证了图4所反映的技术门槛和适应期的存在性，通过对比图4与图5，我们可以看出，广东服务业顺利越过技术门槛和适应期大约需要4年半的时间（参见图5）。

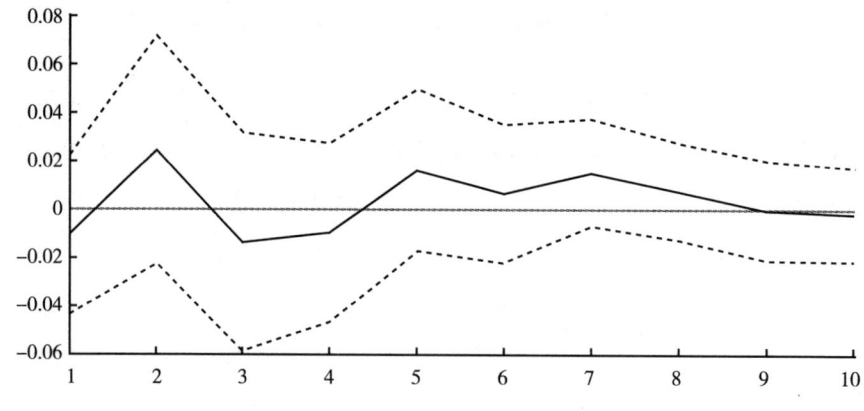

图5 TECHCH 对 lnSFDI 一个标准差新息的广义脉冲响应

服务业技术效率指数对外商直接投资的广义脉冲响应呈现正负交叠的状况，一开始表现为正响应，第2、3期转为负响应，第4期显现正响应后随即在第5期开始又转为负响应，从第8期开始再次转变为正响应（参见图6）。说明外商直接投资对广东服务业技术效率并没有产生显著的正向影响或者负向影响。这进一步印证了前面协整分析得出的"外商直接投资技术效应产生的主要途径是技术进步而不是技术效率"的结论，也进一步揭示技术效率提高的源泉主要来自于内部，而仅仅依靠外力的推动是无法实现的。

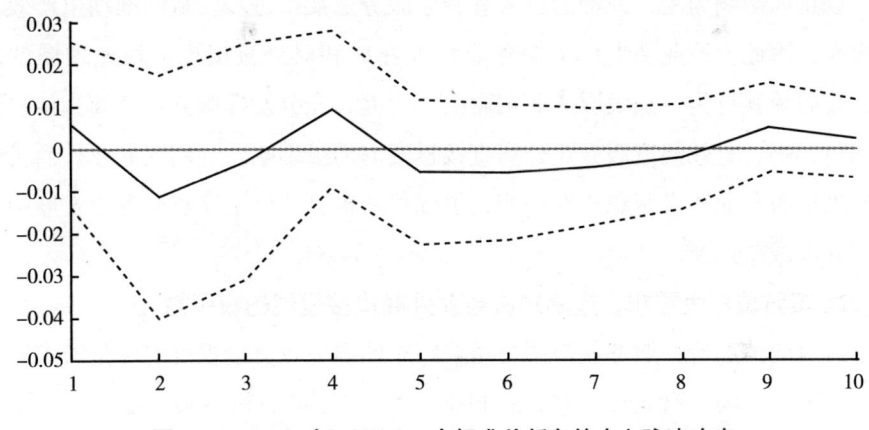

图6　EFFCH 对 ln*SFDI* 一个标准差新息的广义脉冲响应

四　政策含义

综合协整检验和脉冲响应函数分析结果可以得到以下主要结论：①总体上看，服务业外商直接投资存在显著的技术效应，尤其是对服务业全要素生产率的提升和技术进步具有积极促进作用，长期效果尤为明显。②服务业外商直接投资的技术效应主要是通过促进技术进步进而提高全要素生产率来实现的，技术效率效应并不显著，服务业技术效率改进更多地取决于国内因素。③服务业外商直接投资技术效应（全要素生产率提高和技术进步）的发挥存在一定"门槛效应"和"适应期效应"，只有越过技术门槛和适应期，服务业外商直接投资的技术效应才能完全显现，平均而言，完全越过技术门槛和适应期的时间为4~5年。通过本文的分析，可以得到以下政策含义。

1. 坚持大力引进外资和扩大服务业对外开放的基本战略取向

服务业外商直接投资是当前国际投资的重要趋势，服务业外商直接投资作为一种流动性强、价值含量高的优质资本，弥补了服务业在发展过程中存在的资金缺口,并通过资本、管理、技术、诀窍、制度等"一揽子"生产要素的流入,对服务业发展产生了深远的影响。通过前文研究我们知道,外商直接投资对服务业发展既有正面影响,又有负面影响和短期冲击,但总体和长期来看,以正面影响为主,外资的进入有利于服务业技术进步,从而推动生产效率的提高。因此,适应新形势下服务业对外开放和对外直接投资快速发展的潮流,克服短视行为,加大服务业招商引资力度,充分发挥服务业外商直接投资的积极影响,有效规避服务业外商直接投资的消极影响,利用服务业外商直接投资推进服务业实现跨越式发展和竞争优势的提升,应是广东服务业发展中的一项基本战略选择。

2. 多方位扩大需求,提高对服务业外商直接投资的吸引力

从目前情况看,服务业跨国公司对广东的服务业直接投资主要是需求导向型的。因此,为了有效吸引服务业FDI,一个重要的政策落脚点在于扩大服务需求,不但要扩大消费者服务需求,还要扩大生产者服务需求。旺盛的服务需求使得服务业跨国公司看到广阔的市场空间和发展机遇,从而引发其跨国投资行为,加速国际服务业产业转移。

扩大消费者需求,主要政策落脚点在于提高劳动在收入分配中的比重,深入贯彻落实劳动法,提高劳动者最低工资标准;努力扩大城乡居民收入水平,特别是提高中低收入群体收入,减少居民收入分配差距,有效提升农村居民和城镇低收入居民消费水平;深化财税制度改革,降低居民税收负担,提高居民可支配收入;调整企业收入分配关系,规范垄断性行业收入分配制度,适当降低资本在收入分配中所占的比重,让全体劳动人民共享改革发展的成果。

扩大生产者服务需求,主要是促进企业由加工组装环节向产业链上下两端升级,延长企业生产过程中的产业链条,提升企业经营活动对生产者服务的需求度;促进加工贸易转型升级,加强生产性服务业与制造业的产业关联,扩大生产性服务中间需求;提高制造业生产技术水平和制造企业自主创新能力,使其成为生产性服务发展的市场支持者与需求者。

3. 提升服务业人力资本水平

随着经济全球化深入发展与信息化浪潮席卷全球,科学技术正改变着人们的思维与生产生活方式,对人们工作与生活产生深远影响。当前,社会分工日趋精细，社会对劳动者的人力资本与技能水平要求越来越高，不但要求劳动者具备良好的理解能力、学习能力和沟通能力，还要求劳动者具有良好的团队合作精神。服务业作为一种人与人之间直接当面打交道的行业，其服务产品的质量与价格取决于服务供应商的服务技能与服务诀窍，服务业的特殊属性使其对从业人员的人力资本水平及其综合素质提出更高要求，这在金融业、保险业、律师、咨询、会计、设计等生产性服务业体现得尤为明显，前面的市场研究也证明了这一点。然而，中国是一个农业大国，农业人口占人口总数的2/3以上，人口受教育程度普遍较低，高中及以下教育水平占劳动力人口的多数。人力资本水平与劳动者生产效率低下是制约服务业健康快速发展的桎梏，也是影响服务业跨国公司进行投资决策的显著因素。促进服务业结构升级，实现服务业跨越式发展，提升劳动者综合素质与职业技能显得尤为紧迫和必要。

为此，政府需要继续加大对教育与职业培训的财政投入力度，完善教育与职业培训基础设施建设，大力发展教育与职业培训，逐步建立覆盖不同服务行业从业人员的职业技能培训体系与培训网络，努力提升服务业从业人员的人力资本水平与职业技能；迎合市场发展需求，根据服务业发展趋势对各普通高校和职业技术院校进行相关专业调整和优化，增设当前服务业发展紧缺专业，培养服务型人才；鼓励服务业跨国公司在广东建立产学研机构，引导服务业FDI为服务业人才培养做出更大贡献；建立健全的人才激励机制，吸引与鼓励国外留学人员归国服务；畅通劳动力流通渠道，促进劳动力在服务业FDI企业与内资服务企业之间自由流动，有效激发服务业FDI技术效应的发挥；顺应服务业FDI促进服务业结构调整和升级的趋势，培育符合现代服务业发展要求和适应未来服务业发展方向的各类人才。

4. 持续改善服务业投资与发展环境

相比于制造业，服务业企业对投资与发展环境更为重视，这在金融、保险、电信等现代服务行业表现得尤为突出。良好的投资与发展环境能够降低服务企业运营的交易费用、简化企业行政审批手续。并通过提供市场激励相容的配套服务与措施保障服务企业的公平竞争与正常经营，以充分利用由于外资进入而带来的技术进步效应，从而实现服务业技术进步与技术效率提高的有效协同。因此，为了继续提升服务业竞争优势，政府应致力于持续改善服务业投资与发展环境，具体包括政策环境、基础设施环境、法律环境以及市场环境等一系列相关环境的优化升级以及政府配套政策体系的构建。

在政策环境方面，政府应大力发展电子政务，加大信息的公开度和透明度；降低内外资进入服务行业的市场准入门槛，制定鼓励投资于服务业的政策安排；保持外资外贸政策的稳定性和连贯性，促进外商长期投资预期的形成。

在基础设施环境方面，需要进一步加强有利于服务业发展的基础设施建设，特别是粤北以及东西两翼地区的基础设施亟待进一步改善；努力构建粤港澳区域一体化的配套服务设施与体系，吸引更多对基础设施要求较高的生产性服务企业前来投资；培育以广东为中心，辐射港澳、覆盖华南的服务业产业集群的成长。

在法律环境方面，由于服务业更多表现为以知识和技能为基础的无形资产，使得服务企业对法律环境，特别是在法律对知识产权保护方面有较高要求。针对这一点，政府应为服务业跨国公司营造一个健全公平的法律环境，加快各项有关服务业利用外资的法律法规的起草和制定，切实加大知识产权保护力度，保障服务业 FDI 企业的合法利益。

在市场环境方面，政府需要减少对服务业市场的行政干预，简化各项行政审批手续；逐渐消除服务业中的行业垄断，严厉打击各种不公平竞争和恶意竞争等扰乱市场秩序的行为，规范服务业市场，同等对待各种市场主体，为服务业创造一个健康、透明、公平、有序的市场环境。

参考文献

[1] 陈涛涛：《外商直接投资的行业内溢出效应》，经济科学出版社，2004。

[2] 程大中：《中国服务业的增长与技术进步》，《世界经济》2003 年第 7 期。

[3] 傅元海、唐未兵、王展祥：《FDI 溢出机制、技术进步路径与经济增长绩效》，《经济研究》2010 年第 6 期。

[4] 黄勇峰、任若恩、刘晓生：《中国制造业资本存量永续盘存法估计》，《经济学（季刊）》2002 年第 2 期。

[5] 蒋萍、谷彬：《中国服务业 TFP 增长率分解与效率演进》，《数量经济技术经济研

究》2009年第8期。
[6] 金戈:《中国基础设施资本存量估算》,《经济研究》2012年第4期。
[7] 李小平、卢现祥、朱钟棣:《国际贸易、技术进步和中国工业行业的生产率增长》,《经济学(季刊)》2008年第2期。
[8] 刘艳:《中国服务业FDI的技术溢出研究》,暨南大学2010年博士学位论文。
[9] 刘兴凯、张诚:《中国服务业全要素生产率增长及其收敛分析》,《数量经济技术经济研究》2010年第3期。
[10] 王艾敏:《FDI对新型服务业技术溢出渠道的实证研究——以河南省为例》,《南京农业大学学报》2009年第3期。
[11] 王恕立、胡宗彪:《中国服务业分行业生产率变迁及异质性考察》,《经济研究》2012年第4期。
[12] 杨勇:《中国服务业全要素生产率再测算》,《世界经济》2008年第10期。
[13] 曾世宏、郑江淮、丁辉关:《国外服务业生产率研究:一个文献综述》,《产业经济评论》2010年第2期。
[14] 张军:《资本形成、工业化与经济增长:中国的转轨特征》,《经济研究》2002年第6期。
[15] 张军、吴桂英、张吉鹏:《中国省际物质资本存量估算:1952~2000》,《经济研究》2004年第10期。
[16] 钟晓君、刘德学:《广东服务业外商投资的就业效应研究》,《国际经贸探索》2011年第12期。
[17] 朱钟棣、李小平:《中国工业行业资本形成、全要素生产率变动及其趋异化:基于分行业面板数据的研究》,《世界经济》2005年第9期。
[18] Baumol, W. J. Macroeconomics of Unbalanced Growth: The Anatomy of Urban Crises. The American Economic Review, 1967, 57 (3): 415 – 426.
[19] Cohen, W., J. Bessant, R. Kaplimsky. Putting Supply Chain Learning into Practice. International Journal of Operation and Production Management, 2002, 23 (2): 167 – 184.
[20] Francois, J. F. Trade in Producer Services and Returns Due to Specialization under Monopolistic. The Canadian Journal of Economics, 1990, 23 (1): 109 – 124.
[21] Fuchs, V. R. The Growing Importance of the Service Industries. The Journal of Business, 1965, 38 (4): 344 – 373.
[22] Goldsmith, R. A Perpetual Inventory of National Wealth. NBER Studies in Income and Wealth, 1951, Vol. 14, No. 1143.
[23] Gouyette, C. Perelman S. Productivity Convergence in OECD Service Industries. Structure Change and Economic Dynamics, 1997, 8 (3): 279 – 295.
[24] Harberger, A. Perspectives on Capital and Technology in Less Developed Countries. In Artis, M. J. and A. R. Nobay (eds.), Contemporary Economic Analysis, London:

Croom Helm, 1978, 69 – 151.

[25] Johansen, S. Statistical analysis of cointegration vectors. Journal of Economic Dynamics and Control, 1988, 12 (2 – 3): 231 – 254.

[26] Kokko, A. Technology, Market Characteristics, and Spillovers. Journal of Development Economics, 1994, 43, (2): 279 – 293.

[27] Kokko, A., R. Tansini, M. Zejan. Local Technological Capability and Spillovers from FDI in the Uruguayan Manufacturing Sector. Journal of Development Studies, 1996, 32 (4): 602 – 611.

[28] Lall, S. Transnationals, Domestic Enterprises and Industrial Structure in LDCs: A Survey. Oxford Economic Papers, 1978, 30 (2): 217 – 248.

[29] Markusen, J R. Trade in Producer Services and in Other Specialized Intermediate Inputs. American Economic Review, 1989, 79 (1): 85 – 95.

[30] McAleese, D., D. McDonald Employment Growth and Development of Linkages in Foreign-Owned and Domestic Manufacturing Enterprises. Oxford Bulletin of Economics and Statistics, 1978, 40 (4): 321 – 339.

[31] Mirodout, S. The Linkages between Open Services Markets and Technology Transfer. OECD Trade Policy Working Paper, No. 29, 2006.

[32] Pesaran, H. H., Y. Shin. Generalized impulse response analysis in linear multivariate models. Economics Letters, 1998, 58 (1): 17 – 29.

[33] Thurow, L. Toward a High Wage, High-Productivity Service Sector. Economic Policy Institute, 1989.

[34] Wang, J. Blomstrom M. Foreign Investment and Technology Transfer-A Simple Model. European Economic Review, 1992, 36 (1): 137 – 155.

[35] Wu, Y R. China's Capital Stock Series by Region and Sector. Business School, University of Western Australia, Discussion Paper, 2009, No. 09.02.

B.4 珠三角地区研发外包与技术创新的关系研究

崔 萍*

摘 要: 本文从珠三角的实践出发,探讨了承接研发外包和珠三角技术创新之间的关系。实证分析表明,珠三角承接研发外包与技术创新提升之间存在显著的互动关系,人力资本、对外贸易依存度、服务业增加值、劳动力成本、外商直接投资、服务业固定资产投资额等因素对其均有显著影响。其中,劳动力素质对珠三角技术创新提升具有一定的促进作用;外商直接投资在一定程度上削弱了珠三角地方自主创新的能力;经济开放度、服务业增加值对珠三角承接研发外包具有显著的提升作用。劳动力成本和人力资本却与研发外包水平显著负相关,说明珠三角研发外包优势主要体现在劳动力成本上,但是这种优势并不能维系长久。所以,珠三角为了保持成本竞争优势,就要全面提升劳动者的素质,发展高端服务外包产业,以促进珠三角区域技术创新能力快速、持续提升。

关键词: 研发 外包 技术创新 珠三角

一 问题的提出和研究现状

进入21世纪以来,全球经济迈入新的发展阶段,其中一个明显特征是国

---

* 崔萍,女,经济学博士,广东外语外贸大学国际经济贸易研究中心兼职研究员、国际经济贸易学院副教授,研究方向为区域经济学。

际产业链从制造业向服务业延伸，服务业全球化迅速发展。其中，服务外包成为一种新的国际趋势和潮流。而研发外包是服务外包中的高端环节。研发外包是指企业将本来应在内部投入资源进行的研究与开发活动交给外部更专业、更有效的企业和科研机构等去完成。许多发展中国家都大力开展研发外包，期望通过承接研发外包来学习发达国家的先进技术和管理经验，从而推动本国企业的技术创新。

处于开放前沿的珠三角也被寄希望于通过承接研发服务外包实现经济转型升级。珠三角目前仍然存在自主创新能力弱、核心技术少的瓶颈，而研发外包产业由于具有资源消耗低、环境污染少、吸纳就业能力强、附加值大和国际化程度高等优点，可以解决珠三角在环保、能源、就业等方面面临的困境，从而走上"绿色发展"之路。因此，承接研发服务外包成为推动珠三角产业结构升级、完善现代产业体系，实现从广东制造到广东创造转变的重要战略和重要途径。

然而，承接研发外包真的能促进东道国的技术创新吗？已有研究对此问题的回答并不一致。

国外学者大多基于发包方的视角，研究发包对一国技术创新的影响，但目前仍未有一致结论。Howells（1999）认为在知识经济里，服务公司在现代创新体系里占有日益重要的位置，因而服务和诸如研究和技术签约机构（Contract research and technology organizations，CRTOs）这样的研发外包公司是创新过程的"驱动器"，代表着创新的集成者和领导者。Peukert（2010）在一项针对德国公司的信息和通讯技术（ICT）的扩散和使用情况的电话访问数据基础上，采用Bivariate Probit模型来检验公司层面上IT外包对产品和流程创新的作用，其实证结果却表明，IT外包并未促进发包公司的流程创新，反而降低了公司采用新产品的概率。

国内学者主要基于接包方的视角，研究接包对一国技术创新的影响，其结论也不完全一致。杨丹辉（2009）认为目前服务外包的发展并未从根本上改变现行全球外包分工体系，发达国家作为发包方仍处于主导地位，多数发展中国家的外包企业还处在被动接包的地位，从事单一的外包业务，将导致发展中国家的技术成长路线被锁定。而任志成和张二震（2012）基于江苏省三个服务外包基地城市为样本的软件服务企业的微观调研数据，其实证研究结果却表明，承接软件外包获得了技术溢出，企业创新能力得到提升。①

综上所述，尽管现有文献为本文提供了一定的研究基础，但其对研发外包影响技术创新的机制分析仍很薄弱，对于承接研发外包和技术创新之间是否存在互动关系及其影响因素，并未做出系统明确的回答。为此，本文旨在深入探讨研发外包和技术创新的关系，并利用广东珠三角各市的数据来实证检验研发外包与技术创新之间的互动机制及其影响因素；同时为该问题提供新颖、有效的理论分析框架。在此基础上，为政府如何实现研发外包和技术创新之间的良性互动提供有益的政策参考。因而本研究具有较强的理论和应用价值。

二 珠三角研发外包和技术创新的现状

（一）珠三角研发外包和技术创新的总体情况

1. 珠三角研发外包的状况

珠三角是我国较早发展研发外包的地区之一，早在上个世纪90年代，珠三角就有部分企业依托天河科技园、黄花岗科技园、深圳软件园等园区开展研发外包业务。进入21世纪以来，在国家政策的引导下，珠三角的研发外包进入一个新的阶段，尤其在广州和深圳被认定为服务外包示范城市之后，珠三角的研发外包开始蓬勃发展起来。《珠江三角洲地区改革发展规划纲要（2008～2020年）》明确指出，珠江三角洲要着力发展外包服务业，培育2～3个国家级国际服务外包基地城市，形成较为完整的国际服务业外包产业链。2012年，广东省政府出台《关于加快发展服务外包产业的意见》和《广东省服务外包产业发展规划（2013～2020年）（征求意见稿）》，提出构建"双核双带、三线延伸、多点崛起"的服务外包产业发展格局。其中，"双核双带"是指以广州、深圳市为核心和龙头，加快发展软件服务外包、知识流程外包、业务流程

---

① 崔萍、邓可斌：《服务外包与区域技术创新的互动机制研究——基于接包方的视角》[J]，《国际贸易问题》2013年第1期。

外包和高端服务外包；以加快珠江东西两岸的佛山、东莞、珠海和中山等城市服务外包产业发展为重点，推动沿江形成两条服务外包产业集聚带。珠三角承担着引领区域服务外包业发展的重任，作为中国服务外包产业四大区域之一，珠三角地区的研发外包具有以下特点：

（1）规模快速扩大。商务部服务外包数据显示，2012年全年离岸服务外包合同执行金额前五名的省市分别是江苏、广东、上海、浙江和北京，其服务外包合同执行金额共计245.21亿美元，占全国的72.90%，其中，广东近3年都基本保持在10%以上，其规模仅次于江苏，在全国排名第二。广东服务外包主要集中在珠三角地区，所以以上数据也基本能反映珠三角地区外包在全国的排名情况。近3年来，珠三角地区服务外包企业接包合同金额和执行金额年均增长分别达60%和45%以上；2011年珠三角地区服务外包接包合同金额达53.9亿美元，增长60%，接包合同执行金额达34.5亿美元，增长47%[①]，其中离岸服务外包合同额达33.5亿美元，离岸服务外包合同执行额达28.04亿美元；2012年，珠三角地区承接服务外包业务（含离岸和在岸）合同金额81.1亿美元，同比增长50.7%，执行金额52.2亿美元[②]，同比增长51.2%（参见表1）。截至2012年底，累计登记有服务外包企业1543家，占全国比例为7.3%；服务外包从业人员63.3万人，占全国比例为14.75%；通过国际认证数量421个。

表1 2009~2012年珠三角地区服务外包发展规模

单位：亿美元，%

年份	接包合同金额	接包合同执行金额（占全国比例）	离岸接包合同金额	离岸接包合同执行额（占全国比例）
2009	20.40	16.00(11.56)	17.80	13.70(13.58)
2010	33.62	23.53(11.88)	25.48	19.01(13.16)
2011	53.90	34.50(10.65)	33.50	28.04(11.77)
2012	81.10	52.20(11.20)	—	40.00(11.89)

资料来源：根据中国服务外包网、广东省外经贸厅数据整理而得。

---

① 黄丹、甘润宇：《广东抢滩服务外包市场》，http://ibd.shangbao.net.cn/a/85188.html，2012年3月8日。

② 黄丹、熊海涛：《广东加快打造服务贸易强省》，http://finance.eastmoney.com/news/1355，20130528294495348.html，2013年5月28日。

(2) 示范城市引领作用明显。珠三角地区的研发外包业务基本上集中于广州、深圳两个服务外包示范城市。这两个示范城市服务外包业务规模迅速扩大,带领周边城市相关产业迅速增长。据广东省外经贸厅统计,2011年广州研发外包合同额34.6亿美元,同比增长88.5%。其中离岸合同额19.6亿美元,离岸执行额14.5亿美元,同比分别增长83.3%和89.9%,离岸执行额占全省一半以上,增速接近全省的两倍。① 2012年广州研发外包合同签约金额和执行金额分别同比增长43.2%和41.3%,其中离岸合同金额和执行金额分别同比增长52.1%和42.1%。深圳研发外包的发展也很迅速,2010年深圳离岸合同额14.56亿美元,离岸执行额11.25亿美元,同比分别增长42.17%和28.29%。2011年深圳市承接离岸外包合同执行额13.35亿美元,同比增长18.71%。2012年,深圳市承接离岸外包业务合同金额、执行金额分别为23.8亿美元和18.6亿美元。

(3) 业务多元化趋势明显。在信息技术外包领域,2010年上半年,珠三角地区累计完成软件外包服务收入23.5亿元,同比增长25.8%,其中,广州、珠海等地的研发外包的增长速度均呈上升趋势。以广州为例,全球IT软件外包服务100强的Sierra Atlantic、微软、IBM、英特尔、乐购等一批国际先进的现代服务业项目纷纷落户广州。天河软件园长期以来在企业总量和经济规模两方面雄踞全国11个国家软件产业基地的第二位(仅次于北京海淀中关村),是华南地区产业集聚程度最高、市场最发达的软件园区。在承接价值链高端的知识流程外包(KPO)方面,珠三角地区起步较晚,所占比重较小,但发展迅速,成为新的经济增长点。以动漫产业为例,广州利用作为国家网游动漫产业发展基地优势,大力发展网游动漫和设计产业。目前广州从事网络游戏、动画、漫画的企业超过120家,从业人员15000人左右,动漫产业年产值超过100亿元(不含衍生产品),占全国动漫产值的1/5左右。

(4) 区位优势明显。珠三角地区有着明显的毗邻港澳的优越地理位置,彼此间经贸往来密切,在承接港澳地区的软件开发、数据处理、客户服务等业务方面独占优势。港澳集聚了国际高端服务业,在研发外包方面经验和资源丰富。承

---

① 中国外包网:《去年广州市服务外包合同额34.6亿美元》,http://www.chnsourcing.cn/outsourcing-news/article/26018.html。

接香港服务业转移是珠三角地区研发外包产业的一大特色。目前粤港合作已经形成了新型的"前店后厂"合作关系。粤港联合开拓欧美研发外包市场，不少香港公司在承接欧美等研发项目后，也会把项目转移到珠三角地区来实施。珠三角地区的许多软件企业和产品已进入香港市场，将香港作为进入国际市场的桥梁。

（5）研发外包以跨国公司为主体。珠三角地区从事研发外包业务的企业包括各种所有制类型企业，但其中以跨国公司规模最大。许多跨国公司如柯达、IBM、微软、爱立信等都在珠三角地区投资设立研发中心，承接外包研发项目。以 IBM 为例，其在深圳投资成立 ISSC 公司，主要为日本、中国香港和欧美市场提供 IT 服务。

2. 珠三角地区技术创新的状况

由于珠三角地区发明专利申请数、科技活动人员占全省的比重和研究与试验发展经费等技术创新指标占全省比重均超过 90%，因此基于数据所限，此处用广东数据近似替代珠三角地区的数据。

由科技部中国科技发展战略研究小组撰写的《中国区域创新能力报告》自 1999 年开始发布以来，以其严谨的指标体系，客观的统计评价，逐渐成为我国各地区科技管理部门判断本区域创新能力发展趋势和问题的重要指南。根据此报告，2011 年，广东创新能力综合得分为 54.88，排名自 2008 年起连续四年保持全国第 2 位，仅次于江苏（55.49）。

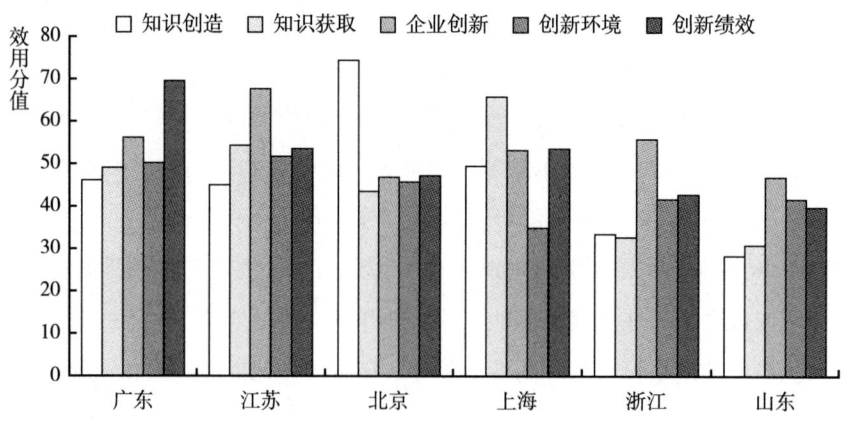

图1 广东与其他主要区域创新能力综合指标评价效果图（2011年）

资料来源：《中国区域创新能力报告（2011）》。

表 2　区域创新能力综合得分前 10 位的省市（2011 年）

单位：效用分值，名

地区	知识创造	知识获取	企业技术创新能力	创新环境	创新绩效	综合得分	2010 年排名	2011 年排名
江苏	45.08	54.29	67.61	51.86	53.58	55.49	1	1
广东	46.22	49.06	56.32	50.32	69.65	54.88	2	2
北京	74.37	43.52	46.73	45.95	47.31	50.31	3	3
上海	49.38	65.91	53.03	34.95	53.44	49.98	4	4
浙江	33.48	32.69	55.78	41.58	42.81	42.83	5	5
山东	28.34	30.88	46.93	41.71	39.96	39.04	6	6
天津	26.67	40.92	43.99	34.14	43.09	38.29	7	7
辽宁	23.37	38.5	29.63	32.07	35.21	31.77	12	8
四川	28.52	24.81	32.18	35.74	30.45	31.07	9	9
重庆	25.42	33.54	36.99	23.86	33.56	30.77	10	10

资料来源：《中国区域创新能力报告（2011）》。

珠三角地区的技术创新具有以下特点：

（1）知识创造能力位居全国前列。知识创新能力取决于研发的投入水平和产出水平。2011 年广东知识创造得分为 46.22，居全国第 3 位，仅次于北京和上海。由于大学和科研机构是知识的主要创造者，从这点来看，广东的知识创造基础不如北京和上海。近年来，广东虽然采取了一系列措施来加强科研设施建设，比如大力推动国内外科研机构、有实力的企业在粤设立研发机构，对海外留学人员来粤创业提供优惠政策，在一定程度上提高了知识创新能力，但与北京、上海等地相比差距较大，仍需继续努力。

（2）知识获取能力比较强。知识获取综合指标主要包括科技合作、技术转移和外资企业投资等三项综合指标。2011 年在知识获取综合指标中，广东得分为 49.06，排名全国第 3 位，指标排在广东前面的有：上海和江苏。其中每十万人的同省异单位科技论文数、同省异单位科技论文数增长率、每十万人作者异省科技论文数、作者异省科技论文数增长率等多项指标的排名在全国第 25 位之后，说明广东的知识获取能力有待提升，主要应从科技合作和技术转移入手。

（3）企业技术创新能力相对较弱。企业的创新能力是一个地区创新能力的核心。2011年广东企业技术创新能力综合指标为56.32，位居全国第2位，各类指标排名靠前，但其相对值和增长速度类指标排名靠后，这说明广东与其他地区相比优势正在缩小。广东的企业虽然是技术创新的主体，但其在生产和制造能力、技术创新水平上仍相对较弱。此外，中小企业创新活力不足也是目前广东面临的一大问题。统计显示，目前全省中型企业设立技术开发机构的比例为14.3%，小型企业设立技术开发机构的比例为5.2%，开展R&D活动的中小型工业企业仅占全部中小型工业企业的10.0%，而江苏的比例为15%[1]。

（4）创新环境仍不完善。2011年广东技术创新环境与管理综合指标为50.32，居全国第2位。广东的教育经费支出在全国排名第一，但是，教育经费支出占GDP的比例、教育经费支出的增长率等指标在全国的排名为第27位之后，这说明广东教育发展水平与经济发展水平极不相称。此外，国家创新基金获得资金增长率、国家创新基金项目立项增长率、规模以上工业企业研发活动平均获得金融机构贷款额、高新技术企业数增长率等指标的排名均在全国第20名之后，这说明广东需要积极探索政府与金融机构、企业共同投入、共担风险、利益共享的科技投入机制，在促进国家科技计划、科研机构管理、国内外科研合作方面多下工夫。

（5）创新的经济绩效减弱。2011年广东创新的经济效益综合指标为69.65，居全国第1位；但各项指标发展极不平衡，其中地区GDP、第三产业增加值、高新技术产业产值及其就业人数等指标居全国之首，但高新技术产业产值增长率及其就业人数增长率、耗电总量、工业污水排放总量、工业废气排放总量等发展能耗类指标的排名均在第25位之后，这充分表明广东经济的快速增长是以高能耗为代价的，且高新技术产业的发展速度已经放缓[2]。

（二）珠三角地区主要城市研发外包和技术创新的现状

2013年广东省政府正式将广州、深圳、珠海、佛山和东莞市认定为广东省服务外包示范城市，因此，下面主要介绍这五个城市研发外包和技术创新的

---

[1] 林亚茗、叶青：《广东建设开放型区域创新体系》[N]，《南方日报》2012年8月8日，第7版。

[2] 柳卸林、陈傲：《中国区域创新能力报告（2011）》[M]，科学出版社，2012。

现状。

1. 广州研发外包和技术创新

（1）广州研发外包发展情况。广州的研发外包产业起步于20世纪90年代，起步较早，由于营造了一个良好的发展环境，其发展速度较快，产业规模较大，涉及领域范围广。2007年广州被认定为"中国服务外包基地城市"，2009年被国务院认定为"中国服务外包示范城市"。截至2012年底，广州已有广州经济技术开发区、南沙经济技术开发区、天河软件园、黄花岗科技园、番禺区、白云区等六个服务外包示范园区。广州重点发展的服务外包形式包括动漫游戏外包、工业设计研发外包、知识产权服务外包和生物医药研发外包。

2012年广州研发外包合同签约金额和执行金额分别同比增长43.2%和41.3%，其中离岸合同金额和执行金额分别同比增长52.1%和42.1%。在承接价值链高端的知识流程外包（KPO）方面，广州发展迅速，成为新的经济增长点。以生物医药研发外包为例，2009年广州成立了生物技术外包服务联盟（GZBO），旨在改变以往生物技术外包服务业过于分散发展的状态，整合技术优势，建立与国际标准接轨的专业服务体系。

广州研发外包发展在珠三角地区处于上游，但与北京、上海这些城市相比，仍存在一定差距。广州市社科院《推进广州研发外包快速发展研究》报告指出，广州研发外包企业数量在国内中心城市中居末位，2012年中国十大服务外包领军企业中，广州没有企业入围；2012年中国服务外包百家成长性企业中，广州仅广东华智科技有限公司1家研发外包企业入选。而且，广州研发外包企业规模普遍偏小，大多数是30人至100人的中小型企业，产业集中度低，处于手工作坊式状态，难以形成资金和人才集聚优势。

（2）广州技术创新现状。

①研发投入经费占GDP比重不高。虽然广州市研发投入水平逐年提升，但长期以来，广州在研发投入上是不足的，尤其不能与其经济地位相称。广州市委新型城市化专题调研组研究报告显示[①]：广州市的全社会研发投入

---

① 晏磊：《穗国企科研投入未达标将受罚》，《南方日报》2012年11月6日GC02版。

（R&D）支出占GDP比重数据，比起京沪津深等中心城市都要少好几个百分点。广州市2010年和2011年两年的相关数据在11个城市中，只能排在倒数前三名的位置。同时，该11个城市提出的2015年R&D支出占GDP比重目标数，除重庆设定为2.2%以外，其余9个城市都设定在3%以上，而广州2015年在该比重数上设定的目标仅为2.8%。

科技经费投入不足，直接导致广州在科技服务的行业话语权不强。加上其他城市在科技投入上的奋起直追和加速投入，使得广州在科技业界的地位呈逐年下降的态势。在福布斯每年发布的内地创新城市排行榜中，2010年广州排名全国第13位，位居它前面的珠三角地区城市分别是第一名深圳和第六名东莞。而2011年，广州在此榜单上的排名下滑到了第19位，低于深圳、东莞甚至中山的排名。①

表3 11城市研发经费占GDP比重的比较

单位：%

年份	广州	深圳	北京	上海	天津	重庆	成都	杭州	武汉	南京	沈阳
2010	1.79	3.48	5.82	2.80	2.49	1.27	2.51	2.80	2.44	2.90	2.10
2011	2.25	3.66	5.83	2.90	2.60	1.30	2.04	2.85	2.59	3.10	2.40
2015	2.8	4	大于5.5	3.3	3	2.2	3.0	3以上	3.0	4.5	3以上

资料来源：转引自晏磊《穗国企科研投入未达标将受罚》，《南方日报》2012年11月6日。

②创新产出水平逐年提高。一般而言，专利和科技成果构成一个地区创新产出成果的主要标志。从专利来看，2012年度广州专利申请33387件，同比增长18.9%，发明专利同比增长20.1%；全市专利授权21997件，同比增长19.9%，发明专利同比增长28%。同时专利发展质量持续提升。在第十四届国家专利奖中，广州共有18项专利获奖，数量创历史新高，占全省的1/3，市知识产权局获评中国专利奖优秀组织奖。在第七届国际发明展览会上，广州市荣获"第七届国际发明展览会优秀展团奖"，获得11金9银7铜共27个奖项。

---

① 晏磊：《穗国企科研投入未达标将受罚》，《南方日报》2012年11月6日GC02版。

表4 近三年广州专利申请和获奖情况

单位:项

年 份			2009	2010	2011
专利情况	专利申请数	发明	5042	6503	8173
		实用新型	5635	7141	10219
		外观设计	5853	7159	9705
		合计	16530	20803	28097
	专利授权数	发明	1516	1990	3146
		实用新型	3990	6152	8032
		外观设计	5589	6949	7168
		合计	11095	15091	18346
获省级以上奖励情况		国家级科技奖励成果	19	19	15
		国家发明奖	1	—	2
		国家自然科学奖	2	1	5
		国家科技进步奖	16	18	8
		省级科技奖励成果	172	169	192
		省科技进步奖	172	169	192

资料来源:由作者根据《广州市统计年鉴》相关年度数据整理所得。

③技术交易市场居广东之首。目前广州有国家级技术转移示范机构5家,技术产权交易所1家,技术合同登记点11个。2011年,广州技术合同认定登记总量继续增加,技术合同成交数目为9703项,与上年同期持平,其成交额为159.52亿元,比上年增长16.60%,平均每项技术合同成交额为164万元,较上年增长17.14%。尤其是计算机软件著作权的技术交易活跃,成交金额居各类知识产权的首位。2011年广州交易计算机软件著作权合同2263项,较上年增长28.43%;成交金额22.9亿元,较上年增长65.1%;占各类知识产权成交总额的52.62%。数据显示,在国家优惠政策鼓励下,越来越多的自主创新项目通过成果转化进入技术市场交易,享受国家优惠政策扶持,使技术市场工作不断健康发展①。

2011年,在技术开发、技术转让、技术咨询、技术服务四类技术合同中,广州技术开发继续保持领先地位,成交金额129.61亿元,占技术合同成交额的

---

① 广州市科信局科技服务与管理处:《2011年度广州地区技术市场合同交易情况报告》,2012年1月。转引自http://gzts.org.cn/。

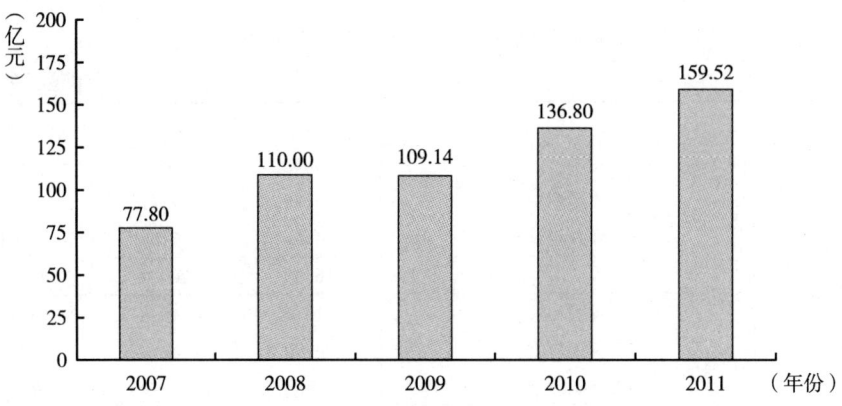

图2 2007～2011年广州地区技术合同成交额

81.25%，比上年增长10.18%；技术转让成交金额14.25亿元，占比为8.93%，居第二位，增长44.96%；技术咨询合同成交1202项，成交金额3.56亿元，占比为2.23%，比上年有所下降。技术服务合同成交量增长显著，成交2471项，成交金额12.10亿元，占比为7.59%，居第三位，增长167%，增幅居四类合同之首。在技术服务中，其中一般性技术服务合同，成交2468项，成交金额12.02亿元，增长1.66倍；技术培训合同共成交3项，成交金额0.08亿元，增长3倍。

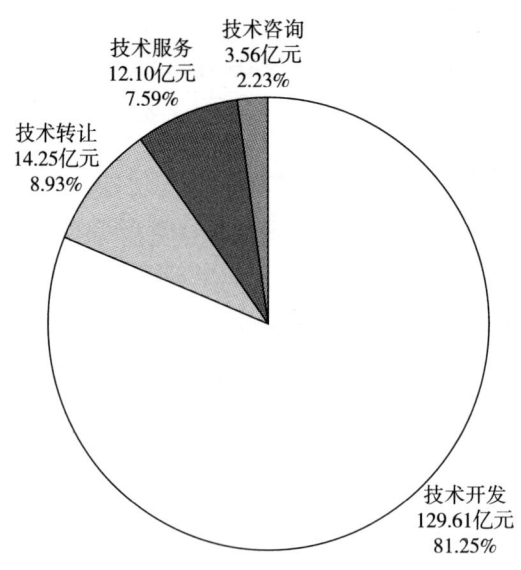

图3 2011年广州技术合同构成

2. 深圳研发外包和技术创新

（1）深圳研发外包发展情况。深圳是商务部第一批授牌的服务外包示范城市，首批"中国服务外包基地城市"（2006年）。2007年"服务外包"被深圳市政府列为重点扶植的八大高端服务业之一。软件外包是深圳服务外包产业的支柱，《深圳市"十一五"软件产业发展规划》提出把深圳打造成为中国重要的软件产业基地和国际化软件出口基地。2010年，ITO合同接包金额为9.62亿美元，占全市服务外包合同金额的67.37%，业务主要集中于软件技术服务和信息系统应用服务；BPO接包金额为3.98亿美元，占比27.87%，主要集中于物流供应链管理服务外包、采购中心和金融服务外包。高端外包业务所占份额为4.76%，主要集中于产品技术研发、工业设计、动漫设计与中医药研发外包等。2011年，深圳承接离岸服务外包合同执行额13.35亿美元，同比增长18.71%。深圳目前有服务外包企业500余家，其中离岸服务外包企业180余家，主要集中在福田、南山和罗湖区，从业人员近9万人，通过CMM/CMMI国际资质认证的企业就有160多家，外包市场辐射欧美、中国香港、日本、新加坡等地，其中，合同执行金额超千万美元的企业有24家，其合计10.67亿美元，占比为79.9%，主要包括华为、中兴、IBM、联发软件、沃盛咨询、长城科技、朗华供应链等大型知名企业①。

（2）深圳技术创新现状。

①创新投入较高，研发投入占比居广东省前列。在研发投入上，深圳研发外包企业的平均研发投入强度近年来维持在8%左右，华为、中兴等大企业的研发投入占销售收入的比重一直保持在10%以上。华为10年来研发投入1200亿元，仅2012年就达299亿元，中兴通讯在2009~2011年研发投入累计超过200亿元，比3年利润总和还高。②从服务外包企业员工学历构成来看，大专及以上学历者超过八成。2012年，深圳研发投入占GDP的比重进一步提升到3.81%，较上年增长0.15个百分点。约是全国平均水平的两倍，并远远超出广东2.1%的同期数据。

---

① 吴德群：《深圳成全球服务外包企业聚集地》，《深圳特区报》2012年6月28日第B1版。
② 吴凡：《深圳专利授权量列城市首位》，《深圳特区报》2013年2月22日。

②创新产出效果显著,专利数居广东各地前列。深圳研发外包企业创新能力居广东第一位。从国家知识产权局公布的 2012 年发明专利授权情况来看,深圳从 2011 年起连续两年夺得国内发明专利授权量城市(不含直辖市)冠军(参见表 5)。在 2012 年国内企业发明专利授权量排名前十的企业中,深圳共有 5 家,占据国内专利十强企业的半壁江山,入选企业数量为历年最多。

2012 年,深圳发明专利授权数达到 13139 件,以绝对优势再度高居城市首位,发明专利授权量比第二名加上第三名的总数多 32%(参见图 4)。① 这一指标比上年同期增长约 13%,2012 年深圳的每万人发明专利拥有量是国家"十二五"规划目标的 10 倍,达到发达国家水平。

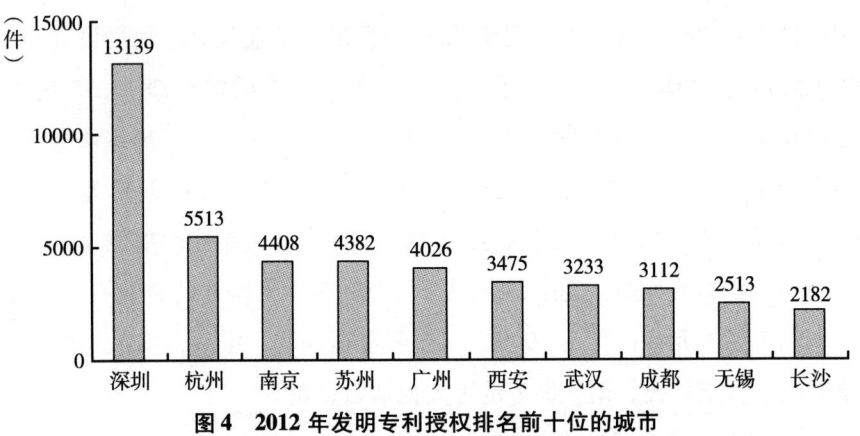

图 4 2012 年发明专利授权排名前十位的城市

资料来源:国家知识产权局网站 http://www.sipo.gov.cn/twzb/2012nfmzlsqqk。

2012 年,深圳承担国家科技重大专项等各类国家科技计划 97 项,获得中央财政资助 8.97 亿元,广东省科技计划立项项目 101 项,省财政资助 6035 万元。7 个团队入选广东省第三批创新科研团队,获财政资助 1.48 亿元。

③技术交易市场活跃,仅次于广州。2011 年,深圳登记技术合同成交项数与技术合同成交金额位列广东省第二,仅次于广州。2011 年,深圳技术合同成交项数为 9127 项,占广东省总成交项数的 46.28%;2011 年,深圳技术合同总成交金额 111.27 亿元,占广东省总成交额的 38.82%。珠海、东莞、佛山等其余地区合同成交项数和成交金额显著落后于广州、深圳(参见图 5)。

---

① 吴凡:《深圳专利授权量列城市首位》,《深圳特区报》2013 年 2 月 22 日。

表5 深圳近三年专利申请表

单位：项

年 份		2009	2010	2011
专利申请数	发 明	20520	23956	28823
	实用新型	12709	15117	—
	外观设计	9050	10357	—
	合 计	42279	49430	63522
专利授权数	发 明	8132	9615	11826
	实用新型	9001	14266	—
	外观设计	8761	11070	—
	合 计	25894	34951	39363

资料来源：由作者根据《深圳市统计年鉴》相关年度数据整理。

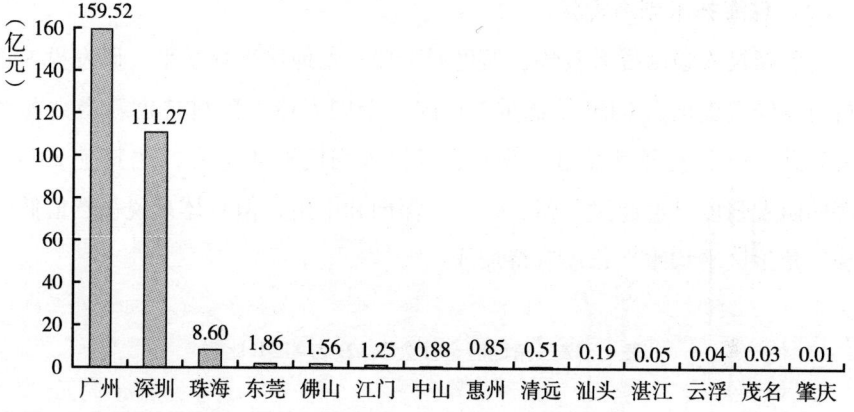

图5 2011年广东各市技术合同交易情况

注：韶关市、梅州市、汕尾市、河源市、阳江市、潮州市和揭阳市没有技术合同认定登记。

3. 珠海研发外包和技术创新

（1）珠海研发外包发展情况。珠海研发外包起步较晚，但发展迅速。2013年，珠海被认定为广东省服务外包示范城市。2011年，珠海市共实现服务外包收入8.56亿元，其中离岸服务外包合同金额5139万美元，离岸服务外包执行金额2857万美元。截至2012年底，珠海累计登记注册服务外包企业75家，注册企业从业人员1.2万人。2013年1～6月，全市服务贸易进出口总额为38.57亿美元，增长182.38%，位列全省第三；全市承接服务外包业务离岸合同金额2936万美元,同比增长153.98%;离岸执行金额983万美元,同比增长46.13%,全市累计登记注册服务外包企业91家,服务外包从业人员超过1.3万人。

珠海服务外包产业已形成了一批有代表性的企业,其中东信和平科技公司、珠海市金邦达保密卡公司为商务部"2012年重点联系服务外包企业";东信和平科技公司、珠海安联锐视科技公司、珠海扬智电子科技公司等10家企业通过"广东省重点软件出口企业"认定。2012年,惠普公司(中国)枢纽惠普智慧城市和软件外包项目落户广东珠海斗门,项目占地约150亩,新建研发中心、技术总部和生活配套区,专业技术人员将达3000名。珠海将借助惠普这一国际品牌来大力发展研发外包,规划高端科技服务外包产业布局。

(2)珠海技术创新现状。

①创新投入强度提升较快,但仍低于珠三角地区平均水平。研发投入强度是指研发经费支出占GDP的比重,反映一个国家或地区科技创新潜力和经济发展后劲。由下表可以看出,珠海研发投入强度逐年提升,尤其是2011年,珠海的研发强度已经超过广州,仅次于深圳和中山,但总体来说仍然偏低,低于珠三角地区平均水平,还有待加强。

表6 珠三角地区全社会R&D占GDP比重

单位:亿元,%

区域	2009年		2010年		2011年	
	合计	R&D占GDP比重	合计	R&D占GDP比重	合计	R&D占GDP比重
珠三角	623.51	1.92	768.73	2.04	984.58	2.26
广州	171.02	1.87	192.43	1.79	238.06	1.92
深圳	279.71	3.41	333.31	3.48	416.14	3.62
佛山	63.68	1.32	93.25	1.65	117.88	1.90
珠海	14.11	1.36	21.05	1.74	28.22	2.01
中山	28.44	1.82	35.57	1.92	46.55	2.12
江门	10.30	0.77	15.24	0.97	22.83	1.25
东莞	41.38	1.10	51.67	1.22	71.62	1.51
惠州	10.55	0.75	19.26	1.11	33.12	1.58
肇庆	4.32	0.50	6.94	0.64	10.16	0.77
全省	652.98	1.65	808.75	1.76	1045.49	1.96

资料来源:由作者根据各市相关年度统计年鉴整理所得。

②创新产出水平虽有提高,但总体在珠三角地区中处于中下游。为深入贯彻落实国家和省知识产权战略纲要珠海市实施方案,激励企业专利申请,珠海市知识产权局从2011年起实施促进专利申请十项工作措施,初见成效。2011年,珠海专利申请量为5594件,同比大幅增长57.4%,其中,发明专利申请量为1484件,同比大幅增长75.2%,每百万人均发明专利申请量为951件,排名全省第二。2012年1~10月珠海专利申请5903件,同比增长35.02%,其中发明专利申请1898件,同比大幅增长67.82%。但就整体水平而言,珠海的专利数在珠三角地区仍处中下游,与深圳、广州、东莞、中山等城市比仍有较大差距。2010年,珠海8家企业的项目获得2010年度第一批国家科技型中小企业技术创新基金立项支持,资助金额520万元,获得资助的项目数在全省地级市中排名第二。

表7 珠海近三年专利申请和授予情况

单位:项

年 份		2009	2010	2011
专利申请数	发 明	644	847	1484
	实用新型	1323	1765	2706
	外观设计	811	942	1404
	合 计	2778	3554	5594
专利授权数	发 明	203	201	323
	实用新型	961	1597	1999
	外观设计	844	970	1368
	合 计	2008	2768	3690

资料来源:由作者根据《珠海市统计年鉴》相关年度数据整理所得。

2011年,珠海共有八个项目获广东省科学技术奖,珠海元盛电子科技股份有限公司与电子科技大学合作完成的"多层刚挠结合印刷线路板及材料"、珠海市荣盈电子科技有限公司参与完成的"新型基板大功率LED及其应用"、珠海优特电力科技股份有限公司完成的"JOYO卓越防误综合操作系统"三个项目获广东省科学技术奖二等奖;珠海方正科技多层电路板有限公司完成的"先进的系统HDI板制造技术"等五个项目获广东省科学技术奖三等奖。2011年珠海新增广东省自主创新产品46件,2项科技成果获国家科技进步二等奖，1项获省科技进步二等奖，2项获省科技进步三等奖。世纪鼎利等5家企业被评为省创新型企业，省创新型企业总数达到了18家。

4. 佛山研发外包和技术创新

（1）佛山研发外包发展情况。佛山与广州、深圳相比，研发外包起步较晚，但定位明确。从2011年开始，佛山服务外包产业高速发展，服务外包企业增速达70%，承接国际服务外包合同执行金额增速达63.4%。2012年承接国际服务外包合同执行金额增速达15.7%，承接服务外包利润总额占第三产业增加值的0.32%，企业实缴税额超过2.8亿元，三大特色行业服务外包执行额占地方服务外包执行额的85%。截至2013年上半年，佛山累计登记有服务外包企业133家，服务外包从业人员超过10000人，通过国际资质认证企业31家，认证数量超过60个。

佛山服务外包产业发展主要集中在南海、禅城和顺德三个主要区域，并形成了广东金融高新技术服务区、广东省（佛山）软件产业园、广东工业设计城、佛山中德工业服务区等服务外包产业园区。2010年佛山在穗佛同城的名义下，依托广东金融高新技术服务区，成为广州的一个国家级服务外包示范区。位于穗佛经济圈核心区的广东金融高新技术服务区，于2007年7月由广东省政府授牌成立，是广东建设金融强省战略七大基础性平台之首，也是广东省人民政府批准的唯一省级金融后台服务基地。该区定位为辐射亚太地区的现代金融产业后援服务基地，致力于吸引金融机构的数据处理中心、呼叫中心、灾备中心、培训中心、创新研发中心等后台机构，金融服务外包企业及金融机构总部、区域总部落户。区内从事信息、网络、金融服务、会计、物流、设计的企业达131家，其中注册资本超过1000万元的服务外包企业有16家，初步形成了服务外包快速发展的主体架构。2013年，佛山市及广东金融高新技术服务区被省政府认定为广东省服务外包示范城市和示范园区。广东凯捷商业数据处理服务有限公司入选广东省服务外包示范企业；欧司朗（中国）照明有限公司、佛山浪潮信息技术有限公司等公司入选省服务外包重点培育企业名单。佛山目前已经引进简柏特、富士通、IBM、汇丰、新鸿基金融集团、美国友邦保险等60家服务外包企业。

此外，佛山还依托广东省（佛山）软件产业园、佛山市创新产业园大力发展软件外包和创意、动漫等产业。广东省（佛山）软件产业园经广东省信息产业厅批准成立，园区占地近100亩，建筑面积约2万平方米，目前已形成了"一园两区"的发展格局，其中"A区"是禅城区政府为了发展软件产业而将石湾政府大院升级改造成的软件园区，重点发展嵌入式软件、集成电路设计、应用软件、管理软件和软件外包等软件产业。"B区"为邻近的佛山市创意产业园，主要发展创意、动漫等产业。两园区功能定位互补，各具产业特色，共同协调发展。位于禅城的世纪互联云计算南中国总部基地将建立"云计算南中国数据中心"，将成为中国最大的基于云计算的数据处理服务中心和数据外包服务基地。

（2）佛山技术创新现状。

①创新投入强度偏低，处于珠三角地区中游。佛山研发强度从2009年的1.32%上升到2011年的1.92%（参见表6），但总体水平仍偏低，不仅低于珠三角地区平均水平，而且低于全省平均水平，这将显著制约佛山市科技服务外包业的发展。此外，佛山科技服务业人才总量不足，高端人才和专业人才偏少，学历、技术职称层次不高，与省内其他发达地区之间的差距较大。2008年佛山科技服务业在岗职工人数仅0.48万人，与广州、深圳的5.88万人和4.07万人存在较大差距；科技服务业在岗职工人数占全市常住人口的0.08%，低于全省平均水平0.15%。①

②创新产出水平较低，处于珠三角地区下游。从专利申请情况来看，佛山市的创新产出水平较低，在珠三角地区9市中排名倒数第二。截至2011年，佛山共有6个国家火炬计划特色产业基地，4家省级研究院，90家省级工程研究中心，170家市级工程中心，基本上形成了"以政府投入为引导、企业投入为主体、社会广泛参与"的多元化中小企业技术服务支撑体系。但全市各区科技服务业发展以及中介机构布局不均衡，顺德、禅城、南海三区比较发达，而高明和三水则相对较薄弱。

---

① 《佛山市科技服务业发展规划（2010～2015年）》，http：//www.foshan.gov.cn/fwly/tzfs/tzzn/cygh/fs/201207/t20120703_ 3733687.html。

表8　佛山近三年专利申请情况

单位：项

年　份	2009	2010	2011
专利申请受理量	15340	17846	20391
专利申请授权量	12861	16946	16353
其中:发明	646	681	972

资料来源：由作者根据《佛山市统计年鉴》相关年度数据整理所得。

5. 东莞研发外包和技术创新

（1）东莞研发外包发展情况。东莞的服务外包业态初具规模，2009年，服务外包产值约253亿元，占服务业总产值的11%，其中，信息技术外包（ITO）业务约占服务外包总产值的76%，知识流程外包（KPO）约占22%，业务流程外包（BPO）约占2%。从业人数约7万人，占全市服务业从业总人数的4%。2009年，东莞离岸服务外包业务执行金额1亿美元，占外包业务总额的3%；其中对印尼、美国和日本外包额占离岸服务外包业务的58%。2009年新增外商投资的服务外包企业9家，2010年增加了8家。2011年增加了13家，占历年服务外包项目的29.9%。

目前东莞研发外包发展处于刚起步阶段，涉及领域有限。主要依托松山湖科技产业园发展软件研发和生物医药研发的外包。松山湖科技产业园区结合自身优势，积极构建大型生物医药研发平台项目，努力发展生物医药研发外包。在生物医药服务产业重点打造了三大平台：一是专业技术类平台，如新药筛选、安全评价等；二是技术支撑类平台，包括实验动物中心、药品检测中心、专业孵化器、公共实验室；三是专业咨询和代理服务平台，如合同研发外包机构（CRO）、医药咨询和信息服务公司，可依托体外检测、生物芯片及其他先进诊断技术提供研发服务和技术支持。

（2）东莞技术创新现状。

①创新研发投入扩大迅速，但总体强度仍居珠三角地区下游。2011年，东莞市全社会R&D经费支出总额为71.62亿元，比2007年大幅增长377.2%，总量居全省第四位。R&D经费支出占GDP比重为1.51%，比2007年提高1.03个百分点，但总体强度仍居珠三角地区下游（参见表6）。2011年，东莞

市研发活动人员共有4.5万人,比2007年增加2.5万人,增长123.5%。全市研发人员数量增长较快,自主创新队伍不断壮大。①

②创新产出水平有所提升。2011年,东莞的专利申请量和专利授权量分别为24454件和19352件,比2007年增长76.7%和186.6%。其中,发明专利申请量4214件,在全省21个地级市中排第四位,比2007年增长381.1%;发明专利授权量758件,在全省21个地级市中排第三位,比2007年增长1622.7%。②

表9 东莞市近四年专利申请情况

单位:项

年份	2009	2010	2011	2012
专利申请受理量	19106	21654	24454	29199
专利申请授权量	12918	20397	19352	20900
其中:发明	254	442	758	1381

资料来源:由作者根据《东莞市统计年鉴》相关年度数据整理所得。

2009年东莞新增90家国家高新技术企业和89家广东民营科技企业,总数分别达到246家和562家;全年承担省级以上科技计划项目224项,获得1.37亿元经费资助。其中,获国家中小企业技术创新基金立项30个和1395万元资助经费,分别比上年增长150%和140%。2012年新增3家省级企业工程中心和2家省级企业重点实验室;新增2个国家专利优秀奖,99项科研成果获得市科技奖;新增5个广东省创新科研团队,目前团队总数达14家。

(三)珠三角地区研发外包和技术创新的不足与问题

从以上分析可以看出,虽然目前珠三角地区整体研发外包和技术创新水平暂时在全国处于领先位置,但其潜在的竞争能力不足,存在以下问题:

1. 缺乏大型领军企业,行业品牌效应有待提升

研发外包业务的国外发包商,首先是选择区域,其次才是选择企业,因此

---

① 潘绍俊:《东莞研发投入强度达"强"级水平》,《东莞日报》2012年10月26日。
② 潘绍俊:《东莞研发投入强度达"强"级水平》,《东莞日报》2012年10月26日。

品牌和形象对承接研发外包至关重要。尽管珠三角地区的发展位居全国前列，潜力巨大，但整体状况并不理想，体现在珠三角地区研发外包企业尚未形成统一的强有力的品牌，在整体上还比较松散，没有形成合力。以中国国际投资促进会同美国高德纳公司、IDC公司等国际知名咨询机构合作开展的一年一度的"中国服务外包领军、成长型企业及在华全球服务供应商评选活动"为例，2012年该活动评选出"2012年中国服务外包十大领军企业"[①]，这十大领军企业里没有一家总部是设在珠三角地区的，而北京有三家，大连有两家，显示出珠三角地区研发外包企业在"做大""做强"方面与其他省市有较大差距，因而在国际市场上竞争力和影响力不强。

2. 缺乏复合型的高端人才

服务外包对于语言的要求很高，能够熟练掌握英语往往是许多国外发包公司选择接包方时除成本之外考虑的第二大因素，而珠三角目前缺乏大量以英语为母语的专业技术人才和具有国际视野、经验丰富的高级项目经理人才，因而大大制约了珠三角外包行业的竞争力的提升。

3. 缺少资源共享平台

珠三角地区的高新技术园区建设发展较快，处于先进水平，从现有的广州、深圳、珠海和佛山四大服务外包产业园看，园区内外包企业数量多，种类较齐全，但是各自为营，没有形成信息共享，资源互补的局面。从世界范围来看，园区软环境（网络推广和招商平台、综合支持平台）已然成为发展成功的关键因素。珠三角地区缺少这样一个综合共享平台，致使其外包市场打不开，出现竞争力不强的局面[②]。

4. 珠三角地区潜在的技术创新竞争能力不足

技术创新能力主要通过科研机构和高校研究资源存量和人才存量来显示。无论从数量还是质量来看，珠三角地区技术创新能力明显不及长三角地区和环

---

① 这十大领军企业分别是：东软集团股份有限公司（沈阳）、药明康德新药开发有限公司（上海）、中软国际有限公司（北京）、软通动力信息技术（集团）有限公司（北京）、文思创新软件技术有限公司（北京）、海辉软件（国际）集团公司（大连）、大连华信计算机技术股份有限公司（大连）、方正国际软件有限公司（苏州）、浙大网新科技股份有限公司（浙江）、浪潮集团有限公司（山东）。

② 杜赛花：《广东省服务外包业发展中存在的问题及对策研究》[J]，《广东科技》2012年第4期。

渤海湾地区。比如，作为代表21世纪科技教育实力的"211"工程重点大学，长三角地区的核心区内就占23所，其中上海12所，是广州的3倍。环渤海湾核心区的龙头北京就拥有"211"工程重点大学25所，天津则有6所，是珠三角核心区的6倍。长三角地区和环渤海湾两区"211"工程重点大学不但数量多，而且质量高，显然是未来的技术创新竞争力的形成和提升的一个重要基础和实力保障。相比之下，珠三角地区就显得逊色多了。①

三 珠三角地区承接研发外包与技术创新的关系——基于实证分析

本部分实证检验主要分为两部分，一是利用珠三角地区九市数据来检验珠三角地区承接研发外包和技术创新之间互动关系的存在性；二是选择珠三角地区承接研发外包和技术创新的影响因素，实证的总体思路见图6。因篇幅所限，关于本实证所涉及的样本选择、研究变量选择、实证方法和模型以及分析可参见附件一和附件二，此处仅简单介绍一下实证研究的结论。

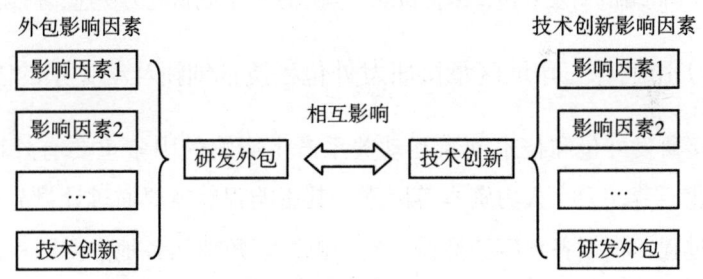

图6 研发外包与技术创新的关系

（一）承接研发外包和技术创新互动的实证检验

本部分的实证检验表明承接研发外包和技术创新之间存在明显的互动关系。

（1）珠三角地区承接研发外包对其技术创新有显著的促进作用。其中，

---

① 潘义勇：《提升珠三角产业技术创新的竞争力》[J]，《沿海企业与科技》2007年第11期。

劳动力素质对珠三角地区创新提升具有一定的促进作用；而外商直接投资则在一定程度上削弱了自主创新的能力。

（2）珠三角地区区域技术创新对其承接研发外包有显著的促进作用。珠三角地区经济开放度、服务业增加值对承接研发外包具有显著的提升作用；劳动力成本、人力资本与研发外包水平显著负相关。这说明劳动力成本低廉是珠三角地区吸引研发外包的因素之一。在外包兴起阶段，研发外包水平比较低端，企业将项目外包最优先考虑的是成本因素，发包方会选择将业务外包给具有成本优势的承接方。近年来，在成本上升背景下，与其他地区相比，珠三角地区承接外包的成本仍然比较低。

珠三角地区企业具有相对较稳定的成本优势，并且在中短期内不会消失。在成本方面的优势主要体现在人力成本上。但研发外包的成本结构并不理想，劳动者的素质并不高，因此这种优势并不能维系长久。所以，珠三角地区想要打造结构更为优化的成本竞争优势，就要全面提升劳动者的素质，发展高端服务外包产业。

（3）珠三角地区承接研发外包对其区域技术创新能力的影响作用比技术创新对珠三角地区承接研发外包的影响作用更为显著。所以，珠三角地区应大力发展研发外包业，尤其是高端的研发外包，以促进珠三角地区技术创新能力快速、持续提升。

（二）影响珠三角地区承接研发外包和技术创新互动关系的因素分析

对承接研发外包和技术创新互动关系产生影响的因素主要有外商直接投资、服务业、劳动力、人力资本等因素，其影响程度需要通过计量分析。此处省去分析过程，根据各地年鉴数据，对影响珠三角地区各地主要因素进行数量描述和比较。

（1）描述性统计分析

从珠三角地区各市2003~2011年的专利申请数情况看，各市的专利申请数呈逐年上升的趋势，其中深圳是珠三角地区各市中技术创新能力最强的一个市，2011年其专利申请数达到63522件，远远将其他各市抛在后面；其次是广州、东莞和佛山，这三个市专利申请数比较接近。而珠海、江门和惠州这几个市专利申请数比较接近，在珠三角地区里面排名靠后；肇庆的专利申请数最少，2011年仅有1466件，排名最后（参见图7）。

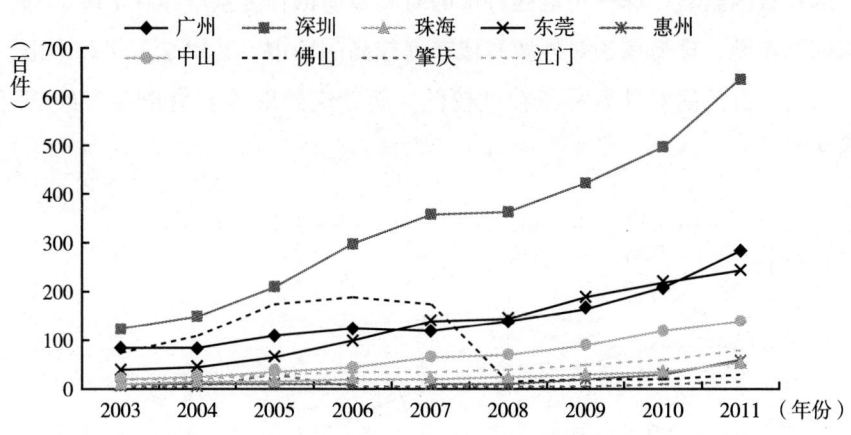

图7 珠三角地区各地专利申请数

资料来源：主要数据均来源于广东省统计年鉴，个别城市的数据来源于各市的统计年鉴或者统计公报。

从技术创新结果看，各市的高新技术出口额基本保持上升趋势，其中深圳仍然是珠三角地区各市里高新技术出口额最多的一个市，这与其专利申请数在珠三角地区各市里排名第一是一致的；东莞排名第二，接着是广州、惠州、珠海，肇庆依然是珠三角地区各市高新技术出口最少的一个市（参见图8）。

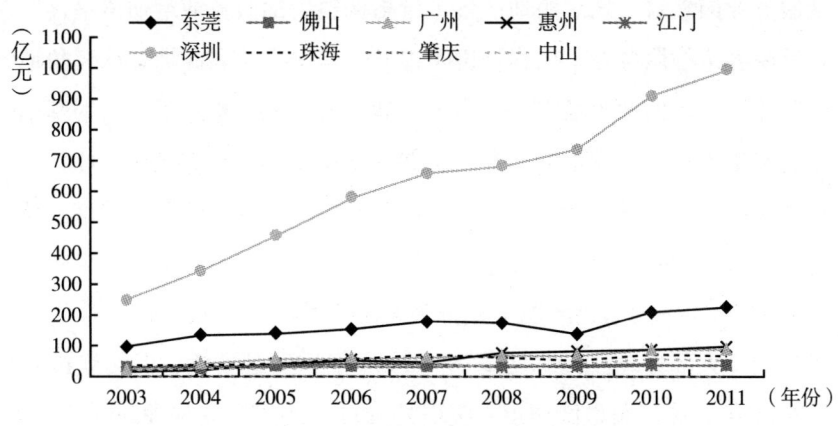

图8 珠三角地区各市价格调整后的高新技术出口额

资料来源：主要数据均来源于广东省统计年鉴，个别城市的数据来源于各市的统计年鉴或者统计公报。

从外贸因素看,珠三角地区各市的对外贸易依存度基本存在下降趋势,其中深圳、东莞、珠海属于对外贸易依存度较高的城市,其次是惠州和中山,广州、佛山、江门的对外贸易依存度较低,而肇庆的对外贸易依存度最低(参见图9)。

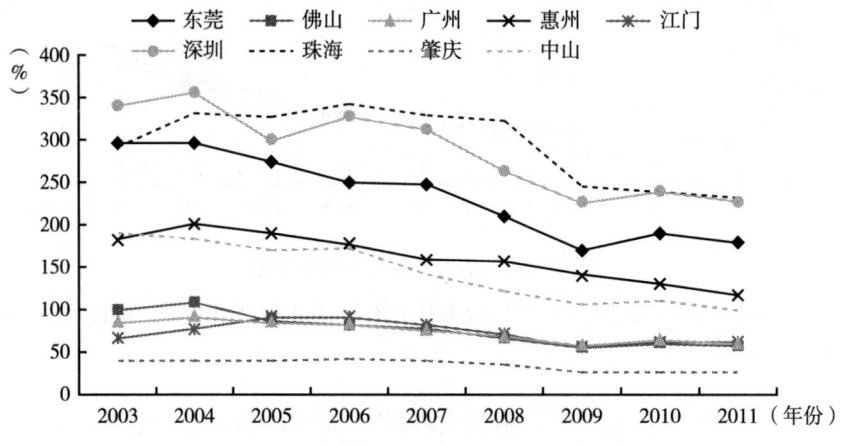

图9 珠三角地区各市对外贸易依存度

资料来源:主要数据均来源于广东省统计年鉴,个别城市的数据来源于各市的统计年鉴或者统计公报。

从服务业因素看,珠三角地区各市价格调整后的服务业增加值呈逐年上升趋势,反映各市的服务业发展程度逐年提升,其中广州和深圳是珠三角地区各市里服务业最发达的两个城市,这为其发展服务外包业奠定了坚实的基础;其次是东莞和佛山;其他城市的服务业发展程度相差不大(参见图10)。

从外商因素看,深圳和广州是吸引外商直接投资最多的两个城市。动态地看2004~2005年多数地方外资下降,2006年外资回升。2004年的惠州、2005年的佛山和2006年的东莞出现了外资大幅度下降,之后逐步回升。受国际金融危机影响,大部分地区先后在2009~2010年达到最高值,近几年进入稳定阶段。2011年,珠三角地区城市中吸引外资排名前三名是深圳36.57亿美元、广州34.75亿美元、东莞24.97亿美元,佛山为17.31亿美元,其后是惠州12.75亿美元、珠海11.11亿美元、肇庆8.01亿美元、江门6.42亿美元,最后是中山5.8亿美元(参见图11)。

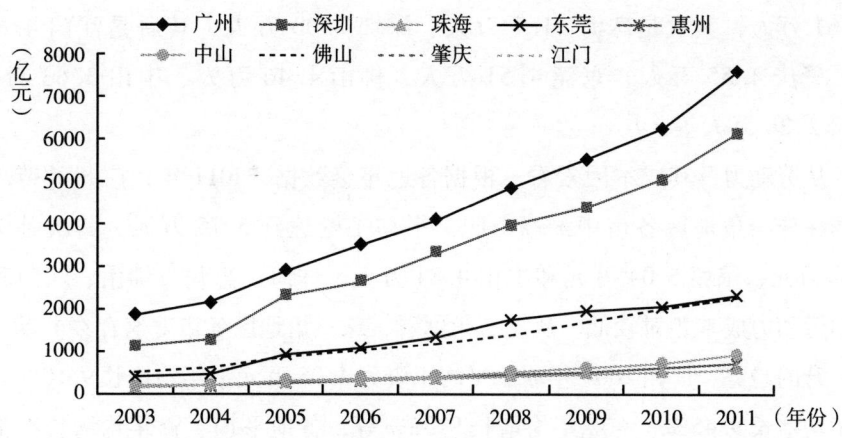

图 10　珠三角地区各地服务业增加值

资料来源：主要数据均来源于广东省统计年鉴，个别城市的数据来源于各市的统计年鉴或者统计公报（图中数字为价格调整后数值）。

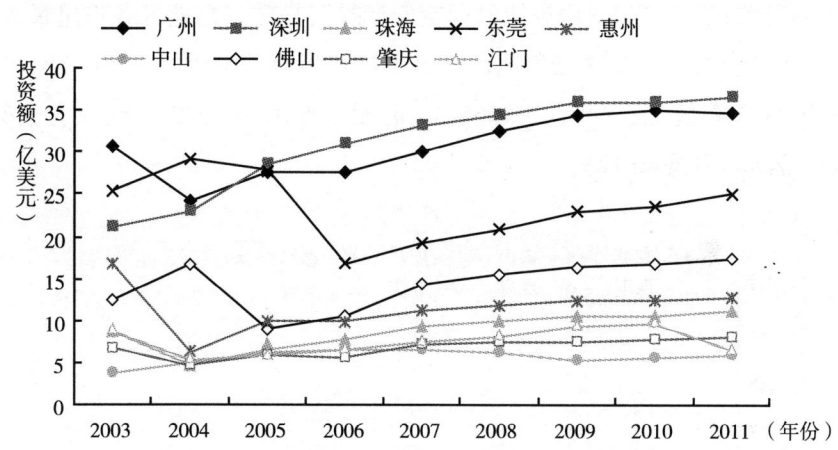

图 11　珠三角地区各地外商直接投资态势

资料来源：主要数据均来源于广东省统计年鉴，个别城市的数据来源于各市的统计年鉴或者统计公报。

从教育和人才因素看，广州是珠三角地区各地高等学校在校学生人数最多的一个市，呈现稳定的增长趋势；珠海从2009年开始超越深圳，成为高等学校在校学生人数第二多的市；其他城市的高等学校在校学生人数相差不大，其中惠州高等学校在校学生人数最少。2011年广州高校在校人数

89.61万人，其次是珠海11.7万人、深圳7.00万人，其后是江门4.6万人、肇庆4.55万人、东莞4.51万人、佛山4.46万人、中山3.63万人、惠州2.20万人等。

从劳动力及其成本因素看，根据各地年鉴数据，2011年，广州的劳动力成本在珠三角地区各市中最高，职工平均工资达到5.75万元，其次是深圳5.57万元、东莞5.04万元和中山4.84万元；珠海、惠州、佛山、江门和肇庆的劳动力成本相对较低。从动态角度看，珠三角地区各市普遍存在劳动力成本上升的趋势，广州2007年职工平均工资为4.06万元，年均增长9.10%，深圳年均增长9.45%，东莞年均增长9.32%等，各地平均工资年均增长率都接近10%，对珠三角地区技术创新十分不利。

从服务业固定资产投资因素看，广州在珠三角地区各市中最重视服务业投资，其次是深圳、佛山和东莞；中山和惠州从2009年开始也加大了对服务业的固定资产投资；江门对服务业的固定资产投资是珠三角地区各市里最少的，这与其服务业增加值在珠三角地区各市中排名第一是一致的。2011年，广州投资为2879.7亿元、深圳为1666.38亿元、佛山为1202.1亿元、东莞为727.87亿元（参见图12）。

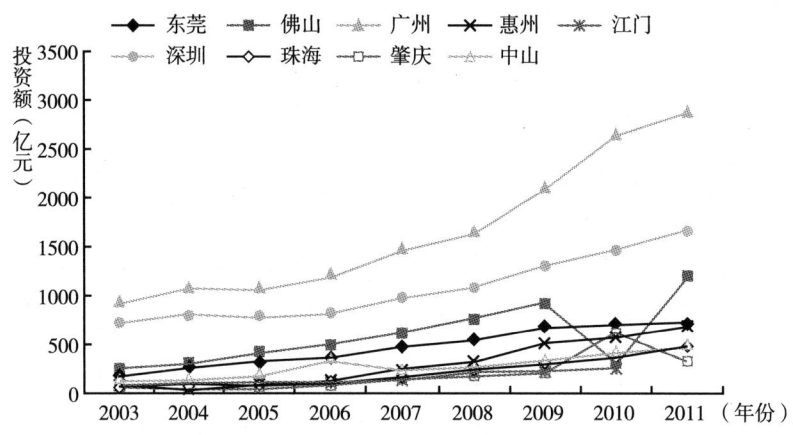

图12 珠三角地区各市价格调整后的服务业固定资产投资额

资料来源：主要数据均来源于广东省统计年鉴，个别城市的数据来源于各市的统计年鉴或者统计公报。

(2) 实证分析结论

通过实证分析表明：外商直接投资、服务业增加值和劳动力成本这些因素会显著影响珠三角地区承接研发外包对技术创新的促进作用；人力资本、外贸依存度、服务业增加值、劳动力成本、外商直接投资和服务业固定资产投资额这些因素会显著影响技术创新对珠三角地区承接研发外包的促进作用。因此，广东承接服务外包和区域创新之间的良性互动有赖于改善这些因素。

四 促进承接研发外包与技术创新良性互动的具体措施

以上分析说明了影响珠三角地区承接研发外包和技术创新的互动关系的关键因素有：人力资本、对外贸易依存度、服务业增加值、劳动力成本、外商直接投资、服务业固定资产投资额等。因此，珠三角地区承接研发外包和技术创新之间实现良性互动，必须要着重在以下几方面努力。

（一）加强高端人才引进和培养

现代科技创新活动主要以人为主，人力资本显得越来越重要。实证分析结果表明，劳动力素质是离岸服务外包发包商在选择承包商区位时考虑的重要因素。目前珠三角创新型人才不足，必须努力加强高端人才的引进和培养。

(1) 加大高等教育和科研基础投入力度，创建和优化高素质科研队伍，实施高级创新人才培养计划。充分发挥高等院校和科研机构人才密集的优势，主要对广东的高等院校和科研机构加大研发经费支持，建设一批重点学科、科研基地、重点实验室，形成一批科技团队和著名学科带头人。促进高等院校、科研机构和企业共建研发中心；推动珠三角地区企业与高等院校、科研机构合作建立研发中心，培养本土的高级研发人才。将高校的科研成果直接服务于生产实践，可以通过构建大学科技园区，将科研成果迅速转化成现实的生产成果，同时形成高校培养创新人才的实践基地。

(2) 广泛引进高层次创新人才。继续实施高层次人才引进工程，加大对高科技人才专项资金的投入，提供优越的条件继续从中科院、省外和国外引进领军人物和优秀高科技人才，注重为高层次人才营造良好的工作环境，配备相应的科研团队和助手，解除其后顾之忧。

（二）大力发展现代服务业

政府对邮政、电信、金融、铁路运输等的管制体制，形成了一定市场进入壁垒和垄断，导致服务创新和竞争环境不理想。必须进一步放宽其政策管制。

（1）加快现有服务业结构调整和体制改革，进一步放宽产业融合发展的政策管制。服务业与制造业融合发展的成本较高，通过体制改革，提升服务业与制造业融合和发展效率。围绕市场准入制度、竞争制度和管理制度等三项制度改革，进一步加快推进服务业体制改革，建立适应市场竞争的运行机制，重点发展附加值高、技术含量高的高端服务业。同时，重视引导高新技术向传统服务业渗透，改造提升基础性产业。

（2）借助CEPA，建立粤港澳服务业合作与融合机制，推进服务业国际化发展。中国香港和中国澳门两地均具有服务业的优势。香港是世界上重要的以现代物流业和金融业为主的服务业中心，澳门则是世界上具有吸引力的博彩、旅游中心之一和区域性的商贸服务平台。因此，珠三角地区可以凭借毗邻港澳的地理位置优势，加强粤港澳联手，承接全球服务转移业务，共同进入国际服务业新一轮分工格局。应充分利用CEPA，降低港澳服务企业进入珠三角地区投资门槛，引导香港、澳门生产性高端服务业为珠三角地区先进制造业和高科技产业担当"服务工厂"的角色。

（三）加大利用外资的力度，引导外资企业来粤建立研发机构

在利用外资方面，推动外资投向知识密集的出口导向型服务业，重点引进服务外包、金融服务、物流、会展、创意等生产性服务业的龙头企业，大力吸引产业带动能力强、科技含量高的外商投资大项目落户。同时注重利用珠三角地区区位优势吸引更多的"三资企业"、跨国公司，尤其是世界500强企业来粤设立研究开发机构，把先进的运作模式和国际高水平研发能力带入珠三角地区；鼓励国外、港澳台的企业在珠三角地区设立研发机构，或与珠三角地区科研机构、高等院校和企业等联合创办研发机构，促进珠三角地区技术创新活

动,增强广东原始性创新能力;发挥外资研发机构在国内外科技交流与合作中的作用,实现研发人员本地化,为珠三角地区培养、引进高素质的人才。

(四)加快企业技术创新平台建设,大力推进企业技术创新工作

加大力度改进和完善支持创新发展的社会公共技术平台,大力发展科技中介服务体系,促进科技成果的商品化和产业化;加强企业与政府、高校、科研机构等共建研发机构,开展联合培养人才、联合研发等各种形式的合作;建立并完善统一协调的科技管理体系以及多元化的科技投入体系;构建为企业技术创新提供支持的中介服务和投融资平台,强化以企业为主体的技术创新体系功能。

(五)加强相关法律法规条例的建设,提供完善的法律环境保障

广东已出台了我国首部自主创新地方性法规《广东省自主创新促进条例》,问题是执法力度不严。必须进一步完善政策法规保障体系。一是根据离岸服务外包发展的阶段要求,大力宣传产权观念,提高全民的知识产权保护意识。二是构建保护知识产权工作平台,加大对软件盗版等侵害知识产权行为的打击力度。三是引导接包企业注意遵守国家保密规范,注意保护客户的商业机密,同时建立有效的数据安全机制,为企业成功获取外包订单、开展自主创新创造良好的外部环境。四是加快制定实施《广东省改善创新环境行动计划》,制定相关配套和细化的政策文件,形成覆盖创新全过程;同时以企业技术创新需求为导向,完善创新创业环境,激发企业创新热情。

参考文献

[1] 崔萍:《承接研发外包促进区域自主创新的机制研究——基于广东省的实证检验》,《国际经贸探索》2013年第5期。

[2] 崔萍、邓可斌:《服务外包与区域技术创新的互动机制研究——基于接包方的视角》,《国际贸易问题》2013年第1期。

[3] 杜赛花:《广东省服务外包业发展中存在的问题及对策研究》,《广东科技》2012年第4期。

［4］佛山市科技服务业发展规划（2010～2015年）. http：//www. foshan. gov. cn/fwly/tzfs/tzzn/cygh/fs/201207/t20120703_ 3733687. html。

［5］广东外语外贸大学国际服务外包研究院课题组：《广东重点领域科技服务业发展研究——基于服务外包视角》，2011。

［6］广州市科信局科技服务与管理处：《2011年度广州地区技术市场合同交易情况报告》［EB/OL］. http：//gzts. org. cn/。

［7］黄丹、甘润宇：《广东抢滩服务外包市场》，http：//ibd. shangbao. net. cn/a/85188. html，2012年3月8日。

［8］黄丹、熊海涛：《广东加快打造服务贸易强省》，http：//finance. eastmoney. com/news/1355，20130528294495348. html，2013年05月28日。

［9］林亚茗、叶青：《广东建设开放型区域创新体系》，《南方日报》2012年8月8日第7版。

［10］柳卸林、陈傲：《中国区域创新能力报告（2011）》，科学出版社，2012。

［11］潘绍俊：《东莞研发投入强度达"强"级水平》，《东莞日报》2012年10月26日。

［12］潘义勇：《提升珠三角产业技术创新的竞争力》，《沿海企业与科技》2007年第11期。

［13］任志成、张二震：《承接国际服务外包、技术溢出与本土企业创新能力提升》，《南京社会科学》2012年第2期。

［14］吴德群：《深圳成全球服务外包企业聚集地》，《深圳特区报》2012年6月28日第B1版。

［15］吴凡：《深圳专利授权量列城市首位》，《深圳特区报》2013年2月22日。

［16］夏青：《基于技术创新的区域经济增长模式研究——以广东省为例》，《环渤海经济瞭望》2013年第5期。

［17］晏磊：《穗国企科研投入未达标将受罚》，《南方日报》2012年11月6日GC02版。

［18］杨丹辉：《服务外包与中国产业升级：基于全球化的视角》，《当代经济管理》2009年第8期。

［19］中国外包网：《去年广州市服务外包合同额34.6亿美元》，http：//www. chnsourcing. com. cn/outsourcing - news/article/26018. html。

［20］中国服务外包研究中心：《中国服务外包发展报告2007》，上海交通大学出版社，2008。

［21］珠海市科技工贸和信息化局官方网站，http：//www. Zhkgmx. gov. cn/zwgk/zlk/zlk/201105 / t20110524 _ 202866. html。

［22］Howells, J. , "Research and Technology Outsourcing and Innovation Systems：An Exploratory Analysis", *Industry and Innovation*, 1999, volume 6：111 - 129.

［23］Peukert, C. , "IT Outsourcing and Innovation：Getting More by Doing Less", *Ulm University working paper*, 2010.

附件一：承接研发外包和技术创新互动的实证检验

1. 样本选取和研究变量

（1）数据来源和研究软件

本实证的主要数据均来源于广东省统计年鉴，个别城市的数据来源于各市的统计年鉴或者统计公报。样本期间为 2003～2011 年。所有的实证均采用 STATA 完成。

（2）研究变量的选取和度量

①解释变量与被解释变量：第一个是研发外包变量，主要指离岸研发外包，采用高新技术出口额来近似度量离岸研发外包，因为离岸研发外包是高新技术出口的重要组成部分，两者的相关性比较高；第二个是技术创新变量，这里用各城市的专利申请数来度量。

②控制变量：选取了人力资本水平、经济开放度、基础设施、FDI、服务业发展程度和劳动力成本作为控制变量。

2. 实证方法和模型

（1）实证方法

本文采用面板数据方法进行实证回归。用面板数据建立的模型通常又包括固定效应模型（fixed effects model）和随机效应模型（Random-Effect Model）。Hausman 检验是常用的判断面板数据模型应采用固定效应还是随机效应模型的识别方法。需要进一步指出的是，Hausman 检验并非总有效。比如，当模型中的关键自变量是不随时间的变化而变化时。如果有足够的理由或者客观情况下不得不首选随机效应模型时，在对所建立的模型估计后，就可以采用 Breusch-Pagan 检验进行补救。

为此，本文先使用 Hausman 检验判断研究适合采用的模型。服务外包对区域技术创新影响的模型，Hausman 检验的结果如下：$Prob > chi2 = 0.1747$，结果支持随机效应模型。区域创新对服务外包影响的模型，Hausman 检验无法判断，于是改用 Breusch-Pagan 检验进行判断。Breusch-Pagan 检验的结果如下：$Prob > chi2 = 0.0000$，结果支持随机效应模型。随机效应模型又包括单向随机效应模型和双向随机效应模型。为保证研究结论的稳健性，同时给出考虑截面因素的单向随机效应模型、考虑时间因素和截面因素的双向随机效应模型的回归结果。

（2）实证模型

首先，为了检验珠三角承接研发外包对技术创新是否存在促进作用，构建以下模型：

模型（1）：

$$RZ_{i,t} = \alpha + \beta_1 OS_{i,t-1} + \mu_{i,t} \qquad (1)$$

式中：$RZ_{i,t}$ 是珠三角各市的专利申请数，以度量其技术创新能力。为避免内生性，解释变量采用其滞后一期值，$OS_{i,t-1}$ 是经价格调整的滞后一期的离岸研发外包变量，用各市的高新技术出口额近似度量；$\mu_{i,t}$ 是模型的残差。

模型（2）：

$$RZ_{i,t} = \alpha + \beta_1 OS_{i,t-1} + \beta_2 HR_{i,t-1} + \beta_3 IS_{i,t-1} + \beta_4 FDI_{i,t-1} + \mu_{i,t} \qquad (2)$$

式中：$HR_{i,t-1}$ 是滞后一期各市高等学校的在校生人数，用以度量人力资本水平；$IS_{i,t-1}$ 是滞后一期各市的国际互联网用户数，用以度量区域的信息基础设施程度；$FDI_{i,t-1}$ 是经价格调整的外商直接投资变量。

其次，关于珠三角技术创新是否会推动珠三角承接研发外包的发展，我们构建以下模型：

模型3：

$$OS_{i,t} = \alpha + \beta_1 RZ_{i,t-1} + \mu_{i,t} \qquad (3)$$

模型4：

$$OS_{i,t} = \alpha + \beta_1 RZ_{i,t-1} + \beta_2 HR_{i,t-1} + \beta_3 FT_{i,t-1} + \beta_4 SI_{i,t-1} + \beta_5 W_{i,t-1} + \mu_{i,t} \qquad (4)$$

式中：$FT_{i,t-1}$ 是滞后一期对外贸易依存度，用以度量区域的经济开放度；$SI_{i,t-1}$ 是经价格调整的滞后一期服务业增加值，用以度量服务业发展程度；$W_{i,t-1}$ 是经价格调整的各市的职工平均工资，用以度量劳动力成本。

3. 实证研究结果

表1 各年各变量均值

时间	RZ	OS	HR	FT	IS	FDI	SI	W
2003	4213.89	644003.50	56721.67	206.67	94.87	148871.37	5424275.89	19722.88
2004	5082.67	730011.29	70971.78	205.56	105.45	132000.96	6166051.08	20807.1
2005	7233.78	912709.36	85303.44	174.04	110.77	141203.29	8915186.39	22091.71
2006	9095.22	1106861.04	93402.56	174.12	103.06	135982.11	10256981.5	22919.48
2007	10332.22	1251732.79	103453.22	162.61	100.32	153255.71	11831833.4	25864.15
2008	10347.22	1297349.47	110524.89	145.96	107.05	163294.45	13425692.1	27582.67
2009	12440	1315234.37	119465.33	120.44	159.56	171591.16	15626923.8	30849.67
2010	14979	1657507.43	135479.33	124.85	174.18	174231.69	17193556.6	33123.36
2011	18878	1776363.27	146956.33	117.72	210.45	175194.80	19448144.3	33431.30

表2 研发外包对区域技术创新的影响

变量	(1)	(2)	(3)	(4)
$OS_{i,t-1}$	0.007 *** (13.77)	0.006 *** (13.13)	0.0076 *** (14.78)	0.0067 *** (11.59)
$HR_{i,t-1}$			0.032 *** (5.56)	0.023 *** (3.83)
$IS_{i,t-1}$			32.83 *** (4.18)	13.92 (1.58)
$FDI_{i,t-1}$			-0.035 *** (-2.69)	-0.028 ** (-2.15)
WithinR^2	0.738	0.863	0.897	0.923
样本数	70	70	57	57
回归方法	单向随机效应	双向随机效应	单向随机效应	双向随机效应

注：括号内为 t - 统计量；*** 、** 和 * 表示统计显著水平分别为1%、5%和10%。

表3 区域技术创新对研发外包的影响

变量	(1)	(2)	(3)	(4)
$RZ_{i,t-1}$	119.56 *** (13.65)	137.79 *** (11.95)	81.91 *** (4.11)	82.64 *** (3.88)
$HR_{i,t-1}$			-6.4 *** (-4.37)	-5.92 *** (-3.74)
$FT_{i,t-1}$			2646.71 ** (2.43)	2549.38 ** (2.24)
$SI_{i,t-1}$			0.0987 *** (3.95)	0.102 *** (3.85)
$W_{i,t-1}$			-27.83 ** (-2.07)	-88.16 ** (-2.42)
withinR^2	0.737	0.764	0.828	0.857
样本数	72	72	72	72
回归方法	单向随机效应	双向随机效应	单向随机效应	双向随机效应

注：括号内为 t - 统计量．*** 、** 和 * 表示统计显著水平分别为1%、5%和10%。工具变量为解释变量$RZ_{i,t-1}$再滞后一期值，即$RZ_{i,t-2}$。

附件二：珠三角承接研发外包和技术创新互动关系的影响因素研究

1. 样本选取和研究变量

样本选择和研究变量基本同附件一实证部分相同。此外，为了实证影响珠三角研发外包和区域技术创新互动的因素是什么，本研究分别引入了虚拟变量和研发外包、虚拟变量和区域技术创新的交叉项，该虚拟变量是按照影响因素的高低将珠三角数据分为高、中、低三组，然后加入方程一起回归，根据虚拟变量的系数是否显著我们就可以判断该因素是否会影响珠三角研发外包和技术创新的互动关系。

2. 实证方法和模型

（1）实证方法

实证方法采用面板检验方法。Hausmans 检验的结果是支持随机效应模型。因此本研究采用随机效应模型进行回归。

（2）实证模型

首先，为了检验影响珠三角研发外包促进区域技术创新的因素，我们构建以下模型：

$$RZ_{i,t} = \alpha + \beta_1 OS_{i,t-1} + \beta_2 (DumHR1_{i,t-1} + DumHR2_{i,t-1}) * OS_{i,t-1} + \mu_{i,t} \qquad (1)$$

式中：虚拟变量 $DumHR1_{i,t-1}$ 和 $DumHR2_{i,t-1}$ 是根据各市在校大学生人数的高低将全样本数据分为三组，由低到高分别取值 0、0，1、0，1、1，为简便起见，在下文实证结果表格里用 $DumHR$ 统一表示两者之和。

$$RZ_{i,t} = \alpha + \beta_1 OS_{i,t-1} + \beta_2 (DumFT1_{i,t-1} + DumFT2_{i,t-1}) * OS_{i,t-1} + \mu_{i,t} \qquad (2)$$

式中：虚拟变量 $DumFT1_{i,t-1}$ 和 $DumFT2_{i,t-1}$ 是根据各市对外贸易依存度的高低将全样本数据分为三组，由低到高分别取值 0、0，1、0，1、1，为简便起见，下文表格里用 $DumFT$ 统一表示两者之和。

$$RZ_{i,t} = \alpha + \beta_1 OS_{i,t-1} + \beta_2 (DumIS1_{i,t-1} + DumIS2_{i,t-1}) * OS_{i,t-1} + \mu_{i,t} \qquad (3)$$

式中：虚拟变量 $DumIS1_{i,t-1}$ 和 $DumIS2_{i,t-1}$ 是根据各市互联网用户数的高低将全样本数据分为三组，由低到高分别取值 0、0、1、0、1、1，下文表格里用 $DumIS$ 统一表示两者之和。

$$RZ_{i,t} = \alpha + \beta_1 OS_{i,t-1} + \beta_2(DumFDI1_{i,t-1} + DumFDI2_{i,t-1}) * OS_{i,t-1} + \mu_{i,t} \quad (4)$$

式中：虚拟变量 $DumFDI1_{i,t-1}$ 和 $DumFDI2_{i,t-1}$ 是根据各市外商直接投资额的高低将全样本数据分为三组，由低到高分别取值 0、0、1、0、1、1，下文表格里用 $DumFDI$ 统一表示两者之和。

$$RZ_{i,t} = \alpha + \beta_1 OS_{i,t-1} + \beta_2(DumSI1_{i,t-1} + DumSI2_{i,t-1}) * OS_{i,t-1} + \mu_{i,t} \quad (5)$$

式中：虚拟变量 $DumSI1_{i,t-1}$ 和 $DumSI2_{i,t-1}$ 是根据各市服务业增加值的高低将全样本数据分为三组，由低到高分别取值 0、0、1、0、1、1，下文表格里用 $DumSI$ 统一表示两者之和。

$$RZ_{i,t} = \alpha + \beta_1 OS_{i,t-1} + \beta_2(DumW1_{i,t-1} + DumW2_{i,t-1}) * OS_{i,t-1} + \mu_{i,t} \quad (6)$$

式中：虚拟变量 $DumW1_{i,t-1}$ 和 $DumW2_{i,t-1}$ 是根据各市劳动力成本的高低将全样本数据分为三组，由低到高分别取值 0、0、1、0、1、1，下文表格里用 $DumW$ 统一表示两者之和。

$$RZ_{i,t} = \alpha + \beta_1 OS_{i,t-1} + \beta_2(DumSIF1_{i,t-1} + DumSIF2_{i,t-1}) * OS_{i,t-1} + \mu_{i,t} \quad (7)$$

式中：虚拟变量 $DumSIF1_{i,t-1}$ 和 $DumSIF2_{i,t-1}$ 是根据各市服务业固定资产投资额的高低将全样本数据分为三组，由低到高分别取值 0、0、1、0、1、1，下文表格里用 $DumSIF$ 统一表示两者之和。

其次，为了检验影响广东区域创新促进服务外包的因素，我们构建以下模型：

$$OS_{i,t} = \alpha + \beta_1 RZ_{i,t-1} + \beta_2(DumHR1_{i,t-1} + DumHR2_{i,t-1}) * RZ_{i,t-1} + \mu_{i,t} \quad (8)$$

$$OS_{i,t} = \alpha + \beta_1 RZ_{i,t-1} + \beta_2(DumFT1_{i,t-1} + DumFT2_{i,t-1}) * RZ_{i,t-1} + \mu_{i,t} \quad (9)$$

$$OS_{i,t} = \alpha + \beta_1 RZ_{i,t-1} + \beta_2(DumSI1_{i,t-1} + DumSI2_{i,t-1}) * RZ_{i,t-1} + \mu_{i,t} \quad (10)$$

$$OS_{i,t} = \alpha + \beta_1 RZ_{i,t-1} + \beta_2(DumW1_{i,t-1} + DumW2_{i,t-1}) * RZ_{i,t-1} + \mu_{i,t} \quad (11)$$

$$OS_{i,t} = \alpha + \beta_1 RZ_{i,t-1} + \beta_2 (DumIS1_{i,t-1} + DumIS2_{i,t-1}) * RZ_{i,t-1} + \mu_{i,t} \quad (12)$$

$$OS_{i,t} = \alpha + \beta_1 RZ_{i,t-1} + \beta_2 (DumFDI1_{i,t-1} + DumFDI2_{i,t-1}) * RZ_{i,t-1} + \mu_{i,t} \quad (13)$$

$$OS_{i,t} = \alpha + \beta_1 RZ_{i,t-1} + \beta_2 (DumSIF1_{i,t-1} + DumSIF2_{i,t-1}) * RZ_{i,t-1} + \mu_{i,t} \quad (14)$$

(3) 实证结果(参见表1、表2)

表1 影响研发外包促进区域技术创新的因素

模型	(1)	(2)	(3)	(4)	(5)	(6)	(7)
$OS_{i,t-1}$	0.007 *** (3.82)	0.0019 (0.41)	0.006 *** (7.39)	-0.003 (-0.59)	-0.005 (-1.36)	-0.006 * (-1.88)	0.003 (0.7)
$DumHR * OS_{i,t-1}$	-0.0005 (-0.57)						
$DumFT * OS_{i,t-1}$		0.002 (0.9)					
$DumIS * OS_{i,t-1}$			0.0002 (0.65)				
$DumFDI * OS_{i,t-1}$				0.0044 * (1.76)			
$DumSI * OS_{i,t-1}$					0.0052 *** (3.09)		
$DumW * OS_{i,t-1}$						0.006 *** (3.67)	
$DumSIF * OS_{i,t-1}$							0.002 (0.99)
WithinR²	0.872	0.878	0.872	0.876	0.887	0.894	0.871
样本数	70	70	70	70	70	70	70
回归方法	双向随机	双向随机	双向随机	双向随机	双向随机	双向随机	双向随机

注:括号内为t-统计量,***、** 和 * 表示统计显著水平分别为1%、5%和10%。

表2 影响技术创新促进研发外包的因素

	(8)	(9)	(10)	(11)	(12)	(13)	(14)
$RZ_{i,t-1}$	79.92 *** (3.97)	42.46 * (1.91)	-17.49 (-0.34)	-44.18 (-0.81)	16.9 (0.44)	140.29 *** (7.85)	-19.61 (-0.51)
$DumHR * RZ_{i,t-1}$	30.85 *** (3.35)						

续表

	(8)	(9)	(10)	(11)	(12)	(13)	(14)
$DumFT * RZ_{i,t-1}$		57.48*** (5.57)					
$DumSI * RZ_{i,t-1}$			75.99*** (3.12)				
$DumW * RZ_{i,t-1}$				89.44*** (3.43)			
$DumFDI * RZ_{i,t-1}$					59.55*** (3.29)		
$DumIS * RZ_{i,t-1}$						-1.26 (-0.15)	
$DumSIF * RZ_{i,t-1}$							79.55*** (4.17)
Within R^2	0.801	0.8	0.791	0.797	0.796	0.764	0.822
样本数	72	72	72	72	72	72	72
回归方法	双向随机	双向随机	双向随机	双向随机	双向随机	双向随机	双向随机

注：括号内为t-统计量，***、**和*表示统计显著水平分别为1%、5%和10%。

B.5 东莞加工贸易企业转型升级的过程和经验

陈万灵 肖奎喜 杨 岩*

摘 要: 加工贸易对中国外贸和经济发展起到了巨大的推动作用。东莞是中国加工贸易发展的缩影,国际金融危机后,东莞加工贸易受到了很大的冲击。近年来,东莞抢抓机遇,积极促进加工贸易转型升级,取得了较好的成效,但仍存在缺乏核心技术和自主品牌、缺乏有效的资金支持、信息支持及人才支持等一系列突出问题。本文深入分析东莞加工贸易的发展历程,揭示转型升级的困境,总结东莞加工贸易转型升级经验,以期为中国加工贸易企业转型升级提供有益的借鉴。

关键词: 加工贸易 转型升级 东莞

改革开放以来,中国积极参与国际分工合作,加工贸易从无到有,得到迅速发展,逐步在对外贸易中占据半壁江山,对中国外贸和经济发展做出了巨大贡献。但是,多年来,对加工贸易充满了重大争议。早先是获利多少之争,认为早期"三来一补"企业获利仅仅是微薄的加工费,"给外商占了便宜"等。20世纪90年代初期出现档次高低之争。"三来一补"多是从港澳地区转移过来

---

* 陈万灵,男,博士,教授,广东外语外贸大学国际经济贸易研究中心主任,主要研究领域为国际贸易与经济发展。肖奎喜,男,博士,广东外语外贸大学国际经济贸易学院教授,主要研究领域为国际经济。杨岩,男,广东外语外贸大学国际经济贸易学院硕士研究生。

的劳动密集型加工制造企业，有人认为这是"夕阳工业"、技术落后和产品档次低的"代名词"。进入新世纪以来，出现控制权强弱与自主性之争。加工贸易主体独资化趋势明显，主控权掌握在外商手中，扩大了经济国际化风险。这次国际金融危机已经验证了外资控制的外向型经济的风险性。近几年，随着国内外经济形势发生变化，一些深层次问题显露出来，比如加工贸易高成本、高能耗、高污染、低收益，技术溢出效应十分有限，对经济增长贡献不大；于是提出了加工贸易转型升级问题；实际上，加工贸易企业缺乏核心技术和自主品牌等一系列问题，阻碍转型升级的推进，如何摆脱这一困境、实现加工贸易持续发展，仍然是一个重要的问题。

东莞是全国加工贸易发展最早、最集中的地区之一，近几年充分利用《珠江三角洲地区改革发展规划纲要》赋予的"全国加工贸易转型升级示范区"和广东的试点城市的机遇，进行了一系列加工贸易转型升级试验，取得了一些经验。本文试图从东莞加工贸易发展及其转型过程中总结经验、探索深层次问题，为加工贸易寻求新的出路。

一 东莞加工贸易发展及其转型升级过程

（一）东莞加工贸易的重要地位

改革开放30多年来，东莞通过发展加工贸易，从一个农业县成功地蜕变为一个现代工业城市，成为全国重要的加工制造基地，成为全国发展加工贸易推进工业化进程和社会转型的典型。发达地区和国外的某些产业向东莞转移，使东莞逐渐走上了一条外资型经济的发展道路。

东莞吸引港澳资金，发展劳动密集型产业，加工贸易成为主要贸易方式，其中进料加工逐步占据主导地位。2012年，东莞对外贸易1444.16亿美元，其中：一般贸易278.88亿美元，占比19.31%；加工贸易1083.88亿美元，占比75.05%，其中来料加工211.80亿美元，占比14.67%，进料加工872.08亿美元，占比60.38%；其他贸易81.39亿美元，占比5.64%（参见图1）。

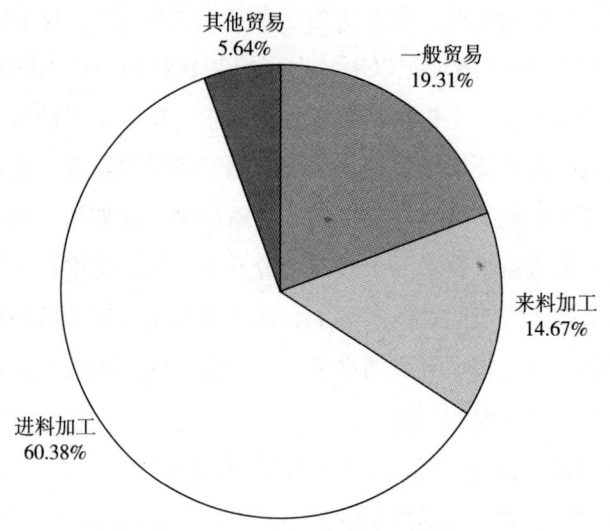

图1 东莞2012年对外贸易方式构成

资料来源：东莞市对外贸易经济合作局网站（www.dgboftec.gov.cn）统计信息/"2012年1~12月东莞市进出口情况表"。

东莞加工贸易在全国乃至广东加工贸易中占据重要地位。东莞是中国（广东）加工贸易的缩影。2012年，东莞加工贸易进出口总值占广东的20.46%。从出口看，东莞加工贸易出口值661.51亿美元，占广东加工贸易出口的20.36%。从进口看，东莞加工贸易进口值422.37亿美元，占广东加工贸易进口的20.60%。而2012年广东加工贸易5298.5亿美元，大约占全中国加工贸易（13439.5亿美元）的39.42%。可见，从东莞加工贸易发展状况可以了解广东及中国加工贸易的发展情况。

（二）东莞加工贸易兴起与发展

改革开放后，东莞是全国利用外资和内地廉价劳动力发展加工贸易最早的地区之一。东莞凭借距离香港、深圳较近的优势，积极参与国际的分工与合作，大力引进外资，发展"三来一补"业务，加工贸易得到快速发展，成为广东乃至全国加工贸易的重要基地。东莞主要通过利用香港资本，积极承接香港劳动密集型产业内迁，平均每年吸收利用约27.34%的外资，引进的设备主要用于加工贸易企业来料加工装配。东莞加工贸易兴起与发展大约经历了三个阶段。

1. 起步阶段（从1978年到80年代前期）

1978年8月底，中国第一家"来料加工"工厂东莞太平手袋厂在虎门镇正式成立，9月正式开工。尽管其规模极小、设备落后、产品低档，但拉开了广东乃至整个珠江三角洲的加工贸易发展序幕。

在改革开放最初的几年里，开办的企业几乎都是太平手袋厂这样的小作坊式工厂，采取了"前店后厂"模式，在香港接单东莞生产，主要利用简陋的旧祠堂、会堂、仓库作为厂房，加工生产毛织、服装、鞋、手袋、箱包、玩具、小五金、家庭日用塑料制品等低档产品。当时前来投资的绝大部分是香港小商人，其中相当部分是莞籍香港人，他们抱着一种试探心理进行小额投资。在这个时期里，人们的思想观念经历了从最初的抵制，到接纳和尝试，最终尝到了利用加工贸易得到实惠的甜头，引进外资办企业在东莞地区开始遍地开花。

这个时期规模不大。1978～1983年东莞加工贸易就实现工缴费1.3亿美元。从1980年到1985年，东莞实际利用外资从934万美元上升到2894万美元，年均增长25.38%；"三来一补"企业出口从1814.94万美元上升到6634.13万美元，年均增长29.59%；推动东莞出口贸易快速增长，1980～1985年年均增长率高达17.79%。这个时期加工贸易出口比重由23.46%上升到37.81%（参见表1、表2）。

表1　1980～1989年东莞出口贸易情况

单位：万美元

年份	出口额	"三来一补"企业出口额	三资企业出口额
1980	7737	1814.94	—
1981	9173	2650.27	—
1982	10879	3335.61	—
1983	11890	4888.80	—
1984	12966	6430.62	200.38
1985	17545	6634.13	799.00
1986	23280	8818.84	1370.02
1987	26755	10731.51	3421.20
1988	31781	11668.98	4817.30
1989	34868	14377.00	8088.00

注：实际利用外资不含对外借款。
资料来源：东莞历年统计年鉴。

表2 1980～2007年东莞利用外资情况

单位：万美元

年份	当年实际利用外资情况			引进设备价值累计				
	总额	"三来一补"企业利用外资	三资企业利用外资	累计	来料加工装配项目	中外合作项目	中外合资项目	外商独资项目
1980	934	934	—		1107	—	—	
1985	2894	1511	1383		5917	424	1023	
1990	24319	14309	10010	87894	65239	6304	16063	288
1995	105665	38418	67247	417729	169970	48078	126633	73048
2000	164712	55975	108737	940226	386873	88986	195143	266277
2005	375139	93023	282116	1836991	774858	116508	270287	675338
2006	433773	98543	335230	2038128	873401	122475	279314	762938
2007	504395	94365	410030	2132493	967766	122475	279314	762938

注：实际利用外资不含对外借款。
资料来源：东莞历年统计年鉴。

2. 快速发展阶段（从20世纪80年代中期到90年代后期）

从20世纪80年代中期开始，改革开放的步伐进一步加快，而且国际分工进一步深化，加工贸易出现迅速发展的机遇。东莞抓住了这次机遇，大力改进厂房及设备，代替了原先简陋的小作坊。贸易方式从单纯的来料加工发展到"三来一补"并行，加工产品及其行业逐步扩大，技术水平和产品档次逐步提高。1992年春，邓小平同志"南方谈话"，东莞得到鼓舞，引发新一轮的引资热潮，加工贸易得到更快速增长。80年代中期到90年代中期，东莞加工贸易发展达到历史上最快速度。从1985年到1995年，实际利用外资年均增长43.30%，达到10.57亿美元；加工贸易出口从6634.13万美元增长到75.48亿美元，年均增长60.55%，达到最快速度，在东莞出口总值的占比从37.81%提高到96.79%（参见表1、表2、表3），并以这个增长趋势延伸到90年代末期。

在此期间，"三来一补"企业在东莞遍地开花，"三来一补"企业数量从1990年的5320家增长到1998年的13123家。外资企业及其加工贸易推动"东莞奇迹"的形成，并由此扩散到全省乃至全国。1995年，东莞加工贸易136.74亿美元，约占广东加工贸易（746.7亿美元）的18.31%，2000年东莞加工贸易295.46亿美元，该比例上升到24.38%。1985～2000年，东莞加工贸易出口年均增长44.70%，仍然高速增长，但速度已经有所降低。同时，依

表3 东莞加工贸易增长情况（1995~2012年）

年份	东莞进出口贸易(亿美元)			其中:加工贸易(亿美元)			广东加工贸易总额
	总额	出口额	进口额	进出口额	出口额	进口额	
1995	153.91	77.99	75.92	136.74	75.48	61.25	746.70
2000	320.45	171.59	148.86	295.46	169.28	126.19	1211.51
2001	344.55	189.89	154.65	321.39	187.27	134.12	1269.50
2002	442.47	237.36	205.11	414.84	233.87	180.96	1587.40
2003	521.06	280.02	241.04	484.04	275.07	208.98	1990.39
2004	645.18	351.92	293.26	592.63	343.37	249.26	2453.38
2005	743.72	409.29	334.42	675.82	391.60	284.22	2921.08
2006	842.21	473.76	368.45	761.32	446.83	314.50	3461.11
2007	1068.73	602.32	466.41	953.24	563.33	389.91	4033.92
2008	1132.99	655.37	477.62	993.31	601.40	391.91	4171.47
2009	941.55	551.69	389.86	799.64	487.82	311.82	3559.41
2010	1213.38	695.98	517.40	978.29	590.16	388.13	4462.36
2011	1352.24	783.29	568.95	1040.38	634.78	405.60	5077.35
2012	1444.16	850.66	593.50	1083.88	661.51	422.37	5298.53

注：东莞进出口额从1995年开始进行贸易方式的统计。
资料来源：据历年东莞市统计年鉴相关数据整理；广东数据来自广东统计年鉴各卷整理计算。

赖加工贸易发展，东莞已经基本形成了完备的加工产业链，推动了东莞外向型产业结构的形成和完善。

3. 加工贸易转型升级阶段（进入新世纪以来）

经过20多年的发展，进入新世纪，中国加入WTO，贸易自由化促进了全球要素和资本的流动，给加工贸易发展带来新机遇。但是，东莞加工贸易进入成熟期，数量扩展受到限制。因而东莞着手改善投资环境，对外资质量有了更高的要求，开始扶持高新技术企业以及附加值高的产品，通过出台一系列措施和政策，促进企业的自主创新和品牌建设。2010年，东莞被确定为全国加工贸易转型升级试点城市，得到国家政策支持。

这个时期东莞利用外资和加工贸易增速都显著降低。2000年东莞实际利用外资16.47亿美元，2012年达到33.69亿美元，年均增长6.14%。截至2005年底，东莞共有实际投产"三来一补"企业8997家，比1998年减少4126家。加工贸易从2000年的295.46亿美元，增长到2012年的1083.88亿美元，年均增长11.44%，低于广东全省加工贸易年均增长率13.08%（从1211.5亿美元增长到5298.5亿美元）；东莞加工贸易在广东加工贸易总值中占比降为20.46%（参见表3、表4、表5）。显然，东莞加工贸易放缓，进入转型升级时期。

表4 东莞利用外资情况（2007~2012年）

年份	新增项目数(项)	合同利用外资(亿美元)	实际利用外资(亿美元)
2007	—	31.2628	21.1759
2008	553	25.8749	24.4668
2009	579	16.1620	25.9399
2010	869	25.9740	27.3171
2011	1324	35.0836	30.5052
2012	690	38.1031	33.6938

注：2007年开始按新口径统计利用外资。
资料来源：据历年东莞市统计年鉴相关数据整理。

这个时期，东莞外商投资及加工贸易企业逐渐进行调整，"优胜劣汰"趋势明显。服装、鞋业、家具、玩具、仪器仪表、塑料等劳动密集型企业出现转移，不少搬至内陆省区，甚至远走越南、柬埔寨等东南亚国家。特别是2007年美国"次贷"危机演变为2008年的国际金融危机，导致全球经济衰退，外需减弱，加上商务部出台加工贸易禁止类商品目录及新劳动法实施，资源环境、人民币升值等各项外贸政策从紧，东莞加工贸易企业普遍面临转型的压力。

（三）东莞加工贸易产品构成变化

东莞加工贸易的转型升级可以从出口产品构成变化显示出来。1997~2007年这段时间，东莞传统出口商品服装及附件、玩具、鞋类、塑料制品出口额比重呈现出明显下滑的趋势，家具、机电产品和高新技术产品出口额比重呈现上升趋势，电线电缆出口额基本维持不变。2002~2007年，机电产品成为出口额比重最大的产品，平均维持在70%，高新技术产品平均维持在30%，且二者比重呈现出波动现象，没有表现出长期上升的趋势（参见表5）。

表5　1997～2010年东莞主要出口产品构成分布

单位：%

时间	服装及附件	电线和电缆	玩具	鞋类	家具	塑料制品	高新技术产品	机电产品
1997	12.13	1.20	8.24	6.84	2.00	4.49	—	—
1998	10.26	1.42	7.34	5.67	2.29	4.44	—	—
1999	8.82	1.55	6.61	5.40	2.72	3.98	—	—
2000	8.11	1.67	6.53	4.45	2.70	3.53	—	—
2001	8.53	1.62	6.12	4.07	3.10	3.59	—	—
2002	6.99	1.55	5.08	3.61	3.72	3.20	29.66	64.46
2003	6.02	1.49	4.14	3.80	3.82	2.77	34.19	67.47
2004	5.03	1.46	3.33	3.73	4.02	2.32	38.64	70.92
2005	5.41	1.47	2.96	4.16	4.38	2.19	36.51	70.84
2006	5.69	1.63	2.61	4.17	5.02	2.12	34.28	70.15
2007	4.86	1.95	2.53	3.83	4.56	1.95	32.81	72.53
2008	4.87	2.14	2.24	3.99	4.24	1.64	30.74	73.80
2009	5.09	1.96	2.23	4.30	4.40	1.65	28.89	70.24
2010	5.60	2.19	2.34	4.27	4.61	1.63	34.76	71.10

资料来源：据东莞历年统计年鉴整理。

（四）东莞加工贸易市场构成变化

在出口市场方面，东莞加工贸易出口市场以美国、中国香港、欧盟、日本为主。早先以出口香港市场为主，逐渐过渡到以美国市场为主，1998～2006年出口美国市场的比重为32%～36%。从区域上看，主要以亚洲为主，比重约占45%；非洲作为经济欠发达地区，且地理距离远，所占出口额比例较低，但呈现出上升趋势，2007年比重约为2.62%。从单个国家出口看，俄罗斯、墨西哥、马来西亚、巴西、巴拿马、阿联酋、沙特阿拉伯等市场出口比重大部分维持在0.2%～0.6%（参见表6、图2、图3）。

在出口份额成长性方面，2004～2007年，欧盟是东莞出口市场成长性最好的地区，其出口额增长率分别为27.06%和34.3%。近几年，新兴市场国家和地区表现优于欧美等发达市场，即使在金融危机影响下，2009年东莞出口亚洲和非洲地区的市场份额仍增长7个百分点和0.68个百分点，但发达市场

表6 1995~2002年东莞出口主要新兴市场比重分布

单位：%

时间	俄罗斯	墨西哥	马来西亚	巴西	巴拿马	阿联酋	沙特
1995	0.2	0.6	0.6	0.6	0.5	0.3	0.3
1996	0.3	0.4	0.7	0.5	0.4	0.4	0.3
1997	0.19	0.35	0.78	0.51	0.36	0.39	0.32
时间	泰国	墨西哥	印尼	巴西	菲律宾	阿联酋	沙特
2001	0.6	0.9	0.3	0.4	0.3	0.3	0.3
2002	0.6	1.1	0.4	0.4	0.3	0.4	0.2

资料来源：据东莞历年统计年鉴数据整理。

仍占据较大份额。东莞对新兴市场出口显示出强劲的动力，尤以东南亚联盟和拉美地区最为显著，2007年二者出口市场比重增长率分别达到25.61%和50.85%（参见图2、图3）。这说明东莞出口市场结构在不断优化。

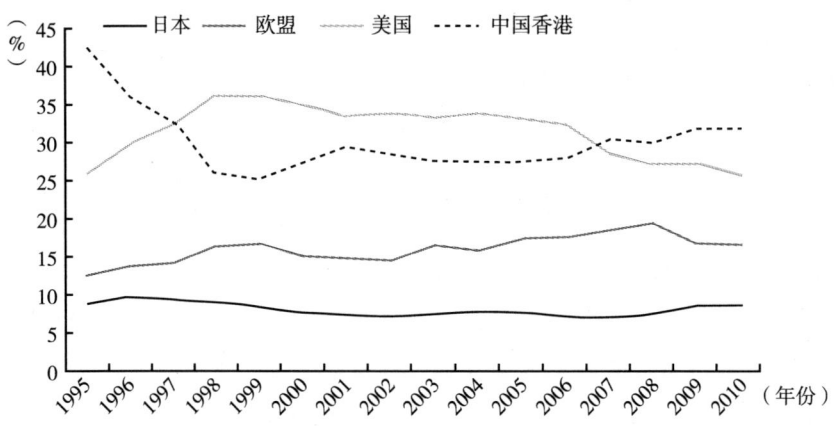

图2 1995~2010年东莞主要出口发达市场比重分布情况

资料来源：据东莞历年统计年鉴数据整理。

（五）东莞加工贸易主体构成变化

从出口企业经济类型上看，国有企业和三资企业占据主导地位。随着改革开放不断深入，市场经济运行不断完善，三资企业不断增多，国有企业逐步让位于三资企业，无论是出口还是进口，三资企业均开始占据优势地位。2007

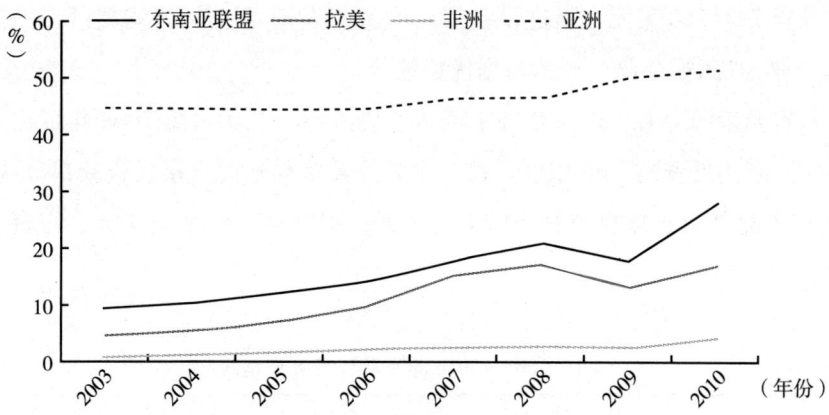

图 3　2003～2010 年东莞出口主要新兴市场比重分布

资料来源：据东莞历年统计年鉴数据整理。

年三资企业出口比重 58.59%，进口比重 53.57%，处于绝对领先地位（参见图 4）。

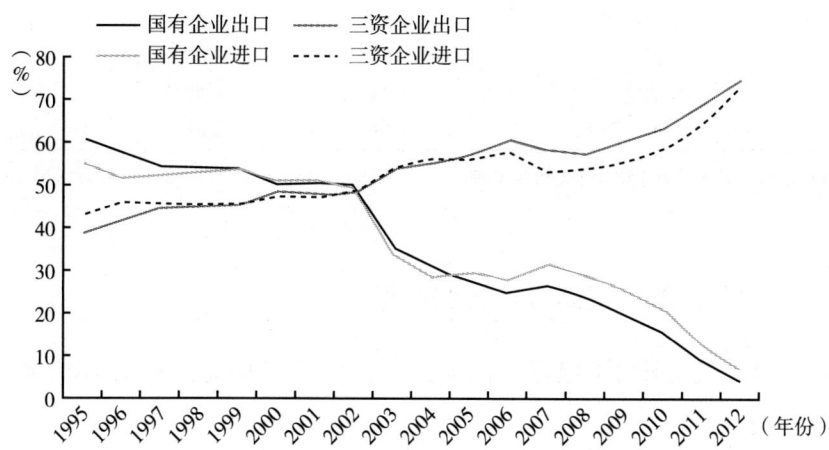

图 4　1995～2012 年东莞国有企业和三资企业进出口比例

资料来源：据东莞历年统计年鉴数据整理。

90 年代后，东莞加工贸易发展模式渐趋成熟，1992 年邓小平"南方谈话"后，港台资本大量涌入，1995 年实际利用港资 67247 万美元，台资 3016 万美元，二者之和占全年利用外资总额的 66.5%。1993 年"三资企业"实际利用外资79247万美元，引进设备累计价值137793万美元，均超过"三来一补"企业，"三资企业"开始占据优势地位。

从资金来源上看，港台是外来资本主要来源，二者占据2008年以后每年东莞实际利用外资的80%以上。按照东莞外经贸局外商直接投资新口径统计，2011年东莞外商直接投资额30.51亿美元，2012年33.69亿美元，三资企业不断壮大。

表7 2008~2010年东莞利用外资情况

指标	年份	2008	2009	2010
当年实际利用外资(万美元)		322570	294157	316287
按引进方式划分	合资经营(%)	10.28	12.18	10.16
	合作经营(%)	4.28	1.44	0.37
	外商独资(%)	61.29	74.35	75.76
	加工装配(%)	24.15	11.82	13.63
按资金来源划分	中国香港(%)	58.34	57.71	57.73
	中国台湾(%)	26.16	27.61	26.14
	美国(%)	1.04	2.06	1.05
	新加坡(%)	5.70	4.61	4.07
	日本(%)	3.23	2.08	1.93

资料来源：据东莞历年统计年鉴数据整理。

（六）东莞加工贸易方式转变过程

东莞加工贸易转型升级可以通过原材料采购方式构成、出口结构、增值率的变化来反映。

（1）进料加工贸易比值上升。来料加工与进料加工贸易比值变化也可以说明加工贸易升值情况。进料加工贸易比值上升说明企业对生产控制权增加，效益得到提升，意味着加工贸易取得初步升级。2000年左右，进料加工在出口中的比重赶上来料加工，此后在出口中占据主要地位；1998年左右进料加工和来料加工在出口中比重基本相持，此后进料加工逐步占据主导地位（参见图5）。

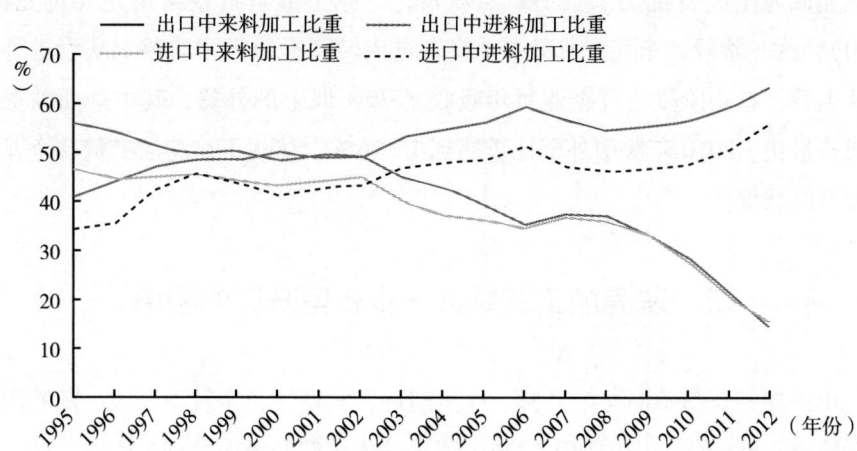

图 5　1995～2012 年东莞进出口中来料加工和进料加工比重

资料来源：据东莞历年统计年鉴数据整理。

从这一阶段东莞加工贸易进出口情况看，来料加工比重继续下降，进料加工比重持续上升，2012 年出口中来料加工比重为 14.3%，进口中来料加工比重为 15.19%，为 1995 年以来最低值；同时出口中进料加工比重为 63.46%，进口中进料加工比重为 55.98%，为 1995 年以来最高值；进出口企业中，三资企业份额最大，2012 年三资企业在出口和进口中的份额比为 74.5% 和 73.11%，其次为国有企业，分别为 4.7% 和 7.41%。

（2）技术密集型产品出口比重上升。从出口产品看，机电产品出口额比值较大，高新技术产品次之，但均没有显现出强劲的增长势头，塑料制品、玩具、鞋类、服装及附件产品出口份额仍在不断下降，说明东莞加工贸易转型升级有所发展，但在高附加值产品研发、设计和生产方面仍有发展空间。

（3）加工贸易增值率上升。通过东莞加工贸易增值率变化可以反映东莞加工贸易转型升级过程。东莞加工贸易增值率由 90 年代的平均 6 个百分点到 1999 年以后提升到了平均 17 个百分点，加工贸易占据进出口额的约 90%。

2008 年国际金融危机后，东莞加快了加工贸易转型升级步伐。2008 年 8

月东莞成为全国首批加工贸易试点城市，广东下放审批权给东莞（黄先锋，2010）。这一阶段，东莞大量吸引外资，进入转型升级探索阶段。从引进外资方式上看，这一阶段三资企业每年吸收了70%以上的外资，其中外商独资企业成长最快，2010年吸引外资比重达到75.76%，体现了东莞加工贸易企业的转型升级状况。

二 东莞加工贸易进一步转型升级的困境

中国加工贸易不断总结经验、探索前进，实现一步步转型升级。随着国内国际环境不断变化，中国加工贸易实现进一步转型升级面临许多困境。诸多文献都在宏观层面对中国加工贸易转型升级存在的问题进行了归纳，如增值率低、本土化程度低、产业关联度低等。在此，结合东莞实际情况，特别是从加工贸易企业考虑，分析加工贸易进一步转型升级的困境。

（一）加工贸易企业管理方缺乏管控权，缺乏转型升级的决策权

从加工贸易的不同模式中看出其内部控制权配置关系一般与加工贸易企业产权、采购权、销售权、内部管理权分配有关：一是生产者驱动型模式，发达国家跨国公司通过直接投资建立生产企业（子公司）、采用加工贸易方式，是跨国公司企业内贸易的一部分。这种模式一般采用来料加工（单纯装配）的贸易方式，跨国公司掌握了加工贸易企业产权，从而绝对掌握了控制权，包括采购权和销售权。二是购买者驱动型模式，外国品牌商通过契约把加工生产业务"外包"给外国的加工贸易厂商。这种模式通常采取进料加工（进口并装配）贸易方式，加工贸易企业掌握一部分控制权，比如部分采购权。这两类关系的基本区别在于料件产权不同，前者料件不作价，由跨国公司提供给加工装配企业，其产品产权归跨国公司，后者料件由加工贸易厂商购买或者进口，其产品产权归加工贸易企业。可以看出，加工贸易企业内部的管理权对控制权的影响微弱，服从产品加工与市场销售的需要，进行简单的人力资源安排。所以，加工贸易企业内部的采购权和销售权的不同组合决定了控制权（参见表8）。

表8 加工贸易企业控制权分配关系

产权构成	生产者驱动型 （以来料加工为主要形式）			购买者驱动型 （以进料加工为主要形式）		
	采购权	销售权	企业所得	采购权	销售权	企业所得
中资企业	外方控制	外方控制	工缴费	指定国家	外方控制	销售利润
				指定企业	外方控制	销售利润
				中方控制	中方控制	销售利润
中外合资、合作企业	外方控制	外方控制	工缴费	企业内贸易	母公司控制	企业内部利润分配
				契约交易	母公司控制	销售利润
				中方控制	中方控制	销售利润
外商独资企业	外方控制	外方控制	工缴费	企业内贸易	母公司控制	企业内部利润分配
				契约交易	母公司控制	销售利润
				外方控制	外方控制	销售利润

从内部管理来看，加工贸易企业缺乏管控权：一是对治理结构缺乏决策权：企业上层决策层治理结构的确定，总部及各下属公司的角色定位和职责划分，公司组织架构的具体形式选择，对企业人、财、物的管控体系以及绩效管理体系的建立等，都由外商决定。通常而言，加工贸易转型升级受到投资方（外商投资者、母公司）约束，不少加工贸易企业由于没有妥善处理母子公司之间的管理关系，酿成散伙或拖垮核心企业的后果。二是企业内部管控权的局限。加工贸易企业控制权比较弱化，在经营决策、结构调整、市场开拓以及综合性转型升级等方面，缺乏主动权，从而陷入发展困境。

从东莞调研来看，先前大部分加工贸易企业只是一个工厂或车间，没有独立法人资格。中方提供厂房、土地，外方提供设备和销售渠道，当地镇政府经济管理公司与村组织没有控制权，只是进行人工管理，代发员工工资，收缴一部分工缴费或管理费。在国际金融危机爆发之后，当地镇政府与外方谈判，把一部分加工贸易企业转换为三资企业，成为有法人资格的企业，控制权随之进行了调整。

（二）中小企业融资困难，转型升级缺乏资金保障

中小企业融资难是全球范围内长期存在的问题，成为转型升级最大的障碍。东莞中小企业数量占其全部企业数量的99%，中小企业融资需求旺盛，

普遍存在融资缺口，东莞各银行中小企业贷款比例平均为38.84%，与占工业产值83.79%的比例极为不符。归纳起来，中小企业融资难的原因在于：经营管理水平低，没有健全的公司治理机制；银行贷款门槛高；缺乏担保抵押物；民间借贷利率高，一般高于同期银行利息的4倍。从企业层面看，大的制造商对小的供应商解款期的压榨非常厉害，从过去的120天增加到180天，有的甚至更长；部分中小企业缺乏抵押资产难以从银行取得信贷；部分成长型企业因缺乏资金而错失收购国外品牌的契机；在外设立的企业在国外可以贷款，但在国内却不能获得贷款，投资与注册资本差不能超过1:1的比例。

从政府层面看，政府补助不及时、缺乏适用性，部分参展企业反映清款的周期长达2~3年，政府对收购国外品牌的补贴是事后才发放；政府鼓励企业开拓新兴市场的扶助基金申请条件越来越严格，中小企业很难拿到；利用贸易融资形成的信贷发放速度慢；国税最近出台的一份文件，要求企业当月销售出口的商品，货款必须在下月的15日前收回，如果在这个时间内不能收回，须提供相关的资料，否则不能享受出口退税优惠，这对于客户月结的中小企业十分不利；在研发费用认可和加计扣除工作效率方面存在问题，东莞永强企业存在着国外发生的研发费用国内不被认可的现象；政府规定各商协会每年只能1次带团出国考察。上述一系列问题构成中小企业转型升级的资金困境。

（三）国际市场信息机制不灵活，企业转型升级缺乏市场支撑

加工贸易企业开辟新兴市场，需要掌握的信息可以分为如下几类：经济环境，可以分为经济发展条件与自然支撑体系、经济发展水平与经济结构、市场状况、生产成本、金融环境、经济开放度等；法制环境，主要涉及法律的完备性、仲裁的公正性、法制的稳定性、涉外法规的执行等；政局稳定性，包括领导人更换频率、地区势力强弱性、政策稳定性等；社会风俗，包括当地民族宗教信仰、饮食、着装习惯、价值观、风俗习惯等。从经验上看，加工型贸易企业获取海外信息的途径主要有：参加国外展会、推介会或者出国考察市场，但获取信息比较表面；通过新兴市场所在地区驻华使馆、商务参赞、当地中华商

会、华人华侨，需要与其保持畅通良好的沟通；通过咨询服务公司，信息可信度高，比较全面，但成本高；驻派海外信息搜集员，需要长时间待在海外，信息获取周期长，主观性强。东莞加工型贸易企业海外运作缺乏信息支持困境表现有：加工贸易企业转型过程中收购国外品牌，往往涉及品牌的评估、协议洽谈、产权纠纷解决和品牌管理等工作，专业性强，对企业整体实力和运营能力要求高，部分企业考虑风险和成本问题不敢触碰；新兴市场往往政局稳定性差，政策变化快，企业获取政策、民俗、法律、市场需求等信息成本高，或难以掌握，部分企业害怕风险而避之；政府资助企业海外参加展会，存在着资助对象与企业意向不匹配、企业参展效果差的现象，企业参展不能获得有效的关于新兴市场的信息。

（四）代工企业产品适合外需，难以开拓国内市场

从外部环境的角度来看，加工贸易企业产品市场渠道一般由外商控制，按照外国消费者需求订制，"转内销"面临一系列困境。一是国内市场需求不足。外贸企业多数集中在劳动力密集型行业，比如服装、玩具、电子产品等。这些行业在国内大多已出现过剩产能，市场竞争激烈。代工企业"内销"之路阻力重重。二是代工企业出口转内销的营销困境。代工企业大多只是生产车间式工厂，而内销企业必须构建"品牌+生产组织+国内销售渠道"的经营模式，涉及产品的设计、生产、流通、销售，再到售后服务、客户关系管理等整个供应链体系。因此，代工企业"内销"要求企业转变经营模式，构建新的内部组织体系，难以转变经营理念和经营方式。三是从生产导向到消费导向，转变营销模式的困境。大部分代工企业只是按订单要求进行生产，销售与客户都比较稳定，逐渐形成了"生产导向"的营销模式；转向"内销"就必须转变营销模式，一切以国内需求和消费为中心，树立国内消费导向的理念与模式。其困境在于缺乏营销组织和渠道、缺乏自主品牌、缺乏产品研发能力等。四是面对国内外市场机制差异，降低制度成本的困境。国内营商环境提高了外贸企业转内销风险。代工企业转内销需要补缴设备和进口料件的增值税和关税，约为产品销售价格的20%~30%。这不可避免地导致销售成本增加。

（五）知识产权保护机制低效率，企业创新缺乏保障

提供适度且有效的知识产权保护政策，不仅可以增加FDI流入量，而且可以引进较为先进的技术，实现社会福利最大化。同时，有效的知识产权保护，可以形成全社会尊重知识产权、激励研发设计的和谐氛围。品牌恶意抢注、政府知识产权保护机制不完善等都成为当前加工贸易进一步转型升级遇到的障碍。主要表现在东莞企业知识产权被他方侵犯和东莞企业侵犯他方知识产权两种情况，二者均不利于加工贸易企业品牌培育、转型升级。《东莞日报》2013年4月26日第A09版报道了《东莞两级法院知识产权司法保护现状白皮书（2006~2012年）》相关信息，2006~2012年，东莞两级法院共审结各类知识产权民事一审案件5500件和二审案件319件，共审结知识产权刑事案件一审案件94件和二审案件32件，审结知识产权行政一审案件4件，其中2010~2012年两级法院受理知识产权案件数量迅猛增长，新型案件、重大嫌疑案件不断涌现，其间法院共受理知识产权民事案件4652件，受理的一审知识产权民事案件中，商标权利案件1689件，占38.99%，专利权案件661件，占15.26%。这一方面反映了全国包括东莞知识产权保护机制效率缺失，没有形成快速的知识产权预警与保护反应机制，另一方面也反映了企业知识产权保护意识不断增强。

（六）人力资源和高端人才不足，转型升级缺乏人力资本支撑

科技是关键，人才是根本，特别是在加工贸易企业转型升级建立品牌、积累信誉过程中，如何掌握核心技术、吸引和留住人才是加工贸易企业转型升级必须妥善解决的问题。进行海外并购只是手段，如何管理好研发团队、承接好研发技术、经营好品牌价值才是重点。东莞众多企业同样存在着收购后的吸收与消化问题。

东莞加工贸易的发展需要大量劳动力，一直靠外来劳动力支撑。随着中国内地开发开放，各地对劳动力需求增加，产生了地区间的竞争。在产业转型过程中，科技研发和管理都需要拥有一支结构合理、业务素质过硬的研发队伍和优秀的技术带头人。东莞长期受劳动力不足的限制，尤其是掌握一定技术的劳动力十分缺乏。多年来，经常有媒体报道东莞劳动力成本上升，"招工难"问题突

出,2010年2月中旬(春节后)东莞工厂类用工供需比为1:2.25,第二季度各类用工需求约为18.7万人,第三季度用工需求约为22.5万人,缺工最严重的是电子、家具、制衣、玩具等劳动密集型企业的普工,特别是到春节前后,"招工难"问题越来越突出。一些企业因为缺工人,被迫减产、提高工资,或者转移投资和生产地①。

在调研中了解到,东莞加工贸易转型升级关键是缺乏高端人才。据东莞城市之窗公司、和睿公司反映,人才缺乏是家具行业转型的突出问题之一,国际知名设计师尤其缺乏。东莞环球石材公司遇到的问题是缺乏优秀设计师团队以及能够与欧美等顶级设计师密切合作的团队,说明建筑、装饰石材等设计领域"设计师"紧缺。此外,东莞企业在进行境外并购时,遇到的问题是缺乏国际性管理人才,比如跨国经营管理、国际商务营销与谈判、国际经贸法律、国际服务外包、国际经贸分析和研究等六类高级人才。

三 东莞加工贸易转型升级的实践经验

东莞加工贸易演变过程说明了加工贸易转型升级一般过程。从20世纪70年代末以"三来一补"方式起步,进入80年代,主要承接香港纺织服装、制鞋箱包、玩具等传统制造业,企业规模小、产品附加值低;进入90年代,中国台湾及日、韩地区的IT制造业大量进入东莞,投资规模大、产业协作紧密。进入本世纪后,不少加工贸易企业增资扩产、就地升级转型成为东莞加工贸易发展的主要方向。

近几年,东莞充分利用国际金融危机形成的倒逼机制,利用"全国加工贸易转型升级试点城市"的政策优势,大力推进加工贸易转型升级试验,取得了初步成效。技术、资金、人才等创新资源有效聚集,不仅为试验区提供了坚实的物质基础,而且为转型升级提供了基本条件。通过东莞加工贸易的实地调研,初步总结东莞实际经验,发现东莞加工贸易企业产业转型的路径主要有七个方面。

---

① 叶石界:《东莞再现招工难》,《21世纪经济报道》2010年12月28日第007版。

（一）促进外商投资方式多元化，转变"三来一补"企业性质

东莞的加工贸易企业大多是"三来一补"性质的企业，也是多年一直推行的快速建厂投产的方法，不需"法人"资格的一系列报批手续，外商与当地政府签订合同，即可在"保税"监管下进行加工生产。这样灵活的政策引进了大量外资企业。但是，2008年国际金融危机来临，这种无"法人"资格的企业不负任何法律责任地"消失"，带来了大量社会问题。在这种背景下，转变"三来一补"企业性质成为转变外商投资方式的基础。首先，对留下来的大批"三来一补"企业进行"转制"，改变"三来一补"企业"车间"性质，引导外商和企业管理机构"注册"转变为"三资企业"。其次，扶持来料加工企业转型为具有法人资格的三资企业，全额资助企业办理新设审批、变更登记过程所发生的行政事业性收费和证照工本费，对验资等方面费用，按50%给予资助。再次，东莞通过海关、商检、外经、税务、国土、环保、消防等部门的协调，解决了企业转型中所提出的土地使用权和房产权转移、进口设备解除监管等问题，对来料加工企业实行了不停产转型"法人"企业。东莞加工贸易企业转型升级出现了两个特点：

（1）通过转变企业性质，大幅度减少"三来一补"企业，提升了"三资企业"地位。2002年实际利用外资214848万美元，"三资企业"占67.9%，2010年，实际利用外资316287万美元，"三资企业"比重上升到86.3%。同期，三资企业出口比重由48.58%上升为63.6%，进口比重由48.88%上升为58.52%。截至2012年底，已有4300家来料加工企业转变企业性质，"身份"由代工企业转变为外资企业，标志着东莞加工贸易转型升级的基础工作完成。通过转型升级，东莞三资企业逐步成为主导力量。

（2）促使大型外资企业加强研发设计、品牌经营和管理，实现管理方式的转型。实际上，东莞"三资企业"大幅度增加，直接带动了东莞企业转向高附加值产业链环节。高新技术产品出口份额也由29.66%上升为34.76%。东华机械、三井高科、广东生益科技就是很典型的例子。比如东华机械有限公司是一家以生产全自动电脑注塑机及其附属设备为主的内地与香港合资企业，成立于1986年，多年来一直跟华南理工大学合作，以科技为动力，以客户为导向，顺应全球的节能环保要求，开展节能、环保、精密注塑机产品的研制和开发，将所有注塑机产品向伺服、闭环、动态精密系列推进。

（二）赋予加工贸易企业"内销"资格，促进产品内销

近几年，受国际金融危机影响，世界经济不景气。在外需低迷，成本上升压力下，东莞加工贸易企业企望从"出口"转向"内销"，降低市场风险。但是，加工贸易企业属于"保税"对象，转"内销"必须改变企业性质，转变为国内一般企业，原有企业的资产必须重新估价并在工商管理部门注册登记，这是一个漫长的审批过程。针对企业内销中遇到的问题，中央和地方政府都把东莞作为全国加工贸易企业转型试点城市之一，有关职能部门出台了一系列政策和措施，加快了加工贸易企业转内销问题的解决，扶持企业开辟内销市场。

（1）东莞市政府对转内销进行支持和资助。2011年，东莞市财政拿出3000万元，为加工贸易企业提供内销担保；拿出1亿元资金支持5500家企业通过电商平台销售。

（2）搭建内销平台，扩大加工贸易企业开辟国内市场的机遇。一是在一些重点城市举办东莞外贸名优特产品展销等。二是举办"中国加工贸易产品博览会"（下称加博会），帮助企业开辟内销市场、创立品牌、提升综合竞争力。目前加博会主办方已与中华全国工商业联合会、中国百货商业协会、中国连锁经营协会、中国超市联合采购交易联席会等国内21个商协会达成合作意向，参加加博会，给企业扩大加工贸易企业内销提供机会；并邀请家乐福、沃尔玛等国际采购巨头，以及阿里巴巴、e-Bay等世界知名电子商务企业在采购区设置展位。三是与"大麦客"合作共建"东莞加工贸易创品牌拓内销平台"。2013年6月在"大麦客"三楼正式启动，一百个品牌进驻"招商"，这也是东莞帮助中小加工贸易企业开创品牌内销的新尝试和新平台。经过各方的努力，东莞加工贸易企业开拓国内市场取得了良好业绩，内销总额从2007年的1339亿元，增加到2012年的2479.2亿元，增长了85.1%，产品内销新增增值税8.9亿元。企业内销占内外销总额的比重提高到30%以上。

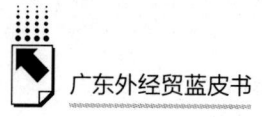

(三)加大研发投入力度,鼓励加工贸易企业创立品牌

加工贸易方式大体上有三个层次,首先是OEM模式(原始设备制造),即贴牌生产,不能掌握核心技术,缺乏销售渠道,只能接受低价;其次是ODM(原始设计制造)模式,掌握了一定技术和产品设计,仍然缺乏市场品牌;再次是OBM模式(原始品牌制造),涉及企业研发设计、营销和品牌管理等,对企业自身实力要求较高。东莞加工贸易转型升级的方向是从OEM模式转向ODM模式,并进一步转向OBM模式。只有拥有自主品牌、核心技术和自己的销售渠道,才能提升附加值。这就需要开展研发设计和创立品牌,近几年,东莞全社会开始重视研发投入。

(1)东莞政府大幅提高研发投入。东莞加工贸易企业经历了2008年的金融危机冲击后,政府非常重视研发投入。一是对企业研发机构进行资助,经国家科技部认定的研发机构,市财政给予一次性资助。二是对企业研发投入给予资助,对"培育型"企业按上年度的实际研发投入的50%进行资助,对"小型"企业按上年度实际研发投入的40%资助,对"中型"企业按上年度实际研发投入的30%资助,对"大型"企业按上年度研发经费实际投入的20%资助。

(2)企业注重研发投入,加强品牌建设。企业是技术创新的主体,必须增强企业技术创新能力、产业化转化能力和产品创新能力,从而以创新产品、质量优良产品赢得新兴市场的竞争。

经过近几年努力,东莞研发投入得到较大提高。2006～2012年,东莞全社会R&D经费投入从11.78亿元增加到83.0亿元,推动全社会R&D经费投入占GDP比重从0.45%攀升到2012年的1.65%,尽管低于广东省平均水平。其次,企业设立的科研机构数量显著提升。2011年,有428家规模以上工业企业开展研发活动,比2007年增加127家,增长54.9%,其中351家企业设立科研部门,比2007年增长107.9%;企业举办科研机构468个,比2007年增长111.0%;2448个规模以上工业企业开展研发,比2007年增长215.2%。东莞近几年研发投入取得了显著成效。2011年东莞高新技术产品产值2756.7亿元,比2007年增长55.4%,高新技术产品产值占规模以上工业产值比重为

32.6%，比2007年提高5.8个百分点。2002～2010年高新技术产品出口份额也由29.66%上升为34.76%。

（四）依托行业协会支持，构建加工贸易企业转型升级平台

东莞行业协会在加工贸易企业转型升级过程中发挥了重要作用。东莞的行业协会组织力量庞大，主要的协会有外商投资协会、玩具协会、家具协会、台商协会、皮革鞋业协会、名家具俱乐部、国际商会、电子行业协会、软件行业协会、外贸企业协会等等。其中，名家具俱乐部在运营管理以及服务会员企业、促进企业转型升级方面，做得尤为出色。

东莞名家具俱乐部于1999年6月成立，目前有会员330家，其中，东莞市内的正式会员企业有264家，东莞市外的荣誉会员企业有66家，16个副理事长单位。2008年9月，在东莞市政府相关部门、厚街镇政府的支持下，依托东莞名家具俱乐部成立了"国际名家具设计研发院"。名家具俱乐部利用品牌展示平台、行业交流平台、产业创意平台、转型升级平台、全球展贸平台等不断提升自身服务水平和服务质量，积极促进东莞加工贸易企业转型升级。其他还有品牌展示平台、产业创意平台、广东家具国际采购中心、兴业国际家具之都、名家居世博园、东莞台商投资企业协会及其各种营销活动等，成为促进加工贸易企业转型升级的重要平台。

（五）积极"走出去"对外投资，扩大对新兴市场国家的贸易

在后金融危机时代，发达经济体经济萎靡不振，市场需求下降，加工贸易企业来自发达市场的订单随之减少，加工贸易企业出路在于积极主动开辟新兴市场。拓展新兴市场的方式一般有产品出口贸易和"走出去"投资两类方式。近几年，东莞对新兴市场出口取得了一定成效。2003～2010年，东莞对东盟、非洲、拉美等市场出口份额表现出上升趋势。其主要经验有以下几方面：

（1）通过设立新兴市场地区营销中心，建立全球经营网络。东莞西玛玩具有限公司是一家集设计、生产和销售于一体的综合性企业，主要生产经营童装、毛绒玩具与婴儿床上用品。选择旅游业发达的迪拜，设立展示中心和市场开发办公室，针对中东大型客户，及时与客户沟通，提供优质服务，品牌效应逐步凸显，成功实现向 ODM（原始设计制造）和 OBM（原始品牌制造）的转变。2010 年在迪拜设立境外营销网络——咪西婴儿用品有限公司，主要负责自有品牌及 ODM 推广；2013 年在美国注册了公司，负责国外优质品牌的收购与研发合作。该公司正在构建全球经营网络——东莞以研发、物流与外贸为中心，把生产制造基地以及国内营销中心建在湖南长沙，把咪西品牌国际营销与推广中心放到中东地区的迪拜，又在美国建立对外研发合作中心与国际优质品牌收购中心。

寻求境外代理商是开拓新兴市场的有效路径。东莞一批企业通过境外代理商打开新兴市场。东莞华尔泰公司在这方面取得了一定经验，通过代理商完备的销售渠道和营销网络，把产品源源不断地销往全国各地，并出口中国香港、东南亚、俄罗斯、美国、土耳其、哈萨克斯坦、阿尔及利亚、苏丹、卡塔尔、伊朗等 20 多个国家和地区。东莞英伟公司通过与斯爱琳公司建立合作关系，目前其产品基本覆盖整个南美市场。东莞环球石材公司在中东地区驻点开辟市场，先后承接了世界上最豪华的八星级酒店——阿联酋皇宫酒店、世界上最大的皇家伊斯兰寺庙——谢赫阿布扎比清真寺、卡塔尔伊斯兰艺术博物馆、卡塔尔国际教育城中心等标志性工程。

(2)"参展"和"办展"并举，充分获取市场信息。展览会是聚集市场信息的平台，可以从展览会中获取开拓新兴市场的机遇。从展览会获取信息有两种方式：一是参加国内、国外各类展览会；二是主办各类展览会，"参展"和"办展"并举，通过各类专业性展览会，扩大东莞产品对新兴市场的影响，扩大市场销路。①积极参加国际、国内专业性展览会。东莞市政府积极服务企业，为企业搭建拓展新兴市场平台，采取"政府牵线搭桥，企业自主推介"模式，已经成为开拓新兴市场的"东莞模式"的重要标志。2008 年 9 月，东莞市组团参加了"2008 年广东-东盟系列经贸活动"，东莞市代表团通过召开对接洽谈会、座谈会，会见当地主要商会及机构高层领导，有针对性地开展招商引资和经贸合作，共签订 50 宗累计投资额达 2.63 亿美元的境内投资项目，3 宗累计投资额达 4000 万美元的境外投资项目，以及 5.28 亿美元贸易货单。2009 年，东莞与香港贸发局联合，组织和资助企业参加 33 场国内外展览会，帮助企业拓展新兴市场。2011 年 3 月，东莞组织两个团参加全球十大家具展览之一"马来西亚国际家具展览会",数十家国内知名家具企业带着新产品去开拓马来西亚及周边国家家具市场。2013 年 7 月,东莞市政府领导率团开展"走进南美"经贸活动和外事交流,在巴西举行了企业洽谈、南美市场开发投资政策辅导会,获取了开发南美市场的重要信息,并当场签下数十亿美元贸易投资额①。②国内主办展览会。一般由政府或者行业协会牵头在国内举办各类专业性展览会。为此,东莞建成"广东现代国际展览中心场馆"(2000 年 12 月建成,占地 33 万平方米,5 个展览馆,室内展览面积 10 万平方米,室外展场面积 9 万平方米,共可提供 5500 个标准展位),该展览中心地处"珠三角一小时经济圈",以一小时车程为半径,覆盖整个珠三角各城市。这是东莞深化展会辐射效应、加快企业转型升级的重要举措。依托该展览中心培育了东莞知名的展览会,比如国际名家具展览会、中国加工贸易产品博览会、电子信息博览会、玩具及模型展览会等,这些展会在拓展新兴市场方面发挥了重要作用。③国外办展。境外办展会仍是目前东莞加工贸易拓展新兴市场的主要形式,是东莞拓展新兴市场的新举措之一。东莞贸促会利用境外资源与埃及有关商会合作,在埃及首都开罗成功举办了"中国商品展览交流会",组织了东莞 15 家企业参展,涉及电脑、机械、汽修、灯具、化工、建材、家具等行业,成为东莞市首个成功组织东莞企业境外办展的案例②。

(3) 在境外直接设立销售基地或工厂成为拓展新兴市场的主要手段之一。在境外建立生产厂是拓展新兴市场的重要渠道,可以采取独资企业或者合资企业。在境外建立工厂,目的是利用当地原材料、廉价劳动力,享受优惠政策,降低贸易成本。东莞华宝鞋业是由华坚国际(BVI)股份有限公司于 2004 年投资设立的外商投资企业,是一家集研发、生产、销售为一体的先进制造企业。该公司主要经营全球著名品牌女装鞋,包括 RALPH AUREN、GUESS/KENNETH COLE、CK、COLE、CK、COACH、NINE WEST、EASYSPIRIT、BANDILINO、WALMARRT、MS、新泰莱等品牌鞋,产品销往西班牙、美国、意大利、德国等国家和地区。2011 年该公司在非洲埃塞俄比亚设立女鞋生产

---

① 殷昌盛:《东莞惊艳亮相南美"走出去"战略升级进行时》,《东莞日报》2013 年 7 月 19 日第 A04 版。
② 罗志君:《东莞首次出国主办展会》,《东莞日报》2010 年 12 月 31 日第 A14 版。

基地，投资建成了占地面积 5 万平方米、建筑面积 1.8 万平方米的工厂。已经从非洲当地廉价劳动力、巨大市场潜力以及零关税优惠政策获得了新的发展动力。

（4）通过品牌收购对外投资。东莞一些代工企业在成长和品牌建设过程中往往参与品牌境外收购，成功实现转型升级。东莞创科集团是高级家居装修工具及建筑工具的世界级供应商之一，主要生产电动工具、户外园艺工具、地板护理等产品。2000 年，该集团积极实施自主品牌战略，收购了日本著名电钻品牌 Ryobi，获得了 Ryobi 系列工具品牌在除日本以外的市场独家拥有权，2002 年公司又收购了地板护养行业知名品牌 Royal，在收购之前，创科一直在为这两大品牌代工。2009 年，在政府的推动下，创科投资 10 亿元，在厚街镇工业城建设 450 亩新厂区，整合了旗下的来料加工厂和独资企业并打造研发总部，成为东莞机电行业的龙头企业。

东莞永强汽车制造有限公司成立于 1992 年，注册资金 6700 万元，是一家集科研、生产、销售、服务于一体的国内领先特种汽车生产企业。2010 年，永强汽车公司与名列国际消防汽车制造业前茅的英国豪迈消防车制造公司达成收购协议，获得豪迈公司全部技术、知识产权及生产授权。2011 年永强汽车又与意大利 VE 公司签署了合作协议，就新能源全地形特种汽车技术合作达成合作意向，以 3 亿元人民币收购其品牌、核心技术和研发团队。永强对英国豪迈公司成功收购，在国际同行内产生极大反响，被称为消防汽车行业的"蛇吞象"。

（5）以侨促贸，扩大社会影响。东莞是广东省重点侨乡之一，现有港澳乡亲近 80 万人，旅居海外的侨胞有 25 万多人。华人华侨是东莞加工贸易企业拓展新兴市场所倚重的强大力量，华人华侨熟知当地法律、风俗文化、政治环境，与当地企业有良好的联系，部分侨胞拥有自己的当地企业，可以为国内企业拓展新兴市场提供实用信息，充分发挥他们的纽带作用，有利于东莞企业与当地企业、政府、机构组织建立联系。东莞中展矿业、华宝等企业以及东莞政府部门、行业协会人员十分重视华人华侨在开辟新兴市场中的重要作用。通过各地华商协会、使领馆、商务参赞等与当地政府和企业建立联系，打开市场。东莞市投入 20 万元资助加拿大东莞（美洲）总商会建设，在东莞与美洲合作方面发挥了巨大作用，为东莞产品拓展美洲地区新兴市场①开辟了道路。

（6）推进"抱团出海"模式，完善境外产业链。江浙"抱团"模式已经赢得了业界广泛认同。东莞加工贸易企业抱团已经由最初组团采购、参加展会，逐渐向具有实体性质的企业集团靠拢，由政府牵头、行业带头逐步向企业自发、主动抱团方向发展。东莞2013年成立了LED专利联盟，以企业抱团模式积极应对境外知识产权风险。

中小企业抱团联动，可以有效化解风险和规避部分贸易壁垒，易于集中投资，形成产业集群，带动大批中小企业走出去拓展新兴市场。"抱团出海"拓展新兴市场主要集中在以下几点：抱团采购——统一招标，既能降低采购成本，还能扶持配套加工企业做大做强；抱团营销——同类产品品牌众多，产品同质化严重，可以组团参加展销会、组团投放广告、组团促销等；抱团销售——很多企业由于实力原因无法打开国外市场，可以选择代表性城市，组团设立营销点，搜集信息、拓宽渠道。

（7）创新电子商务模式，构建"一站式"电子商务平台。在政府大力扶持和推动下，汇集了交易、物流、营销、金融等功能的"一站式"电子商务平台将是未来电子商务拓展新兴市场的主流模式，东莞电子商务必将在拓展新兴市场方面大有可为，成为新"东莞模式"标志之一。2013年7月国务院办公厅下发了《关于促进进出口稳增长、调结构的若干意见》，要求解决以跨境电子商务方式出口货物遇到的有关问题，推动电子商务跨境发展。2009年东莞市外经贸局公布《关于我市企业申报国际市场开拓资金的补充通知》规定，参加一般展会和其他推广，政府封顶补助为10万元，电子商务按50%补助，封顶为15万元。在现有一系列政策的支持下，东莞电子商务得到广泛应用。

2010年东莞全市拥有从事互联网相关业务的电子商务服务企业近2000家，企业网站中具备电子商务功能（订购、交易）的约有1500家②。实际上，东莞企业对电子商务应用还处于比较低层次，需要进一步提升。为此，2013年东莞借鉴深圳"一达通"模式，扶持本地"汇富集团"电子商务模式发展，

---

① 肖隆福：《"东莞制造"进军海外添新路》，《东莞日报》2010年7月10日。
② 王慧、袁煦筠：《东莞电子商务：有数量无规模有市场无环境》，《南方日报》2010年2月1日。

扩大电子商务在对外贸易与经济合作中的作用,搭建电子商务营销配送网络,支持专业镇和专业市场。

从东莞外经贸局了解到:东莞加工贸易企业借助阿里巴巴、慧聪网等第三方平台,通过B2B形式进行营销,开拓新兴市场。2009年,东莞市政府与阿里巴巴签署合作框架协议,在全球范围内打造"东莞制造"品牌,在阿里巴巴网站构建"东莞制造"专区,以统一形象推广东莞的产品和服务,推动东莞市企业应用电子商务开拓国外新兴市场,截至2009年初,已有2300家企业分别享受"出口通"和"诚信通"服务。

(8)引导和资助加工贸易企业开拓国际市场。一是对参加境外展览、企业认证、境外商标及专利注册、进出口贸易法律服务,每个项目给予不同资助,最高资助额为30万元;二是资助企业翻译、制作宣传材料(光盘)派发给国际采购商,对其翻译费、制作费按实际费用额的50%给予资助,最高资助额为10万元;三是对企业利用境外传媒发布广告,对其翻译费、制作费、广告费按实际费用额50%给予资助,最高资助额为15万元;四是对企业利用境外国际电子商务平台开展产品推介和交易,对其翻译费、企业网站建设费、电子商务平台服务费按实际费用额50%给予资助,最高资助额为15万元。

(六)大幅度减轻企业负担,支持企业转型升级

东莞市政府为支持加工贸易企业转型升级,除了前述各项支持资助外,还切实减轻企业各项负担,鼎力支持企业转型升级。

(1)降低部分行政规费。东莞市政府取消三资企业场地使用费和"三来一补"综合费用和结汇手续费;从2008年11月1日起对制造业企业降低堤围防护费50%;缓征企业一年的残疾人就业保障金,进一步减轻企业的资金负担。

(2)对中小企业实行减税扶持。对中小企业从事国家非限制和禁止行业,并对符合下列条件的,一律按20%的税率征收企业所得税:工业企业,年度应纳税所得额不超过30万元,从业人员不超过100人,资产总额不超过3000万元;其他企业,年度应纳税所得额不超过30万元,从业人数不超过80人,资产总额不超过1000万元。

东莞加工贸易企业转型升级的过程和经验

(3) 提供专项资金资助加工贸易企业转型升级。一是对中小企业信用担保体系建设项目，按照每家担保机构每年实际贷款担保额的1.5‰核定补助额，每家担保机构每年最高补助额50万元；二是鼓励企业争创名牌，新获得"中国名牌产品""中国驰名商标"称号一次性奖励100万元；新获得"国家免检产品""商务部重点培育和发展的出口名牌"称号一次性奖励50万元；新获得"广东省名牌产品""广东省著名商标"一次性奖励30万元。

（七）提高行政办事效率，优化良好营商环境

东莞市政府及其各个部门为了支持加工贸易企业转型升级，采取了一系列措施，简化和优化行政办事程序，极大地提高了行政办事效率。

(1) 简化通关手续、提高通关效率，提高海关审价和减免税审批时效。一是提高通关速度。对经确认拥有自主品牌和核心技术的产品、大型机械设备以及农轻纺等有竞争力的出口企业，以及国内需要的先进技术、设备、关键零部件和能源原材料进口企业，给予优先办理通关手续的待遇。二是简化企业通关手续。应用"卡口联网控制系统"和"跨境快速通关系统"，对来往东莞与深圳口岸之间的转关车辆实行免批注盖章。三是提高海关审价和减免税审批效率。进一步推行网上支付及其担保，便于企业缴纳税款；对一般贸易进口正常征税和加工贸易内销补税货物，可以灵活审价放行或担保放行。四是构建加工贸易管理服务平台，形成了"东莞模式"——企业与外经贸局、海关、检验检疫局"四方联网"一次录入的模式；后来一次录入平台又新增了工商、外汇、国税、财政4个部门联网，实现了"八方联网"，这样的平台助力了转型升级。

(2) 建立内销审核"快速通道"，支持鼓励加工贸易扩大内销。建立内销"快速通道"，全面推行"窗口作业"，试行内销预审核制度，实现内销审核"即时申报、即时出单"，加快单证流转速度；遵行商务部颁行《加工贸易保税进口料件内销批准证》要求，试行内销当月内"集中申报"模式。

(3) 东莞检疫局出台了扶持外资企业一系列措施。第一，针对来料加工企业转外商独资投资财产鉴定和解除监管鉴定等业务，大幅度减少从受理到出证的工作时间；第二，缩短行政许可和注册备案类业务的工作周期，比如，缩

短报检企业注册审批和发证周期、报检员变更审批发证、出口企业及有关食品卫生注册、登记和审批周期;第三,简化出口轻工纺织产品检验监管手续,认可转型前出口企业的产品检测报告,减轻企业负担;第四,设立"合同电子备案"信道,推行便利企业合同备案核销新措施;第五,帮助企业创建品牌开拓市场,对拥有自主知识产权或自主品牌的名优商品,优先推荐,优先给予安排"出口免验企业",对免验商品实行免予收取检验费的优惠措施。

参考文献

[1] 陈万灵、唐玉萍:《外销企业出口转内销的困境及出路》,《对外经贸实务》2010年第2期。

[2] 邓志新、张俊:《中小外贸企业服务外包模式探索——以深圳一达通企业服务有限公司为例》,《特区经济》2013年第2期。

[3] 广东课题组:《人民币升值对广东出口企业的影响及对策——基于广东鞋业、玩具业、小家电业以及加工贸易业的调查研究》,《国际商务财会》2008年第11期。

[4] 黄先锋:《东莞加工贸易转型升级研究》,暨南大学2010年硕士学位论文。

[5] 罗志君:《东莞首次出国主办展会》,《东莞日报》2010年12月31日第A14版。

[6] 乔晶:《中国加工贸易发展的经济效应及可持续研究》,重庆大学2011年博士学位论文。

[7] 王慧、袁煦筠:《东莞电子商务:有数量无规模有市场无环境》,《南方日报》2010年2月1日。

[8] 肖隆福:《"东莞制造"进军海外添新路》,《东莞日报》2010年7月10日。

[9] 闫国庆、孙琪、仲鸿生等:《我国加工贸易战略转型及政策调整》,《经济研究》2009年第5期。

[10] 叶琨洪:《东莞加工贸易转型升级路径问题研究》,天津大学,2009年硕士学位论文。

[11] 叶石界:《东莞再现招工难》,《21世纪经济报道》2010年12月28日第007版。

[12] 殷昌盛:《东莞惊艳亮相南美"走出去"战略升级进行时》,《东莞日报》2013年7月19日第A04版。

[13] 袁欣:《加工贸易与比较优势陷阱——来自广东的实证分析》,《宏观经济研究》2005年第9期。

B.6 湛江外经贸发展的评价与战略选择

张士海*

摘　要： 湛江是中国首批对外开放的沿海城市，拥有最早一批国家级经济技术开发区。近10多年来，湛江对外贸易进入了全新的发展时期，在外贸规模缓慢增长过程中，出口产品结构逐步优化，出口市场多元化初步形成，外贸主体以外商投资企业为主，一般贸易占据主导，但在外贸经济的发展中，依然存在着许多问题，主要表现在出口规模不大，出口产品呈"三低"状态，外资利用不合理，产业集聚程度较低，地区之间发展不平衡等方面。尽管外贸地位在提升，但外贸对湛江经济增长的贡献不高且不断降低，外贸经济发展仍落后于珠三角地区沿海城市。为此，针对湛江外经贸发展的环境特点以及对其影响因素的分析，本文从国际、全国和广东省三个层面来定位湛江外经贸发展的战略方向，同时进一步提出六条发展战略路径作为湛江未来外经贸发展的重要战略选择。

关键词： 区域外贸　利用外资　外经贸发展战略　湛江

一　湛江外经贸发展状况

湛江位于广东西部，是粤西和北部湾经济圈的区域经济中心，进入21世纪以来，湛江的经济发展稳步增长。2001年，湛江国内生产总值434.87亿元，

---

* 张士海，男，广东海洋大学经济管理学院讲师，主要研究方向为统计学、计量经济、区域经济等。

2012年1900亿元,2001~2012年年平均增长14.35%,即使在国际金融危机影响下,湛江经济仍有稳健的增长,2012年比上年增长10.0%,增速分别高于全国和全省2.2个和1.8个百分点。人均收入及生活水平得到大幅度提高,人均GDP从1978年的292元增长到2012年的26810元,按平均汇率折算为4247美元。

(一)湛江外经贸发展历程

湛江位于广东西部,是中国首批对外开放的沿海城市,拥有最早一批国家级经济技术开发区,为对外贸易发展创造了比较优越的条件。外贸在拉动湛江经济发展方面具有举足轻重的作用,受到湛江市政府的重视。

(1)湛江外贸规模不断扩大,在全省的地位不断上升。进出口总额由2001年的10.90亿美元到2005年的18.25亿美元,2012年达到46.86亿美元,其中出口规模除2009年外,其他年份都是正增长。2001~2012年,多数年份为顺差。近几年顺差缩小(参见表1)。湛江外贸在全省地位不断上升,在全省21个市里,进出口总额2010年为第14位,2011年为第12位,2012年上升到第11位。

表1 湛江2001~2012年进出口变化情况

单位:万美元,%

年份	进出口		出口		进口	
	贸易值	增速	出口值	增速	进口值	增速
2001	108981	-6.70	40223	6.30	68758	-12.90
2002	119439	9.60	54580	35.07	64859	-5.70
2003	193461	61.97	90063	65.00	103398	59.50
2004	188671	-2.48	97815	8.60	90856	-12.20
2005	182467	-3.29	95652	1.50	86995	-3.40
2006	214689	17.65	122583	28.20	92106	5.90
2007	257509	19.95	146072	19.20	111437	21.00
2008	332923	29.29	163195	11.70	169728	52.30
2009	281847	-15.34	136529	-16.30	145318	-14.40
2010	353209	25.32	168682	23.60	184527	27.00
2011	440391	24.68	209477	24.20	230914	25.01
2012	468600	6.41	220900	5.40	247700	7.30

资料来源:据湛江信息统计网数据计算整理。

(2) 外贸增长呈现一定波动性,增速出现下降趋势。2001~2012年,除2005~2008年平稳增长,其他年份增长不稳定,其中2003年和2008年达到增长峰值,增长率分别为61.97%和29.29%;还有几年为负增长,2001年增长率为-6.7%,2004年为-2.48%,2005年为-3.29%,2009年为-15.34%(参见表1、图1)。近几年,国际贸易形势非常严峻,贸易摩擦不断,加上欧洲主权债务危机的深层影响使欧美市场需求增长乏力,湛江外贸严重受阻,增速下滑。2009年深度下降,2010年反弹,出现高增长率,2012年比上年同期增长6.41%,高于全国增幅0.2个百分点,低于全省1.3个百分点。总体上增速出现下降趋势。

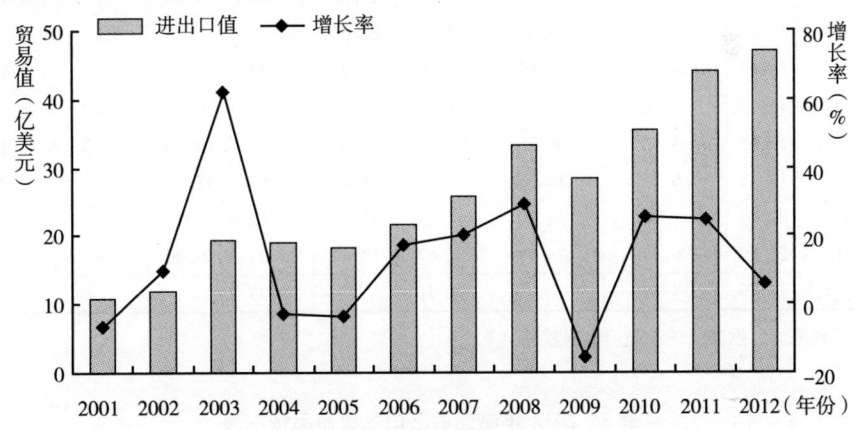

图1 湛江及出口贸易变化过程(2001~2012)

资料来源:据湛江信息统计网数据计算整理。

(二)湛江外贸结构变化状况

在湛江出口产品中,水海产品及其深加工制品出口属于传统的劳动密集型商品,机电产品及高新技术产品出口属于技术密集型商品。外贸产品主要呈现以下特点:

(1) 湛江出口结构变化逐渐向水海产品及其深加工制品、机电产品、家具集中。2012年,这三类产品分别为28.71%、18.42%和19.06%,合计占总出口的66.19%(参见表2、表3)。2005年这三类产品占总出口的53.19%。

可见湛江出口结构集中度不断提高,集中于水海产品及其加工品、机电产品和家具。从2008年至2012年,湛江出口商品结构发生了很大的变化,水海产品及其深加工制品出口增速加快,其出口额占据1/3,已经形成"三分天下有其一";而机电产品出口增速却在持续放缓,家具出口后来居上快速增长,出口规模赶超机电产品成为出口第二大商品。

表2 湛江主要出口商品变化情况

单位:亿美元,%

年份	出口总额	水海产品及其深加工制品		机电产品		家具		高新技术产品	
		出口额	比重	出口额	比重	出口额	比重	出口额	比重
2005	9.57	1.74	18.18	2.27	23.72	1.08	11.29	0.03	0.31
2006	12.26	4.23	34.50	2.76	22.51	1.47	11.99	0.04	0.32
2007	14.61	4.68	32.01	3.40	23.27	1.53	10.47	0.22	1.51
2008	16.32	5.56	34.07	3.25	19.91	1.56	9.56	0.19	1.16
2009	13.65	4.95	36.26	2.64	19.34	1.41	10.33	0.13	0.95
2010	16.87	6.17	36.57	3.14	18.61	1.95	11.56	0.06	0.36
2011	20.95	7.3	34.84	3.83	18.28	2.83	13.51	0.05	0.25
2012	22.09	6.34	28.71	4.07	18.42	4.21	19.06	—	—
年均增长	12.70	33.05		9.91		36.23		—	

资料来源:据湛江统计局信息网整理。

表3 2012年湛江进出口主要商品情况表

单位:万美元,%

商品名称	出口额	增长率	商品名称	进口额	增长率
总和	220900	5.4	总和	247700	7.3
水海产品及其深加工制品	63384	-13.1	原油	133584	9.9
家具及其零件	42143	48.8	大豆	22368	820.0
机电产品	40747	6.5	棉花	8382	-11.5
纺织纱线、织物及制品	14161	5.7	油菜子	7232	-9.9
纸及纸板	7664	360.0	饲料用鱼粉	7226	70
肥料	7462	-36.3	锰矿砂及其精矿	7005	11.9
鞋类	5442	90.3	非针叶木的木片	6995	160.0
天然硫酸钡	5035	70.4	机电产品	6210	-78.8
成品油	4962	60.3	纸浆	4216	28.2
服装及衣着附件	4735	1.2			

资料来源:湛江统计信息网。

(2) 家具及纺织品等传统大宗商品出口平稳增长,纸及纸板、成品油、天然硫酸钡、鞋类保持快速增长。家具出口后来居上,以不断提高制造工艺和技术水平为基础,以优良品质赢取国际声誉。2009年湛江家具出口1.41亿美元,2010年出口1.95亿美元,增长38.2%;承接2011年增长45.5%的高速,2012年再增长48.8%,实现出口4.21亿美元,成为湛江出口规模第二大的商品。纺织纱线及制品出口也出现了较大增长,出口总额1.34亿美元,增长12.9%(参见表2、表3)。

(3) 机电产品及其高新技术产品出口规模减缩,其比重不断下降。机电产品从2005年的23.72%下降为2012年的18.42%。2012年,湛江机电产品出口总额为4.07亿美元。高新技术产品出口规模非常小,2005年仅为300万美元,其占比为0.31%,2012年下降为0.25%;出口规模最大的2007年也仅为2200万美元,2009年降为1300万美元,2010年减少为610万美元,2012年继续下降为530万美元。相比广东平均水平,湛江机电产品及其高新技术产品出口非常落后。广东2012年机电产品进出口6346.6亿美元,占全省进出口的64.51%,其中出口3894.6亿美元,占全省出口的67.83%;高新技术产品进出口4073.3亿美元,占全省进出口的41.40%,其中出口2213.81亿美元,占全省出口的38.56%;2009~2012年,广东机电产品和高新技术产品出口年均增长分别为15.90%和16.68%(参见表4、表5)。

表4 2009~2012年湛江与全省部分地区机电产品出口情况

单位:亿美元,%

地区	2009年机电产品出口		2012年机电产品出口				2009~2012年年均增长率
	出口值	占出口总额比重	出口值	占出口总额比重	占全省比重	比上年增长	
广州	200.10	53.47	309.42	52.52	7.94	4.70	15.64
深圳	1243.56	76.80	1987.26	73.20	51.03	10.00	16.91
湛江	2.64	19.34	4.07	18.42	0.11	6.50	15.52
肇庆	8.36	38.99	12.36	32.69	0.32	10.20	13.92
清远	4.90	34.75	6.91	28.28	0.18	5.50	12.14
广东	2501.36	69.68	3894.62	67.83	100.00	9.30	15.90

资料来源:根据广东和各市统计年鉴及统计信息网数据整理而得。

表5 2009~2012年湛江与全省部分地区高新技术出口情况

单位：亿美元，%

地区	2009年高新技术出口		2012年高新技术出口				2009~2012年年均增长率
	出口值	占出口总额比重	出口值	占出口总额比重	占全省比重	比上年增长	
广州	76.02	20.32	112.73	19.14	5.09	6.80	14.03
深圳	850.48	52.5	1412.17	52	63.79	13.20	18.42
湛江	0.13	0.95	—				—
肇庆	2.05	9.56	3.52	9.31	0.16	24.10	19.75
清远	2.10	14.89	2.54	10.4	0.11	-11.30	6.55
广东	1393.74	38.83	2213.81	38.56	100.00	12.20	16.68

资料来源：根据广东和各市统计年鉴及统计信息网数据整理而得。

（4）湛江出口市场发生了显著变化。2008年国际金融危机爆发，之后的几年，湛江出口市场发生了较大变化，多元化趋势明显。作为第一大出口市场的美国，比重由41.01%下降到37.47%，再下降到25.66%；第二、三大出口市场的中国香港、日本的比重都不同幅度地下降；对马来西亚、印尼及整个东盟市场的出口比重大幅度上升；对中东、非洲市场的出口有所增加。由此可见，湛江对传统市场和新兴市场的出口比重在逐步地改变（参见表6）。

表6 湛江出口市场构成排前10位的经济体变化情况（2008~2012年）

单位：%

2008年		2011年		2012年	
美国	41.01	美国	37.47	美国	25.66
日本	14.41	印度	12.48	东盟	18.50
中国香港	9.15	日本	11.08	欧盟	12.04
马来西亚	7.50	中国香港	10.26	中国香港	8.57
墨西哥	7.30	澳大利亚	7.03	中东	7.46
英国	5.81	马来西亚	6.50	非洲	7.33
澳大利亚	4.02	英国	4.76	马来西亚	6.24
荷兰	3.99	墨西哥	4.08	印度	5.77
越南	3.43	新加坡	3.35	澳大利亚	4.34
印尼	3.39	俄罗斯	2.99	英国	4.09

资料来源：根据湛江统计年鉴及统计信息网数据整理而得。

"十一五"期间,湛江开拓新兴市场取得了显著成绩,市场多元化得到优化。其中对非洲、拉丁美洲、中东、俄罗斯、东盟等新兴市场出口年均增长20.6%;而对传统市场的出口规模有放缓趋势,对美国、欧盟、日本、中国香港等主要传统市场出口年均增长9.2%。近几年,湛江进一步加大对新兴市场的出口,对传统市场的出口份额在逐步下降,新兴市场和传统市场出口占比也在逐步接近持平。

(5)贸易方式变化。湛江贸易方式构成以一般贸易为主,出现加工贸易出口稳步不前的态势。2005年以来,湛江出口贸易逐步形成了以一般贸易出口为主导的格局。一般贸易占了80%以上份额。但近几年来有缓慢下降趋势,2010年为88.80%,2011年下降为87.96%,2012年又降至86.90%。另外,加工贸易比重不断上升。从出口看,加工贸易出口占比保持在10%左右(参见表7)。

表7 湛江2005~2012年出口贸易方式变化情况

单位:万美元,%

年份	出口额	一般贸易出口		加工贸易出口	
		金额	比重	金额	比重
2005	95652	80505	84.16	14441	15.10
2006	122583	108919	88.85	12762	10.41
2007	146072	127161	87.05	14467	9.90
2008	163195	144706	88.67	13210	8.09
2009	136529	112371	82.31	13978	10.24
2010	168682	149777	88.80	16994	10.07
2011	209477	184257	87.96	16911	8.07
2012	220900	191900	86.90	22300	10.10

资料来源:根据湛江统计信息网历年数据计算整理。

(6)贸易主体以外商投资企业为主。进入新世纪以来,湛江注重培养新的外贸增长点,促进了国有企业、外资企业、民营企业外贸的快速增长。非国有企业成为出口主流,民营企业出口不断扩大,增长强劲,增长率持续攀高,外商投资企业成为外贸的重要主体。2012年外商投资企业进出口27.22亿美元,占全市进出口总额的58.1%;私营企业进出口11.6亿美元,占24.75%;

国有企业进出口7.8亿美元，占16.65%。从出口看，2012年，外商投资企业完成出口10.01亿美元；占45.31%；私营企业出口8.55亿美元，占38.71%；国有企业出口3.31亿美元，占14.98%。

（三）湛江利用外资与开发区发展状况

湛江属于沿海开放较早的城市，并成立了经济技术开发区，利用外资条件比较好。但是，湛江区位又远离国际经济中心香港，也远离经济开放前沿的珠江三角洲，获得的经济辐射比较弱。湛江利用外资主要还是以开发区为主要载体，呈现以下特点。

（1）利用外资的规模不大。2010年以后，利用外资出现了持续较快的增长但规模小的趋势。2012年湛江利用外资金额为8726万美元，增速高达64.05%；全年利用外资项目12个，比上年下降52.0%；合同外资金额3.2亿美元，增长1.5%。2012年批准的外商投资项目比上年少了一半，只有12个，是省内各市中最少的。实际利用外资8726万美元，比上年增长64.1%。增幅居全省第三位，增长的势头是可喜的。必须注意到，利用外资的规模还是很小，全省倒数第二，是没有过亿美元的两个市之一。粤西地区的实际利用外资规模与珠三角、粤东、粤北相比差距比较大。2013年，湛江全年新批设立外商投资项目9个，同比下降25%；合同外资金额8106万美元，同比下降74.6%；实际吸收外资金额13183万美元，同比增长51.08%。

（2）利用外资不稳定。从利用外资规模看，2001年，湛江实际利用外资金额10309万美元，不断上升到2003年的18012万美元；然后下降到2006年的5288万美元；再次逐步上升到2008年的17280万美元。在国际金融危机期间，2009年再次下降到2925万美元，之后一路上升，2012年达到8726万美元。可见，湛江利用外资规模波动比较大；而且增速极不稳定，2004年、2005年、2009年的增速分别为-60.38%、-45.40%、-83.17%。2003年、2007年、2012年的增速达到较高的峰值61.83%、186.4%、64.05%（参见图2）。

（3）利用外资结构相对较低。外商投资的主要行业是制造业、交通运

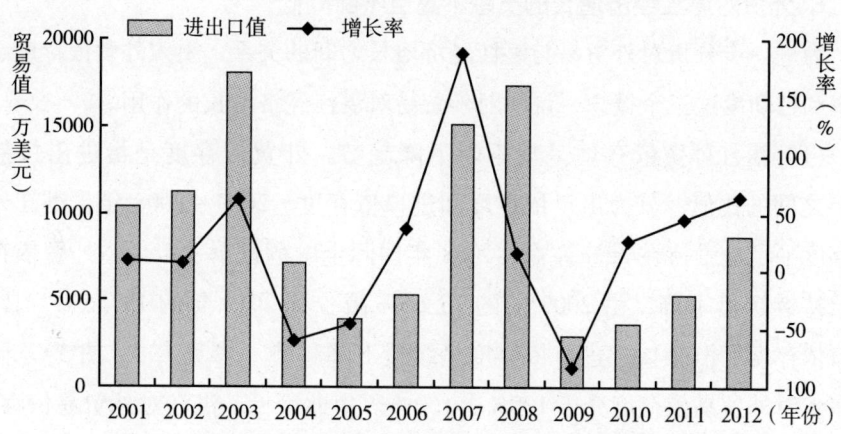

图 2　湛江利用外资规模（流量）变化过程（2001～2012）

输业和农业。2006～2010 年，湛江新批外资合同一共 133 个，合同利用外资额 10.9 亿美元；实际利用外资额 4.4 亿美元。其中，新批制造业项目 73 个，占 54.9%；合同外资 47794 万美元，占 43.9%；实际利用外资 15022 万美元，占 33.9%。交通运输业成为近年来利用外资的亮点。新批交通运输业合同外资 24706 万美元，占 22.7%；实际利用外资 23128 万美元，占 52.2%。从 2012 年情况看，招商签约项目 167 个，总投资 1143 亿元，已动工 63 个，建成 32 个。其中合同外资最大的是交通运输、仓储及邮政业 1.5 亿美元；实际利用外资 8726 万美元，同比增长 64.05%；其中制造业占 78%。

二　湛江外经贸发展的评价

湛江拥有良好的外贸区位作为外经贸发展的基础，但外经贸发展不尽如人意，仍有不少薄弱环节，深层次的结构性矛盾依然突出。出口规模不大，产品档次和附加值较低；利用外资结构有待优化，招商引资的方式有待进一步改进；产业配套能力较弱，产业集聚程度较低；人才制约比较突出，发展环境和服务质量需要进一步改善；地区之间发展不平衡，县域经济对外开放亟待突破。

1. 外贸对湛江经济增长的贡献不高且不断降低

为进一步分析对外贸易与湛江经济增长之间的关系，引入外贸依存度、贡献率和拉动度这三个概念，说明对外贸易对湛江经济增长的作用。

（1）湛江外贸依存度呈现不断下降趋势。外贸依存度是指进出口额与GDP之间的比值，分为出口依存度和进口依存度。2005~2008年，湛江外贸依存度平稳地维持在22%左右，2008年国际金融危机爆发以后，外贸依存度开始持续缓慢下降，由2009年的16.65%减少到2012年的15.56%，其中，出口依存度下滑较快，进口依存度呈缓慢下降趋势（参见表8、图3）。同期广东省对外贸易依存度介于100%~160%。由此可见，湛江对外贸易依存度、出口依存度及进口依存度都远远低于全国和全省水平。

表8 2005~2012年湛江外贸依存度

单位：%

年份	进出口总值（亿美元）	出口总值（亿美元）	进口总值（亿美元）	汇率	GDP（亿元）	外贸依存度	出口依存度	进口依存度
2005	18.25	9.57	8.70	8.1917	657.81	22.72	11.91	10.83
2006	21.47	12.26	9.21	7.9718	770.18	22.22	12.69	9.53
2007	25.75	14.61	11.14	7.6040	892.56	21.94	12.44	9.49
2008	33.29	16.32	16.97	6.948	1048.66	22.06	10.82	11.25
2009	28.18	13.65	14.53	6.832	1156.17	16.65	8.07	8.59
2010	35.32	16.87	18.45	6.7695	1402.77	17.05	8.14	8.90
2011	44.04	20.95	23.09	6.4588	1708.22	16.65	7.92	8.73
2012	46.86	22.09	24.77	6.3120	1900.64	15.56	7.34	8.23

资料来源：根据湛江统计信息网2005~2012年历年数据计算整理。

（2）外贸对湛江经济增长的贡献率与拉动度不稳定，并逐步下降。对外贸易对GDP的贡献率是指对外贸易增量与GDP增量的比值，有时也将净出口增量与GDP增量之比来代表一般意义上的对外贸易对经济增长的贡献率。外贸贡献率可细分为进出口、出口和进口对GDP的贡献率。外贸拉动度是指出口对GDP增长的贡献幅度，即贡献率与GDP增长率的乘积，说明GDP增长率中有多少是出口拉动。依据湛江外贸数据计算出外贸贡献率与拉动度（参见表9、图4）。

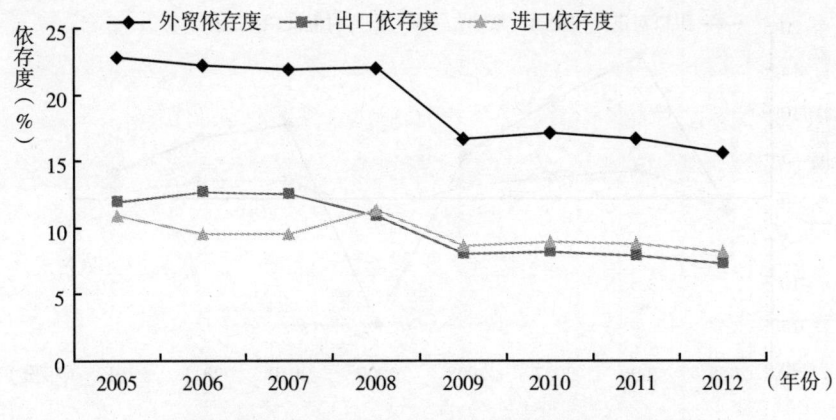

图3 2005~2012年湛江市外贸依存度变化趋势

资料来源：根据湛江统计信息网2005~2012年历年数据计算整理所得。

除了2005年和2009年之外，外贸出口对湛江经济增长的贡献率和拉动度都为正值，出口增量与湛江GDP总体上呈正相关关系。湛江出口的贡献率波动较大。出口对经济增长的贡献率具有不稳定性。2005~2012年，个别年份外贸贡献率和拉动度为负值，即2005年贡献率-1.58%和拉动度-0.32%，2009年贡献率-14.62%与拉动度-1.77%。2006年，外贸贡献率达到最高值，为16.55%，拉动度为3.35%。从总体趋势看，出口对经济增长的贡献率和拉动度逐步减弱。相比而言，广东加工贸易年平均贡献率25.84%和年平均拉动度2.69%。湛江加工贸易对经济增长的拉动程度非常低，远远达不到全省平均水平。

表9 2005~2012年外贸出口对湛江经济增长的贡献率

单位：亿美元，%

年份	GDP增量	出口增量	出口对湛江GDP的贡献率	GDP增长率	出口对湛江GDP的拉动度
2005	13.68	-0.22	-1.58	20.52	-0.32
2006	16.27	2.69	16.55	20.25	3.35
2007	20.77	2.35	11.31	21.5	2.43
2008	33.61	1.71	5.09	28.63	1.46
2009	18.24	-2.67	-14.62	12.08	-1.77
2010	37.99	3.22	8.46	22.45	1.90
2011	57.26	4.08	7.12	27.63	1.97
2012	36.64	1.14	3.12	13.85	0.43

资料来源：根据湛江统计信息网2005~2012年历年数据计算整理。

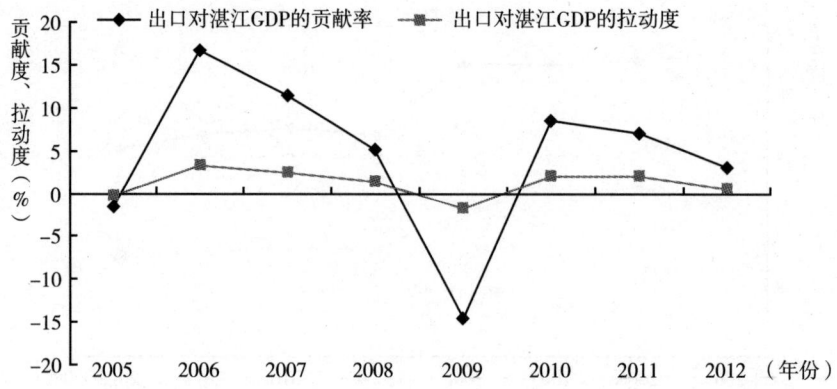

图 4　2005～2012 年外贸出口对湛江经济的贡献率和拉动度变化趋势

资料来源：根据湛江统计信息网 2005～2012 年历年数据计算整理。

2. 湛江外贸规模在全省各地排名中不断进步

2006～2010 年，湛江进出口总额年均增长 14.1%，累计进出口 144 亿美元，出口 73.7 亿美元，进口 70.3 亿美元；分别比"十五"期间（2001～2005 年）增长 82.6%、96.7% 和 69.8%。2010 年进出口总额达到 35.32 亿美元，占全省比重从 2005 年的 0.44% 提高到 0.45%，基本保持与全省外贸同步增长。2012 年湛江进出口总额 46.86 亿美元，比上年同期增长 6.4%，高于全国增幅 0.2 个百分点，略低于全省 1.3 个百分点（参见表 10、表 11）。湛江进出口规模由 2010 年的第 14 位前进到 2011 年的第 12 位，再上升到 2012 年的第 11 位。

表 10　湛江进出口规模与全省的比较

单位：亿美元，%

地区	2012 年				2009 年进出口额占全省比重
	进出口总额	出口额	进口额	进出口总额占全省比重	
广东	9838.15	5741.36	4096.79	100	100
湛江	46.86	22.09	24.77	0.48	0.46
广州	1171.31	589.12	582.19	11.91	12.56
深圳	4667.85	2713.7	1954.15	47.45	44.21
阳江	22.80	20.40	2.40	0.23	0.23
茂名	10.40	6.29	4.11	0.11	0.11

资料来源：根据广东和各市统计年鉴及统计信息网数据整理。

湛江外经贸发展的评价与战略选择

表11　2012年湛江对外贸易构成与全省的比较

单位：亿美元，%

地区	进出口总额	一般贸易		加工贸易		其他贸易		一般贸易与加工贸易之比
		金额	比重	金额	比重	金额	比重	
广东	9838.15	3288.55	33.43	5298.52	53.86	1251.08	12.72	0.62
湛江	46.86	37.44	79.9	3.39	7.23	6.03	12.87	11.04
广州	1171.31	550.44	46.99	514.09	43.89	106.78	9.12	1.07
深圳	4667.85	759.36	16.27	1314.38	28.16	639.96	13.71	0.58
肇庆	63.52	29.95	47.15	33.57	52.85	0	0	0.89
清远	45.97	19.94	43.38	25.82	56.17	0.21	0.46	0.77

资料来源：根据广东和各市统计年鉴及统计信息网数据整理而得。

3. 湛江外贸出口发展不足，仍处于落后地位

湛江属于国家级开放城市，较早建立经济技术开发区，湛江出口规模与全省水平相比差距较大。一是出口规模小，出口企业弱小。从全省21个地市看，2012年出口规模排在第11位，居于中间，相对还是落后。其出口规模占全省的比重也在逐步下滑，由2002年的0.46%降为2006年的0.41%，到2012年继续降至0.38%。从企业看，大部分企业规模小、应对风险能力不强，主要产品在国际市场上竞争力较弱。在危机的影响下，不能应对成本上涨带来的压力。除湛江国联水产公司因取得美国给予的水产品零关税，在商定出口产品价格方面有一定优势外，其余大部分的水海产品出口企业出口价格谈判能力相对较弱，盈利能力遭遇挤压。二是出口结构不合理。湛江出口以水海产品为主导，其次是机电产品和家具，这些产品属于加工程度低、科技含量低、附加值低的"三低"产品，具有先进技术的机电产品和高新技术产品占比比较小。水海产品属于资源型、劳动密集型产品，而且水海产品出口主要是罗非鱼和虾。即使是机电产品出口，也以电饭锅、电炉、电锅类为主，家具出口以木家具为主，技术含量低，没有竞争优势。此外，近年来，机电产品及高新技术产品出口有所增长，但所占比重仍然较低，而且主要集中在电子元器件、零附件等附加值低的单件产品上，科技含量和附加值高的成套设备很少，与发达地区相比差距较大。三是市场结构不合理。欧美等传统市场增长乏力，新兴市场拓展不足，需要一定时间的培育和摸索。

4. 利用外资规模过小并且不稳定

近几年，湛江利用外资增速位居全省前列，但是，波动较大，增速不平稳。2012年湛江批准的外商投资项目有所减少，实际利用外资8726万美元，比上年增长64.05%，增幅居全省第二位（参见表12）。相对于湛江所处区位，其利用外资的规模还是很小，全省倒数第二，是没有过亿美元的两个市之一。一是湛江利用外资不充分，吸引外资的数量质量都亟待提升。目前湛江的情况仍然是外商投资项目储备不足，考察项目多，来访客商多，接洽项目多，但签约项目少，批办项目少。二是招商引资的力度不够。近年来，省内各地对外资的竞争比较激烈，争相利用各自的优势，在利用外资方面跃上新台阶。湛江不仅落后于粤东和粤北的城市，甚至比不过山区。

表12　2009~2012年湛江利用外资与全省的比较

单位：亿美元，%

地区	2009年		2012年	
	总额	增长率	总额	增长率
广东	202.87	4.61	241.06	7.96
湛江	0.29	-83.20	0.53	0.87
广州	37.73	4.20	45.75	7.10
深圳	41.60	3.20	52.29	13.70
肇庆	11.52	11.90	8.88	3.50
清远	5.50	6.70	3.03	-21.20

资料来源：根据广东统计年鉴，广东统计局，广东统计信息网数据计算整理。

5. 支撑外贸发展的产业基础不强

湛江地处雷州半岛，三面环海，是热带与亚热带过渡带，农业、海洋渔业比较发达，其三次产业结构为19.7∶42.1∶38.2，仍然处于工业化前期阶段。因此，支撑出口贸易的工业发展比较落后，工业品出口不足，农、海产品出口规模占据显著地位，其出口占据湛江出口总额的1/3。加上外资利用不足，外向型代工企业不多，出口量1000万美元左右的企业只有3~5家，加工贸易始终得不到发展，生产规模较小，带动力不足。另外，加工贸易总部在珠三角地区，加工厂布局在湛江，部分企业的产品要结转到珠三角深加工再出口（不归属湛江统计)。

6. 营商环境存在的问题

湛江近几年一直努力扩大招商引资力度,成效不显著的原因在于:一是用地指标不足,项目落地困难。近年来,湛江因用地指标不足严重影响招商引资工作。特别是开发区扩大受到限制,不能发挥招商引资龙头作用。近年来由于用地指标不足导致多个大项目无法落地。国家对各地的环境保护要求更加严格,更增加了项目落地的难度。二是外商投资环境还不理想。国际经验表明,一个地区能否有效地吸引外资,主要取决于本地区投资环境的优劣。湛江的投资环境存在不少问题,首先不能积极主动为企业提供高效、优质服务,甚至还有刁难企业的现象;其次某些环节存在多头管理,办事效率低的问题。有的职能部门只看部门利益、眼前利益,对企业多头管理,多方插手干预,使企业负担加重。再次"四乱"行为时有发生。有些权力部门行政服务态度差,作风简单粗暴,动辄对企业乱收费、乱罚款、乱摊派、乱检查,严重干扰了企业的正常经营活动。

总起来讲,通过湛江外经贸发展态势、外贸结构、利用外资、对外投资与全省平均水平的比较分析,可以看到湛江外贸规模发展的不足;绝大部分出口企业没有自己的出口品牌,竞争力不强;利用外资规模偏小。这些因素在一定程度上影响了湛江外贸发展。

三 湛江外经贸发展的环境及其影响因素

(一)湛江区位优势对外经贸发展的支撑

1. 湛江区位优势明显

湛江位于中国大陆最南端,地处粤桂琼三省(区)交汇处,东临南海、西临北部湾,南隔琼州海峡与海南相望,背靠大西南,面向东南亚,南出太平洋,处在亚太经济圈的重要地缘位置,其区位具有重要的地缘战略地位,优势明显。

湛江区位优势派生出交通优势:铁路、公路、航空和港口多层次的综合交

通枢纽，可形成大西南出海通道的物流中心。

湛江已经成为大西南、华南、海南的交通枢纽，形成了发达的海、陆、空和管道运输立体交通网络。粤海铁路通过湛江北上，经黎湛线与湘桂、京广等铁路相接，西与南昆铁路相连，东可与河茂、京九铁路接轨。修建中的"洛湛铁路"将湛江交通纵深至中原腹地，直接融入四通八达的全国铁路运输网，使得湛江成为海南省与大陆联系的重要纽带。公路是全国45个枢纽之一，有广（州）湛（江）高速公路、渝（重庆）湛（江）高速公路、沈（阳）海（口）高速公路、湛江－北海高速公路，将与正在修建的环北部湾沿海高速公路相接，届时可直通东盟各国。湛江民航机场已开通北京、香港、上海、广州、深圳等多条航线。湛江港是国家级12个主枢纽港之一，也是环北部湾地区唯一的国家级主枢纽港。

2. 湛江港口优势：西南出海的重要通道和"桥头堡"功能

湛江港作为国家级主枢纽港，是粤西、环北部湾地区最大的天然深水良港，拥有华南沿海最深的航道，已建成30万吨级航道，与100多个国家和地区通航。已经形成20多个1万~5万吨级泊位，两座30万吨级陆岸油码头、一座30万吨级现代化铁矿石码头和15万吨级煤炭码头。以湛江港为依托，湛江已经成为我国西南各省区的主要出海口和大通道之一。2011年湛江货运周转量达375.55万吨公里，港口货物吞吐量达1.55亿吨。

湛江港处于亚太经济圈枢纽、西太平洋航道旁侧的区位，不仅是中国西南与东部地区的接合部，也是中国大西南进出口的咽喉要道和与世界经济交流的"桥头堡"，大陆沿海通往东南亚、大洋洲、非洲、中东、欧洲海上航程最短的港口，处于承东启西、沟通南北、连接海内外的重要战略位置，是中国扩大开放、中国－东盟自由贸易区、21世纪"海上丝绸之路"建设、西部大开发和广东区域协调发展等重大战略实施的理想交汇点。因此，随着亚太经济圈的发展，湛江港占据着特殊的战略位置。

3. 海洋优势独特

湛江有着多种多样的优势，其中最为突出、最具战略意义的还是海洋优势。湛江地理形状为三面环海的半岛，海岸线长1556公里（约占广东海岸线长的46%），居全国地级市之首。湛江海域岸线曲折，港湾众多，内有港湾

101处，最大的为湛江港湾和雷州湾。湛江港湾海域宽广，水域面积1419平方公里，海岸线长241公里，其中适宜建深水港的岸线有97公里，可辟为年吞吐量1.5亿吨以上的世界级深水大港。此外，热带海洋气候，阳光充足，海滨、沙滩、港湾及岛屿等为旅游者提供了避寒、度假、疗养、海上运动等旅游天地。因此，海洋资源开发的潜力较大。

（二）湛江产业发展对外经贸发展的基础作用

湛江外经贸发展的现状与其产业发展状况及其产业结构相适应。有什么产业结构就有什么样的贸易结构。

改革开放以来，湛江产业结构在不断调整和优化。湛江市已经由农业为主实现了向工业强市的转变，第一产业在整个国民经济中所占比重明显下降，从1978年的51.36%降至2010年的20.6%，第二产业所占比重从19.57%增至41.10%，非农产业产值比重从48.64%增至79.4%。可见，第一产业比重在缓慢下降，第二、三产业比重在逐步上升。近年来，湛江产业结构进入变化比较缓慢的时期，工业化和信息化的任务仍然比较繁重。

（1）湛江第一产业在经济中仍占有重要地位，第二、三产业相对落后。2012年三次产业比重为20.3∶42.2∶37.5。因此，水海产品及其深加工制品成为出口贸易的重要领域，而且占据1/3左右的份额。

（2）湛江已形成了以制造业为基础、以劳动密集为特征、以民营企业为主体，有特色、有品牌、有规模、有聚集的工业体系。从工业看，石油化工工业，食品、饮料及烟草加工业，造纸及纸制品业，纺织服装产业，电气机械及器材制造业，专用设备、交通运输设备制造业，煤气与电力的生产和供应业，非金属矿开采业及其制品制造业等八大行业成为湛江经济发展的主要推动力。所以，原油进口量比较大，这是湛江港口条件支撑了战略性能源物资的结果，满足经济发展对能源资源的需求，保障了内陆能源安全。大豆、棉花、油菜子、饲料用鱼粉等产品成为湛江进口的重要物资，主要用于支撑石化工业、食品、纺织服装产业、养殖业等发展；电气机械及器材制造业，家具，纺织业等行业发展的态势良好，其产品的出口量较大。

(3) 商贸物流业为外贸发展提供良好的基础条件。现代港口物流业仍然是未来湛江产业发展的基础和支撑条件。湛江多年来一直在打造全国重要的石化、造船、钢铁、能源四大基地，壮大临港重化工业和农、海产品加工业两大重点产业，不断延伸和完善产业链条；加快建设现代渔港经济区，充分利用海水养殖及海水产品精深加工；进一步开发港口经济和临海工业的潜力，为实现外贸经济的新跨越打基础。

（三）湛江国家级开发区具有推动湛江外经贸发展的增长极功能

湛江市国家级经济技术开发区（亦称"湛江开发区"）是1984年11月经国务院批准成立的全国首批14个沿海经济技术开发区之一。位于湛江市赤坎、霞山两个老城区之间，面积9.2平方公里。2006年6月26日国务院批准湛江开发区在东海岛经济开发试验区（1992年7月成立的省级开发区）扩区10平方公里。2009年10月，湛江市政府报广东省政府同意，决定将湛江经济技术开发区的体制优势和招商引资优势与广东湛江东海岛的土地资源优势有机结合，实行两区整合。两区整合后，湛江经济技术开发区管辖面积达354平方公里，成为全国管辖面积最大的国家级开发区之一。扩大后的湛江开发区成为湛江招商引资的重要渠道，近几年，获得了国家和广东省政府的大力支持。湛江开发区得到广州市政府及广州经济技术开发区的支持，划定了由广州和湛江市共建的"广州（湛江）产业转移工业园"（38.18平方公里），2009年9月获得了5亿元产业转移竞争性扶持资金。2010年获得省级高新技术产业开发区（10月）、广东省高新技术产业开发区战略联盟成员单位（12月），省级循环经济示范区（12月）的认定。湛江开发区正在积极申报省级海洋综合开发试验区、国家级循环经济示范区和国家特殊监管区。这使得湛江开发区获得了多项政策集成优势。

湛江依靠政策优势、区位和基础设施条件，已经布局了大批外向型产业，在建成区建设中央商务中心、金融中心和新兴服务业中心；在东海岛发展钢铁产业、石化产业、现代物流业和海岛旅游业，促进外向型经济发展，成为湛江外经贸发展的重要增长极。

(四)其他因素对湛江外经贸发展的影响

(1)湛江腹地经济的局限。湛江区位具有"自成体系"的潜力,其发展必然受到腹地经济发展局限。湛江所处区位比较远离香港,沿岸快捷高速路程长达600公里,湛江到达珠三角边缘的江门也有350公里,空间和时间降低了来自香港国际经济中心、珠三角世界工厂的辐射。所以,湛江经济发展特别是港口经济还必须依赖于大西南内陆经济的发展。大西南经济的发展特别是扩大对外开放,必然会促进湛江港口经济的发展。

(2)观念保守落后,投资环境不良。政府层面上,服务能力和竞争意识不强。思想观念和人才队伍等方面远未能适应发展的要求。湛江政务环境仍然欠佳,一些行政职能部门仍存在比较明显的"吃、拿、卡、要"现象。领导干部观念保守,工作思路简单,驾驭市场经济的决策能力不强,这些都是制约湛江外经贸发展的重要因素。

(3)人力资源不足,人才流失严重。湛江历来重视教育,高校数量在广东省内排第二,仅次于广州。2010年,湛江普通高校在校生8.92万人,毕业生2.52万人;研究生招生436人,在学研究生1220人,毕业生368人。但是,湛江吸引人才和留住人才的软环境不佳,引进人才的政策和激励机制尚未到位,人才作用得不到充分发挥,人才流失较严重。从整体看,广东人力资源过分集中并流向经济发达的珠三角等地区,湛江则表现为人力资源不足和流出。一方面,湛江毕业大学生基本上都离开湛江,到珠三角等地区工作,2006年,湛江三所高校有1.16万名毕业生,只有约4%的人留在了湛江。另一方面,现有人才队伍规模和结构有待于改善,湛江9.52万专业技术人员中,教学人员为6.43万人,占68%。高层次、高技能人才的短缺已成为制约湛江经济发展的关键因素之一。

(4)制度因素影响显著。改革开放后30多年,湛江经济发展经历了所有制结构逐渐调整,非公有制经济发展壮大,市场经济逐步走向成熟完善的制度创新过程。湛江法律、法规意识淡薄,政府管理的方式和手段还有待改进,有关部门的服务意识有待提高,服务机制有待完善。在非正式制度方面,湛江社会安于现状、"小富即安"的自我封闭意识比较普遍,自主创新、投资创业的氛围不浓。

（5）资本投入不足。资本是经济增长的重要源泉之一，也是推动一个地区经济发展的核心力量。湛江经济尚处于"起飞"的前期，呈现"高储蓄，高投资"的特征，资本投入对经济增长有重要促进作用。过去30多年间，湛江经济总体上存在投入和资本存量偏小的问题，落后于全省平均水平，与珠三角地区相比更是投资不足。从资本构成来看，内源性投资占绝大部分比重，外源性投资比重过低，以2009年为例，内资是外资的3倍多；从投资方向来看，工业投资比重偏低。只有充分利用内部资本并积极引进外部资金，才能提升湛江经济发展水平。

四 湛江外经贸进一步发展的战略选择

（一）湛江外经贸的定位与战略方向

依据湛江的区位条件，可从三个层面把握湛江外经贸发展定位：

（1）从国际范围来看，湛江独特的地理位置决定了其对香港国际中转分流的功能和作用。随着南太平洋经济圈的形成和发展，湛江将成为世界性经济的新增长点；站在太平洋重要物流节点的战略高度，承担国际航运中转服务，为香港港口中转分流，发挥区域性国际航运中心和物流中心功能；充分利用港口条件，建成内陆地区连接东盟自由贸易区的最佳海上物流平台；通过承接珠三角产业转移，大力发展出口加工业，带动港口贸易及港口物流产业的发展；同时，围绕湛江港口功能发展临港产业，为临港重化工业发展转运大型机械零部件，促进中间产品贸易的发展。其战略目标是把湛江打造成环北部湾和太平洋经济圈的区域性大型物流中心。

（2）从全国范围来看，湛江处于大陆最南端，依托华南、支撑海南、背靠和辐射大西南，是大西南通往国际市场的通道和跳板，可以成为大西南、华南海域沿岸对外开放窗口和进出口贸易通道。其发展战略是通过大力拓展腹地市场，推进与大西南的经贸合作，带动湛江外经贸发展。

（3）从广东经济发展来看，湛江是广东经济发展的"西翼"主体，具有粤西和桂西南地区的区域性中心城市的功能。其功能定位是：依托独特的区位优势实现对珠三角"龙头"的辅助和补充，发挥粤西和桂西南地区的区域性经济贸易中心的功能，承担聚集要素、辐射市场、连接贸易的作用。依托湛江港建设油品、矿石、化肥、粮食、钢材等临港专业市场，促进商品进出口中转和贸易的发展。

湛江正充分发挥湛江港区位及资源优势，依托港口发展物流业，构建以港口和临港工业园为中心的现代物流平台，加快保税物流中心与保税港区申报和建设，全力打造华南乃至东南亚最大的石油、铁矿石、煤炭、粮食、化肥等大宗货物集散中心和交割地，建成一批大型物流园区、专业批发市场、购物中心，构建区域性商贸中心和物流中心。

（二）湛江外经贸进一步发展战略路径

1. 依托湛江港打造区域性航运中心和物流中心

港口是湛江最大的比较优势和最重要的核心战略资源。必须充分发挥港口资源优势，借助于共建"21世纪海上丝绸之路"的国家战略，加强湛江与东盟及其他海上丝绸之路沿线各国的港口互联互通建设。一是树立"大港口"意识，合理确定湛江港口功能定位，把湛江建设成为国际化港口、区域性航运中心和国际物流中心，加快物流产业的发展。二是以深水航道和深水码头建设为重点，加强港口基础设施的建设。重点加快30万吨级航道和增建40万吨级以上大型码头建设工程，优化泊位结构，提升港口功能。三是发展海洋运输业，组建湛江大型运输船队，开通通往新加坡以及东盟其他国家海上客货轮航班，扩充互联互通港口及航线。加强湛江与周边港口的合作，开通湛江至各主要国际性城市的集装箱海陆联运快线，提升湛江港口与国外国际港口的互联互通水平。四是发展港口产业。湛江港具有组合港地位，可以建成区域性补给港，可以在湛江港发展仓储业，建立和完善综合补给服务体系，提供船舶维修、技术培训、船员休闲等全方位服务。五是强化战略性枢纽港功能，提升湛江港转口贸易、加工贸易的功能，大力拓展腹地市场，充分发挥湛江港作为大西南出海主通道优势，建设大西南进出口商品中转基地和贸易中心。

2. 提高临港重化产业集聚水平，夯实外经贸发展的产业基础

临港重化产业已经是湛江的支柱产业，也是外经贸发展的基础和支撑。必须围绕湛江产业优势，大力提升临港重化工产业集聚水平。一是提高港口服务水平，完善物流产业体系。依靠港口深水条件，提升造船、修船、拆船、集装箱制造和港机工业等航运、物流产业水平，这些是对外贸易、物流产业的基础；二是做大做强临港重化产业，促进港口经济发展。炼油、石化、钢铁、汽车装配和粮油加工等临港产业是利用外资和发展对外贸易的依托，必须大力提升临港重化产业集聚水平，发展以临港工业为核心的临港经济；确立石化工业、钢铁工业、食品工业、造纸工业、机械装备制造业和物流产业作为临港主导产业；大力发展钢铁、石化两大产业，构建钢铁与石化循环经济产业链，做大配套产业，加快产业集聚；大力发展钢铁产业链下游的金属材料、机械制造、船舶制造等工业，石化产业链下游的合成材料、橡胶、塑料、轻纺、化肥等工业。

3. 深化市场多元化战略，优化全球市场布局

为了建立合理市场布局，湛江应该加大调整市场结构，推动实施多元化战略。一是以发展和巩固传统市场为基础。目前欧美等传统市场增长乏力，但其进出口规模占湛江比重仍然较大，必须巩固这一市场贸易份额。二是开拓发展中国家中那些经济发展较快、市场潜力大的市场。三是主动创造市场，在不成熟的市场中寻找机遇。构建湛江的全球市场格局，完善对外贸易市场结构，以减少市场风险和贸易摩擦。湛江外经贸的进一步发展，需要积极参与区域经济合作。从区位上看，必须重视扩大湛江在中国－东盟自由贸易区中的作用。湛江作为中国－东盟自由贸易区的桥头堡，必须充分利用中国－东盟自由贸易区平台，推进与东盟国家在产业、能源、科技、文化、旅游等领域的合作；提升双向投资合作水平，推动双方的行业对接，推动优势企业参与东盟经济建设。

4. "引进来"和"走出去"并举，加强与东盟的经贸合作

改革开放以来，中国大量利用外资，实现了经济快速发展。随着经济实力不断增强，国内积累了大量资本，"走出去"对外投资的条件也逐渐成熟。从湛江区位和地缘关系看，必须注重"引进来"和"走出去"并举，加强与东盟各国经贸合作。湛江拥有深水良港和与东盟通航的便捷条件；中国－东盟自由贸易区为湛江企业走向东盟带来了机遇。第一，东盟十国有6亿多人口，市场巨大，这是湛江企业扩大东南亚市场的有利条件，湛江应加强对东盟的国际营销网络，扩大对东盟出口贸易。第二，东南亚地区资源丰富，劳动力成本低，东盟对湛江企业均有很大的投资诱惑力，可以鼓励和引导企业到投资条件较好的国家和地区开展投资，到境外建设湛江工业园区，在东盟建立资源开发和农产品加工基地。第三，大力发展境外加工贸易和境外加工装配，积极探索跨国并购等投资方式，推动企业通过对外直接投资方式开展国际化经营。第四，在境外开展工程承包和劳务合作、资源开发及其加工业的合作，加强与东盟的产业合作等。

5. 改进招商引资方式，提高利用外资质量和水平

国际金融危机后，受全球产能过剩、国际市场需求不稳以及新的投资热点尚未形成等制约，国际产业结构调整步伐放缓，全球直接投资总量增长乏力。这给湛江利用外资带来了压力。湛江必须力争为外资企业创造一个宽松和有利于发展的社会环境。一是适应国际形势的变化，创新引资模式，把"招商引资"逐渐改变为"招商选资"；同时优化外资结构，对新兴产业的外资项目加大吸引力度。二是营造更好的营商环境，把提高劳动者素质与提高湛江企业的研发水平相结合。三是提升外资利用质量，注重吸收优质外资项目技术含量和价值再创造能力。四是建立完善招商引资责任制和激励机制，创新招商引资方式，实施重大项目的推进和跟踪服务工作，加快重点项目的落地和实施，形成招商引资工作新局面。

6. 构建各类功能园区，提升开发区外贸功能

湛江已进入工业化中期，需要大力发展各类产业功能园区。湛江拥有国家级开发区、省级开发区、广州（湛江）产业转移园区、中国－东盟产业开发区等。有必要对这些园区进行分类管理，提升其外贸功能，特别是对湛江国家级经济技术开发区，应加大培育其出口加工能力，强化其外贸功能，进一步强化园区、开发区等引资载体建设。一是全力打造外经贸功能园区载体，形成多元功能、多方支撑、多重选择的产业基地，重点完善湛江经济技术开发区（东海岛区）建设。主要是强化湛江开发区老城区的中央商务功能，形成区域总部经济中心；整合湛江开发区东海新区、东海岛经济开发试验区及临港工业园的空间，加强东海岛产业转移工业园的建设。二是提升中国－东盟产业开发区功能，强化广东对接东盟的产业基地的功能。三是提升园区的公共服务水平，加快园区周边公共配套项目的建设步伐，保障各项公共设施的充足供应。四是创新园区管理体制，提高管委会、园区管理机构等公务机构的服务质量和水平。

参考文献

［1］陈万灵：《湛江经济发展——理论与战略选择》，《广东经济》2000 年第 5 期。

［2］陈云：《区域产业梯度转移与湛江市产业承接研究》，暨南大学 2008 年硕士学位论文。

［3］陆建人：《中国－东盟自由贸易区：进展与问题》，《亚太经济》2006 年第 3 期。

［4］卢秀容：《关于广东湛江实施"走出去"战略的几点思考》，《经济研究导刊》2011 年第 8 期。

［5］王保前、张莉：《湛江外贸经济发展状况分析》，《商业经济》2012 年第 6 期。

［6］王建：《充分发挥港口优势 加快湛江经济发展》，《中国城市经济》2007 年第 3 期。

［7］凌晓清、许抄军：《加工贸易对经济增长的促进作用——以广东省湛江市为例》，《沿海企业与科技》2010 年第 2 期。

［8］宁凌：《打造湛江国际枢纽港建设中国—东盟大通道》，《港口经济》2006 年第 6 期。

［9］沈静、陈烈、孙海燕：《全球化背景下的湛江市域发展战略研究》，《经济地理》2004 年第 4 期。

［10］杨碧云、易行建：《广东外贸依存度高低的判断及其趋势预测：基于外贸依存度的国际与国内比较》，《国际经贸探索》2009 年第 1 期。

［11］杨凌：《湛江在中国东盟自由贸易区发展中的战略选择》，《生产力研究》2013 年第 4 期。

广东外经贸功能园区专题

Subject on Functional Parks of Foreign Economic and Trade in Guangdong

B.7
广东外经贸功能园区的制度创新及其发展的分析

尤玉平　陈万灵*

摘　要： 外经贸功能园区是具有国际贸易、投资功能的特殊经济地理管辖区域。广东外经贸园区为其经济发展提供了动力，也为全国经济发展提供了示范。外经贸功能园区包括经济特区、海关特殊监管区、经济技术开发区和高新技术开发区及各类出口基地，其制度形式和制度变迁含义十分丰富。各类功能园区，其本质是"先行先试"制度创新和"准许（正面）清单＋优惠政策"制度安排，对推动广东和全国的经济体制改革做出了历史性贡献。外经贸功能园区通过制度创新集聚了

---

* 尤玉平，男，博士（博士后），惠州学院经济管理系教授。陈万灵，男，博士（博士后），教授，广东外语外贸大学国际经济贸易研究中心主任，主要研究领域为国际贸易与经济发展。

国内外各类要素，实现了要素的合理配置，形成了产业结构优化、产出高效、竞争优势突出的经济区。在新政治经济关系背景下，广东功能园区面临着前所未有的挑战，必须进行制度"再创新"，探索建立"负面清单、准入前国民待遇、准入后监管"模式，营造公平竞争环境，实现要素自由流动和高效配置，持续引领各个区域制度创新和经济发展。

关键词：

外经贸功能园区　制度创新　自由贸易园区　广东外经贸

中国改革开放自广东开始，广东改革开放又自设立外经贸功能园区开始。各类外经贸功能园区的设立、变更和发展，为广东的经济发展提供了动力，也为全国的经济发展提供了经验和示范。外经贸功能园区是具有国际进出口贸易、投资、加工和服务等功能的经济地理管辖区域，包括经济特区、海关特殊监管区、经济技术开发区和各种特定功能的外向型产业基地等类型。在世界各国经济发展的历史进程中，外经贸功能园区建立和发展都扮演了十分重要的经济改革试验区角色，同时也构成所在国家和地区经济发展的增长极。由于外经贸功能园区实行不同于周边非园区的特殊经济行政管辖权，拥有更高的经济自由度，使得外经贸功能园区相对周边区域拥有更强的技术创新能力和经济绩效。但是，从本质上看，外经贸功能园区首先是制度创新的结果，制度创新是外经贸功能园区兴起和发展的直接动力和核心竞争力。因此，深入研究外经贸功能园区的制度创新是发现其园区如何可持续发展的基本逻辑线索，也是一国或一地经济如何迎接经济技术全球化与区域经济一体化带来不断变化的挑战的战略需要。

在新的国际、国内政治经济关系形势面前，广东的各类经济园区面临着前所未有的挑战，总结过去的发展，探究未来的出路，对园区以往的制度创新及其发展绩效进行分析，就显得十分必要且紧迫，具有重要的战略价值和现实意义。

一 广东外经贸功能园区性质与分析框架

(一)广东外经贸功能园区发展状况

自20世纪70年代末开始,经济特区对制度进行大幅度突破,刺激了区域内的活力,促进了经济快速发展。其他沿海地区纷纷要求进行制度改革,建设类似特区的"开发区""高新技术区""出口加工区""保税区"等。根据2012年度国家级开发区土地集约利用评价情况,广东拥有99个经济类开发区,其中,国家级开发区30个,省级开发区69个。

从功能园区重要性看,国家级园区承担了改革开放试点的职能,在制度上进行角度突破。省级园区体现地方政府改革开放的探索。设立功能园区的时间则体现了广东改革开放步伐和阶段性特征(参见表1)。

表1 广东地区国家级开发区基本情况

开发区名称	批准时间	面积(公顷)	主导产业
湛江经济技术开发区	1984.11	1920	特种纸业、电子电器、通信器材、生物医药、建筑机具、石油化工
广州经济技术开发区	1984.12	3857.7	化学原料及制品、电气机械、食品、电子及通信设备
广州南沙经济技术开发区	1993.05	2760	塑料、化工、电子、食品加工、船舶制造
惠州大亚湾经济技术开发区	1993.05	2360	电子信息、钢铁、能源、纸品、石化、港口储运
增城经济技术开发区	2010.03	6200	汽车、摩托车、电子信息、生物医药、新材料、新能源和节能环保;服务外包、现代物流
珠海经济技术开发区	2012.03	6400	船舶和海洋工程装备制造、石油化工及清洁能源、区域性港口物流
广州高新技术产业开发区	1991.03	3734	电子与信息、生物、医药技术、新材料
深圳市高新技术产业园区	1991.03	1150	电子与信息、光机电一体化、生物、医药技术
中山火炬高技术产业开发区	1991.03	1710	电子与信息、生物、医药技术、新材料
珠海高新技术产业开发区	1992.11	980	电子与信息、生物工程与新医药、光机电一体化技术
佛山高新技术产业开发区	1992.11	1000	光机电一体化、电子与信息、新材料
惠州仲恺高新技术产业开发区	1992.11	706	电子与信息、光机电一体化、高新技术产业
东莞松山湖高新技术产业开发区	2010.11	7200	高科技研发平台、教育、生物技术、新能源新材料、IC设计、研发总部、金融服务、文化创意、生物技术产业
江门高新技术产业开发区	2010.11	3300	电子信息、摩托车及零配件制造、生物医药、玻璃制品、家具

续表

开发区名称	批准时间	面积（公顷）	主导产业
肇庆高新技术产业开发区	2010.09	9800	电子信息、生物制药、新材料、轻工制造、有色金属精加工、汽车摩托车零配件、装备制造业
沙头角保税区	1987.12	20	外向型工业、贸易、仓储、运输
福田保税区	1991.06	135	出口加工、仓储、物流、金融、商贸
广州保税区	1992.05	140	国际贸易、保税仓储、出口加工
汕头经济特区保税区	1993.01	234	仓储物流、出口加工
盐田港保税区	1996.09	85	转口贸易、仓储、国际物流
珠海保税区	1996.11	300	加工制造、保税仓储、国际贸易
广州出口加工区	2000.04	300	光电子、生物医药、精细化工
深圳出口加工区	2000.04	300	电子信息、装备制造
珠澳跨境工业区	2003.12	29	电子机械、医药、纺织品、服装出口加工、仓储、运输
深圳盐田港保税物流园区	2004.08	96	国际物流、国际采购、国际中转和转口贸易
南沙出口加工区	2005.06	136	IT、光电、精密机械、家电
惠州出口加工区	2005.06	300	电子信息、汽车配件、纺织服装、塑料化工
广州保税物流园区	2007.12	50.7	保税仓储、保税物流、国际中转、国际配送、国际采购和国际转口贸易
广州南沙保税港区	2008.10	706	国际物流、国际采购、转口贸易和出口加工、临港加工、仓储配送以及贸易展示
深圳前海湾保税港区	2008.10	371	国际中转、配送、采购、转口贸易和出口加工
广州白云机场综合保税区	2010.07	738.5	保税仓储、保税物流、国际中转、国际配送

资料来源：根据国家发改委土地利用管理司《国家级开发区土地集约利用评价情况（2012年度）》以及各个功能区网站信息整理而成。

第一阶段：20世纪70年代末至80年代。1979年设立深圳、珠海、汕头经济特区后，进行了5年时间探索和试验；1984年设立湛江、广州两个经济技术开发区，试行"准特区"政策；1987年设立了具有国内境外性质的"沙头角保税区"。在经济特区和开发区试验的同时，中国宏观经济管理制度开始改革。

第二阶段：20世纪90年代，属于全面推广前阶段改革开放成果的时期。从1991年设立高新技术产业开发区开始，广东一共设立了13个园区——2个国家级经济技术开发区、6个高新技术产业开发区、5个保税区；还设立了38个省级经济技术或高新技术开发区。

第三阶段：21世纪以来，中国进入改革开放的深化时期。2000~2009年，从设立出口加工区开始，先后设立了4个出口加工区、1个跨境工业区、4个保税区。2010年后，广东设立2个国家级经济技术开发区、3个高新技术产业开发区；还设立了31个省级经济技术或高新技术开发区。必须注意的是这个时期还设立了具有外向型经济特色的功能园区，包括体现国家战略的国家级新区，探索与国际接轨的中外合作区，承担专项功能的专业（出口）基地或者转型升级基地。

截至2012年，广东具有外经贸功能的国家级园区主要有以下七个类型：

（1）广东经济特区。1979年国家设立深圳、汕头、珠海三个经济特区。这类功能园区从开始就是以行政区形式出现，实行特殊政策，一直作为外向型经济区域。

（2）广东特殊监管区。1990年后，国家在广东先后设立沙头角保税区、福田保税区、深圳盐田港保税物流园区、盐田港保税区、深圳前海湾保税港区、珠海保税区、珠澳跨境工业区、广州保税区、广州保税物流园区、广州白云机场综合保税区、广州南沙保税港区、汕头经济特区保税区、广州出口加工区、深圳出口加工区、南沙出口加工区和惠州出口加工区16个特殊监管区。

（3）国家级经济技术开发区。1984年后，国家先后设立湛江（1984）、广州（1984）、南沙（1993）、惠州大亚湾（1993）、增城（2010）、珠海（2012）6个经济技术开发区。

（4）国家级高新技术产业开发区。1991年后，国家先后设立中山火炬、广州、惠州、佛山、深圳、东莞松山湖、肇庆、珠海、江门9个高新区。

（5）国家级新区。2012年9月，国务院正式批复《广州南沙新区发展规划》，广州南沙区正式成为国家级新区。

（6）专业出口基地。国家及有关部门还授予广州国家汽车及零部件出口基地（2007）、国家医药出口基地（2005）、国家船舶出口基地（2011）、国家软件出口创新基地（2006）、服务外包基地城市（2008）和服务外包示范城市（2009）等。另外，广东省外贸转型升级示范基地认定从2012年开始，两期认定46家外贸转型升级专业基地。

（7）中外合作区。2009年3月，中国（广东）与新加坡签署了《关于合

作建设"知识城"项目的备忘录》，标志中新合作项目"广州知识城"正式运行。

(二) 外经贸功能园区的特性

自改革开放以来，功能园区成为改革和开放的重要载体。通过政策调整和制度改革，对内、对外不断开放。所以，从某种意义上说，园区种类和规模变化反映了改革开放过程。通过功能园区设立和运作来突破传统制度的束缚，可以说，功能园区就是制度边界。一般而言，外经贸功能园区是具有特定地理边界和涉外经济专属功能的特殊经济管理区域，涵盖国际进出口贸易、投资、加工和服务等多种功能，并根据其功能的不同而分为经济特区、海关特殊监管区、经济技术开发区、国家级新区和专业外贸生产加工基地等类型。上述功能园区大多具有对外经济贸易功能，分别具有不同性质。

(1) 经济特区拥有特殊的经济政策，甚至拥有立法功能。这是地理范围最大的一类外经贸功能园区。所谓经济特区就是国家划出一块地区实行特殊的经济政策，让特区的管理者放开手脚，通过引进外资、先进技术，创办工厂、创设金融机构，实行与其他地区不同的政策，这对整个中国改革开放产生了非常重要的示范作用，经济特区在中国经济改革开放过程中，功不可没。我国前后一共设立5个经济特区，广东区域内有3个。《广东省经济特区条例》[①]指出，经济特区鼓励外国的公民、华侨、港澳同胞及其公司或企业来投资设厂，或者与我方合资设厂，兴办企业和其他事业，并依法保护其资产、应得利润和其他合法权益。特区为外商提供广阔的经营范围，创造良好的经营条件，保证稳定的经营场所。一切在国际经济合作和技术交流中具有积极意义的工业、农业、畜牧业、养殖业、旅游业、住宅和建筑业、高级技术研究制造业，以及外商与我方共同感兴趣的其他行业，都可以投资或者与我方合资兴办。特区的基础设施建设，包括土地平整工程和供水、排水、供电、道路、码头、通信、仓储等各项公共设施，由特区管理机构负责兴建，必要时也可以吸收外资参与

---

① 广东省经济特区条例_ 中国人大网，http：//www.npc.gov.cn/wxzl/gongbao/2000 - 12/10/content_5009544.htm。

兴建。

（2）海关特殊监管区具有特殊功能和政策。海关特殊监管区是经国务院批准的、设立在中国境内的，以海关为主实施封闭监管的特殊功能区，被赋予承接国际产业转移、连接国内国际两个市场的特殊政策。这类园区具有多元性质，包括保税区、出口加工区、跨境工业园区、保税港区、保税物流园区、综合保税区6种模式。截至2012年底，中国已批准在27个省、自治区、直辖市设立110个海关特殊监管区域。

（3）经济技术开发区具有"准特区"的功能与政策。经济技术开发区是中国最早在沿海开放城市设立的以发展知识密集型和技术密集型工业为主的特定区域，享受的优惠条件少于经济特区；后来在全国范围内设立，实行经济特区的某些优惠政策和措施。从发展模式看，以外来投资拉动为主，产业以制造加工业为主。经济技术开发区通过"外引内联"促进内地经济发展与对外贸易。其主要任务是引进、吸收先进技术和现代管理经验；扩大出口贸易，增加外汇收入，积累建设资金；开发国内紧缺产品，经济结构较为单一；传递经济技术信息，培养专业人才。截至2012年底，国家级经济技术开发区已经达到171个，遍及全国各个省、自治区、直辖市[①]。

（4）高新技术开发区具有承载高新技术的功能。这是指知识密集与技术密集型产业、高新技术企业聚集区，以高新技术企业、高新技术产业、高新技术人才、区域技术创新体系等为主导，以技术创新和产品创新为使命。国家赋予高新技术产业开发区一系列优惠政策。据国家科技部网站统计，2012年底国家高新区总数达到105家。

（5）国家级新区具有改革先行先试区、集聚新产业的特点。这是指国家重点支持开发的、承载国家战略的区域，在其辖区内实行更加开放和优惠的特殊政策，进行各项制度改革与创新的探索。广州南沙新区于2012年9月设立，《广州南沙新区发展规划》确定其定位及目标——建成粤港澳优质生活圈和新型城市化典范，以生产性服务业为主导的现代产业新高地，具有世界先进水平的综合服务枢纽、社会管理服务创新试验区，打造粤港澳全面合作示范区。截

---

① 《2013中国开发区投资建设与转型升级研究报告》，中经未来产业研究中心。

至2013年底，全国已批准8个新区，即上海浦东、天津滨海、重庆两江、浙江舟山、甘肃兰州、广东南沙、陕西西咸、贵州贵安，这些新区分别承担不同的改革试验任务。

（6）专业出口基地是具有外贸功能性质的区域，范围相对宽泛，可以是一个区域，也可以是一个企业或产业聚集区。专业出口生产加工基地是由外经贸部门认定的具有外贸出口功能的生产与加工基地，可以享受专门的出口贸易促进政策。由于国际金融危机的影响，中国专业外贸生产加工基地开始转型，主要是以产业的区域聚集、产业链延伸为基本方式，培育一批具有较强自主创新能力和国际竞争力的外向型大型重点企业，形成一批面向国际市场、具有较强国际竞争力的出口产业集群。

（7）中外合作区属于境内经济技术合作互利新模式。中新合作项目"广州知识城"是中国与新加坡继"苏州工业园""天津生态城"之后共同开展的第三个区域性合作项目。该园区重点发展研发服务、教育培训、生命健康、信息技术、生物技术、创业产业、新能源与节能环保、先进制造业八大产业。最重要的是把新加坡先进的管理经验与中国国情相融合，率先建立一整套与国际接轨的营商规则、法律制度、社会管理机制等，从而形成全面开放的新格局。

（三）园区制度创新的分析框架

一个功能园区一般遵循由几个基本要素构成的制度框架，可以据此进行分析和比较，说明不同功能区的区别。

（1）园区准入制度。准入制度是国家对市场主体资格确立的法律制度，包括市场主体资格的实体条件和取得主体资格的程序，由法律规定保证。功能园区准入包括主体资格准入、行业经营准入和市场准入。主体资格准入规定进入园区的主体资格认定、责任和权利；行业经营准入一般是指企业从事行业经营的权利；市场准入一般是指企业从事的投资行为、要素交易、产品交易的许可，包括劳工使用、资本使用、产品进入市场的许可。在特区或者开发区，许多行业经营权对外资开放，在一定时期内许多产品国内市场不对外开放。

（2）国民待遇。国民待遇是指在民事权利方面一个国家给予其国境内外国公民和企业与其国内公民、企业同等待遇，属于WTO的基本法律原则。国民待遇原则是最惠国待遇原则的重要补充。在成员平等待遇基础上，一个成员的商品或服务进入另一成员境内应该享受与该国的商品或服务相同的待遇，这正是世贸组织非歧视贸易原则的重要体现。经济特区为企业，特别是外资企业给予特殊政策优惠待遇，实际上属于非国民待遇，对特区以外的国内企业存在一定歧视。

（3）体制机制。体制是指国家机关、企事业单位在机制设置、领导隶属关系和管理权限划分等方面的体系、制度、方法、形式等总称；机制是借指事物的内在运行方式，包括内部构成部分的相互关系和联系。运行机制都是人为设定的，具有强烈的社会性，如竞争机制、市场机制、激励机制等。深圳前30年的发展主要得益于改革开放所产生的制度优势，建立了比较完善的市场经济体制和敢为人先的行政体制改革。

（4）过程监管。在计划经济时代或者过渡时期，对企业行为主要通过准入前资格和条件的严格审批来监督。实际上，审批通过，企业获得经营资格和许可，在运行过程中可能出现原有资格的条件丧失，破坏市场竞争秩序和法律规定。所以，市场经济要求放开准入前的审查和批准，允许主体平等地进入市场，对其经营过程和行为进行法律监督。现在上海自由贸易实验区就采取了过程管理体制和制度。

据上述分析框架可以说明功能园区通过特殊经济政策和灵活的经济措施给予企业特殊的准入和国民待遇，并实行特殊的管理体制和监督，以此促进外向型经济发展和区域经济发展。

二 广东经济特区：最大空间的综合性体制机制创新与发展

（一）经济特区的兴起与发展

1979年4月邓小平同志首次提出要开办"出口特区"，1980年3月，"出口特区"改名为"经济特区"，并在深圳加以实施。之后几年，设立了珠海、汕头、厦门和海南经济特区，其中海南是省级经济特区。经济特区实质是世

自由港区的主要形式之一,以减免关税等优惠措施为手段,通过良好的投资环境鼓励外商投资,引进先进技术和科学管理方法,以促进特区经济发展和技术进步。

深圳经济特区是中国最早设立的经济特区之一。深圳属于宝安县,1979年2月,国务院(38号文件)要求在若干年内把深圳建设成为相当水平的工农业相结合的出口商品生产基地、吸引港澳游客的旅游区、新型的边境城市。中央和广东省委于同年3月决定把宝安县改为深圳市,受惠阳地区和省委双重领导;11月深圳市进一步改为地区一级的省辖市,直属省领导。国务院(1980年5月,41号文件)明确指出要积极稳妥搞好特区建设,并将"出口特区"改为"经济特区"。从此,深圳正式确定为"经济特区"。1980年8月26日,第五届全国人民代表大会常务委员会第十五次会议通过了国务院提出的在深圳、珠海、汕头和厦门设置经济特区的议案,并批准了《广东省经济特区条例》。10月,广东省委宣布恢复宝安县建制,同时宣布深圳市的政治行政待遇与广州市相同。1988年11月,国务院正式批准深圳市在国家计划中实行财政计划单列,并赋予其相当于省级的经济管理权限。1992年7月,全国人大常委会授予深圳市享有制定法律和法规的权力。1993年1月,宝安县及龙岗镇建制改为两个城区建制。目前深圳下设福田、罗湖、南山、盐田和宝安、龙岗六个区,其中宝安、龙岗两区位于特区的关外。

(二)经济特区制度变迁过程及其制度绩效

深圳经济特区坚持市场取向的改革和体制创新,充分运用中央赋予的改革试验权和优惠政策,不断推进体制改革。其制度创新可以概括为以下五个阶段:

第一阶段(1979~1984年):中央政府给予深圳经济特区特殊政策就是管理"放权"和税收"让利"。深圳经济特区凭借特殊的政策优势和毗邻港澳的地缘优势,借鉴发达经济体比较规范的市场经济体制模式,进行体制创新。在全国其他大部分地区保留计划经济体制的时期,深圳已经开始建立市场体制,并取得了初步经验,促进了深圳经济发展。

第二阶段(1984~1990年):深圳经济特区创新体制带来了经济发展的巨大"收益",得到了中央政府肯定,继续深化改革和创新,设立了沙头角保税区（1987）。同时，特区制度创新产生了外部性示范效应，中央在全国继续推出"准特区"——经济技术开发区及沿海开放城市。

第三阶段（1990~2000年）：深圳经济特区及经济技术开发区的体制改革取得了一些成功经验，得到中央政府进一步鼓励，继续设立福田保税区（1991）、深圳高新技术产业园区（1991）和盐田港保税区（1996），深化制度创新。同时，深圳制度创新的效应得到认同，诱导了各地方政府模仿深圳特区，向中央政府索要政策，在全国设立保税区和高新技术产业园区；同时各地政府开设省级开发区，由此引发了20世纪90年代全国兴办开发区的热潮。

第四阶段（21世纪以来）：深圳经济特区制度创新和优惠政策不断扩大，先后设立了深圳出口加工区（2000）、深圳盐田港保税物流园区（2004）、深圳前海湾保税港区（2008）。特区体制改革经验趋于成熟，取得的成功经验在全国不断扩散和推广，也因此出现了深圳特区"不再特别"的现象，进入创新停滞阶段。

显然，经济特区作为制度变迁的模式与路径，取得了显著的经济绩效。改革开放以来，深圳经济实现持续高速增长，创造了举世闻名的"深圳速度"。2012年生产总值为12950.08亿元，比上年增长10%，高于全国2.2个百分点。而1979年GDP为1.96亿元，1979~2012年，深圳GDP年均增长30.54%，远远高于全国平均增长速度，从一个边陲小渔村发展成为综合实力居全国第四位的经济地区。深圳经济结构不断优化升级，第三产业比重高达55.7%，对经济增长贡献率达到65.6%。现代服务业占第三产业的比重预计达到68.0%。六大战略新兴产业总体增速为经济增速的两倍以上，占全市生产总值超过25%。2012年，外贸出口总额4667.85亿美元，占全国的比重为13.2%，同比提高0.3个百分点。出口规模连续20年居全国城市首位，进出口货物贸易规模首次居全国内地城市第一位，外贸结构进一步优化。深圳依靠制度创新保持了可持续的激励，自主创新成为经济增长内生动力，估计全社会研发投入占GDP比重提高到3.81%，居全国领先水平；PCT国际专利申请量8024件，占全国的40.3%，连续九年居全国首位。2012年，居民人均可支配收入40742元，扣除价格因素后实际增长8.6%。电脑、汽车等消费品越来越普遍地进入家庭，2009年末深圳市在册小型汽车保有量达110.74万辆，其中

私人小汽车保有量达96.95万辆，占全市小汽车保有总量的87.5%，比上年比重提高了2.2个百分点，平均每百户拥有家用汽车32.9辆。

（三）特区制度变迁的特点

20世纪70年代末期启动的改革开放是在中国计划经济制度前提下创立市场经济制度的过程。当时的深圳计划经济体制相对薄弱，借着毗邻香港的地理位置优势，获得了改革开放试验田的机会，取得了大量经验，归纳起来主要有以下几方面：

（1）"自上而下"与"自下而上"创新方式的结合。在传统意识形态占主导地位的情况下，建立经济特区采取了"自上而下"的正式制度变迁方式，通过试验显示了改革开放带来的巨大经济发展，诱导深圳"自下而上"主动争取创新的方式；同时诱导全国各地政府的制度创新，各地方"自下而上"的方式推动了全国全面而深刻的制度变迁，并带来了全国经济持续发展。

（2）制度创新"诱导"性在于充分的"潜在收益"。实际上，深圳经济特区作为中国制度变迁的"试验田"，最大限度地减少了制度变迁所引起的社会动荡，大大减少了制度变革的阻力，降低了制度创新的试验成本。这是制度创新的"潜在收益"，吸引全国大量的劳动力、资本和资源要素快速集聚深圳，深圳获得了低廉的劳动力优势，实现深圳经济的"极化效应"，推动深圳经济高速发展。另外，制度变迁显示了巨大制度绩效，这种"潜在收益"诱导中央政府对深圳模式的鼓励和推广，也鼓励其他地方政府的模仿和再创新，推动了全国全面而深刻的制度变迁。所以，制度创新存在的"潜在利益"给深圳特区带来了持续动力，激励深圳继续完善经济体制。

（3）特区制度从设关到撤关的过程，显示制度扩散效应。1982年6月，划定了深圳特区范围，设立了特区与非特区之间的管理"界线"，这条东起大鹏湾畔背仔角、西到珠江口侧安乐村，全长84.6公里的地界线，就是通常俗称的邓小平同志所画的"圈"，是深圳经济特区和进出特区的标志。深圳经济特区"界线"与深圳和香港之间的"一线关"有区别，称为"二线关"，其目的是保障深圳特区开发建设、维护深港边境安全。其基本职能有两项：一是对进出特区的货物进行检查，打击走私活动；二是对往来人员进行检查，防止偷渡行为。近30年来,"二线关"为维护深圳特区社会治安发挥了重要的屏障作用,为减轻粤港边境"一线管控"压力发挥了重要的缓冲作用。随着经济特区政策和制度在全国的推广和扩散,深圳特区逐渐失去了特殊国民待遇的地位,国家及时调整了深圳经济特区货物进出口监管制度,不再对进出特区物资进行检查;对往来人员业已逐渐简化检验措施,以至于取消查验。

(4) 特区制度"非特化"过程。特殊政策是经济特区存在和发展的前提,没有特殊政策就不存在经济特区。随着14个沿海城市开放,以及开发区、保税区的普遍建立,全面改革开放不断深化,特区试验成功的政策和制度在全国普及,已经失去特殊地位,深圳原有的免税进口货物的特殊政策取消,所得税全国趋同,原先的"特"逐步消除。深圳改革开放的成就主要是"制度创新",然后在全国推广。深圳形成的"时间就是金钱、效率就是生命"的口号创新了价值理念;并进行了企业、土地、住房、社会保障制度改革,创立了证券市场、劳动力市场、产权交易所等。正是理念创新和制度创新,吸引了各种人才,创造了世界最快的工业化速度和城市化速度。这些创新成果吸收进入市场经济体制中,促进了中国改革开放和经济快速发展。

(四)特区进一步创新的主要问题和障碍

经过30多年的改革开放,中国经济发展着实取得了举世瞩目的成绩。但是早在2005年,时任深圳市委书记的李鸿忠曾经指出,深圳保持经济持续较快发展明显受到土地空间限制、能源和水资源短缺、人口膨胀压力、环境承载力"四大难以为继"的瓶颈性制约。具体而言,主要是经济内生动力和后劲不足,土地、资源、人口和环境的约束紧迫,深层次机制体制障碍,社会转型期安全和社会稳定矛盾凸显,民生方面困难,特区内外发展不平衡,法制水平差距,以及反腐倡廉任务艰巨八大突出问题。特别是政治体制、社会体制和文化体制改革严重滞后,地区发展差距和城乡发展差距不断拉大,成为影响经济体制改革顺利进行和国民经济持续快速健康发展的重大问题。

深圳特区制度创新遭遇一系列障碍,根本原因是"潜在收益"的缺乏。中国内地经济快速发展给深圳带来了强大的竞争压力,各地区政府推进了"制度创新",各自以优惠政策和特有的优势吸引外资。显然,深圳特区所特有的制度"潜在收益"消失,聚集要素的能力降低,再创新的成本上升。另外,中国加入WTO与国际惯例接轨,使中国经济特区的特殊地位和功能受到挑战。经济特区的"窗口"和"试验区"地位和功能,由其独享的有别于全国其他地区的特殊制度来支撑,由于中国的经济特区实行的是特区与行政区合一、具有综合性功能的模式,其特殊政策有悖于关贸总协定和WTO原则,不符合国际惯例,20世纪90年代中期取消经济特区的关税减免优惠政策,从而失去了制度优势。

三 广东海关特殊监管区：小空间与大特殊

（一）广东海关特殊监管区的兴起及其制度演变

广东是最早建立海关特殊监管区的省份之一。改革开放初期,广东大力发展外向型经济,积极利用外资,承接加工制造业的国际转移。20世纪80年代中后期,海关总署在深圳沿海口岸试办出口监管仓库,以满足出口企业的物流仓储需求。1987年,深圳经济特区利用其特殊的对外开放"窗口"地位,在毗邻香港的沙头角建立了"沙头角保税工业区",从而开创国内先河,模仿国外自由贸易区创建海关特殊监管区。此后,先后批准设立了福田保税区、汕头经济特区保税区等保税区。从1990年到1995年,在全国批准设立的15家保税区中,广东占6家（参见表1）。

随着国际产业转移不断深入,依赖其临近港澳的地缘优势,广东加工贸易企业和进出口贸易快速发展。20世纪90年代末至21世纪初这段时期,一度忽视了特殊监管区的建设和发展,以至于在全国出口加工区快速发展过程中,广东错失扩大特殊监管区的机遇,广东仅有4家出口加工区（全国60多家）。后来,所有出口加工区在应对国际经济危机之际都被国家赋予"保税物流"功能,获得了"政策叠加"和功能整合的效应,降低了企业物流成本。广东不仅失去了这次机会,而且获批的4家出口加工区,实际运营只有2家,新批的2家保税港区和4家保税物流中心未能如期封关运行。国际需求的下降和政策环境的改变,促使广东加快保税港区和综合保税区等特殊监管区的建设。截至2012年底,广东共有各类海关特殊监管区18个（含保税物流中心4个）。广东海关特殊监区的逐步壮大,为企业降低物流成本、提高加工附加值、推动加工贸易企业向研发、自主创新、营销等产业链高端转型升级提供了重要支撑,成为广东进一步提高对外开放水平、推动现代物流和其他高端服务业发展的重要引擎。

广东推行海关特殊监管制度,形成了一个重大创新,就是从"区域"的特殊监管制度到"工厂"监管创新,给每一个工厂赋予"保税仓"功能,促使广东加工贸易大发展。因此,广东并不必要把加工贸易工厂集中在一个区域进行监管,只需要对工厂材料和产品进出口进行监管。这是广东加工贸易的特色创新,导致广东加工贸易"遍地开花"和"满天星"散布,对环境保护带来了极大困难。也因为加工贸易工厂的简单保税功能,其监管制度表现出了功能单一、相对隔离、减免税标的单一、监管严格、手续烦琐等局限性。国际金融危机后,广东进行了加工贸易转型升级的改革试验,取得了一定成效和成功经验。

(二)广东海关特殊监管区经济绩效及其制度机理

根据广东海关总署数据,广东有 10 多个海关特殊监管区。2012 年,海关特殊监管区物流货物进出口 796.1 亿美元,占全省加工贸易进出口比重 8.09%,比 2008 年提升了 24.5 个百分点;非监管区外贸进出口 9042.1 亿美元,占比约为 92%,广东海关特殊监管区与非监管区的外贸进出口额比为 1:12。可见,广东非监管区的加工贸易工厂对外贸做出了重大贡献。

广东海关特殊监管区作为政策功能的载体,具有区域性和专业性贸易中心的功能,带动了广东外贸快速增长,促进了传统外贸发展方式的转变,对广东经济发展做出了重要贡献。海关特殊监管区对区域经济的增长、经济结构的优化产生了较大推动作用。这是由其内在制度激励机理所决定的(参见图 1)。随着贸易、物流、出口加工等主体功能的完善和相应主导产业的壮大,形成增长极并发挥联系效应,通过前向关联和后向关联以及对其他相关产业的吸引,产生产业集聚效应,促进了经济增长和结构优化。在此基础上城市经济的繁荣和产业的发展将会诱发新的投资和消费需求,一方面,通过乘数作用进一步带来新的经济增长;另一方面,新的投资、需求将会吸引更多的重点企业、高端产业和高科技项目,进一步带动新产业的形成和非相关产业的发展。以上过程循环往复,形成了海关特殊监管区刺激下的持续、开放的经济增长机制。

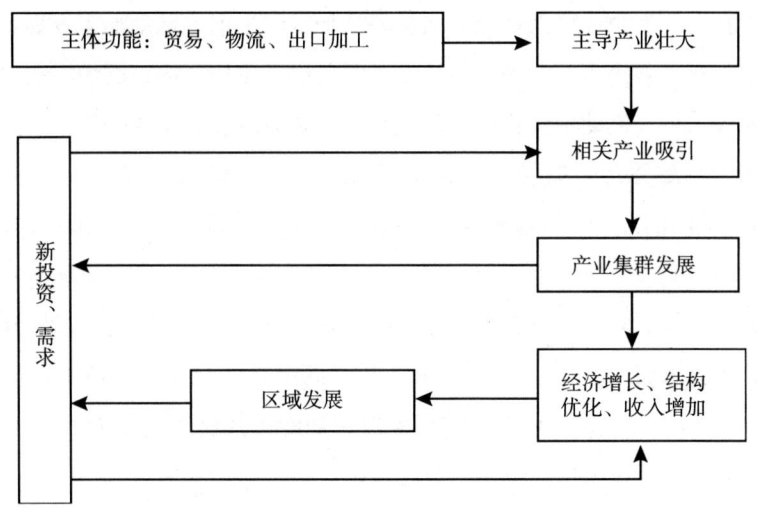

图 1 监管区促进区域经济发展的机理图

（三）广东海关特殊监管区现实挑战

海关特殊监管区有六大类，每类各有不同功能。首先，不同类型的海关特殊监管区名称、功能和实施政策具有一定相似性，引起了一定重复和混淆，且部分特殊监管区功能得不到发挥，从而加大了区域经济发展风险。其次，特殊监管区在某些政策上并不配套，保税仓库和出口监管仓库功能单一，进出口相互割裂，缺乏制度创新和政策支持，长期存在发展失衡情况；保税监管区、外汇管制与保税物流发展不同步的问题也逐步显现。再次，监管体制和手段落后，区域信息化程度低，没有形成密闭、畅通的监管链条，突显不出效率优势，因而不能满足海关有效监管、企业物流高效运作的需求。

四 广东经济技术开发区：正面清单管理导向的制度创新

（一）经济技术开发区制度创新及其障碍

1. 广东国家级经济技术开发区创立及其制度绩效

经济特区制度创新试验取得一定成功，引起中央政府在沿海各地推广经验的激励行动,先后形成了经济技术开发区、高新技术产业开发区、边境经济合作区、省级开发区等,采取具有准特区性质的"开发区"形式,进行渐进式的制度创新,一般从正面清单管理方式逐步突破制度约束。就国家级经济技术开发区而言,一般认为经历了三个阶段(陈益升,2002):第一个阶段是20世纪70年代末至90年代初,这是开发区起步"观望"阶段,这一阶段开发区建设资金较为短缺,允许外商投资办厂,生产的产品出口。第二个阶段是90年代,开发区蓬勃发展,形式呈现出多样化。第三个阶段是21世纪以来,国家级开发区个数已突破200个,遍布全国各地,开发区宏观格局基本形成。

广州、湛江经济技术开发区是1984年国务院批准设立的全国首批经济技术开发区。受到开发区成功经验和"潜在收益"的激励,1991年9月,广东建立了清远扶贫经济开发试验区,标志着广东正式启动省级开发区建设。随后,广东在一些县(市)批准省级开发区,特别在经济欠发达的东西两翼和北部山区设立经济开发试验区。1993年,国务院批准设立惠州大亚湾和广州南沙经济技术开发区。截至2012年,广东拥有6个国家级经济技术开发区,61个省级经济技术开发区。其中广州经济技术增城开发区、珠海(高栏)经济技术开发区是国家清理整顿以来新升级的国家级经济技术开发区。

广东开发区发挥了经济引擎作用,促进了外向型经济的发展,各个开发区成为其所在地区吸引外资的最好环境。根据2009年11月商务部通报的全国53个国家级经济技术开发区2008年投资环境综合评价情况,广州经济技术开发区综合排名在全国第3位,广州南沙、湛江和惠州大亚湾开发区排名分别为第24位、第44位和第50位。其经济产值也是当地经济的主要支撑点,贡献率占了半壁江山。2007年,广州、南沙、湛江、惠州4个国家级经济技术开发区实现GDP 1469.67亿元,占全省开发区的32.96%;工业增加值1127.32亿元,占37.30%;财政收入292亿元,占69.92%;进出口257.78亿美元,占19.04%;实际利用外资16.46亿美元,占31.15%。2012年上半年,全省经济技术开发区合同外资、实际利用外资和进口额同比增长分别超出全省平均水平4.8个、5.5个和24.7个百分点。

2. 广东经济技术开发区的管理体制创新

在管理体制方面,6个国家级经济技术开发区由于自身地理环境、资源配置等各自不同的优势及特点，形成了各具特色的管理体制。比如广州经济技术开发区，在2005年进行了一项制度创新，依托广州经济技术开发区设立了萝岗区，由广州开发区、保税区、出口加工区、高新技术开发区4个国家级经济功能区和一个行政区黄埔区"五区合一"构成了独特的行政机制。新设立的萝岗区对政府内部机构、职能、人员进行整合，率先实行大部制改革，形成精简高效、务实创新的独特管理体制。其党政部门20个，相比其他行政区少8个，行政编制相比其他行政区少40%。广州经济技术开发区优良的投资环境吸引了83家世界500强企业投资设厂，行业涉及光电子、生物医药、精细化工、汽车、现代物流、钢铁等，做到了工业与生态环境协调发展。

自广州南沙经济技术开发区（1993）设立以来，进行了多次的体制创新。2005年4月，依托南沙经济技术开发区设立广州市南沙区，获得行政管理权；同年6月，获批设立"南沙出口加工区"，同时享有国家级出口加工区和国家级经济技术开发区特有的多项优惠政策。2008年10月设立"广州南沙保税港区"，于2010年6月设立"广州南沙实施CEPA先行先试综合示范区"，重点推动与港澳在城市规划建设及管理、休闲旅游及健康服务、文化创意及影视制作等服务业领域的深化合作。2012年9月设立国家级新区，南沙新区的开发建设上升到国家战略，其功能定位是建设成为粤港澳优质生活圈和新型城市化典范、以生产性服务业为主导的现代产业新高地、具有世界先进水平的综合服务枢纽、社会管理服务创新试验区，打造粤港澳全面合作示范区。

湛江经济技术开发区作为广东省区域协调发展规划的重要组成部分，获得了广州（湛江）产业转移工业园（区）立项，两区管委会实行合署办公，获得了地市一级的行政管理权，极大地提高了产业转移园区的行政效能。广州（湛江）产业转移工业园拥有比其他一般区域在企业审批、项目立项、经营运作方面的更多特殊优惠。

3. 广东经济技术开发区创新障碍

随着全国改革开放深入展开，开发区在国家层面的政策倾斜和支持逐步取消，资源、能源、劳动力成本和环境成为经济技术开发区发展新的硬约束。开发区发展出现制度障碍。

（1）开发区政策优势弱化，竞争优势不足。国家不断调整开放政策，赋予开发区的税收、土地、投资、人才等优惠政策已经普遍给予了其他产业园区，使开发区享有的政策优势明显弱化。2008年，广东省政府推出产业和劳动力"双转移"战略，目的是促进广东区域平衡发展，却弱化了经济技术开发区的政策优势。如仲恺高新技术开发区生产性外商投资企业，经营期10年以上的，从开始获利年度起，第1年和第2年免征所得税，第3年至第5年减半征收所得税；企业出口产品的产量达到当年总产值70％以上的，经税务机关核定，按10％的税率征收所得税。而国家级经济技术开发区则需经营期在10年以上的生产型外商投资企业从获利年度起享受两年免税，3年减半缴纳企业所得税（即税率为7.5％）。

（2）产业政策相似，导致产业布局趋同，加剧市场竞争。开发区引进产业政策和优惠政策趋同，导致开发区产业项目的竞争，争土地、争资金，最终导致整体利益下降，表2是广东国家级经济技术开发区的产业选择。

表2 各经济技术开发区的产业选择

开发区	各区域产业选择
广州经济技术开发区	光电子、生物制药、特种钢、汽车、食品、饮料、精细化工、电子及电器制造、机械制造、包装材料等
广州南沙经济技术开发区	塑料、化工、电子、食品加工、船舶制造等
增城经济技术开发区	汽车、摩托车及其零部件产业集群发展为主导,机械装备制造、电子信息、服务外包等
湛江经济技术开发区	石油化工、特种纸业、机械电器、农海产品加工、纺织服装、生物医药、食品饮料等
大亚湾经济技术开发区	石油化工、汽车零部件、电子信息、钢铁、港口物流业等
珠海高栏港经济区	船舶、海洋工程装备制造、石油化工、清洁能源、物流中心等

（二）高新技术开发区制度再创新困境

在经济技术开发区绩效和成功经验激励下，出现了围绕技术创新开设的高新技术产业开发区（亦简称高新区）。1985年7月，深圳特区设立了大陆第一个科技园——深圳科技工业园。1991~1992年，广州、中山、珠海、佛山、惠州5个国家级高新区获批，《中山火炬高新技术产业开发区综合改革试验总体方案》获批实施；同期，广东省政府批准设立江门、汕头2个省级高新区，并颁布了《广东省国家高新技术产业开发区若干政策的实施办法》。2011年，广东省政府批准南海高新区，建立了广东第一家县域省级高新区。至此，广东拥有21个高新区，其中国家级高新区9个、省级高新区12个，成为全国高新区最多的省份。

高新区建设初期，主要依靠政府资源投入聚集企业和发展产业，其制度创新明显不足。一是过度依赖优惠政策，自主创新能力不强。高新区依靠政府支持和政策优惠，大多数走"以地引资、以地养区"的粗放式外延发展道路。依靠土地、税收、优惠政策等"政策倾斜"来推动产业发展，忽视了自主创新能力的培育。2010年，全省高新区共投入R&D经费808.75亿元，比上年增加155.77亿元，增长23.9%；R&D经费占全省GDP的比例为1.76%，比上年的1.65%提高0.11个百分点。按R&D人员全时工作量计算的人均经费为23.5万元，比上年增加0.5万元。但是，创新成果并不显著，广东体现自主创新能力和核心技术程度的发明专利申请与授权，与北京、上海、江苏等省市存在较大差距。二是盲目扩张规模，产业结构高度趋同，比较优势不明显。高新区资源整合核心内容是合理配置时间和空间资源，有效利用园区自身资源禀赋，将资源优势转化为比较优势和竞争优势，增强园区的核心竞争力，推动区域经济发展。然而，高新区20多年的发展，过度强调高新技术产业园区的规模扩张，导致"圈地"规模过大，降低了土地使用效应。同时，忽视了高新区产业结构调整。高新区初期片面追求结构的高度化，争相发展一般性高技术工程、新材料、新能源等项目，忽视了产业结构的合理化。内部产业之间缺乏应有的关联度，致使高新技术企业集聚度不高，不利于提高产业集群竞争力。三是人才流动频繁。高新区需要高技术人才，需要大量具有创新精神和研发能力的人才，但是，高科技与高风险相伴，导致人才频繁流动；由于缺乏人才激励制度，影响了高新区发展。

高新区需要不断创新，包括技术创新和制度创新。制度创新是高新区发展的根本动力，必须从准入制度、国民待遇、管理体制、要素流动等方面进行创新。近几年,广东各地政府和高新技术产业开发区加大制度创新力度,通过信息平台的方式引导来集聚市场需求,通过对采购消费"科技服务"的企业提供支持和补贴,鼓励企业在市场竞争中成长,通过专利、知识产权获得金融、风险投资,而不再由政府提供资金支持。

(1)赋予高新区行政主体地位和相应的行政能力。行政主体地位是创设制度供给、优化技术创新环境的重要构件。高新区在创业阶段获得了其所在地政府充分的行政管理授权。但随着行政管理体制改革的深入,一些授权又相继被收回。高新区管理机构制度供给不足,高度依赖政府授权,其行政能力常常处于不连续、不稳定状态,需要进行再创新。《国家高新技术产业开发区"十一五"发展规划纲要》提出"五个转变",内含了对高新区管理机构行政主体地位的必然诉求。

(2)对技术创新实行针对性更强的税收优惠政策试点。一直以来,中国实行的税收优惠政策仍以激励投资为主,不利于技术创新,必须从以拉动投资为主逐步转到以鼓励技术进步为主。

(3)加大对技术创新的投入。实际上,高新区形成了以"科技三项费用"为主要内容的R&D投入机制和资助体系,但投入总量偏小、使用过度分散等问题突出,有必要对科技三项费用加大投入力度,集中资源重点支持一些关键技术的创新研发,加大财政对创新项目产业化初期投入的资助。由于高新技术创新项目具有高投入和高风险的特点,高新技术企业大多处于创业发展阶段,规模小、资金短缺,难以形成创新项目,这时就需要政府利用直接补助、贷款贴息等方式予以引导支持。

(4)推动企业技术创新和制度创新的结合,走"技术创新战略联盟"的道路。支持行业骨干企业与科研院所、高等院校进行战略合作,建立"产学研合作"机制,组建产业技术创新战略联盟;围绕传统产业的改造提升,通过联盟开展共性技术攻关,解决制约产业升级的重大制造装备、关键零部件、基础原材料、基础工艺及高端设备等难题;围绕战略性新兴产业的培育发展,通过联盟研发重大创新产品,实施国家重大科技专项计划;围绕现代服务业的发展,通过联盟加强技术创新、商业模式创新和管理创新,培育现代服务业新业态。

五　广东专业外贸基地：产业目标导向的制度创新与发展

一般而言，各类产业基地是次于开发区的一类制度创新区域，主要以产业发展为目标导向。专业基地建立比较宽泛，没有严格的界定，不需要政府承诺优惠政策。以下以农产品出口基地探讨基地制度创新和运行机制。

（一）农产品外贸出口基地建设基本情况

从总量看，广东农产品出口基地发展速度快，培育出了蔬菜、畜禽、水果、水产品等重点出口产业，农产品出口基地遍布全省21个地级市。

2013年12月，广东已检验检疫注册登记备案的出口农产品基地共计2333家（参见表3、表4）：其中单供港蔬菜基地194家，单供澳蔬菜基地43家，既供港又供澳蔬菜基地56家；其中水产品备案养殖场1361家，鳗鱼备案养殖场382家，供出口加工用猪备案养殖场42家，供出口加工用禽肉备案养殖场173家，出口蛋禽备案养殖场59家，出口养蜂基地23家。其中，水产品和鳗鱼备案养殖场占出口农产品备案基地总量的58.33%。

表3　广东农产品出口基地数量与规模（2013年）

出口备案基地种类	数量（家）	面积（亩）	舍数量（栋）	出栏量（万只）	出栏量（万头）	养殖规模（万只）	年产量（万枚）
单供澳蔬菜种植基地	43	14580.5	—	—	—	—	—
单供港蔬菜种植基地	194	169882.1	—	—	—	—	—
供港澳蔬菜种植基地	56	482411.2	—	—	—	—	—
禽肉备案养殖场	173	—	598	28321.5	—	—	—
蛋禽备案养殖场	59	—	—	—	—	431	102801.3
猪肉备案养殖场	42	—	5432	—	169.4	—	—
鳗鱼备案养殖场	382	—	—	—	—	—	—
水产品备案养殖场	1361	—	—	—	—	—	—
养蜂基地	23	—	—	—	—	—	—
合　计	2333	666873.8	6030	28321.5	169.4	431	102801.3

资料来源：国家质量监督检验检疫总局进出口食品安全局，http://jckspaqj.aqsiq.gov.cn/xz/backzzyzjdmd/。

广东外经贸功能园区的制度创新及其发展的分析

表4 广东农产品出口基地数量区域分布（2013年）

地区	肉猪养殖场			肉禽养殖场			蛋禽养殖场			水产品养殖场（家）	养鳗场（家）	供港澳蔬菜	
	数量（家）	猪舍（栋）	出栏量（万头）	数量（家）	出栏量（万只）	禽舍（栋）	数量（家）	规模（万只）	产量（万枚）			种植基地（家）	面积（百亩）
广州	2	8	4.7	15	1930	677	5	38	12890	39	5	19	368.91
深圳	3	240	13	8	267	365	—	—	—	—	—	7	24.17
珠海	3	37	1.8	13	298	265	23	45	15387	17	4	9	15.30
汕头	2	—	—	5	422	—	—	—	—	46	10	2	104.56
佛山	—	43	2.9	25	1605	499	—	—	—	28	—	6	58.32
韶关	4	—	—	3	350	79	—	—	—	5	—	14	199.52
河源	—	245	20.66	6	900	180	4	37	54367	—	—	5	36.21
梅州	7	47	5	3	82	30	—	52	15440	—	—	5	25.68
惠州	3	465	36.6	47	3542	1650	9	—	—	1	9	31	363.53
汕尾	—	156	16	3	155	56	4	90	18774	14	—	2	24.20
东莞	—	28	3.8	10	987	354	—	17	3645	2	3	9	78.61
中山	3	109	15	6	450	129	—	—	—	38	5	38	99.50
江门	16	344	21.2	5	328	253	15	53	3780	19	81	2	3.58
阳江	—	97	13	4	89	26	—	136	26806	38	—	2	17.57
湛江	—	151	14.5	3	86	144	—	—	—	285	—	10	78.50
茂名	—	—	—	—	—	—	—	—	—	99	—	2	4.98
肇庆	—	35	4.1	4	380	79	—	—	—	84	—	13	146.73
清远	4	78	15	5	136	67	—	—	—	9	—	24	224.32
潮州	—	—	—	2	—	42	—	—	—	25	19	4	16.43
揭阳	—	—	—	—	—	—	—	—	—	—	—	2	13.20
云浮	—	—	—	13	2505	534	—	—	—	13	—	5	28.05
合计	47	2083	185.26	180	14512	4895	60	468	151089	762	137	211	1931.86

注：梅州有1个养蜂基地未列入表中。

资料来源：国家质量监督检验检疫总局进出口食品安全局，http://jckspaqj.aqsiq.gov.cn/xz/backzzyzjdmd/。

农产品出口生产基地有多种形式，一般按生产的深度和广度划分为以下三大类型。

（1）单项或多项农产品出口生产基地。一般以一个乡村经济社、县域或国有农场为地域单位，专业化生产一种或几种经济价值高、在国际市场有竞争力的商品，这类基地一般只提供初级或粗加工农产品。

（2）单项农产品加工出口专厂。这类专厂既有中央办的和地方办的，也有合资办的，主要是进行出口农产品的加工，以收购原料为主，一般属深、精加工。这类专厂多靠近原料生产地，如澄海的东民凉果厂就属这种类型。

（3）综合性生产基地。这种厂一般实行产、供、销"一条龙"形式，既生产原料，又进行加工，有的还兼贮存、运输生产项目；既可以是单项，也可以是多项，有的还经营其他工业项目。综合性生产基地是一个发展方向，所占比重逐步增大。这种态势符合农产品原料出口向初级加工品和深加工品出口转变的发展趋势。一般来说，农业生产比较效益低且风险性较大，而出口农产品的生产具有更大风险，综合性农产品生产基地可以避免这些风险。

（二）农产品外贸出口基地制度

（1）出口基地拥有进出口经营权（准入制度），可依法自主地从事进出口业务；无进出口经营权的企业，可自行选择外贸代理企业。出口基地要求有一定投资和生产规模，强调生产的专业化和种植区域化。此外，产品还要通过ISO认证。衡量产品质量标准一般采取国际标准化组织（ISO）颁布的国际质量管理标准，作为国际贸易产品质量评价的依据。国际标准化组织（ISO）于1987年发布ISO9000《质量管理和质量保证系列国际标准》，并于1994年发布ISO9000族国际标准版本（ISO 9000 Family）。

（2）优惠倾斜政策。农产品出口基地一般享受政府贴息贷款；为基地企业提供技术成果转让、技术培训、技术咨询、技术服务、技术承包等所取得的技术性服务收入，可暂免征收企业所得税。此外，可以优先获得土地使用权。基地企业生产经营所需的水、电、气等条件可以优先获得供应。

（3）安全管理的体制机制。农产品出口基地实行备案管理制度，目的是保障农产品质量安全。根据《食品安全法》和《关于加强食品等产品安全监管的特别规定》及其他有关规定，出口食品生产企业和出口食品原料种植、养殖场应当向国家出入境检验检疫部门申请备案，目的是规范出口食品生产和食品原料种植、养殖场的行为，从源头上把好质量关，保证出口食品的质量。实行质量检验检测制度，要求农产品出口基地产品符合质量检验检测标准，对农产品产地环境、生产过程、农业投入品等多个环节建立优质农产品产地生产档案。实行无公害农产品认证。无公害农产品指产地环境、生产过程和产品质量符合国家有关标准和规范的要求，经认证合格，获得认证证书并允许使用无公害农产品标志的未经加工或者初加工的食用农产品。良好农业操作规范（Good Agricultural Practice，简称 GAP）是一套针对农产品生产（包括作物种植和动物养殖等）的操作标准，是提高农产品生产基地质量安全管理水平的有效手段和工具。GAP 关注农产品种植、养殖、采收、清洗包装、贮藏和运输过程中有害物质和有害生物的控制及其保障能力，保障农产品质量安全，同时还关注生态环境、动物福利、职业健康等方面的保障能力。严格按照国家《农药安全使用标准》和《农药合理使用准则》使用农药。

（三）出口基地发展的主要问题及其制度创新方向

农产品出口基地以产业导向为目标，在运行中存在以下问题：一是基地备案制度的法律依据不足。《农产品质量安全法》第 3 条规定，县级以上人民政府农业行政主管部门负责农产品质量安全的监督管理职责。检验检疫备案制度的实施机构属于非农业行政主管部门，不能作为强制性的要求加以实施。二是农业技术科研跟不上基地的需要。基地的技术力量薄弱，从品种、生产条件到科研、开发手段等都比较落后。这是出口农产品在国际市场上缺乏竞争力的主要原因。三是缺乏国家层面的专项支持政策。目前国家对各基地只授予"牌子"，对基地的专项支持政策不足。

为了克服上述问题，必须对农产品出口基地进行制度创新。一是在市场准入方面，加强对出口基地质量的监控准入条件，强化对出口农产品生产源头以及出口加工环节的控制，完善和加强出口农产品的检验检测、安全监测体系，鼓励出口企业争取 GAP、GMP、HACCP 等国际认证，提高农产品出口基地的国际竞争力。二是按质量等级确定不同优惠待遇。在税收方面，设立对农产品出口基地的质量标准等级划分，根据产品检测达标情况、质量标准认证、出口规模划分出口税的比率。三是提高基地建设的科技水平，加强自主知识产权产品的开发，鼓励基地企业设立产品研发和设计中心。加强高水平研发、检测等公共技术服务平台支持建设，从而提升农产品出口竞争力。因为欧美等发达国家不断提高进口产品的技术标准，使基地企业产生了对先进设备和技术平台的服务的需求。

六 广东外经贸园区制度创新方向：负面清单与准入前国民待遇

（一）现行园区制度的历史贡献与时代挑战

广东外经贸园区类型丰富多样，涵盖经济特区、海关特殊监管区、各类开发区及各类出口基地。不同类型的园区在具体制度安排、实施主体、实施对象和范围方面存在一些差异，但在对外经贸活动的管理上，总的制度框架是一致的，其共同的特点就是实行"准许（正面）清单+优惠政策"的外经贸园区管理模式。这种园区管理模式试图在吸引外商投资和政治经济风险可控之间维持一种微妙的综合平衡，以此推动国内外资本及要素集聚，带来区域经济的国际化发展和快速增长。可见，外经贸园区是一种制度变迁模式——在公有制的制度环境下，通过局部让渡治权实现制度创新，吸引外部资本、技术等要素聚集，获取制度变革的"潜在收益"。

在国内起源于广东的"准许清单+优惠政策"制度框架，在过去30多年间被推广应用到全国，对广东经济率先发展和推动全国经济增长都起到了积极的历史作用。广东以外经贸园区为代表的一系列"先行先试"，对推动广东和全国的经济体制改革做出了历史性贡献，也带来实实在在的制度创新绩效——广东经济总量、外商投资和进出口贸易保持长期领先全国，市场经济体制完善程度和市场机制发育成熟程度优于全国。这些都与"准许清单"管理模式下的产业导向和要素集聚，"优惠政策"下的大规模资本投入和国际化管理经验与技术的引入高度相关。

但是，"准许清单+优惠政策"外经贸园区制度安排也存在很大的历史和制度局限。如何巧妙应用这种制度结构化设计，对国内的政府、企业和民众都是一种考验。历史已经检验这种制度的有效性，并发现其内在的缺陷和制度绩效差异性后果。具体看，"准许清单"管理模式规避了一些可能的政治经济风险，但也限制了一些可能规模更多、程度更大的制度创新和技术创新。"优惠政策"下的招商引资模式引进国际资本补充了国内资金的不足，但是过长时间的准入后超国民待遇政策实施，扭曲了公平竞争。这种模式引起各地对外资"超国民待遇"的恶性竞争，也给外商获取制度"利差"带来更多投机空间；阻碍外经贸园区外部的创新，抑制了国内企业和民间资本的创新和发展。最为典型的情况就是大量的假外资注入和虚假贸易过关，骗取税收优惠、出口退税和土地使用，而各地区间为了彼此政治经济利益放纵这种恶性竞争。"准许清单+优惠政策"外经贸园区制度框架结构的内在缺陷进一步在全省和全国范围内放大。这种情况的大量存在，阻碍广东外贸增长方式转型战略的有效落实。近10多年，广东加工贸易比重开始下降，但仍占主导地位；一般贸易比重虽然处在上升趋势，但是比重仍较低；保税区贸易比重提升，国际物流服务得到发展，但是仍处于价值链低端，其根本性的问题是外经贸园区制度缺陷。

如何通过广东外经贸功能园区制度再创新，实现从以贸易和投资为中心（招商引资、扩大出口）的制度安排，转化为以技术和产品创新（引进、吸收、再创新和自主创新）为中心的制度创新模式，从传统出口导向战略转变为平衡贸易模式，提高中国在全球价值链上和国际分工体系的经济地位，从而实现贸易发展方式转型升级。这是外经贸功能园区面临的重大现实问题和挑战。

（1）国内外经济形势和经济环境影响到国际资本的流向，从而影响到功能园区外资的去留。一是市场环境发生了巨大变化。资源环境压力、劳动力人口变化和人工成本上升，产品市场竞争更加激烈，使现有经济发展方式和贸易发展方式难以为继。二是国际金融危机后，美国、欧盟等西方发达国家经济复苏，经济再平衡战略有效实施，同时，发展中国家比较优势下降，发达国家的外商投资开始回流，外经贸功能园区留住外资的成本更大，发展困境越来越深。

（2）国内制度环境挑战日趋严峻。近几年，国内区域间的政治经济利益竞争方式正在发生根本性变化。一是原有的功能园区示范成功的政策不断推广和普及化，外经贸园区管理模式的原有制度优势正在加速弱化和消失。二是现有功能园区的制度安排有效实施的制度环境正在发生日益深刻的变化。随着中央政府大力推进的简政放权，各级政府纷纷向下层放权，取消和下放行政审批事项，简化办事程序，制定政府权力清单，推进反腐倡廉，改革考核机制，在经济领域让市场机制发挥决定性作用。三是中国（上海）自由贸易实验区的设立,正在积极探索全国范围可复制的外经贸园区负面清单管理模式,对现有功能园区制度形成了严峻挑战。

(3)国际环境挑战步步紧逼,对中国提出进一步"开放"的要求。广东省历年出台的《广东投资指南》内容表明[①],中国加入世界贸易组织已经十多年,国内的许多与世贸规则要求不一致的法律法规都进行了修订。但是作为世贸组织制度设计要求的负面清单管理模式,却没有在现行的广东外经贸园区制度中得到有效体现。外经贸园区所面临的国际环境正在变化,其制度模式显然不符合"国际惯例"的要求。一是经济全球化不断深入的趋势,科技创新和技术竞争更加活跃,跨国企业不再主要看重中国的政策优惠,而是潜力巨大的市场和规范透明的营商环境。二是现行"准许清单+优惠政策"的制度体系不适应国际经济贸易与投资规则和惯例的要求。三是面对区域经济一体化浪潮,贸易和投资更加自由化的趋势,美国主导的跨太平洋伙伴关系协议(TPP)和跨大西洋贸易与投资伙伴关系协定(TTIP),双方宣布中美投资保护协定将引入"准入前国民待遇"(pre-establishment rule)和"负面清单"(negative list)的模式,这是该项谈判的突破性进展。这迫使中国在与美国投资协议谈判中让步,倒逼中国加快深化体制改革开放,势必影响功能园区制度模式的独立性。这些国际形势迫使中国加快内部投资环境的开放,要求建立外商投资负面清单、广泛采纳国际投资规则和标准、与发达市场达成全面投资协定等,这也是中国(上海)自贸试验区设立的前提和背景,将是超越外贸功能园区制度创新的新突破。

(二)从"准许清单"到"负面清单"

"准许清单"和"负面清单"本质上都是国际贸易和投资管理模式,而非简单的优惠政策实施。"准许清单"和"负面清单"具有各自的适用条件与实施风险。"准许清单"亦称"正面清单",或"肯定列表",是对贸易和投资行为只有被准许的方可实施的制度化规定。"准许清单"有利于对贸易和投资

---

① 广东省对外贸易经济合作厅,广东投资指南,2011~2013各年,http://www.gddoftec.gov.cn/sub.asp?channalid=1012。

的政治经济风险实施管理,实现有选择的产业发展战略和产业集聚,但不利于清单之外的有价值的技术和经济创新。"负面清单"亦称"否定列表",是对贸易和投资行为的"非禁即入"(法无禁止即可进入)的制度化规定。"负面清单"有利于贸易和投资的便利化和自由化,有利于更大程度的创新,拓展创新空间,有利于经济繁荣,但面临较大的政治经济风险管理问题,需要政府具有更强的国际化和法制化管理能力。

从"准许清单"转到"负面清单"是一次重大的外经贸管理模式变革和创新,不是简单的贸易和投资政策调整。中国(上海)自由贸易实验区的设立就是要探索实践在中国可复制、可推广的外经贸园区管理模式变革。正如实验区总体方案中明确提出的,"探索建立负面清单管理模式。借鉴国际通行规则,对外商投资试行准入前国民待遇,研究制订试验区外商投资与国民待遇等不符的负面清单,改革外商投资管理模式。对负面清单之外的领域,按照内外资一致的原则,将外商投资项目由核准制改为备案制(国务院规定对国内投资项目保留核准的除外),由上海市负责办理;将外商投资企业合同章程审批改为由上海市负责备案管理,备案后按国家有关规定办理相关手续;工商登记与商事登记制度改革相衔接,逐步优化登记流程;完善国家安全审查制度,在试验区内试点开展涉及外资的国家安全审查,构建安全高效的开放型经济体系。在总结试点经验的基础上,逐步形成与国际接轨的外商投资管理制度。"①

中国(上海)自由贸易实验区是在原上海外高桥保税区、上海外高桥保税物流园区、洋山保税港区和上海浦东机场综合保税区4个海关特殊监管区的基础上设立的。"试验区肩负着我国在新时期加快政府职能转变、积极探索管理模式创新、促进贸易和投资便利化,为全面深化改革和扩大开放探索新途径、积累新经验的重要使命,是国家战略需要"。"率先建立符合国际化和法治化要求的跨境投资和贸易规则体系,使试验区成为我国进一步融入经济全球化的重要载体,打造中国经济升级版","经过两至三年的改革试验,加快转变政府职能,积极推进服务业扩大开放和外商投资管理体制改革,大力发展总

---

① 《中国(上海)自由贸易试验区总体方案》,2013 - 9 - 27,中国(上海)自由贸易试验区门户网站,http://www.ysftpa.gov.cn/WebViewPublic/item_ page.aspx? parentId = 627&id = 772#。

部经济和新型贸易业态，加快探索资本项目可兑换和金融服务业全面开放，探索建立货物状态分类监管模式，努力形成促进投资和创新的政策支持体系，着力培育国际化和法治化的营商环境，力争建设成为具有国际水准的投资贸易便利、货币兑换自由、监管高效便捷、法制环境规范的自由贸易试验区，为我国扩大开放和深化改革探索新思路和新途径"①。

（三）从准入后超国民待遇到准入前国民待遇

"准许清单+优惠政策"的制度体系本质上不符合市场经济的公平竞争原则。一方面是准入前的过度限制，在准入资格（经营主体身份和投资规模）与投资领域的限制，形成主体上的一定程度对外资的准入歧视，即准入前的非国民待遇；另一方面，对于符合准入条件而获得准入后的经营主体，施予非常优惠的政策措施，在用地、税收和用工及其他基础设施服务方面给予"超国民待遇"的政治经济优惠，形成主体上对内资的准入后歧视。基于产业选择导向的准许清单管理模式，限制了投资主体的多样性和竞争性，可能造成产业垄断和效率下降；而基于招商引资的优惠政策造成内资企业的税负不平等和产业内竞争力下降，导致内资到境外注册后回境内再投资的"投机"行为，即"假外资"套取外资政策利益的行为。显然为了实现广东外经贸园区健康、公平、可持续和有创新活力的发展，取消准入后超国民待遇，实施准入前国民待遇，是其制度创新的重要方向。

实施准入前国民待遇是与国际商事制度接轨的，其简化行政审批，取消主体身份资格歧视和资本金门槛，把公司章程审核制改为备案制，简化公司登记手续，除涉及国家安全和重大国计民生问题的领域外，实现任意主体的平等进入。中国（上海）自由贸易实验区也探索了准入前国民待遇制度创新，现有实施效果是区内注册企业的快速增长。准入前国民待遇的制度安排从国家层面到园区，从实验区到非实验区，得到广泛关注和争相学习、研究、探索和实践。

---

① 《中国（上海）自由贸易试验区总体方案》，2013-9-27，中国（上海）自由贸易试验区门户网站，http：//www.ysftpa.gov.cn/WebViewPublic/item_page.aspx?parentId=627&id=772#。

（四）广东自由贸易园区的构想

2013年9月，中国（上海）自由贸易试验区正式挂牌成立，10月起实行《中国（上海）自由贸易试验区总体方案》，推动完善开放型经济体制。这引起各地政府纷纷申请建立自贸区的"政策"。实际上，上海自由贸易试验区属于体制改革，是一项深刻的制度创新。当前国务院仅批准成立上海自由贸易试验区作为试验区，不排除设立多个自贸区进行试验的可能。在此情况下，广东省应当积极申报自由贸易园区的设立。在园区选择方面，有几种方案：一是在南沙区整合内部几个功能区，划一快地方单独设立自由贸易园区；二是南沙新区与白云机场联合申请设立，海港与空港互补，对要素流动和产品自由贸易提供便捷通道；三是广州、深圳与珠海联合，采取"一园多区"模式，依托南沙新区、前海开发区、横琴开发区、广州白云机场综合保税区联合申报"粤港澳自由贸易园区"。

南沙新区是一个独立行政区（2005），是由经济技术开发区（1993）、出口加工区（2005）、保税港区（2008）、实施CEPA先行先试综合示范区（2010）等多个功能区重叠复合而成的国家级新区（2012）；前海区是深圳特区、深港现代服务业合作区（2010，国家级），临近香港特别行政区；横琴经济开发区（1992，省级），临近澳门特别行政区；广州白云机场综合保税区（2010）具有保税加工、保税物流和保税服务三大功能。这几个区域各有不同的功能，拥有不同的政策和制度安排，整合形成一个复合区域，功能和政策优势互补，多年的体制改革和制度创新越来越接近自由贸易园区的要求，其政策积累和制度安排就差自由贸易园区这"临门一脚"。特别是CEPA先行先试综合示范区，依据中国内地与香港已相继签署的CEPA主体协议及其他10份补充协议，完全有条件试验自由贸易园区运行方式。这几个区域联合申报自由贸易园区的试验，基本上代表广东各类功能园区探索新一轮的制度创新，对于推进功能园区根本上的制度创新无疑具有重要意义。

无论最后是一个区域独立申报，还是其中几个功能园区联合申报；无论是"广东自由贸易园区"，还是"粤港澳自由贸易园区"；其实质都是推进广东功能园区的制制创新，仿照上海自由贸易试验区，实行"负面清单+准入前国民待遇"。这种制度创新模式需要准入后一系列"过程监管"配套制度，才能保证自由贸易园区的顺利运行，也才能够在其他功能园区推广，或者全国、全省普及。因此，无论广东自由贸易园区是否成立，广东功能园区都要进行制度创新。

（1）深化行政管理体制改革，改革创新政府管理方式。积极探索建立与国际高标准投资和贸易规则体系相适应的行政管理体系，推进政府管理由事先"审批制"转变为"备案制"，加强事中、事后监管。要求深化行政审批制度改革，优化政府机构设置、职能配置、工作流程，完善决策权、执行权、监督权相互制约、相互协调的行政运行机制。

（2）切实转变政府职能，对权力运行及其体制进行根本改革和创新。广东省作为地方政府，必须加强发展战略、规划、政策、标准等制定和实施。加强企业行为"后期"和市场活动的监管，主要是强化信用监管、加强市场主体信息公开，切实发挥社会监督作用。强化政府社会管理职能，加强和创新社会管理，加强各类公共服务和社会管理，维护社会公平。

（3）推行市场主体行为的过程监管体制。外来资本等要素准入前按照"负面清单+准入前国民待遇"由"审批制"改为"备案制"，这就要求进入后的行为符合国家安全要求，必须实行配套的审查和监管制度。市场组织按照规定准入后的国民待遇及其经营行为由有关法律保证和约束。因此，必须健全法制，通过法律约束市场主体，减少政府直接的行政干预。

参考文献

[1] 陈益升、陈宏愚、湛学勇：《经济技术开发区与高新技术产业开发区未来发展分析》，《科技进步与对策》2002年第5期。

[2] 龚唯平：《粤港区域服务贸易自由化的困境及其对策》，《广东社会科学》2007年第6期。

[3] 何传添：《粤港澳紧密合作区：内涵、思路和路径选择》，《特区经济》2009年第3期。

[4] 洪燕：《开发区的生命周期的研究》，复旦大学2006年博士论文。

[5] 黄丹、温开湖:《广东海关壮大特殊监管区域 助推广东外经贸转型升级》,《国际商报》2013年1月14日, http://ibd.shangbao.net.cn/c/l/164604.html。

[6] 林毅夫:《关于制度变迁的经济学理论:产权利与制度变迁》,上海人民出版社,1994。

[7] 王方:《我国高新区政策变迁历程及发展趋势研究》,《科技进步与对策》2013年第12期。

[8] 王家庭、季凯文:《我国开发区制度创新扩散的微观机理与实证分析》,《社会科学辑刊》2008年第2期。

[9] 杨志平、万忠、梁俊芬等:《广东省出口农产品基地发展现状、问题及对策研究》,《南方农村》2012年第8期。

[10] 杨瑞龙:《我国制度变迁方式转换的三阶段论》,《经济研究》1998年第1期。

[11] 叶静宇:《上海自贸区改革海关监管向"境内关外"突破》,经济观察网,2013年9月13日。

[12] 周俊生:《评论:上海自贸区推动改革新路》,《京华时报》2013年9月28日。

[13] 周念利、郭辛捷:《中国参与区域服务贸易自由化机制与对策研究》,《国际经贸探索》2012年第4期。

[14] 周轶昆:《深圳经济特区发展历程的回顾与分析》,《改革与开放》2008年第4期。

[15] 左连村、张小兰:《"十一五"期间粤港经济合作思考》,《国际经贸探索》2007年第4期。

B.8 广东服务外包产业区域问题研究

林吉双*

摘　要：

广东服务外包产业区域分布主要集中在珠三角，尤其是集中在广州、深圳两个城市。其影响因素主要有产业基础、城市综合竞争力、政策扶持、人力资源、基础设施和商务环境等。珠三角其他城市的服务外包产业也有一定的发展，如能加大政策支持力度、挖掘潜力和发挥优势，这些城市的服务外包产业也将获得较好的发展。

关键词：

服务外包　区域外贸　广东

近年来，广东服务外包产业持续快速增长。据商务部统计，2013年广东承接服务外包合同金额106.54亿美元，同比增长31.3%，占全国的11.2%；执行金额71.24亿美元，同比增长36.4%，占全国的11.2%。其中，承接离岸服务外包合同金额72.33亿美元，同比增长30.4%；执行金额51.33亿美元，同比增长28.3%。数据显示，当前广东服务外包呈现向计算机类、通信工程类、工业设计类、生物医药等高新技术行业集中的趋势。

广东服务外包产业发展的总体特点主要包括以下几个方面：从区域发展情况看，服务外包产业主要集中在珠三角，且广州和深圳两大一线城市的服务外包产值占广东省的95%以上。据广东省商务厅数据，2013年广东服务外包结构：信息技术外包（ITO）、业务流程外包（BPO）和知识流程外包（KPO）

---

* 林吉双，男，广东外语外贸大学国际服务外包研究院、国际服务经济研究院院长，研究方向为宏观经济学、制度经济学和国际贸易学等。

承接离岸服务外包执行金额分别为19.53亿美元、14.41亿美元和17.37亿美元，分别增长了15.7%、33.1%和41.2%；知识流程外包业务增长迅速。从发包市场看，中国香港、美国、欧盟、东盟是购买广东离岸服务的主要发包国家和地区，2013年广东承接中国香港、美国、欧盟和东盟的离岸服务外包执行金额分别占离岸服务外包执行总额的35.3%、16.2%、13.1%和7.4%。从就业规模和人员结构看，2013年，新增服务外包从业人员20.7万人，从业人员总计达84.3万人，其中大学（含大专）以上学历46万人，占从业人员总数的54.6%；2013年，新增服务外包企业356家，全省共有服务外包企业1915家；服务外包企业数量和就业规模稳步扩大。

总体看，广东省服务外包产业集聚度较高、规模较大、增速较快、质量较好，对就业的贡献度较强。本文将就广东省服务外包区域发展的情况进行重点分析。

一　广东服务外包产业区域分布的现状

（一）广东服务外包产业主要集中于珠三角区域

广东服务外包产业的发展区域与广东其他产业的发展区域呈现高度的一致性，主要集中在珠三角的广州、深圳、佛山、东莞、珠海、中山等城市（参见表1）。

表1　2013年广东服务外包区域分布情况

单位：亿美元，%

	广东	广州	深圳	佛山	东莞	珠海	中山	肇庆
产值	71.24	39.08	30.04	0.88	0.42	0.36	0.17	0.11
占比	—	54.86	42.17	0.01	0.006	0.005	0.002	0.002

资料来源：广东省商务厅。

从表1可以看出，广东服务外包产业的发展区域主要集中在珠三角，尤其是集中在珠三角的广州和深圳两个全国一线城市，广州2013年服务外包执行额占广东当年服务外包执行额的54.86%，深圳2013年服务外包执行额占广东当年服务外包执行额的42.17%，两市场相加的服务外包执行额占广东服务外包执行额的97.03%；其他珠三角地区城市及其他地区的服务外包执行总额仅占广东省服务外包执行额的2.97%。

（二）珠三角地区城市服务外包产业主要集中于功能园区

珠三角地区的服务外包产业又主要集中于广州、深圳、佛山、珠海和肇庆五市的服务外包园区，主要有以下特点。

（1）广州服务外包产业区域分布主要集中在广州经济开发区、天河软件园、黄花岗科技园、广东动漫城、中新知识城、广州科学城、广州国际创新城和南沙开发区等。其中，广州经济开发区是广州服务外包园区中业态比较多、产值规模较大的区域。2013年，广州经济开发区被评为广东省服务外包示范园区。2012年，广州经济开发区服务外包合同额为7.92亿美元，占广州全市服务外包业务合同额的16.0%；离岸合同额为4.78亿美元，占全市的16.0%；离岸合同执行额为4.03亿美元，占全市的20%；以上三项指标连续三年居广州市前列。

经过近几年的发展，广州服务外包的业态水平也呈现高端化的趋势，业态范围主要集中在软件研发服务外包、金融服务外包、工业设计研发服务外包和电信服务外包上，生物医药研发服务外包、检验检测服务外包、现代物流服务外包、动漫游戏和影视服务外包等也有一定的发展。其中，以软件研发服务外包、工业设计研发服务外包、医药和食品研发服务外包及现代物流服务外包为主的四大业态主要聚集在广州开发区，逐步吸引了包括三星、安利、美赞臣、日立信息等跨国公司及世界500强企业和东软、博彦科技等中国服务外包10强企业在内的55家服务外包企业落户。

（2）深圳服务外包产业区域分布主要集中在深圳软件园、深圳金融服务技术创新基地、前海湾保税港区、田面创意产业园、深圳设计产业园等。

深圳服务外包的业态水平亦呈高端化的趋势，业态范围主要集中在软件设计和研发服务外包、工业设计研发服务外包、金融服务外包、供应链管理服务外包上，云计算、物联网、生物医药研发、动漫及网游设计等高端领域的服务外包在全国也具有一定的领先优势。

深圳软件园的服务外包产业发展在深圳多个服务外包园区中发展规模大、特色明显，服务外包业务主要以ITO为主。2012年3月，深圳软件园被工信部认定为国家新型工业化产业示范基地（软件和信息服务业）。2012年，深圳软件园共有46家离岸服务外包企业申报服务外包合同，全年承接离岸业务合同额为7.36亿美元，占全市服务外包离岸业务合同额的30.98%；离岸合同执行金额为7.08亿美元，占全市服务外包离岸执行金额的37.92%。深圳软件园涌现出一大批在国内外有较高知名度和市场占有率的大型行业应用软件，如金蝶的ERP软件、金证的证券交易软件、腾讯的即时通信软件、迅雷的下载软件、天源迪科的电信核心业务支撑系统、海云天的考试阅卷软件、任子行的网络安全软件等成为行业翘楚和龙头，也汇聚了腾讯、迅雷、A8音乐网、中青宝网、芒果网和融创天下等产业龙头，互联网规模占全市比重超过50%，是全国互联网产业的发展核心园区。

（3）佛山服务外包产业区域分布主要集中在广东金融高新技术服务区、广东（佛山）软件园、广东（顺德）工业设计城和瀚天科技城4个服务外包产业园区。服务外包业态水平尚处于中低端，业态范围主要集中在金融后台服务、工业设计和软件设计等。

广东金融高新技术服务区的服务外包产业在佛山4个服务外包园区中规模最大、质量最高。2013年，广东金融高新技术服务区被评为广东省服务外包示范园区。2012年，园区从事服务外包企业17家，全年承接服务外包离岸执行额约为0.31亿美元，占全市离岸服务外包执行额的67.7%。目前，广东高新金融技术服务区聚集着凯捷、简柏特和IBM等大型财务与会计服务外包企业和AIA亚太区后援服务中心、PICC南方信息中心、广发银行南中国后援中心、汇丰环球营运佛山中心、太平洋财险华南运营中心等多个金融后台服务外包企业。

（4）珠海服务外包产业区域分布主要集中在南方软件园。2013年南方软件园被评为广东省服务外包示范园区。2012年，园区从事服务外包业务（ITO/BPO）的企业已达15家，占园内企业总量的11%；园区外包业务以信息技术外包（ITO）形式为主，占到90%以上，发包地区集中于中国台湾、中国香港、美国、日本等国家和地区，BPO业务以华拓数码、维佳物流、花旗银行数据中心等企业为代表，主要转承港澳地区银行、保险公司等金融机构以

及航运物流企业的数据录入和呼叫中心等业务。2012年服务外包离岸执行金额达1441万美元，约占珠海市2012年离岸执行金额2018万美元的71%。

（5）肇庆服务外包产业区域分布主要集中在肇庆市综合性生产服务业集聚区（华南智慧城）。2013年华南智慧城被评为广东省服务外包示范园区。2012年，园区内服务外包企业离岸服务外包合同额为1030万美元，离岸服务外包合同执行金额为531.17万美元；在岸服务外包合同额为4635万美元，在岸服务外包执行金额为2443.38万美元。园区企业主要有肇庆祥洲鞋业有限公司、祥昱鞋业（肇庆）有限公司、美亚（肇庆）金属制品有限公司、肇庆市新安怀电子商务有限公司、肇庆泰强数码科技有限公司、肇庆市立德电子有限公司和伟仕高（肇庆）半导体有限公司等。总体看，肇庆市服务外包产业还处在刚刚起步阶段。

二 广东服务外包产业区域分布的影响因素

广东服务外包产业的区域分布受到多方面因素影响，如相关服务业、人力资本、知识产权保护、区位条件及区域经济、市场需求、语言和文化、基础设施等。除了广州、深圳区位因素良好外，主要有以下几种因素影响比较大。

1. 良好的产业基础，为服务外包产业的发展创造了先决条件

深圳是我国最早改革开放的经济特区，依托香港国际经济中心，自身经济发达，其产业基础扎实。深圳的软件与信息技术基础良好，以华为、中兴为龙头的电信整体解决方案设计及电信基础设施运营服务外包更是知名海内外，这为深圳承接ITO服务外包打下了非常好的产业基础。目前，深圳主要承接ITO服务外包的高端环节，如信息化规划、整体解决方案提供、信息系统设计服务、信息技术管理咨询和集成实施服务等，在深圳ITO业务收入中占比达到80%；再比如，深圳目前集中了全国近一半的工业设计企业，这使得深圳的工业设计、产品研发和创意设计等高端领域的服务外包在国内优势十分突出。

2. 强大的区域城市核心竞争力，为集聚服务外包产业发展所需的关键要素创造了各方面条件

以广州为例，2013年广州市服务外包的产值占全省服务外包产值的

54.86%，这不仅缘于广州的基础产业雄厚，更缘于广州有很强的集聚服务外包产业发展所需要的关键要素的能力。广州作为全国第三大城市，其优异的商务环境、良好的经济发展水平、优质的教育资源、较大的市场需求空间和更多的发展机会等都对中高级人才和外部企业有着较强的吸引力，这是佛山、东莞等珠三角地区城市及其他地区无法比拟的。

3. 发展战略和政策扶持是服务外包产业发展的前提条件

印度、爱尔兰等国之所以成为服务外包产业发展最为成功的国家，其主要因素之一是在服务外包产业发展的战略制定上更早于其他国家，这些国家在20世纪80年代就制定规划，着手发展服务外包产业；同时，给予服务外包产业财政补贴、税收优惠和金融扶持等。从我国服务外包产业发展较好的江苏、浙江等长三角地区来看，服务外包产业发展的较早谋划、政策的大力扶持也起到了重要的作用。一些学者的研究表明，在服务外包产业发展的初、中期，战略规划和政策扶持是服务外包产业发展的必要条件。

广东服务外包产业发展区域的现实状态，也与各城市对服务外包产业的发展战略和政策扶持紧密相关。广州和深圳两市的政府主管部门在2008年以后，出台了服务外包产业发展的指导意见和政策扶持措施，在中央和广东省各级政府的推动和扶持下，服务外包产业以高于全国增速持续发展起来，并跻身全国21个服务外包示范城市前列。佛山、东莞、中山和肇庆等市，对服务外包产业发展的认识较晚、动手较慢，在一定程度上影响了这些城市服务外包产业的发展。

4. 人力资本是服务外包产业发展的核心要素

服务外包产业是知识密集型、智力密集型产业，相比传统的制造业加工外包，服务外包更强调技术含量及附加值。因此，承接服务的国家或地区的人力资源素质直接影响到承包服务能力的大小。从服务外包的实践看，其对人力资源的要求主要偏向于受过高等教育并拥有专业技术资质的劳动者。科尔尼公司的统计数据显示，中国的劳工人员和技能可得性指数为2.25，仅次于美国和印度，位居全球第三。2006年中国有关部委才出台相关政策，我国服务外包产业经过近8年的发展，已成为全球服务外包第二大接包国。

广东服务外包产业区域分布也与各城市人力资源数量和质量高度相关。广州作为区域政治、经济和文化中心，集中了广东全省最重要的各类教育资源，人力资源的总量和质量在省内首屈一指。深圳作为全国国际化程度最高、信息化程度最高、创新能力最强、经济最发达的城市之一，其人力资源的总量和质量在全国都名列前茅。广州和深圳的人才资源条件，是珠三角地区其他城市无法比拟的。东莞作为全球的加工制造业基地，虽然拥有庞大的产业大军，但适合服务外包业态的人力资源较少，制约了其服务外包产业的发展。

5. 基础设施和商务环境是服务外包产业发展的基础条件

良好的基础设施和商务环境，有利于以相对低廉的成本提供外包服务，也有利于提升外包服务技术员工团队的合作效率，更有利于提升承接国际服务外包业务的能力。从全球看，绝大多数服务外包产业发展势头良好的地方，其基础设施和商务环境也很优良。因此，信息网络、电信通信、交通设施、政府服务、教育环境、城市品牌和制度安排等已成为衡量服务外包产业发展的重要指标。良好的基础设施和商务环境，是服务外包产业发展的基础要件。

与前两项因素相比，基础设施和商务环境对广东服务外包产业发展区域分布的影响不够显著，比如佛山的基础设施和商务环境也很好，但服务外包产业的发展却处在起步阶段，这说明前几个方面的影响因素可能更显著。当然，广州和深圳两市的基础设施和商务环境的确是广东其他城市无法比拟的。

6. 知识产权保护是服务外包产业发展的重要保证

服务外包是知识含量比较高的产业，在发包的过程中往往涉及知识产权问题，在知识产权保护薄弱的国家里，服务外包产业的发展也较差，因发包商往往担心知识产权受侵害而不愿向其发包。所以，知识产权得到保护，且相互信任是外包服务合作关系的基础，只有让发包方充分相信其知识产权能够得到充分的尊重和保护，企业才可能获得足够的外包发展机会。目前，服务外包产业发展较好的国家和地区，其知识产权的保护状况也较好。广东知识产权保护比较有效，对珠三角的服务外包产业产生了良好影响，这里不再做具体分析。

三 广东服务外包产业区域协调发展的政策建议

（一）发挥产业集聚效应，做强广州和深圳服务外包产业

广州和深圳两市，具有发展服务外包产业的天然优势；同时，服务外包产业发展的现实状况良好，因此，在服务外包产业的发展方面大有作为。随着中国经济结构的转型和技术升级，服务业迅速发展的时代已经到来，壮大服务外包产业规模、有效增强服务外包质量也刻不容缓。

1. 合理规划服务外包产业园区，做强园区经济

爱尔兰、印度等服务外包发展先行国家的主要成功经验之一是服务外包产业园区特色鲜明，优势突出，竞争力强。目前，广州和深圳服务外包产业园区布局已基本完成，存在的主要问题是园区企业集中度不高、特色不够鲜明、园区间业态重合、少量园区尚处在起步阶段等；因此，应进一步优化服务外包产业园区布局，采取措施增强园区的集聚功能，做出特色、做出质量。

2. 出台相关扶持政策，推进服务外包产业转型升级

目前，广州、深圳两市的服务外包产业正处在快速的模式扩张阶段，但产业因多处在中低端使得转型升级也迫在眉睫。因此，政府主管部门、行业协会和龙头企业应合起手来，发挥联动效应，采取有效措施，如引进和培养高端人才、支持企业国内外并购和重组、鼓励企业的创新投入等，促进服务外包产业向全球服务价值链高端迈进；同时，要积极瞄准服务外包发展的新模式、新业态、新趋势，抢占服务外包产业的制高点。

（二）促进产业转型升级，做大珠三角地区其他城市服务外包产业

随着广州、深圳人力成本和租金成本等成本的上升以及服务外包转型升级的更好开展，广州的一些中低端服务外包业务很有可能向佛山、肇庆等地转移；深圳的一些中低端服务外包业务也很有可能向东莞、中山等城市转移。对于珠三角地区其他城市，必须大力推进产业转型升级，大力发展现代服务业，做大服务外包产业。

1. 加强战略规划引导和政策扶持

加强战略规划和政策扶持是其他城市发展服务外包产业的基础和重要手段。佛山、东莞、珠海、中山和肇庆等城市的服务外包产业，近三年来从无到有、从小到大，也进入了一个比较快的发展时期，其中最主要的原因是政府推动的结果，比如广东金融高新技术服务区、肇庆华南智慧城等园区的服务外包产业发展就是例证。因此，这些城市应及早谋划、创造条件，合理规划服务外包园区，这样不仅有利于承接一线城市转移过来的服务外包业务，也将会带动当地服务外包产业的发展。

2. 准确定位和挖掘潜力

找准发展定位，挖掘现有潜力，是其他城市发展服务外包产业的突破口。30 年来，佛山、东莞、珠海和中山等城市的经济发展成绩斐然、各具特色，本身亦具有发展服务外包产业的基础和条件。比如，佛山的制造业总值位居全国前列，佛山的机械装备制造业、电子信息、家用电器和陶瓷产业等发展很好，根据发达国家制造业服务化的经验，可释放出 25% 左右的服务业务或服务外包业务，如此将对佛山的服务外包产业产生巨大的推动作用；再比如东莞作为全球最大的加工制造业基地，其通信设备、计算机及其他电子设备制造业等基础好、规模大，这些产业如能通过各方努力实现向价值链高端延伸，也必将释放出很多的服务业务或服务外包业务，助推东莞制造向东莞创造转型、助力东莞服务外包产业的发展；等等。因此，只要这些城市发挥优势，找准定位，服务外包产业也一定能获得比较好的发展。

3. 出台财税补贴和优惠政策，提升现有服务外包企业竞争力

设立省级服务外包示范城市专项资金（可考虑按省级服务外包示范城市扶持资金进行 1∶1 配套），加快省级示范城市和示范园区的建设，构建省重点企业、省级示范园区和省级示范城市的服务外包产业体系，用足用好国家和省里现有的支持服务外包产业发展的各项政策。同时，出台服务外包企业向园区集聚的租金、水电补贴等各项财政补贴政策和企业税收优惠政策等，切实降低服务外包企业运营成本，促进服务外包企业向园区集聚，尽快培育有一定知名度、各具特色的服务外包园区，争取尽快建好省级服务外包示范园区和示范城市。

4. 加大招商引资力度，增强服务外包产业的集中度

选准招商领域，出台招商引资政策。对符合本地产业升级和产业结构调整的全球服务外包100强、国内50强企业落户园区或以其名义创办服务外包园区的，采取"一企一议"原则给予优于广州和深圳等分档资金补贴的力度，以此来提高这些城市的吸引力。选准招商地域或国别，提高服务外包企业的可持续发展能力。以日韩、欧美服务外包企业为招商重点（日韩企业的客户关系相对稳定，欧美企业的价值增值度高、业务领域更接近核心区），以此来尽快提升服务外包产业的整体发展水平，以便使服务外包产业在高起点上发展。优化招商引资机制，提高招商引资的效率。细分日韩和欧美等国家和地区的大型服务外包企业，结合各市服务外包及相关产业发展的实际需要，将还没有在广州和深圳等地建立服务外包的企业作为引进的重点，实施"一对一"的谈判方式，确保引进的成功率。

5. 出台人才培训和引进政策，为服务外包产业提供充足的人力资本

创建服务外包人才培训体系。可与省内在服务外包科学研究和人才培养方面有影响力的大学合作创办国际服务外包人才培养基地，以便培养各市急需的高端国际服务外包人才；同时，也可考虑与本地的相关院校合作，开设相关服务外包专业，培养各自城市所需要的国际服务外包一般性人才。鼓励服务外包企业开展员工培训和招聘新入职大学毕业生。各市财政和服务外包园区要充分落实国家、省出台的企业员工培训资金扶持政策和企业招聘新入职大学毕业生的奖励政策；同时，根据各市服务外包产业发展的实际需要，出台相关扶持政策，如住房补贴等，以利于企业招聘和留住大学毕业生。再有，完善各市高端人才引进政策，增强对高端人才的吸引力。一方面，根据服务外包产业发展需要，制定服务外包人才引进计划；另一方面，出台有吸引力的人才引进政策，吸引国际高端服务外包人才来各自城市工作。

6. 进一步改进营商环境，有效提供服务外包产业发展的公共服务平台

创新发展理念、完善政策环境，切实提高政府服务质量和服务水平。服务外包产业能否在这些城市快速和持续发展，关键在于政策环境；因此，各级政府部门主要领导干部，要充分认真学习和领会习近平总书记视察广东时提出的"三个定位、两个率先"的指导思想，创新发展理念，完善政策环境，提高行

政效率,为服务外包产业发展提供强有力的政策支撑。同时,加大对知识产权的保护力度,创造公平竞争的市场环境。知识产权保护对于服务外包产业的发展尤其重要,因此,各级执法部门要下大力气认真贯彻执行《中华人民共和国知识产权法》和相关法规,严厉打击服务外包业的知识产权违法行为,切实为服务外包产业的发展提供良好的法制环境。要建立和完善服务外包产业发展的公共服务平台和行业协会组织,为服务外包产业的发展创造良好的外部环境。一方面,搭建促进服务外包产业发展的引智招商平台、信息咨询平台、技术支持平台、人才支撑平台、业务研发平台和企业融资平台等公共服务平台,构建服务外包产业公共服务体系。另一方面,成立服务外包行业协会,以便在行业发展、政策宣传、企业认证和专项工作等方面,为企业提供优质服务,做好政府的参谋和助手。

B.9 广州南沙新区政策演变与产业发展方向

李晓莉　申明浩*

摘　要： 本文通过分析南沙新区区域功能调整和政策演变的过程，以及在此背景下的产业发展现状，结合产业发展所面临的国内外环境，指出南沙新区未来产业发展思路应以"粤港澳经济合作"为核心，打造"源于制造、强于服务"的华南经济中心。南沙新区的产业发展方向应该是加快建设以现代服务业和先进制造业双轮驱动的现代产业体系，积极培育战略性新兴产业。在政策调整思路上，南沙新区应借助国家进一步扩大服务业开放的契机，积极推动服务贸易自由化；积极推进 CEPA 先行先试，加大粤港澳产业合作力度；加强与国际经济新规则的融合，推动体制和机制的改革创新。

关键词： 产业发展　产业转型升级　现代服务业　体制改革　南沙新区

南沙新区位于广东省广州市南端，是珠江三角洲几何中心，毗邻港澳，土地面积约 803 平方公里。以南沙为中心，周边有深圳、佛山、东莞、中山、惠州等 14 个珠三角地区大中城市。南沙是华南地区连接海内外的区域性水、陆、

---

* 李晓莉，女，博士，广东外语外贸大学粤商研究中心助理研究员，主要研究领域为产业经济学。申明浩，男，博士，教授，广东外语外贸大学粤商研究中心主任，主要研究领域为产业经济学、粤商。

空交通枢纽。南沙地区是西江、北江、东江三江汇集之处,通过珠江水系连接珠三角地区,通过珠江口港区连接国内外各大港口。在航运方面,周围有广州、深圳、香港、澳门等国际机场。南沙通过不断完善高速公路、城际轨道交通,提高货流和人流的速度。

南沙新区是广东实施海洋战略的要地。经过 20 多年的发展,南沙凭借良好区位、稳步推进的优惠政策、低廉的劳动力和土地成本,已初步建立起以重化工业为主的临港产业体系。随着人口和土地红利的消失,我国将开始实施新一轮的对外开放,以上海自贸区作为改革试验田,进一步在金融、税收、贸易、政府管理等方面进行深化改革,以积极主动的姿态融入国际竞争。在这种新的国内外形势下,思考南沙新区未来的产业定位和发展思路显得尤为重要。

一 南沙区域功能调整与政策演进

南沙这个昔日伶仃洋畔的边陲小镇,从当初的一片滩涂发展成为现代化的滨海新城,产业发展定位几经更迭。从 20 世纪 90 年代初的"小南沙"时代,以发展旅游休闲、轻工业为主;到 21 世纪初的"大南沙"时代,以发展重化工业、临港物流业为主;再到后来中科炼化项目和广钢进驻南沙项目搁置,导致南沙的重化工业之路受阻,在 CEPA 先行先试契机下,南沙再次确立以发展现代服务业为主的产业体系,并重新定位为"粤港澳自由贸易园区"。一次次蜕变,南沙一直在"摇摆"中谋求发展,政策调整对南沙产业发展产生了较大影响。必须首先说明南沙政策演变过程,为探讨其产业发展方向提供背景。

(一)"小南沙"时代:南沙开发与基础设施建设

南沙原是一片滩涂之地,极其偏僻荒凉。在新中国成立前,南沙是土匪窝,新中国成立后是劳改农场,"文革"时是"知青下乡"之地,人民生活水平非常低,被戏称为广东番禺的"西伯利亚"。南沙经济的发展离不开已故香港著名实业家霍英东先生。番禺是霍英东的家乡,他认为番禺的南沙地处广州最南端,扼珠江入海口,南接港澳,直面大海,处珠三角几何中心,极具条件发展成为现代滨海城市。在 20 世纪 80 年代初，霍英东就提出了"开发南沙，联结粤港，建设番禺，支持广东经济发展"的构想。1987 年，霍英东买下南沙东部 22 平方公里的土地进行开发，这块土地被称为"小南沙"。在霍英东先生的启发下，广东省政府于 1990 年把南沙确定为重点对外开放区域和经济开发区。从此，南沙从原来的荒凉之地，摇身变为广东省"招商引资"的重点区域，目标是发展成为连接粤港澳经济的纽带。"省级开发区"的定位拉开了南沙开发的序幕，在霍英东和政府的努力下，在这块荒凉的滩涂上开始修路建桥，修建"虎门汽车轮渡"沟通珠江口东西两岸，修建"南沙客运港"开通香港至南沙高速班船，修建"洛溪大桥""南沙大道"等打通南沙与珠三角城市的陆路交通。南沙基础设施的不断完善，使其区位优势逐步凸显出来，为南沙后来的工业化和城市化之路奠定了基础。

（二）经济功能强化时期：国家级开发区与南沙工业化

1993 年，南沙经济技术开发区通过了国务院的审批，从省级开发区升级为国家级经济技术开发区，面积为 9.9 平方公里。受当时管理体制的影响，南沙工业结构主要是以发展轻型工业为主，如纺织服装、塑料制品、食品等，发展速度较为缓慢。2000 年，广州提出"适度重型化"的产业战略，确立"南拓、北优、东进、西联"的空间拓展方针。"南拓"战略就是指：番禺撤市设区纳入广州城建计划，解决广州市未来城市空间扩展、产业升级与集聚发展的空间问题。2002 年，广州市政府成立了南沙开发区建设指挥部，行使市一级的经济管理权限，旨在通过扩大机构的管理权限加快南沙开发区的建设和发展。此时的南沙已成为广州城市空间南拓与产业南拓的核心之地，是广州从沿江城市向滨海城市蜕变之地，是广州"走向海洋"的战略要地。南沙提出了新的产业发展思路，在生态优先发展的前提下，发展"大工业、大物流、大交通"，以现代物流业为龙头，带动"三大产业"（临港工业、高新技术产业、装备工业）的发展，形成"四大基地"（汽车基地、造船基地、钢铁基地、石化基地），重点引进大型重工项目。随后，一批大型工业项目陆续进驻南沙，如：广汽丰田发动机、广州丰田整车、广钢 JFE 钢铁和中国船舶等，南沙经济步入了快速发展的工业化道路。

（三）"大南沙"经济转型时期：南沙行政化与城市化

随着广州"南拓"战略的实施，很多大企业陆续进驻南沙，带来了源源不断的"人流"和"物流"。南沙要发展成为广州的南部组团，已经不再局限于单纯意义上的经济技术开发区，它不仅要具有较强的经济实力，而且应该具有较强的城市管理功能。为了加快南沙的城市化发展，2005年，国务院批准设立广州市南沙区，南沙从一个单纯的经济开发区，变身为涵盖社会管理、公共服务的独立行政区，面积从9.9平方公里扩大为527.65平方公里，其中陆域面积336.52平方公里。据《南沙地区发展规划》（2004），南沙地区的人口规模控制在100万人左右，发展定位于广州城市空间和产业南拓的核心，将建成产业布局合理、经济辐射能力强、基础设施配套、服务功能完善、自然环境优美、最适宜创业发展的产业与流通基地，最适宜生活居住的充满创意与活力的现代化海滨城市①。南沙再次迎来了发展的契机，在"城市化"和"工业化"的双轮驱动下，南沙进入了经济起飞阶段。

2008年10月南沙保税港区获国务院批复，规划总面积为7.06平方公里，2009年8月正式封关运作，面积为3.7平方公里，成为我国第五个、广东省第一个通过国家正式验收的保税港区。现已建成10个10万吨级集装箱泊位，航运班轮航线57条；物流区已建仓库约31万平方米。

然而，在重化工业之路上快速奔跑的南沙却遇到了发展的困境，2010年，中科炼化项目和广钢搬迁至南沙项目被搁置，南沙原有的产业发展定位不得不再次调整。经过十多年的发展，此时的南沙已成为现代化滨海城市，形成了临港工业体系，重化工业之路发展受阻逼使南沙再次进行经济转型，借助内地与港澳签订《关于建立更紧密经贸关系的安排》（CEPA）的契机，大力发展现代服务业。2010年6月，广东省在南沙成立了CEPA先行先试综合示范区，重点推动南沙与港澳在休闲旅游及健康服务、文化创意及影视制作等服务业领域的深化合作。

---

① 引用《南沙地区发展规划》（2004年），该规划于2001年由广州市城市规划局组织编制，2004年由广州市第十二届人大常委会审定通过。

（四）南沙区域大战略：国家级新区与体制改革蓝图

2012年，经国务院批准，南沙成为华南第一个、全国第六个国家级新区。南沙新区在原南沙区的基础上再度扩容，总面积达803平方公里，其中陆域面积为570平方公里。南沙进一步从国家级经济开发区向国家新区蜕变，新区的开发建设已上升到国家发展战略，与国家的发展大局紧密相连。2012年9月，《广州南沙新区发展规划》公布，明确要将南沙新区建设成为粤港澳优质生活圈，新型城市化典范，以生产性服务业为主导的现代产业新高地，具有世界先进水平的综合服务枢纽和社会管理服务创新试验区。保税区物流行业企业和机构近200家，开展保税业务企业30家，其中投资额上亿元的大型物流企业有合捷、天运、南沙国际物流、南沙开发物流园公司、江海联运码头公司等。2013年保税港区区内企业进出口26.2亿美元，同比增长148%；港口区集装箱吞吐量为1023万标箱，同比增长8%。

2014年，南沙保税区与白云空港经济区、深圳前海、珠海横琴4个区域一起向国家申请设立"粤港澳自由贸易园区"，该区域将成为中国新一轮体制改革的试验区，在贸易便利化、投资准入、服务业开放等方面先行先试，以"粤港澳经贸深度融合"为努力方向，实现区内货物和服务贸易的自由化。在CEPA先行先试契机和国家扩大服务业开放的机遇下，南沙新区迎来了新的发展机遇，依托"粤港澳自由贸易园区"进行体制突破，积极发展以生产性服务业为主的现代产业体系，大力推进服务贸易自由化。

二 广东南沙新区的产业发展现状

南沙腹地珠三角经济带被誉为"世界工厂"，是中国三大经济带之一，各种产业集群达80多个。南沙毗邻港澳，占据内地与香港开展更紧密经贸合作的重要经济地理位置。南沙具有如此良好的区位条件是南沙经济集聚和扩散的重要因素。南沙新区未来的产业发展思路应结合当前的历史机遇，充分考虑南沙目前的产业发展现状以及所面临的国内外新形势来进行分析研判。

（一）以重工业为主的制造业蓬勃发展

1993年，南沙经济技术开发区通过了国务院的审批。开发区建立的前十年，南沙经济发展比较缓慢，经济结构以轻工业为主，如食品、纺织、服装、塑料等。2002年，南沙仅实现地区生产总值61.7亿元。2002年，广州市委、市政府积极推动"南沙大开发战略"，加快市政设施的建设，重点引进大型工业项目，如：广钢JFE钢铁、广汽丰田发动机、广州丰田整车、中国船舶等项目，使南沙经济步入了高速增长的轨道。2012年，南沙区实现工业总产值2070.32亿元，规模以上工业企业实现产值2014.88亿元，规模以上轻、重工业产值的比重为27.42：72.58，反映出南沙的产业结构已呈现出较为明显的重工业化发展态势。在规模以上工业企业总产值中，装备制造业实现产值875.38亿元，占全区工业总产值的42%，形成了汽车、钢铁、石化、船舶等配套程度高的产业集群。

（二）港口物流业初具规模

南沙位于珠江三角洲经济带的几何中心，已构建起完善的海、陆、空立体交通网络，具有发展港口物流产业优势。2009年，广州南沙保税港区正式封关运作，日通物流、胜记仓集团、三井物产等多家物流企业陆续进驻港区。南沙港区与广西贵港之间已开通定期班轮，开展承运转关货物业务。2012年，在全球经济不景气的情况下，南沙港口物流业依然保持了较快增长。全区港口完成货物吞吐量1.56亿吨，同比增长6.3%；集装箱吞吐量961万标箱，同比增长7.67%。优良的海港条件为南沙产业发展带来了巨大的机遇。2012年，航运交易所已正式开业，全面开拓船舶交易、航运人力资源、临港大宗货物交易、航运市场信息服务以及航运金融等方面业务。南沙在全国率先试行"三个一"（一次申报、一次查验、一次放行）通关模式。目前，龙穴港区已开通国际集装箱班轮航线35条，国内班轮航线10条，累计航次达到6.28万次/年，同比增长6.84%。这些基础设施的建设将会大大促进南沙临港产业的发展。

（三）服务业滞后于工业发展

根据美国经济学者西蒙·库兹涅茨关于三次产业结构与经济发展阶段关系的研究，随着一国（或地区）人均GDP的增长，第一产业农业部门占国内生产总值的产出份额从最初的40%以上降到10%以下，第二产业工业部门的产出份额持续上升，可上升至40%~50%，而第三产业服务部门的产出份额总体呈现上升的态势（库兹涅茨，1999）①。目前，世界上主要发达国家服务业占GDP比重普遍超过70%，而我国服务业的占比才达到45%。2012年，南沙三大产业增加值的比例为5.09∶72.72∶22.19。按照第一、第二产业的比例结构，南沙应该进入工业化中期向工业化成熟期过渡阶段。按照发达国家的发展经历，南沙第二产业的比重过大，而第三产业比重偏小。可见，南沙第三产业的发展明显滞后于工业发展，并很有可能阻碍工业化发展的进程，产业结构需要尽快优化。从南沙三大产业结构演进来看，南沙的经济快速发展主要是由工业快速扩张而致。一方面，随南沙工业化和城市化进程的快速发展，南沙农耕地存量不断减少，导致第一产业比重大幅下降。另一方面，第三产业比重没有随着工业化的发展而上升，反而出现下降的趋势，主要是因为南沙城市化发展进程滞后于工业化进程，生产性服务业的发展滞后于工业生产规模的快速扩大。

（四）外向型经济特征明显

目前，南沙的外向型经济特征十分明显，大中型跨国企业主导了南沙的工业发展。从规模以上工业企业实现的产值来看，内资企业产值占19.17%，外商投资企业占53.01%，港澳台投资企业占27.82%。其中，世界500强企业投资的项目有48个。从资金来源地来看，南沙从1993年至2013年的外商投资资金（累计数），61.77%来自中国香港，16.07%来自英属维尔京群岛，8.83%来自日本，5.13%来自新加坡②。从外商投资资金所投向的行业来看，54%的资金投入制造业，14%的资金投入交通运输和仓储业，10%的资金投入

---

① 参考西蒙·库兹涅茨著《各国经济的增长》，常勋译，商务印书馆，1999。
② 数据来源：大晋科技信息有限公司。

房地产业，8%的资金投入商务服务业。因此，外资是南沙经济发展的重要引擎，外资的行业投向形成了南沙的重工业化特征。

三 南沙新区产业发展的国内外环境

（一）区位优势

南沙新区位于广东省广州市南端、处于珠江入海口、位居珠三角几何中心，是广东走向海洋的战略要地，是我国华南地区重要的开放门户。南沙拥有较完善的水、陆、空立体交通网络。南沙水运岸线长，具有建设国际深水港的条件。虎门高速、京珠高速、南沙港快速路等多条高速道路直通南沙，规划中的南沙铁路经广珠铁路辅线接京广、京九等铁路大动脉可连通泛珠三角和内陆腹地。南沙海港与白云空港联运，可以打造成全球最大的货物和要素流动走廊，全球最大运量的复合型城市高速通道、高速轨道、高速公路网。在南沙周边75公里半径范围内，分布着香港、澳门、广州、深圳、珠海5个国际机场，五大机场每日累计航班近千次，随时可达世界各地。以南沙为中心，在60公里半径范围内有14个大中城市，由这些城市组成的珠三角城市群，分布着80多个产业集群，这片区域已成为世界制造业中心和经济增长最快的区域。拥有这么优越的区位，南沙具有巨大的发展空间和辐射潜力。

（二）全球服务业加速转移的机遇

在2007年金融危机的影响下，以成本驱动的服务业产业转移不可逆转，越来越多的服务外包业务从欧美等发达国家迁移到印度、爱尔兰、中国、菲律宾等国家。2012年，全球服务外包合同金额达到9910亿美元。据联合国贸发会议和世界服务外包协会预测，全球服务外包市场仍会不断扩大，每年的增速为30%~40%。据我国商务部统计，2013年我国承接国际服务外包合同金额已达623.4亿美元，同比增长42.2%；执行金额为454.1亿美元，同比增长35%，我国已跃升为仅次于印度的全球第二大服务外包接包国。2013年11月，中国外包网和鼎韬服务外包研究院发布"2013年中国服务外包城市投资吸引力排行榜"，广州位居第二。这为南沙今后发展服务业提供了无限商机。

（三）TTP 和 TTIP 的建立和实施带来的挑战

目前，由美欧等发达国家主导的多边贸易体系正积极推动高标准的服务业开放，例如：《服务贸易协定》（TISA）、《跨太平洋伙伴关系》（TTP）、《跨大西洋贸易与投资伙伴关系协定》（TTIP）。美欧等发达国家希望通过 TISA、TTP、TTIP 协议打破各国"边境线后"的各种壁垒，一方面，通过扩大双边贸易和投资，实现各国规则和标准的统一和兼容，从而创造就业和促进经济增长，最终摆脱金融危机的影响；另一方面，通过建立高水平的技术标准和监管规范，来应对中国、印度等新兴经济体的挑战。TTP 和 TTIP 所包含的区域约占世界 GDP 的 55%，TISA 协定所覆盖的区域囊括了全球 70% 的服务贸易。凭借两大自由贸易区在全球经济中的强大实力，必将吸引更多的国家加入其中，它们所制定的规则也会推广至全球适用的国际规则。目前，中国于 2013 年正式宣布进入 TISA 谈判，但还没有参与 TTP 及 TTIP 的谈判。中国经济正处于快速工业化阶段，已成为全球制造业大国，大力发展服务业对于缓解资源和环境制约，实现产业转型升级具有重大意义。中国虽是世界上第二大经济体，但仍属于发展中国家，暂时无法进行高尺度开放本国服务业市场。在新的国际贸易格局下，中国要实现经济的可持续发展，必须要以更大的勇气迎接国际贸易自由化的挑战，加快改革开放的步伐，主动积极地适应国际经济新规则，逐渐取消"边境线后"的各种壁垒，勇敢地应对新的挑战和压力。

（四）粤港澳经济合作进一步深化的机遇

2003 年 6 月，中央政府与香港特别行政区政府签署了《内地与香港关于建立更紧密经贸关系的安排》（简称为 CEPA），此后陆续签署了 10 个补充协议。协议的核心内容为逐步取消货物贸易的关税和非关税壁垒，逐步实现服务贸易自由化，促进贸易投资便利化，提高内地与香港之间的经贸合作水平[①]。

---

① 引用《内地与香港关于建立更紧密经贸关系的安排》及其补充协议。

CEPA框架下内地向香港扩大开放服务贸易的进程从两个方面展开，一方面是进一步深化原有服务贸易领域的开放内容，另一方面是持续新增服务贸易开放的领域，在法律、会计、建筑、医疗、分销、运输等领域作进一步开放，共涉及403项开放措施，开放部门149个，占世界贸易组织贸易部门分类的93.1%。2010年6月，广东省政府将南沙设为实施CEPA先行先试综合示范区，提出要把南沙建成广东省集中展示CEPA实施成效，率先探索CEPA下一步开放政策措施的先行先试区。目前，港资是南沙的第一大投资资金来源，占总投资额的61.77%。

（五）上海自贸试验区及中国深化改革开放的机遇和挑战

为了尽快适应新的国际经济规则，积极参与国际竞争，中国于2013年9月成立上海自由贸易试验区，以开放倒逼机制推动国内体制的深化改革。中国"入世"以来，我国开放领域集中在对外商品贸易领域批发业、零售业、银行业和旅游业，对农业和服务贸易的保护主义倾向较多。而美国为主导的TPP、TIPP协议却旨在彻底打破关税背后的各种壁垒，构建统一的自由贸易市场。上海自贸区的设计就是致力于适应TPP和TIPP的各项规则，推动中国贸易的便利化、投资的自由化和金融的国际化改革，在银行业、证券业、保险业、电信业、邮政快递业、建筑业和法律服务等领域彻底放开市场准入，取消外资持股比例或经营范围限制，实施实质性开放。可以预见，上海自贸区将会吸引一大批优质的外资进入，是南沙发展的强大竞争对手。此外，天津、厦门等地也在积极申报，希望成为下一个自贸区的试点。

四 南沙新区的产业发展定位与发展方向

在全球服务业加速转移、粤港澳经贸合作关系进一步加深的形势下，南沙迎来了快速发展的历史机遇，与此同时，南沙也面临着将要适应新的国际经济规则，面临来自上海自贸区的竞争。在新的发展形势下，南沙应加快建设以现代服务业和先进制造业双轮驱动的现代产业体系，积极培育战略性新兴产业。

（一）南沙新区的产业发展定位

南沙距离香港38海里，距离澳门41海里，占据内地与香港开展更紧密经贸合作的重要经济地理位置。香港具有高水平的现代服务业，是世界著名的国际金融中心、贸易中心和航运中心，实行自由港体制和政策，其产业发展由于区域狭小而备受约束。香港未来的发展离不开中国内地的支持和市场，南沙可利用其毗邻香港的地缘优势，成为香港拓展内地市场的载体。经过多年的发展，南沙已形成了良好的产业发展基础，南沙的汽车、石化、船舶等产业集群配套程度高，高新技术产业及服务业开始成为新的增长点。南沙和香港的产业体系具有较强的互补性和梯度，具有较大的经济合作前景。因此，"粤港澳经济合作"是南沙未来发展的中心。

外资主导的制造业发展是南沙经济快速增长的引擎，而服务业的滞后发展却带来了南沙产业结构的失衡，使制造业和服务业之间的产业关联被割裂，产业链向服务业增值部分的延伸受到抑制，这是制约南沙产业结构升级和提升国际竞争力的重要因素。因此，积极推动粤港服务贸易自由化，大力发展生产性服务业，从而促进制造业的转型升级，是南沙产业发展的必然选择。因此，南沙的产业发展应定位于打造"源于制造，强于服务"的华南经济中心。具体而言，就是以本地的制造业为基础，发展现代服务业，提升产业层次。

（二）南沙新区的产业发展方向

1. 优先发展现代服务业

南沙的服务业已明显滞后于工业发展，因此现代服务业的发展将是南沙未来发展的重点。借助南沙成为CEPA先行先试综合示范区的契机，凭借毗邻港澳的区位优势，大力发展港口物流业、金融服务业、现代商贸业、专业服务业、健康休闲旅游业、文化创意业。

（1）港口物流业。依托大珠三角的区位优势和广州空港的国际枢纽作用，充分发挥南沙空港保税物流中心的保税仓储、保税物流、国际中转、国际配送、国际采购等功能作用。打造便捷的通关环境，降低物流成本，带动保税物流业务由简单的仓储、运输业务，向供应链管理、配送等高端方向发展。以

"封闭化、智能化、信息化、规范化"为原则,以信息系统为依托,探索建立"空港口岸—保税物流中心"无缝对接一体化运作新型管理模式,促进保税物流与口岸物流的有效联动。发展高端航运服务业,积极拓展航运服务产业链,借助CEPA契机加强与港澳现代航运服务业合作,大力发展航运交易服务、航运总部经济、航运金融保险、航运教育培训与劳务输出、海事法律服务等高端现代航运服务业,推进区域性国际航运和国际物流交易、融资、结算中心建设。以南沙港快速路、港口新区为基础,建立依港依路的综合运输网络,打通连接国内外经济发达地区和珠三角城市的现代物流快速通道,形成具有高时效性的货运通道网络,提供快速、准时、多样化服务的现代物流配送体系,全力打造亚太枢纽型港口物流中心。

(2)金融服务业。金融服务业应重点推进产业金融的发展,通过产业和金融的紧密结合,加快南沙经济的发展。根据南沙产业特色,重点发展汽车金融、装备制造业金融、物流金融、科技金融、化工金融、航运金融等产业金融领域。进一步有序开放金融市场,推进信贷、证券、保险、期货、债券市场和基金管理等金融业务合作,逐步引进外资金融、保险、证券、投资基金等机构,积极发展财富管理、风险投资管理等金融服务外包,形成服务珠三角客户的理财和保险中心,为客户提供高增值、个性化的财富管理、风险投资管理等金融业务。

(3)现代商贸业。全面推动商业优化升级和展贸融合发展,以大型购物中心为龙头,构建购物中心、商务中心、会展中心、商业街等商贸业态格局,建立名牌名店集聚的时尚购物中心,吸引高端消费人群。发挥南沙港区大宗货物大进大出的优势,大力吸引跨国公司、品牌销售公司和采购中心集聚发展,重点发展石化、塑料、粮食、钢材、家电等大宗商品交易平台,提升市场竞价能力和国际影响力。探索建立高新技术交易平台等新兴交易市场,做大做强汽车、高档消费品等专业进出口商品展示和交易平台,打造区域性商品交易中心。

(4)专业服务业。南沙是国家级开发区,一大笔资金和技术密集型的重化工和装备制造业企业落户南沙。南沙位于珠江三角洲经济带的几何中心,毗邻港澳,具有发展贸易、会计等专业服务业的潜力。香港是亚洲服务业最发达的城市,是专业服务最大的输出地。香港专业服务实力雄厚,具有世界水平,具有按国际惯例运作和在国际市场上开展各类贸易、金融、会计、法律和其他专业服务的知识和经验。由于具有相同的语言文化背景,港资企业比其他国际专业服务公司更容易进入内地市场,提供更优质的服务。南沙可充分发挥港澳在专业服务领域的优势,结合南沙重型工业基础和珠三角制造业集聚的特点,探索在南沙设立港澳专业服务集聚区,合作发展法律、会计、建筑、工程、城市规划等专业服务。

(5) 健康休闲旅游业。充分利用深水海港、人工湿地、滨海风光、邮轮游艇码头、十九涌渔人码头、鸦片战争爱国主义教育基地、国际汽车产业园等旅游优质资源,大力发展生态旅游、文化旅游、航海旅游、商务旅游、工业旅游等旅游产业。依托粤港澳丰富的医疗资源和优美的生态环境,着力推进南沙高端国际医学城建设,打造集医疗、康复、养生保健、健康旅游等为一体的高端医疗服务区。加强粤港澳旅游资质互认,放宽双边市场准入条件,依托南沙港国家一类口岸及南沙大型游艇码头,积极推进粤港澳在游艇、邮轮等休闲航海产业方面的合作。把旅游业作为战略性支柱产业来发展,努力打造区域性健康休闲旅游度假中心。

(6) 文化创意业。南沙"生态优先、滨海新城、宜商宜居"的特点非常适宜发展动漫等数字内容及创意服务产业。南沙可以借助毗邻港澳的地理优势,紧密结合岭南文化方面的历史底蕴,建设大中华区、粤港澳台数字内容及文化创意服务基地。港澳的影视制作、广告、演艺娱乐、动漫、包装等创意产业发达。利用CEPA实施的契机,加强与港澳在文化创意及影视制作方面的合作,推动粤港澳共同发展工业设计、会展设计、动漫、多媒体等文化创意及影视制作产业。积极利用港澳的国际资源,承接国际影视传媒、网络游戏、数字动漫等产品的设计、加工、汉化、制作等方面的外包业务,共同打造具有国际影响力的数字内容及文化创意产业基地。

2. 提高现代制造业竞争力

加快制造业高端化发展,抓住高端研发和精密制造环节,重点培育资金技术密集、关联度高、带动性强的先进制造业产业集群,打造华南地区重要的临港高端制造业基地。

（1）汽车产业。以乘用车整车项目为龙头，重点发展乘用车整车、发动机、电子控制系统和关键零部件，支持企业加速推进纯电动汽车、混合动力汽车等新能源汽车关键系统的研发和零部件制造，建设新能源汽车公共技术创新、监测和试验平台。将南沙国际汽车产业园建设成为产业链完整，结构布局合理，竞争优势明显，具有国际领先水平的汽车制造基地。

（2）船舶制造。依托南沙滨海岸线资源优势，发展大型港口作业机械、深水航道建设工程机械等重型机械装备，发展以海洋资源勘探、海上石油钻井平台等高端产品为重点的海洋工程装备，建设辐射东南亚的现代化海洋工程装备制造基地和海洋开发综合服务与保障基地，带动海洋信息服务、海水综合利用、海洋药物开发等海洋产业发展。以龙穴岛修造船基地为龙头，重点发展船舶制造、船舶修理、海洋工程装备制造、船用设备设计开发和制造等，将南沙建设成为世界级大型修造船基地以及具有现代化技术水平的海洋工程装备制造基地。

（3）装备制造。重点发展核电设备、节能环保装备、新型发电和输变电设备、数控设备和隧道机械设备。以能源装备产业园、重型机械装备产业园为核心载体，形成以核电承压设备、高压输变电设备项目为龙头的新能源装备产业集群；以园林机械、盾构机等为核心，大力发展轨道交通装备、大型工程装备、节能环保装备、智能电网装备等机械装备产业集群，逐步发展成为我国重要的核电装备基地和世界级能源装备制造产业基地。

3. 培育发展战略性新兴产业

抓住国家大力扶持战略性新兴产业的历史性机遇，努力把新一代信息技术产业、新能源、新材料培育成为先导性产业，充分发挥战略性新兴产业对产业转型升级的引领作用。

（1）新一代信息技术产业。目前，以云计算、物联网、互联网为代表的新一代信息技术已逐渐被广泛应用，促进信息技术的创新和应用已经成为发达国家和地区战略布局的重点。目前，南沙高新技术产业及服务业开始成为新的增长点，2012年，全区共有生产高新技术产品的企业36家，全年实现高新技术产品产值678.25亿元，同比增长10.97%。在目前的产业基础上，南沙应积极培育新一代信息技术产业，以此来促进产业升级，催生新技术和新产品。大力扶持发展数据技术研发、数据处理加工、云技术等数据产业。依托智慧产业园等载体，以物联网核心芯片、智能设备、智能信息集成服务为发展重点，积极吸纳国内外物联网制造企业落户发展，推动物联网技术在工业制造、生产管理与控制、现代物流与供应链管理等领域的广泛应用。

（2）新材料产业。目前，世界新材料产业的发展主要集中在信息材料、生物医药材料、航空航天材料、生态环境材料、纳米材料和超导材料等领域，生产地主要集中在美国、日本和欧盟。新材料产业是21世纪初发展最快的产业之一，2011年，世界新材料产业市场规模已超过8000亿美元。为了抢占未来经济发展的制高点，南沙应积极扶持新材料产业的发展。依托公共研发平台和产学研合作，加快新材料领域关键技术的联合攻关，吸纳国内外新材料企业集聚，发展改性高分子材料、新型金属材料、光电信息材料、纳米材料、特种功能材料等新材料研发和产品生产，推动现有新材料企业开展节能减排和绿色制造，形成华南地区新材料研发和加工制造基地。

（3）新能源产业。能源是地区经济增长的战略投入要素。随着全球能源消费的不断增加，煤炭、石油等传统能源将可能面临着短缺的危机，可再生能源开发已成为世界各国产业重点发展的主要方向。目前，太阳能、生物质能、风能开发是世界新能源产业的主要发展方向。在新能源产业发展方面，南沙应以重点企业为龙头，大力发展电动汽车、生物质能源和氢燃料电池等新能源项目，鼓励新能源产品的开发和应用，尤其发展新能源汽车关键零部件的建设。

五　南沙新区产业发展的政策调整思路

（一）政策调整思路和方向：服务贸易自由化

伴随着技术进步和新一轮世界经济结构调整，国际产品内分工演进加速了服务贸易的发展，世界产业正由制造业向服务业的国际转移过渡。目前，主要发达国家服务业占GDP比重普遍超过70%，而我国服务业占比才达到45%，服务贸易仅占贸易总额的11%。我国服务业发展水平与经济大国、货物贸易大国地位不符，服务业对制造业升级的服务功能极为不足。在全球服务业呈"碎片化"发展趋势的背景下，我国若脱离全球分工体系就会有被"边缘化"的危险。抓住全球服务贸易发展的重要契机，进一步扩大服务业开放，实现服务贸易数量扩张与质量提升的同步发展，将是我国即将实施的经济发展战略。经过20多年的发展，南沙已建成以重工业为主的临港产业体系，形成了汽车、钢铁、石化、船舶等配套程度高的产业集群。但是，南沙服务业的滞后发展却带来了南沙产业结构的失衡，割裂了制造业和服务业之间的产业关联，这是制约南沙产业结构升级和提升国际竞争力的重要因素。因此，抓住国家将进一步扩大服务业开放的机遇，积极推动粤港服务贸易自由化，大力发展生产性服务业，从而促进制造业的转型升级，是南沙产业发展的必然选择。

（二）积极推进CEPA先行先试，加大粤港澳产业合作力度

借助南沙成为国家级新区，实施CEPA先行先试综合示范区的契机，要突出南沙与港澳在现代高端服务业的紧密融合，重点加大四类服务行业的合作发展力度。一是充分发挥CEPA所赋予香港金融中介在内地金融改革、重组和发展中的作用，加快发展与城市服务功能高度相关的金融业，打造南沙金融商务区，优化金融生态环境，加快建设辐射全省和泛珠三角的区域性金融决策中心、管理中心、运营中心和资金集散中心。二是优先发展体现都市功能的商务中介和信息服务业，以建设"珠江两岸文化创意产业圈""数字广东"和"国家网游动漫产业基地"为契机，大力发展文化创意产业、软件产业及数字内容产业等，把南沙建设成为亚太地区最具活力和竞争力的文化创意区之一。三是充分利用港澳发展会展经济的优势和经验，依托广州的广交会、广博会、留交会和深圳的高交会等知名品牌，把南沙建设成为"华南现代会展之都"。四是积极探索依托南沙保税港区建设大宗商品交易中心和华南重要物流基地，打造世界邮轮旅游航线著名节点。港澳是现代服务业发达的自由港，南沙是重型制造业基地，南沙与港澳的产业合作必须要服务于珠三角生产服务中心的构建，辐射珠三角制造业的发展。

（三）加强与国际经济新规则的融合，加强体制和机制创新

在新的国际经贸形势下，中国将进一步扩大服务业的开放，逐步实施从边境开放向境内体制性开放过渡，逐步使国内体制、经济与社会、环境保护政策等与国际新规则接轨，主要包括：在服务贸易领域扩大开放力度和市场准入，投资规则将从"正面清单"管理模式转变为"负面清单"管理模式，经济活动管理将从"重事前审批"转变为"重事中和事后监管"。这些高标准的国际服务贸易新规则，将对我国政府职能转变、经济体制改革提出更高的要求。南沙作为服务业发展总体水平较低，行业监管较弱的地区，必将面临着一系列的困难。面对严峻的形势和新的发展机遇，南沙应直面困难迎接挑战，注重与国际经济新规则的融合，加强管理体制和机制的创新。一是积极进行下一轮自贸区试点的申报工作，使南沙成为"粤港澳自贸区"的一部分，提早进入中国新一轮改革开放。二是大力拓展服务领域开放的广度和深度，形成服务贸易全方位开放的新格局。三是强化精简高效的行政管理机制。坚持"小政府、大社会""小机构、大服务"的原则，进一步转变南沙新区政府的管理职能，科学地构筑起与市场经济相适应、与国际惯例相接轨、精干高效的管理体制。四是规范市场经济秩序，进一步健全统一、开放、竞争、有序的现代市场体系，为落户南沙的国内外企业提供公平竞争的市场发展空间。积极实施知识产权战略，加大对知识产权的司法保护力度，推进技术进步和自主创新，依法查处侵权行为。

参考文献

[1] 广东外语外贸大学粤商研究中心、服务外包研究院：《广州南沙新区服务外包业发展研究（2014~2018）》，（内部研究报告），2013年10月。

[2] 广东国际战略研究院、广东外语外贸大学粤商研究中心：《南沙新区法治化国际化营商环境建设研究》，（内部研究报告），2013年2月。

[3] 广东国际战略研究院、广东外语外贸大学：《广州南沙建立实施CEPA先行先试综合示范区研究》，（内部研究报告），2010年10月。

[4] 裴长洪:《全球治理视野的新一轮开放尺度:自上海自贸区观察》,《改革》2013年第12期。
[5] 周茂荣:《跨大西洋贸易与投资伙伴关系协定(TTIP)谈判及其对全球贸易格局的影响》,《国际经济评论》2014年第1期。
[6] 西蒙·库兹涅茨:《各国经济的增长》,常勋译,商务印书馆,1999。

B.10 深圳建立自由贸易园区的探讨

刘伟丽*

摘　要： 本文首先概述了自由贸易园区的概念和主要特点；其次，从发展基础、战略意义和战略定位三方面分析了深圳服务贸易发展趋势与构建深圳自由贸易园区的必要性和可行性；再次，从建设思路、功能定位、目标、空间布局和布局载体等方面，研究基于服务贸易自由化的深圳自由贸易园区构想；最后，从投资、服务、监管、财税政策等方面，提出深圳建立自由贸易园区的几点政策试点方案。

关键词： 自由贸易园区　服务贸易自由化　CEPA　深圳

一　深圳构建自由贸易园区的条件和重要意义

中国改革开放以后，逐步建立的经济特区、开发区、保税区、地方行政新区等功能区都曾发挥配置国内外资源的作用，但基本是物资要素、货物贸易的区域，不能满足高度国际化的研发、生产、销售、管理等环节的需要，迫切需要一个要素高效流动的，包括货物贸易和服务贸易自由化的区域，且具有国际物流配送、国际采购、国际中转等功能。在我国境内设立实施特殊优惠税收和特殊监管政策的小块特定区域建立自由贸易园区，是我国进一步深化改革开放

---

* 刘伟丽，女，经济学博士，深圳大学经济学院教授，深圳大学中国质量经济发展研究所所长，主要研究领域为国际贸易、产品质量、世界贸易组织规则。

和经济转型的必然选择。并不是所有的海关特殊监管区都有平等的先行先试的权利，有些"有自由贸易区功能的海关特殊监管区"可以作为试验区的首选。2006年国务院总理温家宝在前海调研时指出："推进海关特殊监管区整合，充分发挥特殊监管区的示范、导向和辐射作用，增强国内配套能力，延长加工贸易价值链。加快建立新型保税监管体系，积极支持大型物流枢纽、区域性物流中心建设，更好地承接国际现代服务业的转移"；并于2009年对《关于中国在浦东建立自由贸易区设想》报告批示，将"自由贸易区"改为"自由贸易园区"。

2013年3月，国务院总理李克强在上海调研时提道："中国走到了这一步，就该选择一个新的开放试点。上海完全有条件、有基础试验这件事，要用开放促进改革。"2013年8月，中国（上海）自由贸易试验区正式获批，包括上海市外高桥保税区、外高桥保税物流园区、洋山保税港区和上海浦东机场综合保税区4个海关特殊监管区，总面积为28.78平方公里。这正是各种经济功能区实现制度转变的方向，要求各种功能区由改革开放"试验田"转变为符合国际惯例的自由贸易功能区，由区域开放向产业开放转换，减少生产、流通和贸易的成本，充分利用"两种资源和两个市场"，增强中国在国际经济中的主导地位。

深圳毗邻香港，地理位置优越，地缘优势可以更好地落实《关于建立更紧密经贸关系的安排》（以下简称CEPA）框架下的自由贸易内容。同时，中央政府支持广东在对港澳服务业开放中先行先试，率先实行CEPA各项协议。为了进一步深化粤港澳合作、提升对外开放水平，有必要设立"自由贸易园区"，积极推动粤港澳经济、文化、社会管理服务等各领域广泛、深入合作，推进体制机制创新，探索科学发展的新模式。

中国经济经过30多年的高速增长，在2008年国际金融危机影响下进入调整期，也是我国全面实现体制开放、促进经济社会转型的新时期。这个时期需要"自由贸易园区"这样的新动力和新平台，实现"以开放促改革"。自由贸易园区将高度集中国际贸易、航运中心、金融中心、物流中心建设必需的功能，是中国对外贸易发展、与世界各国开放对接的大平台，是提高对外贸易和投资效率、增强国际竞争能力的有效路径。在深圳设立自由贸易园区对于形成深圳核心竞争力具有重要的战略意义。具体而言具有继续发挥先行先试作用的重要意义；具有继续探索深港一体化合作模式的重要意义；继续打造粤港澳区域合作模式的重要意义；进一步促进现代产业和现代服务业发展模式的重要意义；继续起到对外开放窗口作用的重要意义。

二 自由贸易园区内涵

（一）自由贸易园区的界定

自由贸易园区，指的是主权国内的贸易自由化，具体指向某一国家或地区境内设立的小块特定区域，实行优惠税收和特殊监管政策。相比国内目前的各类保税区，自由贸易园区意味着更优惠的政策、更大的对外开放程度。

目前，中国的特殊海关监管区实行的是"境内关内"的特殊政策，国际上成功的自由贸易园区实行的是"境内关外"的政策，具体包括：放开国境线（一线），管住自由贸易园区的关境线（二线），在自由贸易园区内取消海关通常的监管手段和程序。

中国自由贸易园区与海关特殊监管区具备以下三点差异：一是监管理念的区别，要从货物管理转变为企业管理，否则就会管得过多过细；二是对外贸易的开放程度区别，现有的贸易壁垒、配额限制应该更为宽松，要有与国际接轨的多元贸易模式；三是对外政策的开放程度区别，最主要的是外汇政策和对外税收政策。

自由贸易园区的运行：监管便利化、管理多样化、优惠政策全方位。自由贸易园区和其他区域的重大区别之一，是避免由于关税和复杂的海关手续所造成的贸易障碍。以保税港区为形式，设区定位为物流中心，并由中央或地方政府运营。尚无相关立法，仅有《中华人民共和国海关保税港区管理暂行办法》。自由贸易园区由海关、财政部、商务部等10部委共同监管。通关方式为通关申报，其中包括备案制、报关制和稽查制。资金进出方面，经常项目下资金流动较自由，资本账户下资本流动受管制。人员进出制度为一次审批、一年内多次有效的出国审批办法。同时园区实行赋税优惠和外汇自由等优惠政策。

自由贸易园区建设,将以高端服务业发展为主导,将开发功能融合在城市功能完善当中,将贸易和交易功能融合在对外开放当中,逐步形成绿色开发、绿色投资、绿色消费的模式,打造一条高效、环保、可持续的低碳发展之路,将为我国开发开放区域的建设引入新的理念、新的产业和新的发展模式。打造国际贸易技术服务产业,跨国公司开始利用保税区的保税、免税政策开展第三方维修业务,非国内制造和非集团内部的全球维修检测业务。

(二)自由贸易园区的特点

根据张小玲(2010)文章中关于自由贸易园区的特点,整理综述自由贸易园区的特点如下:

(1)境内关外的地位。处于"境内关外"是自由贸易园区的典型特征,也是一国海关监管最优惠政策的基本原则。自由贸易园区位于设区国边境之内,但在海关监管上却被置于该国的关境之外,海关对货物进出自由贸易园区关境减免关税,但是若出了该自由贸易园区的关境而进入该国境内其他区域则被视为进口,该国境内其他区域货物进入该自由贸易园区也被视为出口,要被征收相应的关税,除特殊情况外,海关不实施惯常的监管制度。

(2)隔离封闭的地理位置。自由贸易园区是在所属国领土上,用障碍物隔离起来的一个封闭区域,实施独立的政策。在该封闭区域内,货物从其他地区进出,视同从该国国境进出口,区内企业生产经营活动也都被隔离在区域内。

(3)区港联合的形式。世界上自由贸易园区大多设在港口吞吐量较大,运输具有地理优势的海港等地方,例如美国的纽约港、新加坡港、德国的汉堡港等,有的国家也将自由贸易园区设在内河港、航空港等区域。总之,将自由贸易园区设在一国的边境港口附近,有利于货物的进出口。

(4)保持开放的经营。在管理上,赋予自由贸易园区内的企业和个人充分的自由,但必须以遵守区内相关法律为前提,鼓励投资,对外资的进入通常没有行业限制;在贸易往来上对进出口贸易及转口贸易几乎没有限制;货物进出口关境免办海关手续、船员可自由登岸、卫生检疫及出入境手续等从简。总之,自由贸易园区向世界上所有国家或地区的企业、商品及资本开放。

(5) 国家政府的管理。自由贸易园区是一个国家从经济利益出发，通过特殊的经济政策和手段，在该国境内开辟的一个区域。所以，作为国家的一个特殊经济管理区域，自由贸易园区当然受所在国家的政府管理。一般根据相关法律在自由贸易园区内设立相应的管理机构，代表政府对该自由贸易园区进行管理。

(6) 最大优惠的政策。自由贸易园区最重要特征就是政策优惠，为了吸引投资，往往给予自由贸易园区内的企业各项政策上的优惠，例如减免所得税、进出口通关便利、财政与金融优惠措施等。政府通过给予这些优惠，使得自由贸易园区顺利运行，进而推动经济发展。

三 深圳构建自由贸易园区的基础

深圳是改革开放的窗口，特区优势可以更好地发挥自由贸易园区的窗口和示范作用；深圳前海是"特区中的特区"，前海定位可以更深入地发展自由贸易园区；深圳其他的海关特殊监管区：福田保税区、盐田港保税区、盐田港保税物流园区、沙头角保税区、深圳出口加工区、前海湾保税港区、海关监管仓等，这些特殊监管区给自由贸易园区试点更广阔的空间。深圳特区优势主要表现在以下几方面。

（一）深圳区位及腹地优势

深圳拥有优越的区位条件。深圳是中国对外交往的重要国际门户，拥有全国最多的口岸，综合交通优势明显，在粤港澳区域具有重要战略地位，突出的地缘优势为深圳加强外向型经济建设提供了良好基础，也成为全球投资者进入庞大中国内地市场的首选之地。深圳港吞吐量连续10年居世界集装箱港口第4位；深圳宝安国际机场是中国境内第4大空港，通航100多个城市。外贸进出口总额、出口额均居内地大城市榜首，出口实现20连冠。以深圳为中心，1小时车程内能采购到各种产业配套要件；产品制造出厂后，1小时内即可通过深港口岸发往世界各地，其中前海具有独特的区位优势和基础条件。

深圳向腹地（内陆）进行延展是深圳港未来发展的方向，近几年，深圳市政府与内地多个城市（长沙、南昌、成都）签署了《铁水联运合作协议》，进一步加强了深圳港和内陆地区的联系，进一步增加了深圳与内陆地区在资源和市场领域的紧密合作，并出台了《关于进一步促进深圳港发展的若干意见》和《深圳港航产业发展资助资金管理办法》等多项政府文件，鼓励深圳港向内地辐射和延伸。

深圳是世界上发展最快，中国经济最发达的城市之一，过去30多年GDP年均增长达25%，2012年GDP超过2000亿美元，人均GDP近2万美元。目前基本建成了以高新技术产业、先进制造业为基础，以现代服务业为支撑的新型产业体系。致力法治政府建设，独具特区立法权优势，发展环境公平、透明、宽松。

（二）产业优势

深圳产业基础坚实，发展潜力巨大，辐射带动范围广阔，具有推动粤港澳全面合作的独特优势。一方面，产业结构不断优化，服务业占比持续增长。2012年深圳现代服务业产值4899.25亿元，比上年增长11.9%，其中交通运输、仓储和邮政业产值471.99亿元，住宿和餐饮业产值254.37亿元，金融业产值1819.19亿元，房地产业产值1130.31亿元[①]。2012年全国服务贸易进出口额为4726亿美元，其中进口额2812亿美元，出口额1914亿美元，逆差额898亿美元[②]；深圳服务贸易进出口总额304亿美元，其中进口额157亿美元，出口额147亿美元，逆差额10亿美元，[③] 2012年深圳服务贸易在全国服务贸易中的占比是6.45%。另一方面，深港服务业对全国制造业的支撑作用凸显，深港现代服务业的新模式快速发展。进一步扩大深圳的服务业开放，推动贸易和投资自由化等制度创新，做成服务产业链，形成中国乃至世界的"服务谷"。

---

① 数据来源：深圳市2012年国民经济和社会发展统计公报。
② 数据来源：国研网。
③ 数据来源：深圳市2012年国民经济和社会发展统计公报。

四 基于服务贸易自由化的深圳自由贸易园区构想

（一）深圳自由贸易园区的建设思路

构建深圳自由贸易园区指导思想要以科学发展观为指导，围绕建设中国特色社会主义示范市和现代化国际化先进城市的奋斗目标，紧抓国际服务贸易加速发展、国家服务业改革试点、CEPA全面实施、后大运时期城区建设、"退二进三"等系列机遇，以更加积极主动的姿态融入全球经济和区域经济一体化，在更大范围内整合资源、集聚要素。以扩大服务贸易对外开放水平为抓手，打造新的经济增长极，使深圳市成为全国服务贸易开放水平最高、辐射带动能力最强的现代化城市之一，不断提升服务贸易对全市经济增长的贡献率和带动力。

（二）深圳自由贸易园区功能定位

自由贸易园区的功能定位是综合性的，真正达到"境内关外"性质的特殊区域，明确在中国的政治管辖下，处在关境之外，受海关治外法权保护，无贸易限制的关税豁免区域。其基本功能包括：首先具备各种保税监管区的保税加工、保税物流、保税仓库三大功能，其次还有展览、转口贸易、金融、货运等服务贸易功能。具体为：一是在现有加工功能基础上拓展保税物流功能，园区内允许开展进出口贸易、转口贸易、加工贸易、仓储、商业性简单加工、商品展示、研发、检测、维修、国际采购、分销和配送等加工和物流功能；二是保税物流与加工结合，并与码头、空港、内陆港整合起来，兼具保税加工、保税物流和口岸通关作业的综合性功能；三是赋予展览等功能；四是整合后的保税仓库兼具先行保税仓库和出口监管仓库的功能；五是园区要具备金融等服务功能，包括离岸金融、在岸金融等现代金融服务业，以及以会计师事务所、律师事务所为主的中介服务业等。

（三）深圳自由贸易园区建设目标和任务

自由贸易园区的目标是以物流、金融、保险、商贸、中介等服务业和服务贸易，以及高端制造业和战略性新兴产业等重点领域为主，不断加强综合服务功能和国际竞争力的任务，从而通过现代生产性服务业的产业集聚效应，增强粤港澳的合作空间和合作领域，形成粤港澳现代服务业的全国示范区。深圳自由贸易园区必须完成以下任务：继续落实CEPA，加强深港合作新模式研究；建立新的现代服务业的发展路径和机制；探索现代服务业引进来和走出去的路径。

（四）深圳自由贸易园区的空间布局及其布局载体

深圳一直是改革开放的窗口，在新的对外开放的形势下，深圳应该发挥其所有海关特殊监管区和高新技术园区的作用，争取深圳整体建成自由贸易园区。立足特殊监管区，形成港区与园区相连，加快通关环节，提升深圳国际竞争力，提高深圳的窗口和示范作用。深圳自由贸易园区的空间布局需要双层内容区域整合，第一个层次是对深圳现有特殊监管区进行政策叠加和功能整合；第二个层次是跨行政区的区域整合，各类开发开放区、新的优势资源、新的空间资源等。

1. 保税区

（1）深圳前海湾保税港区载体。深圳前海湾保税港区于2008年10月18日经国务院批准设立，2009年7月10日通过验收，2009年底正式封关运作，位于粤港澳1小时生活圈的核心位置，地处珠三角区域发展主轴与沿海功能拓展带的十字交汇处，依托深港港口群，30公里范围内拥有两大国际机场，两大世界级集装箱枢纽港，具有深港融合圈、空港辐射圈、海港服务圈"三圈叠加"效应。其功能主要是开展国际采购、国际配送、国际中转、国际转口贸易以及与之配套的金融、保险、代理、展示、检测、维修、航运服务等业务。重点发展的四大主导产业包括航运服务、供应链物流、国际贸易、创新金融。前海湾保税港区是深圳地区国家级开发区，在2012年全国评价结果综合排名第171位。

（2）盐田港保税区载体。1996年9月27日经国务院批准成立，面积0.85平方公里。盐田港保税区是深圳地区国家级开发区，在2012年全国评价结果综合排名第73位。

(3) 福田保税区。1991 年 5 月 28 日经国务院批准设立，1993 年 2 月 18 日隔离围网设施通过海关总署验收。围网面积为 1.35 平方公里。福田保税区东起皇岗口岸，北邻广深珠高速公路，南沿深圳河，西至红树林自然保护区，毗邻深圳地铁与香港西北铁路接驳的皇岗地铁总站。福田保税区是综合性保税区，致力于发展高科技工业、现代物流业和国际贸易业务，功能主要有加工、贸易、物流。

(4) 沙头角保税区。沙头角保税区于 1991 年 5 月 28 日经国务院正式批准设立，是中国创办最早的保税区。沙头角保税区以发展先进的外向型制造业为主，产品主要有电脑主机板、显示器、智能玩具、黄金珠宝、纺织服装和塑料制品等。

2. 海关监管仓

海关监管仓是海关监管的仓库，由仓储物流企业申请，海关批准。这类仓库是存放待进/出口货物的仓库，在完成报关后就可以安排进/出口了。一般是拿来做/拆散货拼箱的中转仓库。出口手续是，由很多家发货人分别把货物送入海关监管仓，承运人完成出口报关手续后，安排集装箱来仓库装货，然后送到码头待装船；进口手续是，当拼箱的柜子进口到国内后，需在完成进口报关后，进入海关监管仓拆箱，再分配给对应的收货人。

3. 深圳出口加工区载体

2000 年 10 月 8 日审议通过了《深圳出口加工区若干规定》，赋予加工区管委会市一级的经济管理权限。加工区是目前关税最优惠、通关最快捷，管理最简便、经济最开放的海关监管特定区域。加工区基础设施完善。深圳出口加工区是深圳地区国家级开发区，位于深圳市大工业区中心区的西片区，在 2012 年全国评价结果综合排名第 132 位。

4. 保税物流园区

盐田港保税物流园区载体。盐田港保税物流园区总面积 0.96 平方公里，园区内重点发展国际物流、国际采购、国际中转和转口贸易业务。盐田港保税物流园区是深圳地区国家级开发区，在 2012 年全国评价结果综合排名第 65 位。大铲湾配套物流园区，重点突出其保税、金融、信息服务等增值功能，目标是建成港口物流运营与服务中心。笋岗－清水河物流园区，将建设成城市现

代服务业功能集聚区域,争取建成香港现代物流企业的后方服务基地。

5. 深圳市高新技术产业园区载体

深圳市高新技术产业园区规划总用地面积11.5平方公里。深圳市高新技术产业园区是深圳地区国家级开发区,在2012年全国评价结果综合排名第6位。大批企业入驻高新区,包括华为和中兴这样大的高新技术企业,形成产学研结合的产业成果转化和产业化基地。

五 争取深圳自由贸易园区的政策建议

深圳自由贸易园区的建设,要符合国际惯例,争取建设世界一流水平的园区。与园区实施的政策相匹配,亦即与园区产业发展、业务发展对口岸通关的需求相适应,总的思路可概括为"一线逐步彻底放开、二线安全高效管住、区内货物流动自由",同时对进出境交通运输工具和人员实行最便利的通关政策。争取一揽子系统化、具体化的功能性政策试点方案出台。

1. 投资自由化

对香港和澳门投资,尤其是梳理服务业对香港和澳门投资存在的具体瓶颈和障碍,真正能够落实CEPA,实现香港和澳门在深圳投资无程序上的和实质上的障碍,实现市场准入、通关便利化、国民待遇原则。

2. 服务贸易自由化

CEPA中关于服务贸易的协定几乎涵盖了世界贸易组织的服务贸易总协定涉及的所有部门,但是存在"大门开了,小门不开"的实质性障碍,已经开放的服务部门要进一步降低准入门槛,简化审批程序,优化发展环境;没有开放的航运服务、商贸服务、专业服务、社会公共服务和科技文化服务等,应进一步继续扩大开放;同时可以争取对台湾地区及其他已经建立区域性合作的国家和地区进一步扩大开放。

3. 监管便利化

监管模式应该与自由贸易园区实施的政策相匹配,亦即与园区产业发展、业务发展对口岸通关的需求相适应,具体可以坚持"一线逐步彻底放开、二线安全高效管住、区内货物流动自由",同时对进出境交通运输工具和人员实行最便利的通关政策。

4. 金融财税政策创新

推动金融开放创新和外汇管理改革，制订符合自由贸易园区需要的货币金融服务框架，并研究制定有利于园区发展的财税政策。首先，促进金融改革和开放，在CEPA项下在自由贸易园区内试点离岸金融业务，推进跨境人民币金融创新，加强园区与港澳金融合作，发展贸易金融、航运金融、物流金融等特色产业金融，促进贸易和金融融合发展。其次，开展外汇管理改革创新，在自由贸易园区内取消资本管制，实现人民币自由使用和资本项目可兑换；开展跨境电子商务支付业务、跨国公司总部外汇资金集中运营试点，改革企业外债管理。允许人民币、港币、澳门元三种货币在区内自由流通和兑换，培育现代货币兑换服务业。再次，梳理上海、天津、香港、新加坡等财税政策和财税制度，制定包括国际航运、融资租赁、仓储物流等行业的优惠产业目录。最后，制定税收优惠和减免政策，按营业额或利润征收税款，降低税率，区域内企业在工商税方面，将企业所得税调整至15%；免征园区内的航运、仓储、物流、离岸贸易、金融、租金以及其他有关服务类企业经营相关业务取得的收入，免征营业税；借鉴离岸法区的税收政策，仅向公司征收年度管理费，更加接近境外自由贸易园区的税收水平，又不同于离岸法区。

5. 营商环境便利化

建设法治化国际化营商环境行动计划，开展营商环境调研，要以货物贸易和服务贸易自由化为中心，侧重服务贸易，大致可分为四个方面：一是法制环境。通过特区立法和地方立法，参照深圳特区商事登记改革地方立法的做法，突破港澳服务行业进入自由贸易园区的规则障碍和政策难点。考虑在自由贸易园区内设立专门的商事仲裁机构，鼓励设立民间调解组织，提供商事调解服务。二是政务环境。减少服务行业管理部门的行政审批事项，简化审批程序，推动行政审批规范化、标准化，减少行政干预，放松管制，放开服务市场。同时研究货物贸易最低限度监管程序，实施最大程度的便利化措施，实现园区内与境外货物自由流转。三是市场环境。从实施商事登记制度改革入手，放开市场准入，与港澳地区在经营许可、产权登记、跨境交易、人才服务、法律服务等方面对接。简化粤澳自然人流动管理，开展信用管理，加强市场监管，创建与港澳接轨的国际营商环境。四是社会环境。根据自由贸易园区发展需要,建设宜居、宜商、宜业的优良环境。研究港澳及外籍居民往来、居住、旅游便利化政策,搭建人才流动和成长的平台。探索给予港澳同胞在区内就业、教育、医疗、社会保障等方面与内地居民同等待遇。

参考文献

[1] 裴长洪、郑文:《发展新兴战略性产业:制造业与服务业并重》,《当代财经》2010年第1期。

[2] 裴长洪:《加快发展服务业的六项改革任务》,《浙江树人大学学报》2011年第1期。

[3] 裴长洪、杨志远:《2000年以来服务贸易与服务业增长速度的比较分析》,《财贸经济》2012年第11期。

[4] 尚佳:《基于对应分析法的综合保税区与自由贸易园区的差别化研究》,上海交通大学船舶海洋与建筑工程学院2012年硕士学位论文。

[5] 于立新、周伶:《现阶段中国服务贸易与货物贸易,相互促进发展研究》,《国际贸易》2012年第3期。

[6] 张小玲:《我国建立自由贸易园区法律问题研究》,湖南大学2010年硕士学位论文。

B.11 提升广东外贸竞争力的研究*
——基于沿海主要地区外贸发展的比较分析

蔡春林**

摘　要： 本文选取经济基本面、贸易地位、贸易增速、贸易结构、金融支持力度5大类22个指标，对广东、江苏、上海、浙江和山东外贸竞争力水平进行综合评估。从最终得分结果来看，广东外贸竞争力指数的分值高于其他四省份，但从各个分项来看，广东外贸并不具有绝对优势，预示着广东外贸竞争力存在随时被超越的可能性。为此，提出提升广东外贸竞争力的政策建议，主要加快综合体制改革和落实各项支持外贸发展转型的政策；推动金融与贸易对称性发展，建立贸易金融互动机制，加快金融自由化，破解汇率波动的负面影响。

关键词： 对外贸易　外贸竞争力　区域经济　沿海外贸　广东

一　广东外贸发展简要回顾：与其沿海主要地区比较

改革开放30年来，广东经济发展取得了辉煌成就，其中对外贸易在促

---

* 本文是广东省软科学研究项目（项目编号：2012B070300052）、广东工业大学高教基金项目（编号：2011Z01）阶段性研究成果，《广东外经贸发展蓝皮书（2014）》研究最终成果。

** 蔡春林，男，博士，教授，广东工业大学金砖国家研究中心主任，广东省新兴经济体研究会会长，研究领域为WTO规则、新兴经济体、金砖国家合作。

进广东经济发展中的作用尤为突出。凭借迅速发展的对外贸易，广东成为中国改革开放的重要推动力量。广东进出口总值从1978年的16亿美元到2013年首次突破1万亿美元的大关（参见表1），年均增长在20%以上，占全国近30%的份额，2013年仍有26.2%的份额（2000年和2002年曾占35%的份额）。应该说，在这30多年中，对外贸易是广东经济发展的关键一环，它引导广东以至全国融入全球经济一体化的浪潮，成为广东经济链条中重要的组成部分。

表1 2013年广东外贸基本指标一览

指 标	规模（亿美元）	同比增长（%）	指 标	规模（亿美元）	同比增长（%）
进出口总额	10915.7	10.9	进出口差额	1812.3	10.2
出口总额	6364	10.9	进口总额	4551.7	11.0
按贸易方式分			按贸易方式分		
一般贸易	2145.8	12.7	一般贸易	1541.9	11.0
加工贸易	3234.4	-0.4	加工贸易	2033.2	-0.8
其他贸易	983.8	67.2	其他贸易	976.6	48.0
按企业性质分			按企业性质分		
国有企业	504.8	-2.7	国有企业	398.7	-4.1
外商投资企业	3573.3	4.9	外商投资企业	2347.8	1.8
集体企业	150.9	-0.1	集体企业	44.9	-5.8
私营企业	2131.0	28.3	私营企业	1419.6	40.8
其他企业	4.1	-16.3	其他企业	340.6	6.2

注：2012年进出口总额为9838.2亿美元，同比增长7.7%；差额为1644.6亿美元。
资料来源：海关统计。

（一）1981年广东外贸总额跃居全国各省份之首

1980年以前，广东进出口规模低于上海，1978年广东外贸总额为15.92亿美元，上海为30.26亿美元，几乎是广东的两倍。此时，山东外贸规模排名第三，江苏第四，浙江第五。1981年广东外贸总额首次超过上海，达到48.8亿美元，此后一直稳居首位。1986年广东外贸总额超过100亿美元，几乎是上海的两倍，此后几乎是每5年翻一番，2013年超过1万亿美元，达到10915.7亿美元（参见表1）。根据WTO统计数据，2012年广东进出口总额9838.20亿美元，排在世界各经济体的第11位，在加拿大（9300亿美元）之前，意大利（9860亿美元）之后。在广东贸易地位稳步提升的同时，江苏外贸地位也在稳步上升，1991年超过山东，2003年超过上海，成为稳居中国对外贸易第二名的省份；浙江在1999年超过山东，此后，中国外贸格局基本定型：广东第一，江苏第二，上海第三，浙江第四，山东第五（参见附表1、图1）。①

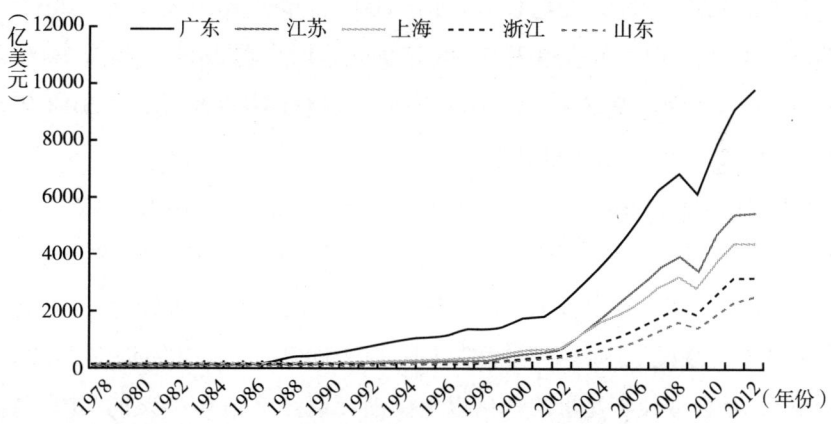

图1　1978～2012年粤苏沪浙鲁货物进出口贸易趋势

资料来源：WIND数据库。

（二）1984年以来广东出口规模全国第一

从出口方面来看，自1984年开始广东出口总额超过上海，稳居各省份之首。1978年广东出口额为13.88亿美元，上海为28.93亿美元。广东出口1987年超过100亿美元，上海在1995年才超过100亿美元。此后，广东出口基本上延续5年翻一番的规模变化。目前，广东出口规模第一，第二名是江苏，第三名是浙江，第四名是上海，第五名是山东（参见附表1）。

---

① 北京2013年货物贸易进出口总额4291.03亿美元，在全国应该排在第三的位置，考虑到国字头外贸大公司基本上都在北京，其外贸与其他省份没有可比性，本文不与北京对比。

（三）1978 年以来广东进口规模一直稳居全国第一位

从进口方面看，广东一直稳居全国第一位，1978 年广东进口规模为2.04 亿美元，上海为1.33 亿美元，山东为0.42 亿美元，浙江为0.18 亿美元，江苏为0.09 亿美元。1987 年广东进口额超过 100 亿美元，2002 年超过 1000 亿美元，2006 年超过 2000 亿美元，2010 年超过 3000 亿美元，2013 年达到 4551.70 亿美元。上海进口额在 1997 年超过 100 亿美元，2006 年超过 1000 亿美元，2011 年超过 2000 亿美元。江苏在 2005 年超过 1000 亿美元，2011 年超过 2000 亿美元，2013 年达到 2219.88 亿美元。山东在 2011 年超过 1000 亿美元，2013 年为 1326.49 亿美元。浙江目前仍未超过 1000 亿美元，2013 年其进口规模为 870.40 亿美元（参见附表 1）。

从占全国的比重来看，2012 年广东以占全国 11% 的 GDP，创造了占全国 25.44% 的贸易规模，也就是说广东经济规模是全国的 1/10，而贸易规模却是全国的 1/4 还要多（见图 2）。而江苏以占全国经济 1/10 的比重，只创造了 14.17% 的贸易规模。不过上海能够以占全国 3.87% 的 GDP，创造 11.30% 的外贸规模，是自身经济比重的 3 倍以上，浙江以占全国 6.66% 的 GDP 创造了 8.07% 的贸易规模。山东则是以 9.63% 的 GDP，只创造了 6.35% 的贸易规模，与自身经济实力不相称。综合起来，从外贸依存度也可以看出外贸对各地区的经济贡献，上海和广东排在前列（参见表 2、图 2）。

表 2　2012 年粤苏沪浙鲁外贸规模占全国的比重

	广东	江苏	上海	浙江	山东
GDP(亿元)	57067.92	54058.20	20101.33	34606.00	50013.20
GDP 占全国比重(%)	10.99	10.41	3.87	6.66	9.63
外贸总额(亿美元)	9838.20	5479.61	4365.87	3124.01	2455.44
外贸总额占全国比重(%)	25.44	14.17	11.30	8.07	6.35
出口占全国比重(%)	28.02	16.03	10.09	10.96	6.28
进口占全国比重(%)	22.54	12.08	12.65	4.82	6.43
外贸依存度(%)	108.82	63.99	137.10	56.99	30.99

注：2012 年人民币兑美元平均汇率中间价为 6.3125 元 = 1 美元。

资料来源：WIND 数据库。

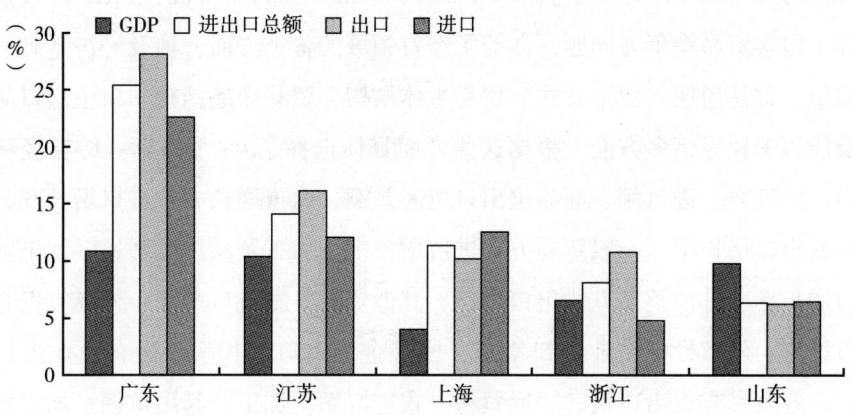

图 2　2012 年粤苏沪浙鲁外贸规模占全国的比重

资料来源：WIND 数据库。

二　广东外贸竞争力评估

（一）评估方法改进：加入金融服务的评估体系

国际上对外贸竞争力评估已经较为成熟，微观层面、宏观层面的研究文献也比较多。传统的外贸竞争力评价方法侧重于产品层面的贸易竞争力研究，可分为三类（蔡春林、沈伯明、陈万灵 2010）：一是结果性指标。这类指标是分析出口产品贸易竞争力的核心指标，它直接以贸易结果判断竞争力的大小，具有较强的直观性，比较容易分析出口产品的竞争能力。例如，净出口（NX）、市场占有率（MS）、贸易竞争力指数等。二是辅助性指标。这类指标不能准确表示竞争力的最终强弱，但可以辅助性分析和判断竞争优势。例如，"显示性比较优势指数"（Revealed Comparative Advantage Index，RCAI）、相对国际竞争力指数、出口产品质量升级指数等。三是探源性指标，也可称为延伸性指标。用于反映竞争力产生的深层原因，是对前两类指标分析的进一步延伸。例如，国内资源成本（Domestic Resource Cost，DRC），社会净收益（Net Social

Profitability，NSP)，有效保护率①（Effective Rate of Protection，ERP)。该体系实际上包含贸易竞争力问题，涵盖了经贸领域的各个方面，涉及经济基础、贸易总量、贸易增速、贸易方式、贸易主体结构、贸易商品结构、自主出口品牌以及能源消耗等诸多方面。根据这些方面具体选择了 45 个指标：综合经济竞争力、出口额、进口额、商品进出口贸易差额、出口增长率、进口增长率、一般贸易出口增长率、一般贸易方式进口增长率、加工贸易出口增速、加工贸易进口增长率、其他贸易方式出口增速、其他贸易方式进口增速、外商投资企业出口增速、外商投资企业进口增速、国有企业出口增长率、国有企业进口增速、一般贸易方式出口额、一般贸易方式进口额、加工贸易出口额、加工贸易进口额、其他贸易方式出口额、其他贸易方式进口额、一般贸易出口所占比重、一般贸易方式进口所占比重、加工贸易出口所占比重、加工贸易进口所占比重、其他贸易方式出口比重、其他贸易方式进口比重、出口贸易方式比率、进口贸易方式比率、外商投资企业出口额、外商投资企业进口额、国有企业出口额、国有企业进口额、外商投资企业出口比重、外商投资企业进口比重、国有企业出口所占比重、国有企业进口所占比重、机电产品出口比重、高新技术产品出口比重、中国名牌产品、中国世界名牌产品、地区 GDP 能耗、地区 GDP 电耗、地区工业增加值能耗等。

本文采用的研究方法是在借鉴上述评估方法的基础上，将"金融服务"因素嵌入外贸竞争力评估体系中，尝试从经济与金融互动的角度来分析外贸竞争力问题，开创外贸竞争力研究的新型模式，目的是以金融的力量推动外贸竞争力提升。因为过去 30 多年是外贸改革进程较快的时期，未来一段时期金融改革进程将加快，金融在促进经济发展尤其是外贸转型和竞争力提升方面具有极其重要的作用。金融服务是服务贸易的重要组成部分，金融是促进外贸发展与转型的重要推动力量。

---

① 有效保护率（ERP）是在保护贸易条件下国内附加值的增加部分与自由贸易条件下附加值的百分比。用来反映关税等贸易政策、国内生产保护政策对生产活动的保护水平及保护效果。ERP 不仅可测度某种产业受到保护的程度，而且能反映市场扭曲或障碍的严重程度。其计算公式：有效保护率 $G = (V' - V)/V$。其中，某种最终产品在不征收关税时的单位产品的附加价值为 V，征收关税后的附加价值增加到 V'。

改革开放以来,中国改革主要集中于产品市场,金融自由化则较为渐进谨慎,金融自由化明显滞后于贸易自由化;而且金融自由化落后于许多亚洲发展中国家①。因此,在大宗商品、资源类产品,高端产品、先进服务贸易领域,中国很难具有核心竞争力和议价能力。可以说,缺乏金融自由化配合的贸易自由化,在贸易发展到一定程度之后,面临艰难的转型与重构压力。中国当前外贸中的很多困境,实际上可以从金融与贸易发展的非同步性、非对称性这个角度进行解释。

当今世界经济产品市场与金融资本市场的联系越来越紧密,产品市场在金融资本市场的催化提升下才能够发挥最大潜能,贸易在资本的支持下才能够实现转型,由低端加工贸易向高端商品贸易和先进服务贸易转型。未来10年金融改革创新步伐将加快,金融改革与创新成为一种趋势。在推进金融改革过程中,将外贸发展作为一个重要的政策目标或者一个需要考虑的重要因素。通过金融创新促进外贸持续快速发展,实现金融创新与外贸发展协调推进,是打造中国经济升级版的一个重要政策着力点,也是提升广东外贸竞争力的一个重要战略抓手。

(二)竞争力评估指标体系构建

本文将外贸竞争力指标分为经济基本面、贸易地位、贸易增速、贸易结构、金融支持力度五类指标,进而从这五个方面评估贸易竞争力。

(1)经济基本面。贸易是经济的一部分,经济基本面是贸易发展的基本依托。该指标主要从经济规模、增速和结构方面进行分析评估,同时,兼顾财政收入和研发支出对未来经济持续性的支撑。具体指标包括GDP规模、增速、占全国比重三次产业占比、财政收入和研发支出占比等。

(2)贸易地位。贸易地位主要是指贸易在全国的发展水平,主要是在全国的占比,目的是反映其在全国外贸发展整体中的权重和作用。该指标与经济

---

① Ito, H., Financial Development and Financial Liberalization in Asia: Thresholds, Institutions and the Sequences of Liberalization, *The North American Journal of Economics and Finance*, Vol. 17 (3), 2006, pp. 303 – 327. 王勋:《短期国际资本流动与中国金融抑制政策》,《国际经济评论》2012年第4期。

基本面相配套，能够反映出相对的经济地位。

（3）贸易增速。在经济和贸易规模及地位指标确定后，需要关注贸易发展的速度。该指标主要是反映未来的发展变化和趋势，贸易发展的基本轨迹，速度是规模之外较为重要的一个指标体系。

（4）贸易结构。在贸易转型加速推进的背景下，贸易结构的调整越来越重要。该指标是指一般贸易、加工贸易、机电产品、高新技术产品在贸易中所占的比重。

（5）金融支持力度。金融支持力度是在金融改革加速背景下，衡量金融改革发展对当地经济和贸易的支持力度。这是本文尝试强调的一个指标。虽然，其定量化较为困难，部分学术界同行对此指标的加入仍然存在强烈质疑。本文强调金融因素，主要是认为未来金融与贸易的融合会越来越紧密，没有金融支撑的贸易很难持续发展。

基于此，本文将金融支持力度作为资质表单列，选取金融机构各项贷款余额、大型商业银行资产总额、外资银行资产总额、综合改革试验（点）数量占全国的比重作为具体指标加以综合量化分析。

（三）外贸竞争力量化

1. 基本指标及其数据来源

本文外贸竞争力指数共选取经济贸易方面的18项指标，数据采用海关总署和五省份商务部门的公开数据，具体利用WIND咨询数据库进行数据整理分析。其中，金融支持相关指标为各指标占全国的比重，其余未说明的比重指标，均是五省份相关指标及其自身相关指标的比重（参见表3）。

2. 量化计算及各项指标赋值

对上述各项指标进行比较和无量纲化处理赋值，基本原则是正面指标从大到小排名，最高赋值为5分，排名第一赋值为5分，排名第二赋值为4分，以此类推，排名第五赋值为1分。对于负面指标，排名第一赋值为1分，排名第五赋值为5分。然后，对各项指标加总，并求出平均值（参见表4）。然后比较总分值和平均分值，就可以显示广东、江苏、上海、浙江和山东外贸竞争力排名。

提升广东外贸竞争力的研究

表3 粤苏沪浙鲁外贸竞争力指标相关数据（2012年）

单位：亿元，%，个

	指标	中国	广东	江苏	上海	浙江	山东
经济基本面	GDP	519322	57067.9	54058.2	20101.3	34606.0	50013.2
	GDP增速	7.8	8.2	10.1	7.5	8	9.8
	GDP占全国比重	100	10.99	10.41	3.87	6.66	9.63
	第一产业增加值占比	10.1	5	6.3	0.6	4.8	8.6
	第二产业增加值占比	45.3	48.8	50.2	39.4	50	51.4
	第三产业增加值占比	44.6	46.2	43.5	60	45.2	40
	财政收入占全国比重	100	5.31	5.00	3.19	5.47	3.46
	研发支出占GDP比重	1.97	2.1	2.3	3.16	3.47	2
贸易地位	进出口总额占全国比重	100	25.44	14.17	11.30	8.07	6.35
	出口占全国比重	100	28.02	16.03	10.09	10.96	6.28
	进口占全国比重	100	22.54	12.08	12.65	4.82	6.43
贸易增速	进出口增速	6.2	7.7	1.5	-0.2	0.9	4.1
	出口增速	7.9	0.079	5.1	-1.4	3.8	2.4
	进口增速	4.3	7.4	-3.3	1	-5.8	6
贸易结构	一般贸易占比	48.22	33.15	42.48	38.17	80.03	53.41
	加工贸易占比	42.11	56.60	48.76	49.09	15.45	42.21
	机电产品出口占比	38.18	42.71	39.23	62.71	42.71	40.40
	高新技术产品出口占比	24.74	32.39	28.05	39.87	6.59	30.00
金融支持力度	金融机构各项贷款余额占比	100	8.57	6.09	8.84	6.37	9.97
	大型商业银行资产总额占比	100	3.51	2.64	2.78	2.31	5.32
	外资银行资产总额占比	100	3.03	45.25	1.28	1.73	19.79
	综合改革试验(点)数量	100	10	0	10	10	0

资料来源：《中国统计年鉴》、各省市社会与经济发展统计公报以及中国区域金融运行报告。

表4 粤苏沪浙鲁外贸竞争力指标比较及无量纲化处理

单位：分

	指标	广东	江苏	上海	浙江	山东
经济基本面	GDP	5	4	1	2	3
	GDP增速	3	5	1	2	4
	GDP占全国比重	5	4	1	2	3
	第一产业增加值占比	1	3	5	4	2
	第二产业增加值占比	2	4	1	3	5
	第三产业增加值占比	4	2	5	3	1
	财政收入占全国比重	4	3	1	5	2
	研发支出占GDP比重	2	3	4	5	1

243

续表

指标		广东	江苏	上海	浙江	山东
贸易地位	进出口总额占全国比重	5	4	3	2	1
	出口占全国比重	5	4	2	3	1
	进口占全国比重	5	3	4	1	2
贸易增速	进出口增速	5	3	1	2	4
	出口增速	2	5	1	4	3
	进口增速	5	2	3	1	4
贸易结构	一般贸易占比	1	3	2	5	4
	加工贸易占比	1	3	2	5	4
	机电产品出口占比	4	2	5	4	3
	高新技术产品出口占比	4	2	5	1	3
金融支持力度	金融机构各项贷款余额	3	4	1	2	5
	大型商业银行资产总额	4	2	3	1	5
	外资银行资产总额	3	5	1	2	4
	综合改革试验(点)数量	5	1	5	5	1
总分	各项指标简单加总	78	71	57	64	65
平均得分	各项指标求均值	3.55	3.23	2.59	2.91	2.95

(1) 经济基本面指标比较。广东、江苏和山东的 GDP 规模均超过 5 万亿元，浙江为 3.4 万亿元，而上海经济规模只有 2 万亿元；广东、江苏、山东和浙江的经济增速均高于全国水平，而上海的经济增速低于全国水平；上海的第三产业比重超过 60%，经济发展层次和水平较高。综合经济基本面各指标得分，江苏在该项指标的平均得分最高，达到 3.5 分，广东和浙江并列第二均为 3.25 分，山东为 2.63 分，上海排名最后为 2.38 分（参见表 5）。

(2) 贸易地位指标比较。该项偏重于规模指标，广东进出口总额占全国的比重最高，占据全国 1/4 的贸易规模，出口和进口占 GDP 的比重分别为 28.02% 和 22.54%。江苏和上海贸易总额占全国的比重均超过 10%，分别为 14.17% 和 11.30%。浙江和山东贸易总额占全国的比重均低于 10%，分别为 8.07% 和 6.35%。该项综合得分结果是广东 5 分，江苏 3.67 分，上海 3 分，浙江 2 分，山东 1.33 分。广东处于绝对的强势地位，而山东处于弱势地位（参见表 5）。

(3) 贸易增速指标比较。该项指标主要是反映贸易发展速度，广东进出口增速最高为 7.7%，超过全国贸易增速平均水平 6.2%，山东进出口增速为 4.1%，低于全国，江苏和浙江进出口增速分别为1.5%和0.9%，上海受到国际市场的影响较大，进出口增速则为负增长（-0.2%）。综合各指标得分及排名，广东4分，山东3.67分，江苏、浙江和上海分别为3.33分、2.33分和1.67分（参见表5）。

表5 粤苏沪浙鲁外贸竞争力指数

指　　标	广东	江苏	上海	浙江	山东
经济基本面	3.25	3.5	2.38	3.25	2.63
贸易地位	5	3.67	3	2	1.33
贸易增速	4	3.33	1.67	2.33	3.67
贸易结构	2.5	2.5	3.5	3.75	3.5
金融支持力度	3.75	3	2.5	2.5	3.75
竞争力指数	3.55	3.23	2.59	2.91	2.95

（4）贸易结构指标比较。该项指标主要是反映贸易结构优化程度。从外贸方式看，中国一般贸易占比为48.22%，浙江和山东高于全国水平，分别为80.03%和53.41%，广东一般贸易占比仅为33.15%，低于全国平均水平约15个百分点，在五个省份排末位。江苏和上海一般贸易占比也低于全国水平。从出口产品结构看，这五个省份机电产品和高新技术产品出口占比绝大多数超过全国水平，最高的是上海，分别达到62.71%和39.87%；广东这两项指标分别为42.71%和32.39%；浙江的高新技术产品出口占比较低，仅为6.59%；江苏高新技术产品出口占比较低，为28.05%。综合各指标得分，该项最终分值排名第一的是浙江得分为3.75分，其次是山东和上海得分均为3.5分，江苏和广东得分均为2.5分（参见表5）。

（5）金融支持力度比较。反映出当地的金融实力水平，为贸易发展提供的潜在支持力度。广东金融机构各项贷款余额、大型商业银行资产总额相比其他四省处于较高水平；外资银行资产总额则低于江苏与山东。在金融改革试验领域，广东拥有珠三角金融综合改革实验区，浙江拥有温州综合改革实验区，上海具有中国（上海）自由贸易实验区的金融支持政策体系，而江苏和山东尚未获批金融综合改革实验区，但正在加紧金融综合改革，以便为经济贸易进一步发展提供强大的金融支持。综合各项得分，广东和山东金融支持力度项目的得分均为3.75分，江苏为3分，上海和浙江均为2.5分（参见表5）。这主要是因为山东的经济规模较大,金融基础较强;广东在金融改革试验方面走在了全国的前面,2012年获批"广东珠三角金融改革创新综合试验区";早于浙江温州和上海。虽然上海是国际金融中心,但是其经济金融规模还是偏小,未来发展趋势比较迅猛,赶超的可能性很大。

3. 评估结果及其稳定性检验

从最终得分结果来看,广东外贸竞争力指数的分值较高,外贸竞争力高于其他省份,得分为3.55分,其次是江苏外贸竞争力指数为3.23分,山东为2.95分,浙江为2.91分,上海为2.59分(参见表5)。这与以往的评估结果基本一致,说明该项指数衡量方法具有一定的科学性和实用性,简单易用,能够快速评估竞争实力(蔡春林、沈伯明、陈万灵,2010)。利用SPSS软件对外贸竞争力包含的18个指标进行简单数据统计分析结果发现,这五个省份在各项指标中均有优势和弱势,各指标最高得分为5分,最低得分为1分,所有省(市)均出现过两个极端值(5分和1分为最高和最低值,称为极端值)。从方差来看,浙江、广东和上海的方差较大,说明这三个地方的各项外贸指标的稳定性欠佳。江苏的方差最小约为1.1,稳定性较强。

表6 外贸竞争力指标数据统计分析结果

地区	指标数量	最小值	最大值	均值	方差
广东	22	1	5	3.5455	1.47122
江苏	22	1	5	3.2273	1.10978
上海	22	1	5	2.5909	1.6521
浙江	22	1	5	2.9091	1.4771
山东	22	1	5	2.9545	1.3965

从外贸竞争力指数最终得分来看,各地区都没有得到满分,都有提升的空间。广东的外贸竞争力指数为3.55分,与满分5分相比较,竞争优势发挥程度为71%,说明广东还有29%的提升空间。江苏和浙江的最终得分分别为3.23分和2.91分,竞争优势发挥程度均超过60%,还有40%的提升空间。山东和上海的最终得分分别为2.95分和2.59分,优势返回程度超过50%,还有近1/2的能力未发挥出来。

从各个分项来看，广东外贸竞争力比较强，但没有绝对优势，与排名第二位的江苏相差不大。预示着广东外贸竞争力存在随时被超越的可能性。广东主要在经济基本面、贸易结构两方面比较弱，必须加强调整。经济基本面是支持广东外贸发展的基础，其指标值与浙江并列排第四位，不及山东、江苏和上海，显示广东外贸发展基础薄弱。贸易结构指标值与江苏并列排第三位，不及浙江、山东和上海（山东和上海并列排第二位），说明广东贸易结构比较差，亟须优化升级。

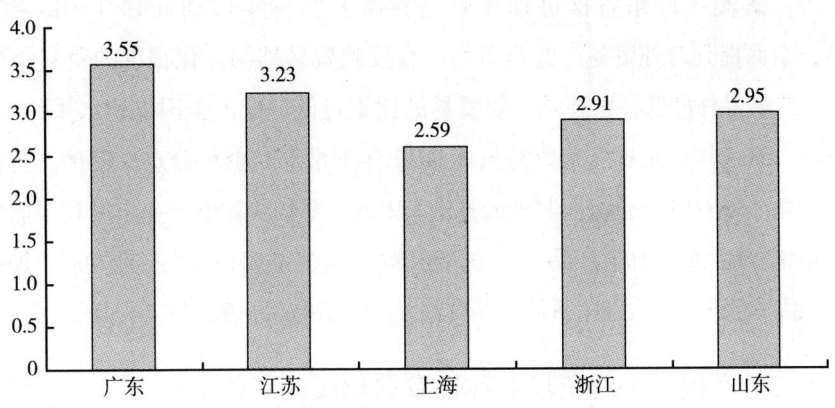

图3　粤苏沪浙鲁贸易竞争力指数比较

三　提升外贸竞争力的路径

本文对外贸竞争力的传统研究范式进行梳理，尝试建立简单的外贸竞争力指数，衡量广东与江苏、上海、浙江和山东外贸竞争力水平，并从金融与贸易互动的角度探索外贸竞争力研究的新范式，为相关研究和外贸竞争力提升提供新的分析思路。鉴于外贸竞争力评估指标及其评估结果，在此，指出外贸竞争力提升的基本路径，一是加快经济和外贸转型升级，二是借助金融服务建设力量，提升外贸竞争力。

（一）加快综合体制改革和落实各项支持外贸发展转型的政策

外贸的转型升级已经提了很多年，各项政策措施也陆续出台。当务之急是支持政策要落地,改革红利要释放,切实推动外贸发展转型。

(1)落实中共十八大和十八届三中全会精神,全面提升对外开放水平。继续保持一般贸易增长的良好态势,发挥大型成套装备及技术出口贸易对关联行业的带动作用,同时扩大外贸转型升级所需设备及技术的进口。积极参与丝绸之路经济带和21世纪海上丝绸之路建设,拉紧中国与东盟、南亚、中亚、西亚、非洲等经济体的相互利益纽带。

(2)落实《广东省推进加工贸易转型升级三年行动计划(2013~2015年)》,全面提升对外贸易产业竞争力。在反映贸易结构优化程度的贸易结构指标上,广东得分最低,主要是一般贸易的比重过低,低于全国平均水平约15个百分点。2013年广东省加工贸易虽比2012年下滑5.6个百分点,但仍占全省进出口总值的56.60%,远高于其他四省份。因此,要加快调整产业布局和企业生产经营策略,淘汰低附加值产品,推动高新技术产业和战略性新兴产业发展,加强企业自主品牌建设,扩大加工贸易产品内销①,切实提高一般贸易出口的比重。

(二)实现金融与贸易对称性发展和良性互动

在经济基本面指标上广东是逊于江苏的,从金融支持贸易这个指标上看,广东也没有明显的优势。广东在过去30多年,贸易自由化进程明显快于金融自由化进程,两者具有明显的非同步性,广东贸易地位与金融地位不对称,贸易转型升级进程缺乏金融力量的配合,已经陷入困境。破解这一难题就应该实现金融与贸易的良性互动。在当今世界经济产品市场与金融资本市场的联系越来越紧密的背景下,产品市场只有在金融资本市场的催化提升下才能够发挥最大潜能,贸易只有在资本的支持下才能够实现实质性的转型和升级。

1. 加快粤港澳自贸园区工作进程,充分发挥金融对外贸的推动作用

加强金融对广东贸易的支持力度,必须推动金融自由化,从而建立新型国际贸易方式,其基本路径是构建粤港澳自贸园区平台。通过平台建设,一是实现金融产品创新,为外贸企业提供优质高效的金融服务。二是通过金融创新促进外

---

① 广东省人民政府办公厅:《广东省推进加工贸易转型升级三年行动计划(2013~2015年)》,2013年8月5日。

贸转型，加速外贸发展方式转变，提升外贸发展的质量和效益。三是加快贸易便利化发展，实现贸易结算、汇率政策和工具、信用担保等创新，降低外贸行业的融资成本和交易成本，防范行业风险。四是通过期货期权、主权财富基金、资本运作等手段掌控大宗商品和能源贸易价格话语权，抢占国际贸易发展主动权。五是通过金融服务贸易创造外部需求，为外贸发展提供强劲需求动力。例如，通过金融机构为国外市场提供信用贷款等创造消费需求。当前，省金融办可以联合中国人民银行广州分行、银监局、证监局等制定《金融支持广东省贸易发展与转型的支持意见》，为广东省贸易转型与发展提供强大的金融推动力量。

2. 加快培育和组建综合性贸易金融集团

国际上综合性贸易金融集团发展已经相对成熟，中国才刚刚起步。尽管金融机构介入贸易领域尤其是大宗商品和原材料领域，出现了一些问题，但是，从战略层面，广东需要强化国际金融贸易力量，加快培育综合性贸易金融集团，以便在国际大宗商品市场上具有价格话语权和影响力。在国际市场上进行资本与商品运作，掌控市场格局、获取巨额贸易和金融利润。

广东省作为全国对外贸易第一大省，存在培育综合性贸易金融集团的基础。其主要途径有两条：一是在大型金融机构集团下设立独立的国际贸易公司。例如，受到美国政府鼓励和支持的渣打集团（美国）贸易有限公司就具有贸易与金融机构融合的双重背景，能够利用自身强大的资金实力和客户网络资源，为外贸企业提供全方位的金融服务，解决外贸发展难题。比如通过供应链融资为企业开展服务创新。供应链融资是银行基于供应链中的核心企业，针对其上游供应商的采购行为和下游经销商的销售行为开展的融资服务。对国内银行而言，供应链融资刚起步，有待于扩大和完善。二是在金融监管政策上逐步放开准入限制，允许甚至是鼓励大型国际金融机构在内部业务上逐步介入国际贸易活动，尤其是介入国际大宗商品和原材料交易市场。目前，国际知名银行尤其是投资银行介入原材料贸易市场进而影响国际贸易价格走势获取实在的贸易利益已是公开的秘密。

3. 鼓励大型贸易企业积极参与组建大型综合性金融机构

目前，国家政策层面已经提出"推动尝试由民间资本发起设立自担风险的民营银行、金融租赁公司和消费金融公司等金融机构"的初步设想。广东应该抓住有利时机，可以鼓励大型贸易企业和涉外业务较多的非银行业金融机构，积极申请参与组建成立大型的民营综合性贸易金融机构，通过金融集团与外贸集团的联合，打造外贸金融集团。从政策上鼓励金融机构与大型外贸企业，通过参股、控股、并购、合资等方式进行合作建立以支持贸易发展为导向的民营金融机构，为组建大型综合性金融机构提供力量和经验储备。

参考文献

［1］蔡春林、沈伯明、陈万灵：《中国外贸强省指标体系研究——对广东的实证分析》，对外经济贸易大学出版社，2010。

［2］金碚：《中国工业国际竞争力：理论、方法和实证研究》，经济管理出版社，1997。

［3］李含伟、史健勇：《严峻外贸形势下我国外贸公司可持续竞争力的影响因素研究——基于600家上海外贸公司调研数据》，《发展研究》2013年第9期。

［4］刘春香、宋玉华：《农产品比较优势与竞争力研究》，《中国农业大学学报》（社会科学版）2004年第4期。

［5］毛日升：《中国制造业贸易竞争力及其决定因素分析》，《管理世界》2006年第8期。

［6］欧阳双喜：《基于外贸竞争力指标评价体系的珠海外贸发展研究》，《产业与科技论坛》2012年第12期。

［7］王勋：《短期国际资本流动与中国金融抑制政策》，《国际经济评论》2012年第4期。

［8］吴进红、阎浩、张为付：《长江三角洲地区外贸竞争力的现状分析与提升途径》，《国际贸易问题》2002年第9期。

［9］喻志军：《中国外贸竞争力评价：理论与方法探源——基于"产业内贸易指数"与"显示性比较优势指数"的比较分析》，《统计研究》2009年第5期。

［10］张金昌：《国际竞争力评价的理论与方法》，经济科学出版社，2002。

［11］张昱：《广东省外贸竞争力评析》，《国际贸易问题》2006年第1期。

［12］赵美玲、王述英：《农业国际竞争力评价指标体系与评价模型研究》，《南开经济研究》2005年第6期。

［13］Durand, M.; J. Simon & C. Webb, OECD's Indicators of International Trade and Competitiveness, *Foreign Trade and Investment Division OECD*, Paris, 1992.

［14］Ito, Hiro Financial Development and Financial Liberalization in Asia: Thresholds, Institutions and the Sequences of Liberalization, *The North American Journal of Economics and Finance*, Vol. 17 (3), 2006, pp. 303 – 327.

附表1　粤苏沪浙鲁货物对外贸易情况（1978~2013年）

单位：亿美元

年份	广东			江苏			上海			浙江			山东		
	外贸总额	出口	进口	外贸总额	出口	进口	外贸总额	出口	进口	外贸总额	出口	进口	外贸总额	出口	进口
1978	15.92	13.88	2.04	4.27	4.18	0.09	30.26	28.93	1.33	0.70	0.52	0.18	8.71	8.30	0.42
1979	19.45	17.02	2.43	6.77	6.19	0.58	38.78	36.75	2.03	1.08	0.91	0.17	13.60	13.06	0.55
1980	25.51	21.95	3.56	9.46	8.54	0.92	45.06	42.66	2.40	2.61	2.43	0.18	18.72	17.63	1.09
1981	48.80	29.40	19.40	11.93	10.97	0.96	41.50	38.07	3.43	4.74	4.41	0.33	19.77	18.91	0.85
1982	48.60	28.40	20.20	12.79	11.95	0.84	38.93	36.05	2.88	5.88	5.57	0.31	17.91	16.58	1.33
1983	56.50	30.00	26.50	14.51	13.72	0.79	41.40	36.48	4.92	6.78	6.52	0.26	19.24	18.08	1.17
1984	87.50	39.80	47.70	16.32	14.87	1.44	44.00	35.87	8.13	7.92	7.37	0.55	35.20	20.78	14.42
1985	91.30	39.20	52.10	19.87	15.86	4.01	51.74	33.61	18.13	11.23	9.38	1.86	41.44	23.47	17.98
1986	146.70	67.40	79.30	24.12	18.70	5.42	52.04	35.82	16.22	12.93	10.91	2.02	38.28	19.19	19.09
1987	210.37	101.40	108.97	28.73	21.17	7.56	59.96	41.60	18.36	15.00	12.34	2.66	35.53	28.99	6.54
1988	310.19	148.17	162.02	34.58	24.17	10.41	72.45	46.05	26.40	19.86	14.90	4.96	57.34	30.98	26.36
1989	355.78	181.13	174.65	38.43	25.36	13.07	78.48	50.32	28.16	25.14	18.72	6.42	61.65	32.70	28.95
1990	418.98	222.21	196.77	41.39	29.44	11.95	74.31	53.21	21.10	27.73	21.89	5.85	42.85	34.17	8.68
1991	525.21	270.73	254.48	53.10	34.25	18.85	80.44	57.40	23.04	38.51	29.06	9.44	48.32	37.52	10.80
1992	657.48	334.58	322.90	69.62	40.02	29.60	97.57	65.55	32.02	49.99	35.71	14.28	77.81	43.38	34.44
1993	783.44	373.94	409.50	91.29	46.52	44.77	127.32	73.82	53.50	67.33	43.23	24.10	72.86	42.04	30.82
1994	966.63	502.11	464.52	117.59	66.86	50.73	158.67	90.77	67.90	89.91	60.87	29.05	96.29	58.70	37.59
1995	1039.72	565.92	473.80	162.78	97.82	64.96	190.25	115.77	74.48	115.12	76.98	38.14	139.50	81.61	57.89

续表

年份	广东			江苏			上海			浙江			山东		
	外贸总额	出口	进口	外贸总额	出口	进口	外贸总额	出口	进口	外贸总额	出口	进口	外贸总额	出口	进口
1996	1099.60	593.46	506.14	206.88	116.01	90.87	222.63	132.38	90.25	125.41	80.41	45.00	161.64	91.83	69.81
1997	1301.20	745.64	555.56	236.21	140.89	95.32	247.64	147.24	100.40	142.77	101.11	41.66	175.36	108.59	66.77
1998	1297.98	756.18	541.80	264.26	156.51	107.75	313.44	159.56	153.88	148.54	108.66	39.88	166.17	103.47	62.70
1999	1403.68	777.05	626.63	312.61	183.09	129.52	386.04	187.85	198.19	183.05	128.71	54.34	182.71	115.79	66.92
2000	1700.99	919.18	781.81	456.36	257.67	198.70	547.08	253.52	293.56	278.33	194.43	83.90	249.90	155.29	94.61
2001	1764.87	954.21	810.66	513.48	288.70	224.78	608.83	276.21	332.62	327.97	229.74	98.22	289.50	181.17	108.33
2002	2210.96	1184.63	1026.34	702.89	384.65	318.23	726.27	320.37	405.90	419.56	294.11	125.45	339.34	211.08	128.27
2003	2835.25	1528.48	1306.77	1136.17	591.13	545.04	1123.40	484.53	638.87	614.11	415.95	198.16	446.37	265.57	180.80
2004	3571.31	1915.71	1655.60	1708.49	874.94	833.55	1600.10	735.05	865.05	852.05	581.39	270.66	606.58	358.45	248.14
2005	4279.65	2381.59	1898.06	2279.23	1229.67	1049.56	1863.37	907.18	956.19	1073.90	768.02	305.87	767.36	461.23	306.13
2006	5271.99	3019.46	2252.53	2839.78	1604.10	1235.69	2275.24	1135.89	1139.35	1391.42	1008.91	382.51	952.14	585.98	366.15
2007	6341.86	3693.16	2648.70	3494.72	2036.10	1458.62	2828.54	1438.46	1390.08	1768.47	1282.64	485.83	1224.74	751.10	473.64
2008	6849.69	4056.64	2793.04	3922.72	2380.29	1542.43	3220.55	1691.45	1529.10	2111.34	1542.96	568.37	1584.08	931.95	652.13
2009	6110.94	3589.55	2521.39	3387.40	1991.99	1395.41	2777.14	1417.96	1359.18	1877.31	1330.13	547.18	1390.53	794.91	595.63
2010	7848.96	4531.91	3317.05	4657.99	2705.39	1952.60	3689.51	1807.14	1882.37	2535.35	1804.65	730.70	1891.56	1042.26	849.31
2011	9134.67	5319.27	3815.41	5395.81	3125.90	2269.91	4375.49	2096.74	2278.75	3093.78	2163.49	930.28	2358.86	1257.13	1101.74
2012	9838.20	5740.51	4099.70	5479.61	3285.24	2194.38	4365.87	2067.30	2298.57	3124.01	2245.17	878.84	2455.44	1287.09	1168.35
2013	10915.70	6364.00	4551.70	5508.44	3288.57	2219.88	4035.26	1866.29	2170.61	3358.50	2488.00	870.40	2671.59	1345.10	1326.49

资料来源：WIND 数据库。

区域比较研究专题

Subject on Comparative Studies between Regions

B.12
珠三角地区和长三角地区服务贸易竞争力的比较分析

李晓峰　姚传高*

摘　要： 本文首先对比分析了珠三角和长三角服务贸易的发展现状，在此基础上分别运用贸易竞争指数、显示性比较优势指数和Lafay指数对比分析了珠三角和长三角服务贸易的国际竞争力。结果表明：珠三角地区整体服务贸易国际竞争力强于长三角地区，且两地具有竞争优势的部门均集中在如旅游、运输、建筑等传统服务贸易部门，而技术密集型、知识密集型等现代服务业部门的国际竞争力则较差。针对上述结果，提出了相关的政策建议。

关键词： 服务贸易　国际竞争力　TC指数　RCA指数　Lafay指数

---

* 李晓峰，男，博士（博士后），广东外语外贸大学国际经济贸易研究中心教授，主要研究领域为国际经济、服务贸易、世界经济等。姚传高，男，广东外语外贸大学国际经济贸易研究中心国际贸易研究生。

一 研究背景和现状

自1995年1月1日《服务贸易总协定》(General Agreement on Trade in Service, GATS) 正式生效以来，世界服务贸易得到了迅猛的发展。据世界贸易组织统计库网站统计，1995年世界服务贸易进出口总额为23589亿美元，而2012年则达到了85022亿美元。特别是2008年金融危机爆发，使得2009年世界货物贸易进出口额同比下降22.6%，而服务贸易额同比仅下降11.1%，其受金融危机的冲击远远小于货物贸易。世界银行高级副行长维诺德·托马斯在"第二届中国服务贸易大会"上甚至认为服务业和服务贸易发展已经成为全球应对金融危机，推动经济发展的新动力。

伴随世界服务贸易快速增长，中国服务贸易也得到了长足的发展，其进出口总额由1995年的430亿美元增长至2012年的4705.8亿美元。我国服务贸易总额在2012年仅次于美国和德国，排名世界第三。在中国服务贸易总量增长如此迅速的背景之下，对比分析作为中国经济两大引擎的珠三角和长三角地区[①]的服务贸易竞争力，对珠三角地区取长补短、提升服务贸易的国际竞争力水平具有积极的意义。

现有文献对服务贸易竞争力的分析可以分为三类，一是从理论上探讨服务贸易竞争力的来源。如R. N. Cooper（1987）基于比较优势理论认为："比较优势是货物贸易竞争力的来源，因此，正如存在于商品生产一样，比较优势同样存在于服务业中。"Krugman（1991）则基于新贸易理论认为，当企业成本固定不变且市场扩大时若能扩大生产规模使平均成本降低，则即便失去要素禀赋的比较优势，规模经济也能促进服务贸易。而影响力最大的是Michael E. Porter（1990）在继承发展传统的比较优势理论的基础上提出的"国家竞争优势理论"，又称"钻石模型"。该理论指出，一国的产业竞争力由生产要素

---

① 此处的长三角地区指2010年在浙江嘉兴召开的长三角城市经济协调会第十次市长联席会议之前确立的16个城市：上海、南京、无锡、常州、苏州、南通、扬州、镇江、泰州、杭州、宁波、嘉兴、湖州、绍兴、舟山、台州；珠三角地区包括广州、深圳、佛山、东莞、中山、珠海、惠州、江门、肇庆9个城市。

和需求要素、相关产业和支持产业、企业战略、组织和竞争态势四个基本要素以及两个辅助因素（机遇和政府的作用）综合作用决定。

二是实证检验影响服务贸易竞争力的因素。国内外学者实证分析了人均国民收入、外商直接投资、人力资本、服务贸易开放度、货物发展水平等因素对服务贸易竞争力的影响（如陈虹、林留利，2009；陈虹、章国荣，2010；易行健、成思，2010；郑荷芬等，2013）。

三是运用各种指标测度一国的服务贸易竞争力。如何传添等（2010）计算了2006年广东服务贸易分项的TC指数；王晓丹、杨薇（2012）运用显示性比较优势指数（Revealed Comparative Advantage Index，RCAI）分析中国和韩国金融服务贸易的国际竞争力；尹国君、刘建江（2012）运用显示性竞争优势指数（Competitive Advantage，CA）分析中美产业部门的竞争力；庄惠明、黄建忠、陈洁（2009）运用贸易竞争优势指数（Trade Competitive Advantage，TCA）分析了我国与美国服务贸易竞争力的差距。此外，有少部分学者，如尚涛（2010）运用对称性显示性比较优势指数（SRCA）分析我国的服务贸易竞争力，吴贤彬等（2012）则利用Lafay指数分析了"金砖五国"服务贸易产业内贸易模式。

由以上国内外研究现状可知，目前国内外的研究趋势主要有两个方面，一是基于比较优势、新贸易等国际贸易理论以及流行的"钻石模型"分析服务贸易竞争力差异的来源，为理论探讨提供有益的借鉴。二是国内外学者从服务贸易部门、国别以及影响因素等视角对不同国家地区的服务贸易竞争力进行分析，为实证分析提供了有益的参考。但是，在实证分析中鲜有研究对比分析珠三角地区和长三角地区服务贸易的国际竞争力。因此，本文拟在这方面有所突破。

二 服务贸易发展现状

由于各市服务贸易统计数据的缺失，无法计算珠三角地区9市和长三角地区16市服务贸易的数额，因此本文接下来的部分以广东数据代替珠三角地区数据，以上海、江苏和浙江的数据代替长三角地区数据。事实上，这样处理对本文的研究不会产生较大影响，因为珠三角地区和长三角地区城市分别是各省经济最发达、开放度最高的城市，其中珠三角地区9个城市的服务贸易额占据广东省80%以上的份额，长三角地区中江苏省的8个市、浙江省的7个市也都分别占据其省内服务贸易额80%以上的份额。

从总量上看，长三角地区相比珠三角地区具有绝对优势。2005年，长三角地区服务贸易总额为432.85亿美元，而珠三角地区仅为152.75亿美元，前者是后者的2.8倍；2010年，长三角地区服务贸易总额已经上千亿，达到1476.80亿美元，而珠三角地区为608.00亿美元，还不到长三角地区2007年的水平（参见表1）。虽然总量上差距有所减小，但长三角地区服务贸易总额仍达到了珠三角地区的2.4倍。

表1 服务贸易规模比较

单位：亿美元

年份	进出口		出口		进口	
	长三角	珠三角	长三角	珠三角	长三角	珠三角
2005	432.85	152.75	216.80	96.90	216.05	55.85
2006	537.67	188.60	263.08	121.90	274.59	66.70
2007	745.61	407.40	337.39	224.60	408.22	182.80
2008	1047.50	427.30	441.10	252.10	607.40	175.20
2009	1045.90	429.50	442.10	225.70	603.80	203.80
2010	1476.80	608.00	628.30	309.00	848.50	300.00

资料来源：根据上海市、江苏省、浙江省《服务贸易发展研究报告》、广东省外汇管理局网站、广东省统计局网站相关数据计算。

从总额增长率看，珠三角地区大起大落，而长三角地区则更趋平稳（参见图1）。2006年珠三角地区增长率为23%，2007年达到116%，2008年和2009年分别降至4.8%和0.5%，2010年则又反弹增至41.5%。而长三角地区比较稳定增长，由2006年的24%增长到2010年的41.2%。由于2008年金融危机，其2009年增速出现负0.1%的增长，但2010年又迅速回升。

从进出口分项来看，2005年，长三角地区进口、出口额分别为216.05亿美元和216.80亿美元，2010年这一数额分别达到了848.50亿美元和628.30亿美元，5年间分别翻了3.9倍和2.9倍。其贸易逆差呈逐年拉大之势，由2005年的0.75亿美元的顺差到2006年的11.51亿美元的贸易逆差，然后一直逆差，在2010年达到220.2亿美元的逆差（参见图2）。可以预见，未来几年仍将维持逆差状态。珠三角地区2005年进口、出口额均数额较小，为55.85亿美元和96.90亿美元，2010年进口、出口额分别达到300.00亿美元和309.00亿美元。与长三角常年逆差不同，珠三角地区从2005年到2010年保持顺差，在2008年达到最高的76.9亿美元，随后2009年和2010年分别降至21.9亿美元和9亿美元。可以预见，随着珠三角地区服务贸易总量的不断上升，其贸易顺差将逐渐变小，甚至出现贸易逆差。

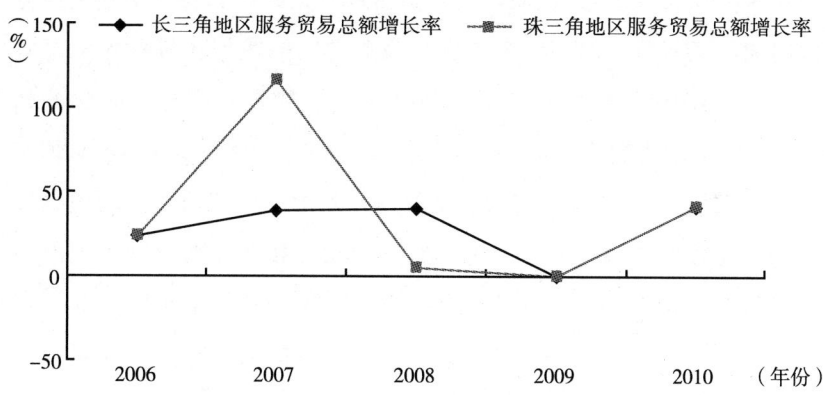

图1 珠三角地区和长三角地区服务贸易增长率

资料来源：根据上海市、江苏省、浙江省《服务贸易发展研究报告》、广东省外汇管理局网站、广东省统计局网站相关数据计算。

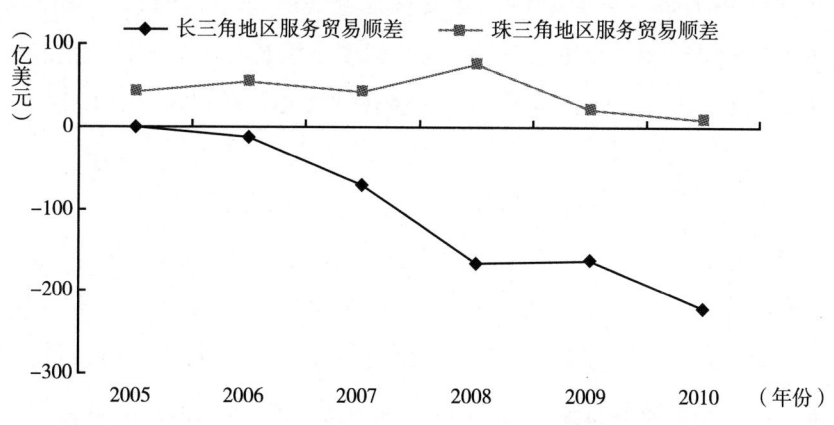

图2 珠三角地区和长三角地区服务贸易顺差

资料来源：根据上海市、江苏省、浙江省《服务贸易发展研究报告》、广东省外汇管理局网站、广东省统计局网站相关数据计算。

三 服务贸易竞争力比较

国际上通行的测度一国或一地区服务贸易竞争力的指标有很多，本文首先选用 TC 指数来测度两地区 2005～2010 年的服务贸易竞争力；然后选用美国经济学家 Balassa 和 Lafay 分别于 1965 年、1992 年提出的显示性比较优势指数（RCA）和拉菲指数（Lafay）来衡量珠三角地区和长三角地区服务贸易的分部门国际竞争力。由于广东省各个服务部门的数据较难获得，笔者仅获得了 2004～2006 年的数据；长三角地区中上海数据较齐全，而江苏和浙江仅有 2006 年以后的数据。为具有可比性，本文采用两地区均数据齐全的 2006 年为例比较服务贸易分部门的竞争力。其中，珠三角地区的数据依广东省外管局相关数据计算而来，上海、浙江、江苏数据分别来自《上海市服务贸易发展研究报告 2011》《浙江省服务贸易发展研究报告 2011》和《江苏省服务贸易发展研究报告 2011》，中国和美国的数据来自世界贸易组织网站统计数据库（www.stat.wto.org.）。

（一）基于 TC 指数的服务贸易竞争力比较

TC 指数（Trade Competitive）即贸易竞争指数，是一国进出口贸易的差额占进出口贸易总额的比重。若 TC＞0，说明一国具有比较优势，数值越大，比较优势越大；若 TC＜0，说明一国比较优势较小，数值越小，比较优势越弱。

通过计算，长三角地区服务贸易 TC 指数除 2005 年为正值外，其余年份均为负值，且 2006～2008 年比较优势有越来越弱的趋势，2009 年之后稳定在 -0.15 左右（参见表2）。而珠三角地区 TC 指数均为正值，表明具有一定的比较优势，但是有两点需要注意：其一，珠三角地区虽然 TC 指数值为正，但数值不大，即比较优势不明显；其二，从趋势来看，TC 指数有逐年下滑的趋势，这表明珠三角地区的服务贸易竞争力正在逐渐变弱。但总体上来讲，珠三角地区的比较优势强于长三角地区。

表2　长三角地区和珠三角地区 TC 指数

	2005 年	2006 年	2007 年	2008 年	2009 年	2010 年
长三角地区 TC 指数	0.002	-0.021	-0.095	-0.159	-0.155	-0.149
珠三角地区 TC 指数	0.269	0.293	0.103	0.180	0.051	0.015

资料来源：根据上海市、江苏省、浙江省《服务贸易发展研究报告》、广东省外汇管理局网站、广东省统计局网站相关数据计算得出。

（二）基于 RCA 指数的服务贸易分部门竞争力比较

美国经济学家巴拉萨（Balassa）1965 年提出的显示性比较优势指数（Revealed Comparative Advantage，RCAI）旨在定量描述一国或一地区内各个产业相对出口的表现。其表达式为：

$$RCA_j^i = \frac{X_j^i / X^i}{X_j / X}$$

其中，X_j^i 是 i 国或地区 j 类服务贸易的出口额，X^i 是 i 国或地区所有服务贸易的出口额，X_j 是所有国家和地区 j 类服务贸易的出口总额，X 则是所有国家和地区全部服务贸易的出口总额。当 RCA 值大于 1 时，表明一国或地区该类服务贸易国际竞争力较强。

依据上述公式，对 2006 年珠三角地区和长三角地区服务贸易各部门的 RCA 指数进行测算（参见表 3）。长三角地区建筑服务、个人娱乐服务两部门的 RCA 指数均大于 1，表明具有极强的国际竞争力，而其余部门的 RCA 值均小于 1，显示出其国际竞争力弱势。而珠三角地区除了运输服务的 RCA 值大于 1 之外，其余部门的 RCA 值都小于 1，即珠三角地区仅运输服务部门具有较强的国际竞争力。就国际比较而言，中国具有比较优势的服务部门主要集中在运输、旅游、建筑等劳动密集型的传统服务部门，而美国具有比较优势的服务部门主要集中在保险、金融、专利权使用费和个人娱乐服务等资本和知识密集型部门。作为中国两个经济最发达的地区，长三角地区和珠三角地区不仅在资本和知识密集型服务部门不具有比较优势，而且在劳动密集型的传统服务部门只有微弱的比较优势甚至不具有比较优势，说明我国在 2006 年服务贸易的国际竞争力不强。

表3 2006年长三角地区和珠三角地区服务贸易分部门RCA指数

	运输	旅游	通信	建筑	保险	金融	计算机和信息服务	专利权使用费	个人娱乐
长三角地区	0.91	0.54	0.05	3.53	0.40	0.03	0.55	0.02	11.64
珠三角地区	1.15	0.04	0.16	0.60	0.50	0.01	0.66	0.04	0.48
中 国	1.03	1.42	0.33	1.42	0.28	0.02	0.7	0.04	0.12
美 国	0.74	0.98	0.65	0.62	1.05	1.18	0.4	2.82	1.54

资料来源：根据上海市、江苏省、浙江省《服务贸易发展研究报告》、广东省外汇管理局网站、广东省统计局网站相关数据计算得出。

（三）基于Lafay指数的分部门比较

SRCA指数仅从出口角度评价服务贸易竞争力还不够，需要全面审慎地评价一个国家或地区某一产业的比较优势，还需要考虑其进口（吴贤彬、陈进、华迎，2012）。而Lafay指数同时考虑了出口和进口的贸易流向，因此是一种比较合理且科学的解释。

其公式如下：

$$LFI_j^i = 100 \left[\frac{X_j^i - M_j^i}{X_j^i + M_j^i} - \frac{\sum_{j=1}^{n}(X_j^i - M_j^i)}{\sum_{j=1}^{n}(X_j^i + M_j^i)} \right] \frac{X_j^i + M_j^i}{\sum_{j=1}^{n}(X_j^i + M_j^i)}, j = 1,2,\cdots,n$$

其中，X_j^i和M_j^i分别表示i国家j类商品或服务的出口额和进口额，n是服务部门个数。若$LFI_j^i > 0$，表示i国家j类商品或服务具有专业化比较优势，数值越大，专业化程度越高。若$LFI_j^i < 0$，表示i国家j类商品或服务缺乏比较优势，专业化程度较低。

计算结果如表4所示，可知，长三角地区仅旅游服务、建筑服务、个人娱乐服务部门的Lafay指数大于0，即具有比较优势，其余部门均表现出比较劣势，其中专利权使用费这一项劣势尤为明显，Lafay值达到了-2.48。珠三角地区仅计算机和信息服务部门Lafay指数大于0，其余部门均小于0，表明珠三角地区整体服务贸易竞争力较弱。从二者比较来看，除计算机和信息服务、通信服务两部门外，其余部门竞争力均逊于长三角地区。

表4 2006年珠三角地区和长三角地区服务贸易各部门Lafay指数

	运输	旅游	通信	建筑	保险	金融	计算机和信息服务	专利权使用费	个人娱乐
长三角地区	-1.29	3.20	-0.07	3.89	-0.18	-0.05	-0.17	-2.48	0.41
珠三角地区	-3.89	-3.35	-0.04	-0.49	-0.51	-0.11	0.35	-7.94	-0.13

资料来源：根据上海市、江苏省、浙江省《服务贸易发展研究报告》、广东省外汇管理局网站、广东省统计局网站相关数据计算得出。

综合上述三个指标的测算可知，从总量竞争力来看，珠三角地区的服务贸易竞争力强于长三角地区，但是应当注意这可能与当前珠三角地区服务贸易规模较小、服务消费特别是现代服务贸易的消费量小，从而导致进口小于出口有关。从分部门来看，珠三角地区和长三角地区在知识密集型和资本密集型的服务部门不具有较强的竞争力，珠三角地区仅在运输服务、长三角地区仅在旅游和建筑服务具有竞争优势。因此，总体来说，两地区作为中国经济最发达的地区，服务贸易国际竞争力较弱。

四 服务贸易竞争力影响因素分析

1990年，哈佛商学院的迈克尔·波特（Michael Porter）教授出版了《国家竞争优势》一书，他在该书中提出的"国家竞争优势"理论（也称"钻石模型"理论）对产业竞争力作出了较具说服力的解释。他指出，一国某种产业的竞争力来源于其生产要素条件、需求条件、相关产业和支持产业以及企业的组织、战略和竞争态势等基本因素，还包括机遇和政府的作用两个辅助要素。下面将从波特"钻石模型"的视角考察影响珠三角地区和长三角地区服务贸易竞争力的因素。本部分长三角地区仍指上海、江苏、浙江三省，数据来源于《上海市统计年鉴（2012）》《江苏省统计年鉴（2012）》《浙江省统计年鉴（2012）》，珠三角地区仍然指广东省，其数据来源于《广东省统计年鉴（2012）》。

1. 生产要素的影响

"钻石模型"将生产要素分为包括自然资源、气候、地理位置和人口统计特征的初级要素和包括通信基础设施、复杂和熟练劳动力、科研设施以及专门技术知识的高级要素。波特认为，相比初级要素，高级要素对竞争优势具有更

表5 2011年长三角地区和珠三角地区第三产业分行业从业人员数

单位：万人

行 业	浙江	江苏	上海	长三角	珠三角
第三产业总数	1270.02	332.97	621.97	2224.96	2006.93
交通运输、仓储和邮政业	145.60	30.79	58.14	234.53	162.38
信息传输、计算机服务和软件业	43.54	9.69	27.57	80.80	58.06
批发零售业	456.96	31.03	181.66	669.65	792.02
住宿和餐饮业	149.30	9.93	47.23	206.46	213.28
金融业	32.160	22.88	28.41	83.45	56.43
房地产业	33.17	7.42	35.59	76.18	71.33
租赁和商务服务业	75.74	10.45	62.31	148.50	88.66
科学研究、技术服务和地质勘察业	23.85	11.40	29.99	65.24	31.35
水利、环境和公共设施管理业	14.38	11.14	11.20	36.72	20.49
居民服务和其他服务业	117.29	1.03	58.86	177.18	167.18
教育	66.06	83.49	30.31	179.86	136.36
卫生、社会保障和社会福利业	37.98	36.59	20.65	95.22	60.27
文化、体育和娱乐业	15.29	5.67	10.65	31.61	23.82
公共管理和社会组织	58.70	61.46	19.40	139.56	125.3

资料来源：上海、广东、江苏、浙江四省市历年统计年鉴。

重要的作用。因此本文重点分析人力资本、技术和资本要素。

（1）人力资本要素的影响。人力资本是一国或一地区产业发展的重要因素，充足的劳动力资源、高水平的劳动素质都是产业发展所必需的。珠三角和长三角都是中国服务业较发达地区，汇聚了众多的劳动力。2011年长三角地区第三产业从业人员为2224.96万人，同期珠三角为2006.93万人（参见表5）。珠三角地区第三产业从业人员数明显多于浙江、江苏、上海各省市，占到三省市总和的90%，可见，珠三角地区第三产业吸纳了数额庞大的劳动力。从细分行业来看，就业比例占据长三角第三产业前五位的分别是批发零售业、交通运输业、住宿餐饮业、教育服务、居民服务和其他服务；珠三角前五位分别是批发零售业、住宿餐饮业、居民服务和其他服务、交通运输业、教育服务。两地区第三产业劳动力均主要集中在传统服务业中，而高端服务业如金融业、信息传输、计算机服务和软件业等占比均较低。

因此，从人力资本要素角度看，珠三角丰富的劳动力资源是其整体服务贸易规模、服务贸易整体竞争力水平相对较高的重要影响因素。而由于两地区人力资本要素均主要集中在传统服务业领域，其服务贸易竞争力均较弱，高端服务贸易领域尤为突出。

（2）技术要素的影响。科学技术的进步能大大降低服务业的成本，同时提高服务业的效率。反映一个区域技术水平高低的指标有很多，其中专利授权数和科研经费支出是两个重要的衡量指标。从专利授权数来看，珠三角地区不仅明显少于长三角地区，而且还少于浙江和江苏；从科研经费支出来看，珠三角地区也明显少于长三角地区，在省市比较中高于上海和浙江，而低于江苏（参见图3）。

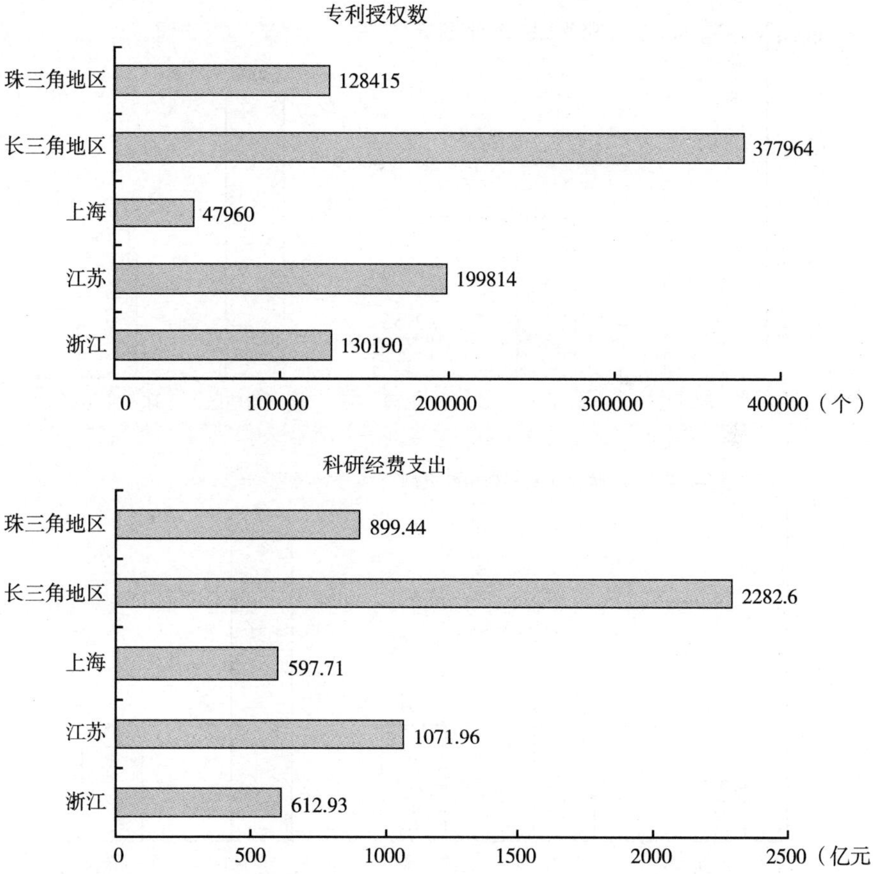

专利授权数

珠三角地区	128415
长三角地区	377964
上海	47960
江苏	199814
浙江	130190

科研经费支出

珠三角地区	899.44
长三角地区	2282.6
上海	597.71
江苏	1071.96
浙江	612.93

图3　2011年长三角地区和珠三角地区专利授权数、科研经费支出

资料来源：上海、广东、江苏、浙江四省市历年统计年鉴。

（3）资本要素的影响。固定资产的投资是服务业发展的基础，而服务业外商直接投资带来的不仅是资金，更重要的是国外先进的服务业管理经验和技术。珠三角地区无论是服务业固定资产投资还是实际利用外资额均远低于长三角地区，其中珠三角地区在服务业固定资产投资额上低于江苏，在服务业实际利用外资上则低于江苏和上海。

综上所述，珠三角地区服务业拥有丰富的劳动力资源和充裕的资金，这为发展服务贸易打下了重要的基础，也是其服务贸易整体竞争力水平高于长三角地区的重要原因。但是，长三角地区的服务业固定资产投资和实际利用外资明

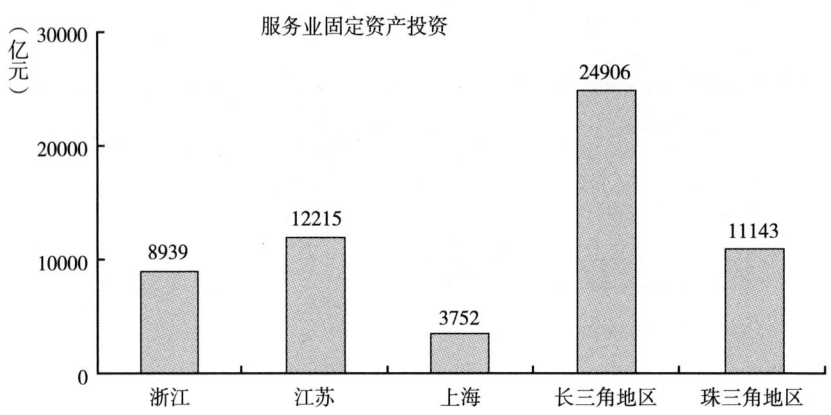

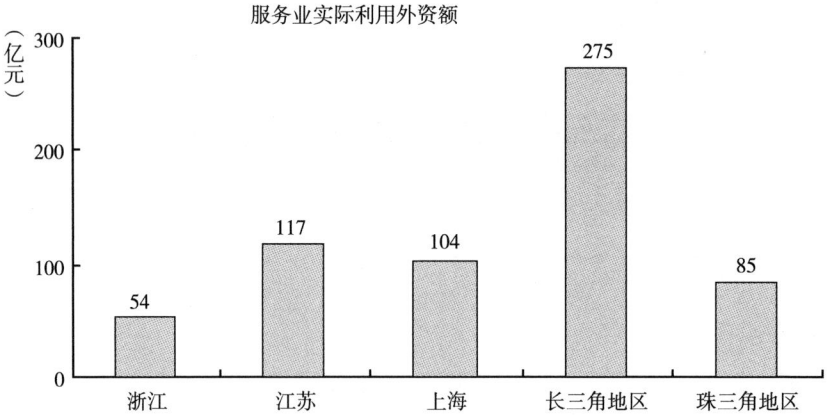

图4　2011年长三角地区和珠三角地区服务业固定资产投资、实际利用外资额

资料来源：上海、广东、江苏、浙江四省市历年统计年鉴。

显高于珠三角地区，特别是在固定资产投资需求和资金需求较大的建筑和旅游等方面尤其如此。从技术上看，长三角专利授权数和科研经费投入均远超珠三角地区，但却未显现出应有的作用。

2. 需求条件的影响

Michael Porter 的"国家竞争优势"理论模型中的需求条件是指国内需求市场。其中本地客户的本质非常重要，假如本地客户对产品、服务的追求规模比较大，就能提高该国企业的竞争优势。可以用人均 GDP 和城市化水平来讨论需求条件对服务贸易的影响。人均 GDP 是一个国家经济发展程度的重要指标，它影响着国民的消费水平和消费层次；而城镇化水平可以用来反映消费水平。城镇是服务消费的主要市场，较低的城镇化率对服务贸易的发展会产生阻碍作用。珠三角地区人均 GDP 和城镇化率都比较高，有利于服务业和服务贸易发展。

表6 2011年长三角地区和珠三角地区服务业增加值

单位：亿元

产业	浙江	江苏	上海	长三角地区	珠三角地区
三次产业生产总值	32318.85	49110.27	19195.69	100624.80	53210.28
第一产业	1583.04	3064.78	124.94	4772.76	2665.20
第二产业	16555.58	25203.28	7927.89	49686.75	26447.38
第三产业	14180.23	20842.21	11142.86	46165.30	24097.70
交通运输、仓储和邮政业	1206.95	2127.93	868.31	4203.19	2090.36
信息传输、计算机服务和软件业	756.10	910.86	784.77	2451.73	1504.15
批发零售业	3288.53	5341.39	3040.99	11670.91	5681.17
住宿和餐饮业	620.25	919.13	279.34	1818.72	1192.28
金融业	2730.29	2600.11	2277.40	7607.80	2916.13
房地产业	1677.13	2747.89	1019.68	5444.70	3321.31
租赁和商务服务业	575.38	1191.29	912.60	2679.27	1932.21
科学研究、技术服务和地质勘察业	289.59	496.42	447.02	1233.03	546.10
水利、环境和公共设施管理业	138.45	280.76	53.40	472.61	229.24
居民服务和其他服务业	407.78	568.78	205.06	1181.62	855.12
教育	774.64	1217.21	437.09	2428.94	1226.17
卫生、社会保障和社会福利业	493.07	664.54	286.89	1444.50	754.75
文化、体育和娱乐业	218.56	268.01	115.21	601.78	327.76
公共管理和社会组织	1003.51	1507.89	415.10	2926.50	1520.95

资料来源：上海、广东、江苏、浙江四省市历年统计年鉴。

3. 相关产业和支持产业的影响

随着全球分工专业化加强,相关产业和支持产业对服务贸易的作用也日益凸显。以2011年为例,从分行业角度对比分析长三角地区和珠三角地区两地服务业现状对服务贸易的支持作用。2011年,长三角地区三次产业结构比为4.7∶49.4∶45.9,珠三角地区三次产业结构比为5∶49.7∶45.3,两地区产业结构基本相同,但总量上,珠三角地区服务业产值为24097.7亿元,远高于浙江的14180.23亿元和上海的11142.86亿元并略高于江苏的20842.21亿元(参见表6)。

从服务业各部门占服务业产值的比重来看,两地区除金融业、房地产业、租赁和商务服务业略有差异外,其余部门占比几乎一致,这表明两地区的经济结构、服务业结构趋同(参见图5)。两地区共同存在的问题是金融业、信息传输、计算机服务和软件业、科学研究、技术服务和地质勘察业等现代服务业的比重明显偏低,这表明二者均以零售、运输等传统服务业为主,因而对其国际服务贸易竞争力的支持作用不强。

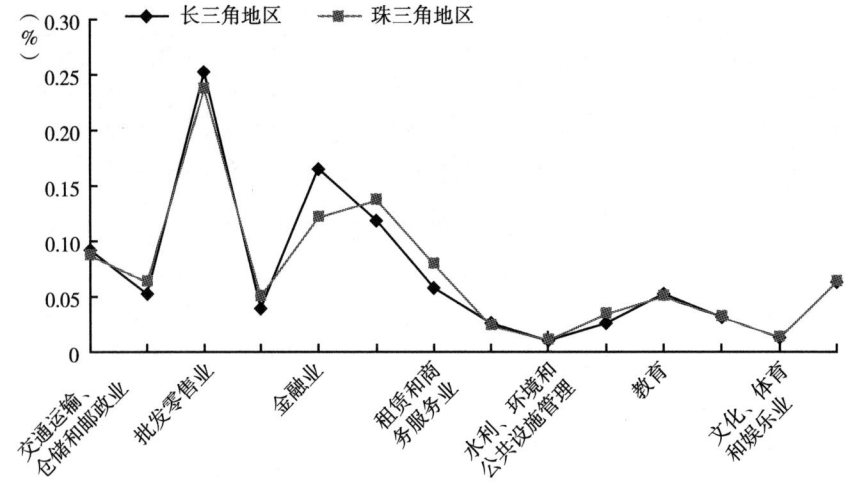

图5 2011年长三角地区和珠三角地区服务业各部门占服务业产值比重

资料来源:上海、广东、江苏、浙江四省市历年统计年鉴。

从服务业增加值来看,珠三角地区和长三角地区服务业不断发展,产值不断上升。2008~2012年,珠三角地区9市服务业增加值由12463.39亿元增加到 24714.98 亿元，年均增长 24.6%。同期长三角地区 16 市的服务业增加值则由 23331 亿元上升到 43130 亿元，年均增长 21.2%。

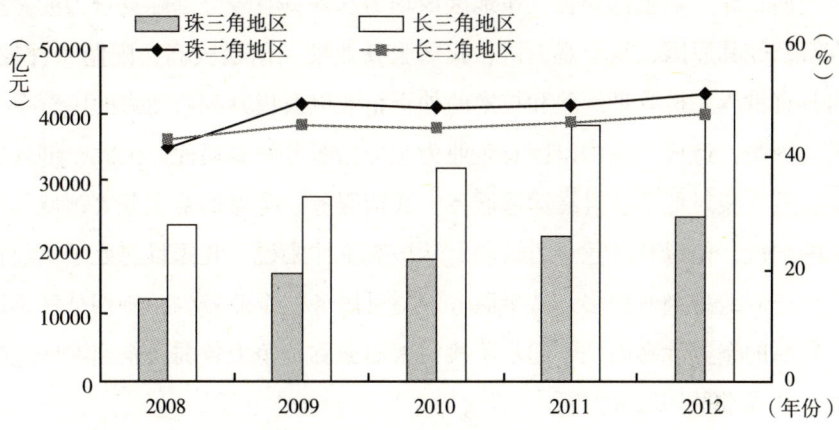

图 6　珠三角地区和长三角地区服务业增加值及其占 GDP 比重

资料来源：珠三角地区和长三角地区各省市历年统计公报。

按照配第 - 克拉克定律，随着一国的经济发展，服务业占比将不断提高。2008 年，珠三角地区和长三角地区服务业占 GDP 比重分别为 41.9% 和 43.2%；2012 年，分别为 51.6% 和 47.9%。对比全国平均水平（中国服务业占 GDP 比重，2008 年为 41.8%，2012 年为 44.6%），显然，两地区服务业占比均明显高于全国平均水平，但珠三角地区发展速度更快，2012 年以来已超过 50%。2008 年金融危机对服务业有较大影响，其滞后效应在 2010 年表现为两地区服务业占比的轻微下滑（参见图 6）。由以上分析可以看出，珠三角地区和长三角地区服务贸易的不断增长与服务业的支撑有较大联系。

4. 企业的战略、组织和竞争态势的影响

服务贸易的微观主体是企业，企业的整体发展战略、组织和应对外部竞争的能力决定了该行业在国际上是否具有竞争力。特别是在信息化时代，科学技术对服务贸易的支撑作用越来越明显。世界 500 强企业华为技术有限公司，2012 年全球 15 万员工中有高达 45.36% 的研发人员，华为的企业战略也从电信运营商网络向企业业务、消费者领域延伸。其产品和解决方案已经应用于全球 150 多个国家和地区，2013 年营业额高达 385 亿美元。其创新的企业发展

战略和在行业领先的技术水平,为其在全球提供通信、软件服务提供了重要保障,也是其具有较强国际竞争力的重要原因。

当前,珠三角地区和长三角地区像华为这种具有较强国际竞争力的企业数量有限,究其原因,从宏观上讲,我国服务业准入门槛较高,限制条件较多,使得具有世界先进管理经验和技术的外资企业以及极具创新活力的民营企业进入较为困难,造成了我国以国有企业为主力的服务贸易局面。因此,创新能力较弱,效率相对低下,且在运输服务、通信服务、金融保险服务等领域几乎占据垄断地位,使得整体竞争力较弱。从微观主体来说,我国目前处于工业化时期,生产制造型企业较多,从事服务、提供服务的企业较少,特别是从事国际服务贸易的企业许多尚处于起步阶段,因而面临竞争力较弱、企业发展战略不明晰、技术水平较低等问题。

企业的战略选择、技术水平和管理水平等是珠三角和长三角地区较多服务贸易企业竞争力不强的微观因素,也是影响珠三角和长三角地区整体服务贸易竞争力水平的一大原因。

5. 政府因素的影响

政府因素是产业发展的重要支撑因素,主要是指发展规划和配套产业政策。2012年12月,国务院颁行的《服务业发展"十二五"规划》提出了提高服务业比重、提升服务业水平、推进服务业改革开放的总体目标和加快发展生产性服务业、大力发展生活性服务业、提升农村服务业水平、拓展海洋服务业领域的发展重点,并提出了改革完善服务业发展体制机制来保障上述目标的实现。国务院批准实施的《珠江三角洲地区改革发展规划纲要(2008～2020年)》明确提出要构建现代产业体系,第一条就是优先发展现代服务业;《广东省服务业发展"十二五"规划》也明确提出优先发展现代服务业,调整提升传统服务业,到2015年,服务业增加值占生产总值比重提高到48%。《上海市服务业发展"十二五"规划》也提出,上海市服务业增加值占全市生产总值比重到2015年要提高到65%,服务业增加值年均增速快于全市经济2个百分点等目标。同处长三角地区的江苏省和浙江省也分别出台了《江苏省服务业发展"十二五"规划》《浙江省科技服务业、文化服务业、城乡社区服务业、软件和信息服务业》等规划。

因此，从政府政策层面上来讲，长三角地区和珠三角地区均做出了长短期规划，而且目标和保障措施均很明确，相信政府层面的支持是两地区服务业和服务贸易发展的重要基础。

6. 机遇的影响

随着我国服务业开放范围的逐步扩大，外资将逐步进入相关领域，作为改革开放前沿的长三角地区和珠三角地区必然受到影响，给我国服务业发展带来机遇。必须抓住广阔的国际市场呈现的机遇，大力发展服务业，特别是生产性服务业。

总起来看：波特"钻石模型"为珠三角地区和长三角地区服务贸易竞争力的比较提供了分析框架。从政府因素看，两地的政府均制定了较好的发展规划。面对同一个国际市场，两地的需求条件和机遇也是无差异的。导致区域发展差异的因素主要是要素条件和相关产业发展状况。其中，人力资本要素对珠三角地区的整体服务贸易规模和水平都有较好的促进作用，但受到人力资本水平相对较低的限制；长三角地区在技术要素、资金要素方面占有优势，但是，这些优势还未在提升服务贸易国际竞争力水平上产生明显效果。同时，支持服务贸易发展的相关服务业发展基础还不足，两地传统服务业比重过高，现代服务业比重较低，表现在服务贸易上即旅游、运输等传统服务贸易占主导，而金融、保险、专利等资本、技术密集型的服务业发展不足，影响到服务贸易竞争力的提升。

五　政策建议

上述以长三角地区作为比较对象，对比分析了珠三角地区的服务贸易发展现状和服务贸易竞争力水平，研究发现了珠三角地区发展服务贸易的优势和劣势。为进一步促进珠三角地区的服务贸易发展、提升服务业竞争力水平，提出如下政策建议。

1. 加大服务业固定资产投资和外资引进

服务业是服务贸易发展的基石。引进发达经济体的服务业资本，有利于产业结构的合理调整，更有利于珠三角地区服务业企业提高管理水平。因此，珠三角地区要加大服务业固定资产投资和外资的引进,进一步增强产业支持的力度。尽快提高企业管理水平。

2. 充分利用 CEPA,加强广东(珠三角地区)CEPA 先行先试

CEPA 及其系列补充协议是中国国家主体与其特别行政区之间签署的自由贸易协议性质的经贸安排,带有明显的自由贸易区特征。其中《补充协议十》承诺了 15 项服务行业,通信服务中的电信服务、视听服务,建筑及相关工程服务,分销服务,金融服务中的银行及其他金融服务(不包括保险和证券)、证券服务、期货服务,与健康相关的服务和社会服务,旅游服务,娱乐、文化和体育服务,运输服务等。

珠三角地区可以利用毗邻港澳的优势,加强 CEPA 协议的"先行先试"。深入贯彻 CEPA 的各项措施,借助香港先进的服务业管理理念、发展模式以及优势互补,提升珠三角地区服务业发展水平;以 CEPA 的落实为契机,在扩大港澳市场的基础上,以港澳为跳板,积极扩大国际市场。可以在银行服务、证券服务、期货服务、港口以及文化、法律等香港优势服务领域加强与香港的合作,大胆"引进来,走出去"。

3. 积极探索服务业开放的管理模式创新,为前海、横琴、南沙三个国家级新区提供良好的制度环境

(1)充分利用深圳、珠海、南沙服务业方面的特殊优惠政策。

促使前海积极探索负面清单管理模式具有天然的优势:第一,深圳前海在广东省三个新区中面积最小,仅 15 平方公里,率先实行负面清单管理模式能较好地管控风险;第二,深圳经过 30 多年的改革开放,形成了与国际规则接轨、相对成熟的市场制度;第三,深圳具有特区立法权,有利于前海探索负面清单管理模式。在前海制定负面清单取得成功经验后,再推向横琴和南沙。

促使横琴积极探索"分线管理"模式。《横琴总体发展规划》中明确表示,积极探索"分线管理"模式,已得到国务院的批复。横琴"一线管理"承担对出入境人员和交通运输工具的边防检查、检疫功能和对货物的备案管理功能;"二线管理"则承担对货物的出入境报关、检验等功能。横琴的"分线管理"模式具备自贸区管理模式的优点,即通关便利化和经济自由化。因此,应当敦促横琴积极探索"分线管理模式",经验成熟时向前海和南沙推广。

广州南沙在外资进入门槛、股权比例、业务领域、市场范围等方面对港澳开放，可以在内地金融业务方面先行先试，逐步扩大对港澳开放。

（2）积极推动前海、横琴、南沙三个国家级新区的建设，为提升服务业竞争力创造良好的软环境。作为国家级新区，深圳前海的定位是"深港现代服务业创新合作示范区"；珠海横琴的定位是"带动珠三角、服务港澳、率先发展的粤港澳紧密合作示范区"；广州南沙的定位是"粤港澳全面合作示范区"。在政策优惠上，国务院批复深圳前海可降低香港金融企业的准入门槛，支持境内外金融机构设立总部，并且支持企业赴港发行人民币债券。珠海横琴可允许金融机构开展综合经营试点、个人本外币兑换特许业务，允许国内电信运营商和澳门电信运营商合作经营横琴增值电信业务等。

4. 加快体制改革的力度，积极申报自贸区，促进广东（珠三角地区）全面开放

从国际发展经验可知，自贸区的成立不仅仅有利于货物贸易的发展，很大程度上会带动物流、金融、保险等服务业的发展。因此，珠三角地区要积极申报自贸区，为提升服务贸易水平创造条件。作为中国最发达的经济圈，珠三角地区不仅制造业发达，基础设施完备，各项激励措施齐全，外向型经济导向明显，并且广州、深圳都具备航运中心和枢纽港的条件，完全具备建设自由贸易园区的条件——首先是高水平的基础设施，如土地、办公地、公共设施、物流服务及相关设备；其次是规范的商业监管，如海关服务流程简化，对投资等申请提供"一站式"服务；再次是吸引外国投资激励的措施；最后是发展离岸外包服务以及主要面向出口、便捷的物流服务和建立国际航运中心和枢纽港的基础条件。

5. 保持服务业人力资本优势，积极扩充现代服务业人才储备

珠三角地区具有丰富的人力资源，这为其发展服务业提供了良好的基础。但是，这些人力资源主要集中在服务业中的传统部门。因此，珠三角地区在保持已有人力资源优势的同时，还应当积极引进和培养现代服务业人才。

6. 鼓励技术创新和加大科研经费投入

珠三角地区的专利授权数和科研经费投入均远低于长三角地区。尽管技术要素对服务贸易竞争力的促进作用尚未显现，但并不能忽视其作用。当前长三角地区技术要素水平高于珠三角地区，但总体竞争力水平较低的原因可能是：

一方面，我国服务贸易处于发展初期，当前还主要是以规模的扩大为主；另一方面，可能是我国科研转化率不高，大量的科研成果没能转化成产品投入市场。从国际发展经验看，高端服务业往往由高科技成果作为支撑。因此，珠三角地区除加大财政投入外，还应当鼓励和引导企业进行科研创新，并创造尊重知识、保护科研成果的制度环境，同时采取积极有效的促进科研成果转化的措施。

参考文献

［1］陈虹、林留利：《中美服务贸易竞争力的实证与比较分析》，《国际贸易问题》2009年第12期。

［2］陈虹、章国荣：《中国服务贸易国际竞争力的实证研究》，《管理世界》（月刊）2010年第10期。

［3］丁平、徐松：《中印服务贸易国际竞争力比较研究》，《国际贸易问题》2007年第8期。

［4］迈克尔·波特：《国家竞争优势》，华夏出版社，2002。

［5］尚涛：《我国服务贸易比较优势及贸易模式变动的实证研究——基于SRCA与Lafay指数等的分析》，《国际贸易问题》2010年第12期。

［6］吴贤彬、陈进、华迎：《基于SRCA和Lafay指数的"金砖五国"服务贸易结构竞争力分析》，《宏观经济研究》2012年第2期。

［7］易行健、成思：《中国服务贸易影响因素的实证检验：1984~2008》，《国际经贸探索》2010年第11期。

［8］尹国君、刘建江：《中美服务贸易国际竞争力比较研究》，《国际贸易问题》2012年第7期。

［9］郑吉昌、夏晴：《服务贸易国际竞争力的相关因素探讨》，《国际贸易问题》2004年第12期。

［10］庄惠明、黄建忠、陈洁：《基于"钻石模型"的中国服务贸易竞争力实证分析》，《财贸经济》2009年第3期。

［11］董小麟等：《中国服务贸易竞争力及服务业结构缺陷分析》，《国际经贸探索》2006年第6期。

［12］何传添、郭好杰：《广东现代服务业发展现状与路径》，《国际经贸探索》2010年第10期。

［13］葛丽芳、田纪鹏：《上海旅游服务贸易国际竞争力及其影响因素》，《财贸研究》

2011年第1期。

［14］范纯增、姜虹：《长三角服务贸易国际竞争力现状及发展的动力机制》，《国际商务——对外经济贸易大学学报》2011年第2期。

［15］吴欢：《广东服务贸易竞争力研究》，广东商学院2010年硕士论文。

［16］黄渭珍：《浙江省国际服务贸易竞争力研究》，南京师范大学2011年硕士论文。

［17］Dalum, B. Lauresen, K. and Villumsen, G., "Structural Change in OECD Export Specialisation Patterns: De-Specialisation and 'Stickiness'," *International Review of Applied Economics*, 12 (1998), pp. 423 – 443.

［18］Belay Seyoum, "Revealed comparative advantage and competitiveness in services: A study with special emphasis on developing countries", *Journal of Economic Studies*, Vol. 34 Iss: 5 (2007), pp. 376 – 388.

B.13 中国沿海地区外向型企业转型升级的实证研究*

——基于国内价值链建设的视角

张媛媛 张 捷**

摘 要: 本文运用决策树分析方法,从全球价值链分工的角度出发,基于2012年沿海地区509家出口企业的调研数据,研究了中国外向型企业在要素成本上扬和外需疲软的双重压力下如何持续发展的问题。研究结果表明,转型升级是外向型企业更具持续性的长期路径选择;而构建国内价值链,建设自主创新、高端制造和市场拓展等关键能力,积累资金、人力资本等关键资源对转型升级进程有明显的促进作用。特别是国内市场的开拓,将成为企业转型升级、重塑在全球价值链上新定位的现实出路。

关键词: 全球价值链 转型升级 外向型企业 要素禀赋 国内市场

一 问题提出

改革开放以来,中国沿海地区外向型企业通过嵌入全球价值链(Global Value

---

* 该文为国家社会科学基金重点项目(09AZD015)"后危机时代全球分工发展趋势及其对我国经济发展的影响"、广东省教育厅人文社科研究重大攻关项目(10ZGXM79005)"全球分工模式的演变与广东产业新的竞争优势培育研究"成果。
** 张媛媛,女,暨南大学经济学院博士研究生,研究方向为国际贸易。张捷,男,教授,暨南大学经济学院博士生导师,主要研究方向为国际贸易、世界经济等。

Chains, GVC）的加工制造环节，依赖低成本优势和欧美市场需求引力而迅速发展起来。但伴随着人均收入水平的提高，中国的要素禀赋结构发生较大变化，劳动力成本不断攀升，资源（土地和原材料）稀缺与环境治理的压力逐渐增大，外向型企业赖以发展的比较优势被不断削弱，加上人民币升值的影响，低端制造企业的利润空间越来越小。2008年以来，受国际金融危机的影响，发达国家市场需求萎缩，订单减少，对于中国外向型企业更是雪上加霜。大量迹象表明，世界经济可能经历一个长期低迷时期，中国依靠要素驱动的出口导向型发展模式将难以为继。

面对金融危机爆发以来急剧变化的世界经济形势，传统外向型企业面临的发展路径无外乎三种选择（毛蕴诗、吴瑶，2009）：一是维持现状；二是产业转移，即把生产基地转移到要素成本更低的地区，继续利用低成本优势获取利润；三是转型升级，除了产品升级换代以提高附加价值外，更重要的是企业的业务向价值链两端延伸，即从生产制造向上游的研发与设计和下游的销售与品牌延伸。比较这三种路径，维持现状是不可取的，在成本上扬的同时，外部需求不足引致价格下跌，从两端不断挤压企业的利润空间，最终可能导致企业破产；产业转移属于一种过渡性的策略，这是因为产业转移主要是利用区位成本差异继续从事传统业务，并未改变企业低端制造的角色，而这一分工角色的固化将使企业无法实现价值链攀升而提高附加价值。因此，转型升级成为企业转变发展模式，寻求持续发展的现实选择。

转型升级是企业成功地从劳动密集型的低价值经济领域迈向高价值的资本技术密集型领域的过程（Gereffi，1999；Poon，2004）。推动企业转型升级的因素不仅包括企业内部的资本与人力资源的积累、自主创新能力的建设、企业家精神的开拓，还包括企业之间合作与竞争、市场环境建设和政府推动等外部力量的支持（Hsu and Chiang，2001；Forbes and Wield，2002；Horng and Chen，2008；Brandt and Thun，2010；Simona and Axele，2012；刘志彪，2005；毛蕴诗、吴瑶，2009；杨桂菊，2010）。从全球价值链理论来看，Gereffi等（2003，2005）认为发展中国家的供应商进入发达国家市场更多地依赖于参与发达国家企业主导的全球生产网络，嵌入全球价值链获得更多的学习潜力，从而获得转型升级的机会；Humphrey和Schmitz（2000，2002）通过对产业集群升级的不同方式的研究，指出嵌入全球价值链使得制造企业在产品生产过程中能够得到更多的学习机会（前提是这些制造企业可以在人力和设备方面进行相应的投资）。然而，发展中国家的企业在价值链上得到学习和技术提升机会的同时，也受制于低附加值的生产活动，因而企业往往在全球价值链中被"俘获"和"压榨"（刘志彪，2011），甚至长期被"锁定"于低端环节。低端"锁定"的原因在于，随着技术和分工组织的日益模块化，生产制造环节的技术日益标准化，大多数最终产品制造企业并不需要掌握核心技术，也无需生产关键零部件，仅从事外围零部件生产和成品组装即可；而且，模块化使加工组装企业与上下游环节之间的信息交流变少，减少了获得技术溢出的机会，不利于其开展产品研发；同时，价值链分工使得加工组装企业无缘接触终端消费市场，无法了解消费者偏好，难以创出自有品牌。低端"锁定"的另一个机制是较低且相对稳定的利润易使企业丧失创新的动力和能力。由于不从事研发和营销，制造商承担的市场风险很小，利润虽然微薄却相对稳定，企业缺乏强大的资金实力投入研发设计、人力资本积累和品牌营销，将逐渐丧失创新的热情和动力。因此，在全球价值链分工中扮演加工制造角色的企业不仅欠缺价值链攀升的机会和能力，而且可能会逐渐丧失这种意愿，自甘被固化在价值链的低端，不愿去冒升级转型的风险。

不过，常常被人们忽略的另一个重要事实是，大多数外向型企业除了嵌入全球价值链之外，其实是在多种价值链环境中进行运作和经营的。已经有不少学者开始关注 GVC 以外的国家和区域的价值链。刘志彪等（2009）提出，加快构建以内需为基础的国家价值链（National Value Chain，NVC）体系和治理结构。康志勇（2009）从国内制度层面的因素出发，认为中国地方产业集群的出路在于基于国内市场空间的国家价值链（NVC）的培育。巫强等（2012）也认为，构建国家价值链，提高价值链终端的竞争程度，有助于突破本土装备制造业的市场空间障碍；从长期发展看，新构建的国家价值链在成长壮大后必然突破国内市场的地域范围，向国际拓展，最终演变为新的全球价值链。Navas-Aleman（2011）运用价值链的研究方法表明，国内价值链和区域价值链将为企业升级提供更多的机会，即为附加值更高的、报酬更好的和难以复制的经济活动（如设计、营销和品牌建设）提供发展空间，她还进一步指出，不仅那些拥有容量大和发展成熟的国内市场的大国有机会通过国内价值链实现升级,甚至小国也可以利用国内和周边区域的市场进行升级。由此可见,构建国内价值链成为企业转型升级的重要途径之一。鉴于此,本文拟从微观视角探讨嵌入全球价值链低端的制造企业如何应对成本上升和外需疲软的双重挑战,在对企业发展路径的选择基础上,重点分析国内价值链的能力建设对于企业转型升级的影响,最后采用2012年对沿海三大区域——环渤海、长三角和珠三角地区509家出口企业的调研数据,运用回归分析方法对企业价值链建设能力和转型升级前景进行实证分析和初步判断。

二 企业发展路径选择的决策树模型

从理论上讲,当前企业转变发展模式的路径选择中,产业转型升级较之产业转移更具有长期性和持续性。我们采用决策树的分析方法,将产业转移和产业转型升级的成本与得益进行对比来印证这一点。

假设某一企业现在面临着产业"转移"与"转型"两种决策选择,其中决策1为"转移",指保持原有产业不变,只是将生产转移到要素成本较低的地区;决策2表示"转型",主要是指向价值链上下游移动乃至延伸至服务业等。设决策1的成本为 C_t,成功的概率为 p,失败的概率为 $(1-p)$,如果成功则得益为 R_0,如果失败则损失为 R_1;决策2的成本为 C_g,成功的概率为 q,失败的概率为 $(1-q)$,若成功则得益为 R_2,若失败则损失为 R_3(参见图1)。

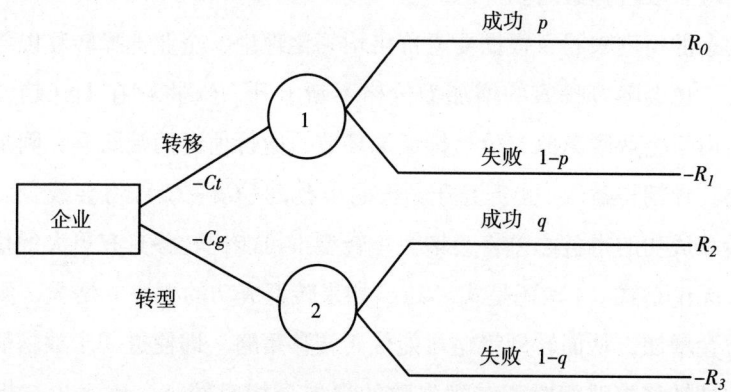

图1 企业发展路径选择的决策树分析

计算两种策略的得益可知,策略 1 的最终得益 $E_1 = [pR_0 - (1-p)R_1 - Ct]$;策略 2 的最终得益为 $E_2 = [qR_2 - (1-q)R_3 - Cg]$。将策略 1 与策略 2 的最终得益进行比较,为便于分析,假定两种策略失败后的损失相同,即 $R_1 = R_3$。成本 Ct 低于成本 Cg,即 $Ct < Cg$,因为相对于转移来说,转型的成本和风险较高,需要更多的资金、技术和人力资本的保障以及政策支持;得益 $R_2 > R_0$,因为转型升级之后企业进入新的价值链环节,附加值得到提升,利润空间得以拓展。

(1) 假设 $p = q$,即转移与转型成功的概率相同。比较 E_1 与 E_2,可知:

$$E_2 - E_1 = q(R_2 - R_0) - (Cg - Ct) \tag{1}$$

若 $q(R_2 - R_0) > Cg - Ct$,即转型成功与转移成功的得益之差大于转型成本与转移成本之差,则转型较之转移有更大的优势,企业应选择转型策略;反之,则应采取转移策略。

(2) 假设 $p \neq q$,即转移与转型成功的概率不同。比较 E_1 与 E_2,则

$$\begin{aligned}E_2 - E_1 &= qR_2 - pR_0 - [(1-p)(-R_1) - (1-q)(-R_1)] - (Cg - Ct) \\ &= qR_2 - pR_0 + (q-p)R_1 - (Cg - Ct)\end{aligned} \tag{2}$$

若 $qR_2 - pR_0 > [(1-p)(-R_1) - (1-q)(-R_1)] + (Cg - Ct)$,即转型成功与转移成功的得益之差大于转型成本与转移成本之差加上转型失败与转移失败的损失之差,则转型较之转移有更大的优势,企业应选择转型策略;反之,则应采取转移策略。

从动态的角度来看,根据要素价格均等化理论,企业选择转移以寻求的低要素成本,也会随着投入的增加而价格不断上升,Ct 将存在上升趋势,而转型成功后由于企业脱离原有价值链低端环节,向价值链两端跃升,附加值和竞争力提高,预期得益 R_2 也会上升。长期来看,$(Cg - Ct)$ 将会减少,而转型成功与转移成功的得益之差将会增大,转型很可能比转移具有更大的优势。重要的是,无论是式 (1) 还是式 (2),如果转型成功的概率 q 增大,则转型的最终得益会增加,从而转型策略可能优于转移策略。即使进一步放松假定,令 $R_1 \neq R_3$,即转移失败相对于转型失败的损失会相对较小,$R_1 < R_3$,提高转型成功的概率仍然可能使得转型最终得益超过转移,从而在长期内选择转型依然

是企业保持持续发展的优势策略。

决策树模型的分析说明,提高转型成功的概率是外向型企业选择转型升级路径摆脱低端锁定的关键。而就外向型企业所处的价值链分工地位来看,由于低端"锁定"效应,企业寄予自身在全球价值链的攀升来实现转型升级的希望将很有可能落空,因此,依托国内市场,建设国内价值链,提升企业的核心竞争力,将不失为企业提高转型成功概率,进一步谋求全球价值链上新定位的现实出路。

三 企业的价值链能力建设与转型升级

对久居于价值链底部的外向型企业而言,重构全球价值链体系不是一个一蹴而就的过程。企业必须改变原来单纯依靠外贸订单进行加工装配的运营模式,逐步把适当比例的主营业务转向国内市场,着手建立从产品研发、制造到营销渠道和品牌建设等相对完整的运营流程。因此,企业首先必须调整发展思路,重塑经营理念,使自身从一个片断化的生产车间发展为依靠研发设计和自有品牌参与市场竞争的主体。在这一思路与理念指引下,企业依托国内市场,建设价值链的关键资源和能力,推动转型升级过程,从而最终以核心竞争力的提升突破国内市场,寻求在全球价值链上的新定位。

(一)企业关键能力建设

从"微笑曲线"的价值链流程来看,外向型企业在价值链上攀升和拓展国内市场,将会在产品研发、生产和营销等阶段遇到新的挑战。从研发来看,企业面对的市场从国外转向国内,产品的需求对象发生变化,许多在国际上适销对路的产品未必符合国内消费者的偏好;从生产制造环节来看,中国企业擅长制造,但这一优势却是建立在粗放型生产模式基础上的,在原材料成本上升和资源环境条件的约束下,这种模式已难以为继;从价值链下游的营销与品牌建设来看,以往企业只需按照订单足额按时交货即可获得利润,现在却要在竞争激烈的国内市场上比拼品牌影响、建设营销渠道和提供售后服务。面对这些挑战,外向型企业需要进行价值链环节关键能力的建设以提升自身的核心竞争力，实现从低端制造车间向完整的、全面发展的市场主体的转变。从整个价值链来看，企业需要建设的关键能力包括：上游的自主创新能力、中游的高端制造能力和下游的市场拓展能力。

自主创新能力是决定外向型企业能否成功实现转型升级的重要因素，它的提高不仅可以使企业有效规避低端制造的诸多风险，而且也是企业进军国内市场，提高国际竞争力的迫切需求。企业需求市场由外到内的转换，带来对产品的性质、功能及外观包装等多方面的新的要求。以前外销的产品需要进行重新设计和研发，以符合国内消费者的需求偏好。这时，企业不再有采购商给予的产品规格标准和设计要求，而是独立面对国内庞大的消费群体。如若不进行自主研发设计，不断开发新产品，那么，企业在国内市场激烈竞争中将难有立足之地。进一步来说，企业只有掌握了核心技术，才能真正掌握竞争的主动权，而核心技术不像外围技术那样可以通过学习和市场购买来获取，往往只能通过企业自主研发设计才能得到。所以，自主创新能力的建设是企业向上游价值链研发环节攀升的重要步伐，是企业能够获得国际市场竞争优势的决定性力量。

高端制造能力是推动企业转型升级的重要力量，它追求的已不是简单的产量增长，而是强调在资源和环境约束下通过提升技术水平，在产量增长的同时，降低能耗，减少污染，实现生产过程的科技化和低碳化。企业通过新型的、低碳的生产方式，构筑强劲的生产能力，在节约资源、降低生产成本的基础之上，提高劳动生产率和产品的科技含量，使得产品迈向高层次、高科技的行列，从而实现产品和产业的升级。

市场拓展能力是企业实现转型升级梦想的落脚点，企业唯有不断满足市场需求，积极引导消费，创造竞争优势，才能扩展利润空间，扩大国内市场份额，为产品和产业的转型升级找到现实的出路。市场的拓展既包括铺设营销渠道来开拓国内市场，也包括进一步延长价值链提供售后服务来支持品牌建设。尽管这对于以前只负责到集装箱装货的很多外向型企业而言，是一项长期而艰巨的任务，不仅需要摸索国内市场的特点进行营销策划，还要面对产品售后等许多复杂而细致的问题；但是市场拓展能力的建设却是将企业产品与品牌推向市场，从而真正实现转型升级目标的支撑力量。所以，企业应当着力进行国内市场拓展，建设与推广品牌形象，累积实力，争取重构价值链上的主导与领先地位。

（二）企业关键资源的积累

在企业关键能力的建设中，关键资源发挥着基础的保障和支持作用。这些关键资源包含强大的资金支持和丰富的人力资源。

资金支持是企业进行关键能力建设和推进转型升级的经济实力后盾。无论是开展投入高、风险大的自主创新，还是改变生产方式进行清洁生产，抑或是实施开拓市场的营销策略，如果没有雄厚的资金实力做保证，企业都将陷入心有余而力不足的窘境。获取资金支持，是企业进行转型升级的基本物质保障，而这一保障既来源于企业自身赢利能力的提高所进行的资本积累，也依靠企业融资能力的增强，通过外源融资吸引更多的社会资金来谋求发展。

人力资源的培养和积累是转型升级过程的基础和动力。因为相对于OEM代工模式来说，转型企业所需要的更多是专业的、经验丰富的研发设计和营销策划人才，而不再是技术工和熟练工。人力资本的积累为企业提升在价值链中的关键能力提供了有力的智力支持。所以，企业如何培育、吸收和留住人才就成为转型升级的重点问题。在积聚人力资本方面，企业一方面需要提供更多的培训机会，提高员工素质；另一方面，也要采取多种激励方式，包括薪酬、工作条件等物质激励和企业文化等精神激励，来吸引人才，留住人才，减少智力资本的外流。

（三）企业转型升级的外部支持

一般来讲，外向型企业对国内市场实际上并不熟悉，除了尽快发掘市场特点，生产适销对路的产品，营建销售网络等战略措施之外，企业仅凭借自身努力，仍然难以在国内市场有所作为。这是因为国内市场有许多不同于国际市场的特征。首先，国内市场是一个高模仿性的市场，新产品的专利保护十分重要。因为企业将不再只是按照成熟的技术标准生产外围零部件的加工组装车间，而是一个依靠创新生存和发展的市场主体，如果没有知识产权的保护，创新的积极性必然会被削弱。其次，国内市场竞争的激烈程度并不亚于国际市场，建设和维护良好的市场竞争秩序显得尤其重要。再次，国内市场中存在的某些地方保护主义，阻碍着企业营销网络的建设和市场空间的开发。但这些阻力和困难都不是仅靠一个或几个企业就可以克服和改变的，需要借助外部力量的支持和帮助才能消除和解决。

能够提供强大外部支持的主要力量莫过于政府和行业中间组织。政府在加强知识产权保护、打破地方垄断和保障市场机制有效运行等制度环境建设方面，能够发挥强有力的支持作用；行业中间组织在规范行业秩序、调节企业利益矛盾和搭建广阔的交流平台等行业公共产品提供方面扮演着企业与政府之间的桥梁角色。

综上所述，外向型企业推进转型升级，提高转型成功的概率，需要依托国内市场，进行价值链关键能力建设，提高核心竞争力，重塑在国际价值链上的新定位。但是，企业的转型升级是一个长期的、需要依靠企业内外部力量共同推进的过程。我们可以将这一过程通过"汽车模型"形象地反映出来（参见图2）。汽车的方向盘代表企业以"转型升级"为导向；汽车的车轮表示以资金和人力资本为基础和动力；汽车的主体是整个价值链过程的能力提升，包括在价值链上中下游环节分别建设自主创新能力、高端制造能力和市场拓展能力；外部支持可以看作推动汽车前进的风力。因此，企业为重构国际价值链而进行的转型升级实际上是一个以经济实力和人力资本为基础，将企业自身的关键能力建设与外部力量的支撑结合起来的过程。

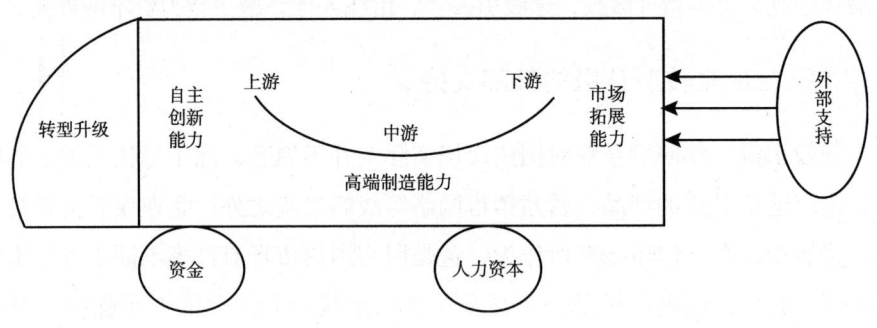

图2　企业转型升级的"汽车模型"

四　实证检验与分析

根据上述从价值链分工角度对企业转型升级的理论分析，我们采用对沿海地区外向型企业的问卷调查数据，对企业自身的价值链资源能力建设和外部支持对转型升级的影响进行实证检验。

（一）数据来源与样本情况

为研究国际金融危机以来沿海地区外向型企业的运营状况与发展战略的调整，我们对环渤海、长三角和珠三角等地区的出口企业进行了问卷调查，内容包括企业基本概况、生产运营情况以及转型升级情况等。调查范围包括环渤海、长三角和珠三角三个地区的 7 个省和直辖市（天津、山东、河北、江苏、浙江、广东、福建）。调查采用调研员登门访问的方式，共获得有效企业样本509 家，其中环渤海、长三角和珠三角地区的样本比例分别为 20.43%、40.08% 和 39.49%。

从创建时间来看，调查样本中约有 2/3 的企业创建于 2000 年及以后，163 家企业成立于 2000 年以前，其中 31 家企业成立于 20 世纪 90 年代以前。

从企业性质来看，样本企业以民营企业为主，接近样本总量的 2/3，国有企业和集体企业约占 10.22%，中外合资企业约占 14.93%，港澳台及外商独资企业约占 12.18%。

从注册类型来看，有限责任公司所占比例最大，约为 56.78%，股份有限公司（包含上市与非上市公司）仅占样本总数的 4.72%，个人独资企业、合伙企业的比例分别为 11.79% 和 14.73%。

从注册资本来看，样本企业绝大多数为中小企业。500 万元人民币以下的企业占多数，共计 306 家，所占比例达到 60.12%，而超过 5000 万元（含 5000 万元）的企业仅占样本总数的 5.89%，500 万~5000 万元（含 500 万元）的企业占比达 1/3 左右。

从行业分布来看，按照国家统计局列出的国民经济行业分类标准（GB/T 4757-2011）将 509 家出口企业进行归类分析，制造业共计 438 家，占样本总量的 86.05%；批发和零售业共计 69 家，占样本总量的 13.56%，另外还有 2 家企业归于信息技术业。依照主营产品进行细分，制造企业中电气机械和器材制造业，文教、工美、体育和娱乐用品制造业，纺织业、纺织服装、服饰业，皮革、毛皮、羽毛及其制品，制鞋业，金属制品业六个行业占较大比例，分别

达到样本总量的 12.38%、8.84%、8.25%、8.06%、6.29% 和 6.29%；进行批发和零售的外贸企业则以纺织、服装及家庭用品批发，机械设备、五金产品及电子产品批发，矿产品、建材及化工产品批发三个行业所占比重较大，分别为样本总量的 5.11%、4.32% 和 1.57%。

（二）模型设计与变量选取

由上述理论分析，我们依据调研数据分别就自主创新能力、生产制造能力和市场拓展能力进行分析，试图通过实证研究来探明企业的三种关键能力对转型升级情况的影响与意义。

（1）模型设计。综合企业价值链能力建设的理论分析，我们构建以下计量回归模型：$Y_i = \alpha_i + \beta_i X_i + \lambda_i W_i + \varepsilon_i$

其中，Y 表示企业转型升级的因变量，X 表示解释变量，W 表示控制变量，α 为常数项，ε 为随机误差项，i 表示样本个体数。我们将解释变量 X 分为三组，分别衡量自主创新能力、生产制造能力和市场拓展能力对转型升级的影响。

（2）变量选取。选取因变量时，根据理论研究和实际经验，企业转型升级大多沿着从 OEM 到 ODM 再到 OBM 的路径进行，也就是从简单的代工制造逐渐向设计研发和品牌经营的方向转型升级。由此，我们在问卷指标中，选取企业主营业务中 ODM 与 OBM 的比例之和作为反映企业转型升级状况的变量。

选取解释变量时，分别选取能够反映自主创新能力、高端生产制造能力和市场拓展能力的指标。对于自主创新能力，我们着重分析企业在创新方面的各项投入与成果，所以选取问卷中"是否具有研发机构""研发人员比例""是否拥有核心技术"和"是否开发出新产品"等问题来衡量自主创新能力，然后再对开发出新产品的企业进行重点分析，选取"新产品开发投入"和"新产品种类"等变量来说明拥有新产品的企业自主创新能力的特征。

对于高端生产制造能力，考虑到企业的生产设备和劳动力投入等因素会影响劳动生产率，因而我们选取"生产设备水平"和"员工总人数"来代表企业的生产水平，同时将企业分成传统产业和非传统产业进行考察，加入"是否为传统产业"的虚拟变量，对传统产业进行重点考察，选取"治污成本"和"水电成本"等变量对传统产业生产的低碳节能进行分析；在市场拓展能力方面，选取"销售总额"这一基本指标代表企业的营销水平，考虑到企业在内需市场和国际市场之间的转换，我们设计了"产品出口比例"来衡量企业在国内市场的拓展能力。控制变量选择：企业成立时间的长短，往往影响其经营策略乃至企业规模，例如21世纪以来成立的企业，在生产技术水平和经营定位等方面都相对较高。我们尝试添加控制变量"创建时间"来反映不同年龄的企业的运营特点。企业资产水平往往是衡量企业经济实力的总体指标，因此我们选取企业资产总额作为衡量企业规模与实力的控制变量。人力资本积累是影响企业转型升级的重要因素，我们设置了企业员工的年龄结构（35岁及以下员工比例）、学历结构（本科及以上员工比例）和企业培训比例作为人力资本的控制变量（参见表1）。

表1 变量界定及定义描述

变量	变量名称	变量代码	相关定义描述
因变量	转型升级	Y	主营业务中ODM与OBM的比例之和
解释变量	研发机构	RDI	拥有研发机构时取1，无研发机构时取0
	研发人员比例	RDH	企业员工中研发人员所占的比例
	核心技术	TE	拥有产品核心技术时取1，无核心技术时取0
	新产品	NP	开发出新产品时取1，无新产品时取0
	新产品研发投入	NPR	新产品研发的资金投入额
	新产品开发种类	NPC	新产品的种类数目
	生产设备	MEL	依照程度赋值，"先进"为5，"比较先进"为4，"中等"为3，"落后"为2，"非常落后"为1
	员工数量	EMP	职工总人数
	传统产业	TRA	是否属于传统产业①，属于为1，不属于则为0
	水电成本	WEC	用水用电的成本额
	治污成本	POC	治污的成本额
	销售水平	SAL	销售总额
	出口比例	PEX	产品出口额占销售额的比重
控制变量	创建时间	TIM	企业的运营年限，2012年与创建时间的差值
	资产水平	TCA	资产总额
	员工年龄结构	AGE	年龄在35岁及以下的员工比例
	员工学历结构	EDU	具有本科及以上学历的员工比例
	员工培训比例	TRP	培训员工在员工总数中的比例

注：①这里我们依据国民经济行业分类标准（GB/T4757-2011）将除了计算机、通信、电子等行业之外的其他行业作为传统产业。

（三）模型估计结果

根据变量设计和数据的完整性，经过筛选，获得调查问卷中的484家有效样本进行实证检验。运用软件Eviews6.0，采用OLS方法对截面数据进行回归分析。首先需要考察数据是否存在多重共线性和异方差。通过观察解释变量的Pearson相关系数矩阵，发现变量之间的相关系数绝对值一般都在0.3以下，因此可以认为多重共线性不是模型估计中的潜在问题。为了减少模型中可能存在的异方差对回归结果稳健性的影响，我们采用White异方差一致协方差矩阵，对估计结果的标准误差和t统计值进行修正，从而在一定程度上消除模型异方差问题，使得OLS回归结果更为稳健可靠。实证估计结果如表2所示。

表2 企业关键能力建设对转型升级影响的OLS回归结果

	自主创新能力		高端生产制造能力		市场拓展能力
	模型1	模型2	模型3	模型4	模型5
RDI	−0.007 （−0.242）	0.117 （2.822）***			
RDH	0.284 （1.714）*	0.144 （0.578）			
TE	0.114 （3.561）***				
NP	0.113 （4.284）***				
NPR		3.77E−05 （2.705）***			
NPC		−0.001 （−1.933）*			
MEL			0.064 （3.006）***	0.047 （1.500）	
EMP			5.38E−05 （2.008）**	1.22E−04 （2.440）**	
TRA			0.215 （8.221）***		
WEC				5.34E−05 （0.392）	

续表

	自主创新能力		高端生产制造能力		市场拓展能力
	模型1	模型2	模型3	模型4	模型5
POC				-6.59E-06 (-0.017)	
SAL					4.00E-05 (0.093)
PEX					-0.271 (-6.687)***
TIM	0.001 (0.371)	0.003 (1.110)	4.38E-04 (0.222)	0.005 (1.567)	0.001 (0.764)
TCA	2.94E-04 (1.338)	1.49E-06 (0.011)	-1.96E-04 (-0.466)	-0.001 (-1.938)*	2.01E-05 (0.072)
AGE	-0.356 (-3.370)***	-0.297 (-2.322)**	-0.339 (-3.399)***	-0.160 (-1.043)	-0.376 (-3.660)***
EDU	-0.016 (-0.165)	0.442 (2.335)**	-0.009 (-0.085)	0.196 (0.887)	0.005 (0.049)
TRP	0.021 (0.464)	-0.102 (-1.377)	0.090 (1.907)*	0.218 (2.605)**	0.100 (2.278)**
常数项	0.628 (7.691)***	0.692 (6.566)***	0.405 (4.370)***	0.432 (2.798)***	0.871 (9.938)***
F值	8.585	3.747	13.976	4.839	9.442
R^2	0.140	0.169	0.191	0.247	0.122
样本数	484	176	484	143	484

注：***、**、*分别表示在1%、5%、10%的水平上显著；括号中数值表示经过稳健性修正的 t 值。

（1）解释变量。模型1和模型2表明企业自主创新能力对于转型升级的影响效应。从模型1的回归系数来看，企业拥有核心技术和研发新产品都对转型升级有着显著的正向影响，研发人员比例也起到促进企业转型升级的显著作用。而研究机构却呈现出不显著的负向效应，说明在总体样本中研究机构的作用并不明显。进一步地，我们将开发出新产品的样本企业提取出来进行实证分析。模型2反映了拥有新产品的企业的自主创新能力与转型升级的关系，从回归结果来看，在拥有新产品的企业中，研发机构的作用较为突出，与转型情况显著正相关，且新产品研发投入也起到正向作用，而新产品种类的系数却为负,说明新产品的种类增多不一定能够促进企业的转型升级,因为还需要进一步观察新产品属于何种类型的创新。从调研的情况来看,样本企业的创新成果主要是"获得实用新型和外观设计专利""通过研发获得国内领先技术"和"商业模式创新"(参见表3),其中获取发明专利、掌握核心技术的创新成果明显不足,而正是这类创新才能够更有力地推动转型升级。因此,企业新产品的种类数目与转型升级存在负相关关系的回归结果也是可以理解的。

模型3模型和4反映企业高端制造能力对转型升级的影响。模型3的回归系数表明,企业的生产设备水平和员工总数都对转型升级起到显著的正向促进作用,TRA变量的系数也显著为正,说明在生产能力方面传统产业的转型升级似乎更具优势。为深入研究这一问题,我们将传统产业作为研究对象,构建了模型4,其估计结果显示,除企业员工总数这一变量显著之外,生产设备水平、水电成本和治污成本均不显著,说明传统产业的生产能力优势可能更多地体现在劳动力密集型而非资本技术密集型和低碳节能的生产方式上。

表3 企业近三年的创新成果类型

选 项	第一重要	第二重要	第三重要	第四重要	第五重要	得分	排序
通过研发获得国内领先技术	46	36	11	1	0	409	2
获得实用新型和外观设计专利	66	36	8	1	0	500	1
获得发明专利	26	18	17	1	0	255	4
商业模式创新	32	26	11	5	0	307	3
其他	2	0	0	0	0	10	5

注:表中2~6列为样本数,根据重要程度分别赋权数5、4、3、2、1,各选项按照重要程度乘以权数后加总,得到该项的总分。

模型5表示企业市场拓展能力对转型升级的影响。回归结果表明,企业的销售额与转型升级正相关,但却不显著。由于销售额是企业产品在国内和国际市场的销售总额,未能反映市场结构,于是进一步加入产品出口比例变量。结果发现产品出口比例与转型升级显著负相关,表明产品的外销比例越高,企业嵌入全球价值链的程度越深,越难摆脱低端"锁定"顺利实现转型升级。该变量同时也反映出较大的内销比例将有助于企业顺利实现转型。

综合以上三种关键能力的实证结果,企业创新能力的提升是推动转型升级的主要力量，企业创新应更多地集中在核心技术的研发上；生产能力的提高也是企业转型的助推力，尤其对传统产业来说，进一步提高设备技术水平和生产方式的集约化、低碳化将推动转型升级；市场拓展，特别是对国内市场的开发是关系到企业转型升级成败的关键因素。事实上，企业目前对关键能力建设的意愿相当强烈，对企业在危机与挑战并存的市场环境下所做的策略选择进行调查，结果发现（参见图3），企业所采取的各项应对策略中选择较多的分别是："加强市场拓展""提升技术""开发更多新产品"和"提高产品档次/附加价值"等，充分表明企业已经认识到技术创新和市场拓展等能力建设对转型升级的重要性。

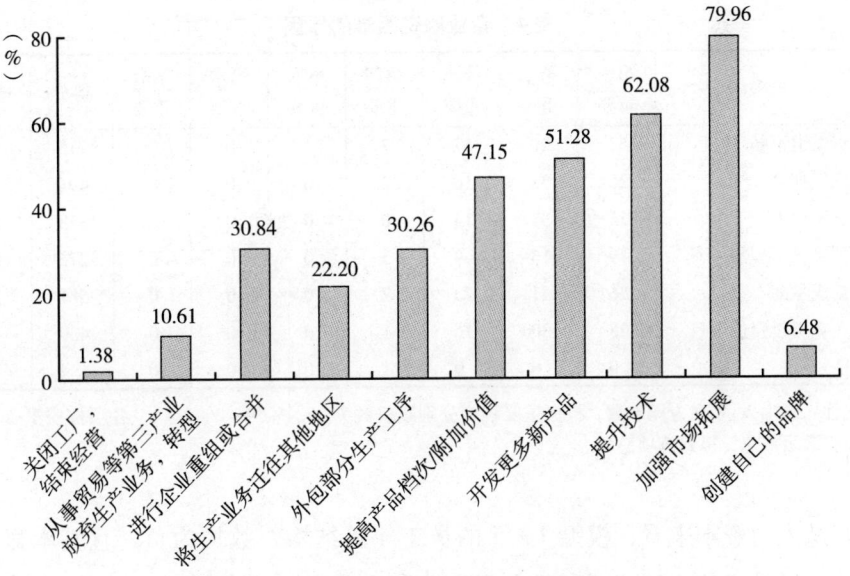

图3 企业应对经营环境变化的策略选择

（2）控制变量。企业创建时间（TIM）变量在模型1~5中的系数均为正，但不显著，说明企业成立时间对转型升级有着不显著的正向影响，这与我们的预期有出入。究其原因，可能在于成立时间长的企业具有更多的技术和人力资源积累，对市场更加熟悉，而21世纪以来成立的企业在技术装备和经营管理等方面起点较高，所以根据成立时间的长短无法直接判断出何种企业更具关键能力建设的优势。

资产总额变量在 5 个模型中的符号正负不一，均不显著，表明企业规模对转型升级没有显著影响。这主要是因为中国外向型企业从事低端加工制造，主要以中小企业为主，企业运转依赖的主要不是资产规模，而是能否从经销商和银行等处获得流动资金融资。为此，我们针对企业融资情况做了进一步的调查，结果发现，样本中多于 1/3 的企业存在着融资困难，融资困难的原因大多是"融资渠道不畅""融资成本高"和"缺乏抵押品"（参见表 4）。企业解决这些困难主要依靠"自我积累获得发展资金"和"引入外部投资"等措施。如前所述，缺乏经济实力将导致企业转型升级有心无力，而融资困难将使企业的转型能力受到限制。

表 4　企业融资困难的原因

选项	第一重要	第二重要	第三重要	第四重要	第五重要	第六重要	第七重要	得分	排序
融资渠道不畅	57	20	37	2	1	0	0	715	1
缺乏抵押品	28	35	16	2	0	0	0	494	3
缺乏担保人	15	33	14	0	0	0	0	373	5
财务状况不理想	19	13	9	5	0	0	0	276	6
融资成本高	36	31	23	7	0	0	0	581	2
缺乏吸引投资的项目	25	30	16	1	0	0	0	439	4
其他	0	0	0	1	0	0	0	4	7

注：表中 2~8 列为样本数，根据重要程度分别赋权数 7、6、5、4、3、2、1，各项按照重要程度乘以权数后加总，得到该项总分。

从人力资本来看，模型 1~5 的员工年龄结构系数均为负，且基本显著，表明年轻员工的比例高不利于企业转型升级。学历结构系数在 5 个模型中正负不一，其中仅在模型 2 中呈现出显著的正向关系，表明员工受教育程度仅在新产品研发上发挥重要作用。不难理解，低端代工企业往往需要的是心灵手巧、体力充沛的员工，招工时更加偏好低学历的年轻员工，相比之下，ODM 和 OBM 企业则更注重员工的学历和经验，其员工年龄也就自然会大于代工企业，学历水平也会高于代工企业。因此，在企业从简单代工向研发设计和品牌建设转型的过程中，员工的年龄会增大，受教育程度会提高，表现为年轻员工比重与企业转型升级之间存在一定的负相关关系。此外，员工培训比例的系数基本为正,在模型3、模型4、模型5中通过了显著性检验,表明培训可以提高人力资本水平,对转型有利。不过,目前企业培训主要集中于生产技能和市场推广,而在研发创新方面比较欠缺,这也是模型1和模型2中该变量不显著的原因。这一情况亦可以从企业所需的人才类型中得到验证。据调研结果,企业目前所需的人才中排名前三位的分别是"技术人才""营销人才"和"公关人才",尤其"技术人才"是企业最稀缺的人才。对所需人才企业目前的激励手段仍以物质激励为主(参见表5),工资福利、工作环境和职务晋升是企业认为激励人才最重要的三项措施。企业应在物质激励的基础上,辅以企业文化等精神激励方式,更有效地积累人力资本,减少核心员工的流失。

表5 企业激励人才的各项措施

选项	第一重要	第二重要	第三重要	第四重要	第五重要	第六重要	第七重要	第八重要	得分	排序
提高工资和福利待遇	338	87	41	15	1	1	0	0	3641	1
职务晋升	79	108	79	47	6	1	0	0	2124	3
提供良好的工作环境	39	167	89	25	24	5	2	0	2255	2
提供培训/深造	18	38	69	25	9	11	4	0	1026	5
股权(红利)激励	18	44	63	48	6	3	0	0	1103	4
人文关怀	12	19	36	41	48	7	8	0	879	6
荣誉激励	5	9	31	46	17	11	10	0	640	7
其他	0	0	0	0	0	0	0	0	0	8

注:表中2~9列为样本数,根据重要程度分别赋权数8、7、6、5、4、3、2、1,各项按照重要程度乘以权数后加总,得到该项总分。

(四)企业转型升级的外部支持

企业通过价值链建设来实现转型升级,进入具有模仿程度高、竞争激烈和存在某种程度的地方保护等特点的国内市场,离不开政府和行业中间组织等外部力量的支持和帮助。据此,我们在问卷中对企业在转型升级过程中期待从政府和行业组织获得的支持及其实施情况进行了调查。

从政府支持的角度来看(参见表6),在企业转型升级所期待的十项政策措施中,各项得分差距不大,说明企业对这些措施的期待程度都较为强烈。从排名来看,"资金支持""营造良好的融资环境"和"提供土地或税收优惠"是企业最迫切期待的支持,这与上述回归分析中企业进行关键能力建设所面临的融资困难的事实一致。"加强知识产权保护""奖励技术创新"也是企业需求较强的政策措施,既反映出企业研发创新的积极性,也体现出企业因国内市场高模仿性而强烈渴望知识产权保护措施。但在对措施实施的评价中,排在企业需求前三位的政策措施实施程度却处于末位,相比之下,"促进产学研合作""帮助引进与培训人才"和"加强知识产权保护力度"等措施的实施程度较高。由此可见,政府支持大多集中在人力资本培养、知识产权保护、创新平台的搭建等有助于企业长期发展的措施上,而在解决企业当前面临的融资困境上则显得力度不够。

表6 企业转型升级期待得到的政府支持措施

措施	资金支持	营造良好的融资环境	提供土地或税收优惠	品牌培育支持	奖励技术创新	加强知识产权保护力度	创建产业园区和公共创新平台	帮助引进与培训人才	促进产学研合作	支持企业"走出去"
对政府支持的期待程度										
期待很强	285	255	218	130	155	188	150	155	115	147
期待较强	135	160	192	230	218	190	188	198	226	199
期待一般	73	90	94	124	108	100	130	126	124	138
期待不强	16	7	9	19	24	27	42	26	38	23
无期待	0	0	0	0	0	0	0	1	1	0
得分	2216	2199	2158	1980	2019	2054	1976	1998	1928	1991
排名	1	2	3	8	5	4	9	6	10	7
政府措施实际实施程度										
实现很好	10	2	12	22	17	21	33	39	26	21
实现较好	58	81	83	84	98	121	105	98	105	101
实现一般	199	203	217	219	219	211	177	206	223	211
实现不好	214	180	164	160	158	126	161	136	134	152
未实现	32	38	33	24	18	30	33	30	23	18
得分	1339	1341	1404	1447	1468	1504	1471	1507	1510	1464
排名	10	9	8	7	5	3	4	2	1	6

注:期待程度按照程度分为很强、较强、一般、不强和无期待,分别赋值为5、4、3、2、1,各项依据不同程度乘以权数后加总,得到该项总分。实施程度分为很好、较好、一般、不好和未实现,分别赋值为5、4、3、2、1,各项依据不同程度乘以权数后加总,得到该项总分。

表7 企业对行业中间组织支持措施的重要程度与实施情况评价

措施	提供行业信息	技术和职业培训,人才交流	提供融资担保和融资帮助	制定行约行规,维护会员合法权益	调解行业内外部的各种纠纷	价格协调,规范竞争行为	组织反倾销应诉或反倾销上诉	与政府沟通,争取对行业有利的政策措施	参与制定行业标准和行业发展规划	评选行业名优产品,创建区域品牌
行业中间组织支持措施的重要程度										
非常重要	246	214	142	124	134	163	129	151	113	93
比较重要	141	186	204	223	221	194	212	187	200	216
一 般	96	98	137	134	129	131	141	137	167	164
较不重要	24	13	18	27	29	17	28	34	31	27
非常不重要	0	0	2	1	0	1	0	1	2	3
得 分	2130	2134	1975	1969	1999	2019	1972	1983	1930	1878
排 名	2	1	6	8	4	3	7	5	9	10
行业中间组织措施的实际实施程度										
实 施	343	297	163	170	211	186	174	179	180	165
未实施	111	147	224	210	179	190	199	192	199	198
不清楚	52	69	122	123	117	129	130	141	128	139
排 名	1	2	10	8	3	4	7	6	5	9

注：重要程度分为非常重要、比较重要、一般、较不重要和非常不重要，分别赋值为5、4、3、2、1，各项依据不同程度乘以权数后加总，得到该项总分。政府实施程度分为实施、未实施和不清楚，依据选择实施的企业数进行排序。

从行业中间组织的支持来看（参见表7），企业认为行业中间组织提供的10项措施都对转型升级相当重要，其中"技术和职业培训，人才交流""提供行业信息"和"价格协调，规范竞争行为"是企业认为最重要的三项措施。这一方面说明企业转型升级对人力资本的重视与需求，另一方面也体现出企业希望更多了解国内市场和行业信息以及强烈期盼规范市场竞争秩序。观察各项措施的实施情况，企业认为对转型升级最重要的三项措施都得到了较好实施，其中"提供行业信息"一项实施程度最高，其次是职业培训与规范竞争行为。此外，在调节行业纠纷、制定行业标准以及与政府沟通等方面，行业中间组织也提供了有效的支持。不过，在"提供融资担保和融资帮助"一项上实施程度较弱，行业协会今后在履行职能时需要更多地为企业融资提供信用中介服务。

五　结论与启示

改革开放以来，中国依赖初级要素优势嵌入全球价值链制造环节，建立起来的大量外向型企业，在要素禀赋结构重大变化的情况下，面临着生产成本上扬挤压利润空间的压力。2008年，国际金融危机引起世界经济衰退，导致外需萎缩，出口订单锐减，外向型企业的生存和发展面临严峻考验。在成本上升和需求疲软的双重挑战下，中国外向型企业可持续发展的战略选择是适度脱离全球价值链分工，摆脱低端"锁定"状态，依托中国内需市场展开转型升级，提高国际竞争力，重构以我为主的全球价值链新体系。

与国际产业转移相比，转型升级是企业持续发展的重要战略选择。一方面需要企业以国内市场为依托，向价值链的上下游延伸，提高自主创新、高端制造和市场拓展等关键能力，同时吸纳和积累转型升级所需的资金、技术与人力资本等关键资源；另一方面，企业转型升级需要得到政府和行业中间组织等外部力量在制度建设、权益保障、资源提供等诸多方面的支持和帮助。通过企业的"内功"修炼与外部支持相结合，内外并举推动产业转型升级的进程。

本文研究表明，中国沿海地区外向型企业的自主创新能力、高端生产制造能力和市场拓展能力对转型升级都有着明显的促进作用。不少劳动密集型企业已尝试开展创新活动，自主研发新技术和新产品；国内市场将成为企业转型升级的重要基础，产品内销将带动企业积极向价值链两端攀升。不过，在转型升级过程中，企业仍面临着不少资源与能力建设的问题：一是企业转型升级的关键资源不足，资金实力因企业规模和融资困难等原因，人力资本水平不高；二是在企业的转型能力中，研发创新能力有待于从模仿（产品外观改进）向原创（发明专利）等高层次能力提升，高端制造能力有待于进一步从传统的粗放型生产方式向低碳化和集约化的生产方式转变，对国内市场的开拓能力也是一个需要长期建设的过程。

对外向型企业而言，实现转型升级，增强竞争力，重构全球价值链，需要在提高融资能力和凝聚人力资本以累积转型升级的物质基础之上，了解和熟悉国内市场的特点，开发符合国内消费者偏好的各类产品与服务；采用先进的、低碳的生产技术进行制造，通过降低能耗和节约资源来应对资源环境的约束，降低生产成本；积极建设营销渠道，打开国内市场，提高产品的国内市场占有率，拓展企业利润空间。政府和行业中间组织可以在继续开展对企业转型的制度环境建设、知识产权保护、信息提供和人才培训等帮扶措施的基础上，对企业融资提供更多的政策法规支持并采取切实可行的实际举措，特别是行业中间组织，更应以沟通桥梁和行业组织协调的角色定位，为企业有效融资提供必要的融资担保和融资帮助，呼吁和争取有利于中小企业融资的方针政策。

参考文献

［1］康志勇：《全球代工体系下我国地方产业集群升级研究：基于 GVC 与 NVC 的比较视角》，《科学学与科学技术管理》2009 年第 10 期。

［2］刘志彪：《全球化背景下中国制造业升级的路径与品牌战略》，《财经问题研究》2005 年第 5 期。

［3］刘志彪、张杰：《从融入全球价值链到构建国家价值链：中国产业升级的战略思考》，《学术月刊》2009 年第 9 期。

［4］刘志彪：《重构国家价值链：转变中国制造业发展方式的思考》，《世界经济与政治论坛》2011 年第 4 期。

［5］毛蕴诗、吴瑶：《中国企业：转型升级》，中山大学出版社，2009。

［6］巫强、刘志彪：《本土装备制造业市场空间障碍分析——基于下游行业全球价值链的视角》，《中国工业经济》2012 年第 3 期。

［7］杨桂菊：《代工企业转型升级：演进路径的理论模型——基于 3 家本土企业的案例研究》，《管理世界》2010 年第 6 期。

［8］Brandt, L. and E. Thun. *The Fight for the Middle*：*Upgrading, Competition and Industrial Development in China.* World Development, 2010, 38 (11).

［9］Forbes, N. and D. Wield. *From Followers to Leaders*：*Managing Technology and Innovation in Newly Industrializing Countries.* London：Routledge, 2002.

［10］Gereffi, G. *International Trade and Industrial Upgrading in the Apparel Commodity Chains.* Journal of International Economics, 1999, (48).

［11］Gereffi, G. and O. Memedovic. *The Global Apparel Value Chain*：*What Prospects for Upgrading by Developing Countries.* United Nations Industrial Development Organization (UNIDO), Sectoral Studies Series, 2003.

［12］Gereffi, G., J. Humphrey and T. Sturgeon. *The Governance of Global Value Chains.*

Review of International Political Economy, 2005, 12 (1).

[13] Horng, C. and W. Chen. *From Contract Manufacturing to Own Brand Management: The Role of Learning and Cultural Heritage Identity.* Management and Organization Review, 2008, 4 (1).

[14] Humphrey, J. and H. Schmitz. *Governance and Upgrading: Linking Industrial Cluster and Global Value Chain Research.* IDS Working Paper 120, 2000.

[15] Humphrey, J. and H. Schmitz. *How Does Insertion in Global Value Chains Affect Upgrading in Industrial Clusters.* Regional Studies, 2002, 36 (9).

[16] Hsu, C. W. and H. C. Chiang. *The Government Strategy for the Upgrading of Industrial Technology in Taiwan.* Technovation, 2001, (21).

[17] Navas-Aleman, L. *The Impact of Operating in Multiple Value Chains for Upgrading: The Case of the Brazilian Furniture and Footwear Industries.* World Development, 2011, 39 (8).

[18] Poon, T. S. C. *Beyond the Global Production Networks: A Case of Further Upgrading of Taiwan's Information Technology Industry.* Technology and Globalisation, 2004, 1 (1).

[19] Simona, G. and G. Axele. *Knowledge Transfer from TNCs and Upgrading of Domestic Firms: The Polish Automotive Sector.* World Development, 2012, 40 (4).

B.14 外商投资负面清单管理模式改革探讨
——基于上海自由贸易试验区的改革探索

陈 磊*

摘 要： 本文介绍了上海自贸试验区外商投资负面清单管理模式改革的做法，分析了试验区 2013 版负面清单处理扩大对外开放、政策透明度、国民待遇、最惠国待遇、行业分类体系等问题的原则、局限和不足，提出了六条深化外商投资管理改革的建议措施。一是进一步扩大开放领域，缩短负面清单长度；二是加强法规政策梳理，提高投资准入政策的透明度；三是剔除内外资一致的投资准入管理措施，确保负面清单是国民待遇的例外措施；四是基于最惠国待遇列出对全球投资者负面清单，以 CEPA 补充协议形式实施对港澳投资者负面清单；五是研究国民经济行业分类与服务贸易行业分类的对应关系，探索国际投资协定适用的行业分类体系；六是协调有关部门利益，改革外商投资的管理体制。

关键词： 外商投资　准入前国民待遇　负面清单

一　导言

近年来我国外商投资管理体制改革的压力显著增加，企业和地方政府要求

---

* 陈磊，男，广州市对外贸易经济合作局工作，主要从事对外贸易、招商引资等实践和研究。

简政放权、改革外商投资审批体制的呼声日渐高涨,中美投资协定谈判中美方也对我国投资管理体制改革施压。美国 2012 年双边投资协定范本（2012 US Model BIT）①在第三条规定了在企业设立阶段的国民待遇,美方要求我国取消外商投资审批制,以负面清单规定例外的方式给予外资准入前国民待遇。所谓准入前国民待遇是指在企业设立、取得、扩大等阶段给予外国投资者及其投资不低于本国投资者及其投资的待遇。负面清单是指凡是针对外资的与国民待遇、最惠国待遇不符的管理措施,或业绩要求、高管要求等方面的管理措施均以清单方式列明。如果按照美方要求达成最终协议,我国外资管理体制将迎来重大改变,从当前以《外商投资产业指导目录》等"正面清单"为依据的投资准入审批制,转向以"负面清单"为依据取消审批制的改革方向。

学术界对于外商投资体制改革作了一些探讨,研究文献基本都认可现阶段简化外商投资审批管理的改革措施,包括清理审批事项、缩小审批与核准范围、增加政策和行政透明度等,但是对于改革的目标模式仍存有争议,对于是否应以"准入前国民待遇加负面清单管理模式"作为改革的方向持有不同意见。田丰（2010）认为,如果按照美国 BIT 范本达成中美投资协议,将导致外资准入与跨境资金流动面临巨大风险。桑百川、靳朝晖（2011）认为,如果给予准入前国民待遇,则要求中国外资管理体制做出重大调整,改革成本较大,中国应继续采取肯定列表的形式监管外资准入,实行有限度的准入前国民待遇。崔凡（2013）认为,中国应该支持以肯定清单为基础的准入前国民待遇谈判模式,通过逐渐扩大肯定清单开放范围的方式给予外国投资者以准入前国民待遇。从总体上看,研究文献主要立足于对改革目标提出建议,即我国是否应该给予境外投资者准入前国民待遇,主要关注"该不该做"的问题,而相对忽视了"如何做"的问题,对如何实施负面清单和准入前国民待遇管理模式,明显缺乏深入研究。

中美投资协定谈判在经历了 5 年九轮谈判后,于 2013 年 7 月获得重大突

---

① 美国双边投资协定范本（2012 US Model BIT）,于 2012 年完成第四轮修订,由美国国际贸易谈判代表办公室发布。它兼具投资保护协定和投资开放协议范本的功能,是美国与其他国家签订双边投资协定或自由贸易协定中双边投资条款的谈判基础。美方坚持以该文件作为中美投资协定谈判的文本基础。

破，中方同意以准入前国民待遇和负面清单为基础与美方进行投资协定实质性谈判①。在这种背景下，国务院批准中国（上海）自由贸易试验区率先开展外商投资负面清单管理模式改革的试点，为全国开展外商投资管理体制改革探路。在决策层对"该不该做"的争论一锤定音之后，"如何做"成为突出问题，而研究工作明显落后于实践。研究上海自贸试验区的改革实践，有助于我们了解如何对外资实施"准入前国民待遇加负面清单管理模式"，问答改革实践提出的若干重要问题，包括如何列出负面清单、遵循什么原则、基于什么分类、采用什么表述模式、如何建立事中事后监管体系等问题。本文介绍了上海自贸试验区的有关改革措施，探讨了现行负面清单管理模式的不足和改进方向，对进一步深化外商投资体制改革措施提出了若干建议。

二 上海自贸试验区外商投资管理模式改革措施

中国（上海）自由贸易试验区自挂牌运作半年来，按照"为全面深化改革和扩大开放探索新途径、积累新经验"的要求，实施了一系列改革创新措施②。其中建立与国际接轨的投资管理新体制一项，主要任务是改革外商投资前置审批的做法，实行准入前国民待遇和负面清单管理模式，对负面清单以外的外商投资项目实施备案管理；推行工商登记注册资本认缴制、先照后证登记制；对境外投资项目和设立境外投资企业由核准制改为备案制。外商投资管理模式改革是一项系统工程，包括修订和制定法律法规、制订负面清单、优化办事业务流程、建设信息系统、后续监管措施配套等方面。单就法律法规准备来看，全国人大和国务院决定暂停一批外资管理法律法规的相关条款在上海自贸试验区施行，为取消法定审批事项提供了依据。上海市政府颁布了"外商投资项目备案管理办法""外商投资企业备案管理办法""外商投资准入特别管

---

① 中国商务部发言人说，"准入前国民待遇和负面清单的外资管理模式已逐渐成为国际投资规则发展的新趋势，世界上至少有77个国家采用了此种模式。我们同意采用这种模式是适应国际发展趋势的需要，与我国正在推进的行政审批制度改革的方向是一致的，有利于为各类所有制企业创造公平竞争的市场环境，激发市场主体活力，促进经济发展。"

② 本节对上海自贸试验区改革措施的介绍主要限于与本文主题相关的领域，资料来源于有关新闻报道、政府文件、实地调研等途径。

理措施（负面清单）（2013年）"三个地方政府规章，作为实施外商投资负面清单管理的依据。上述投资管理体制改革措施在自贸试验区挂牌之日就已实施，是改革试点率先取得突破的领域，也是有望率先向区外复制推广的改革措施。

试验区采用的2013版负面清单，根据国民经济行业分类（GB/T 4754-2011）的18个行业门类，在中类水平上列出了对外商投资项目和设立外商投资企业采取的与国民待遇等不符的准入措施（特别管理措施）。对负面清单之外的领域，将外商投资项目由核准制改为备案制，将外商投资企业合同章程审批改为备案管理。2013版负面清单实际上采用的是部门肯定清单和措施否定清单的模式，在清单中列出每个部门项下，对外资准入保留审批的限制性措施，作为普遍实施投资准入备案管理的例外。限制性措施主要包括限制投资领域（如限制或禁止投资某些项目）、规定投资方式（如限合资、合作）、规定股比要求（如中方控股或中方投资比例应大于50%）、规定注册资本（如注册资本不低于1000万美元）等，限制性措施可以组合使用。

外资管理模式改革率先取得突破，与之密切相关的配套改革也在稳步推进，其中主要是金融领域改革和事中事后监管体系建设。目前国家"一行三会"已先后出台了51条金融创新政策措施，基本构成了金融创新政策框架。金融创新以"自由贸易账户体系"为核心，体现了分账管理、离岸自由、双向互通、有限渗透的管理理念。目前试点开展的跨境人民币业务包括人民币双向资金池、人民币跨境支付、人民币境外借款，试点开展的外汇管理措施包括跨国企业资金集中管理、跨国企业资金池、跨国企业服务贸易项下外汇支付等。上海市金融办近期发布了一批具有代表性的金融创新案例，包括利率市场化、企业融资、集中收付、支付结算、对外直投、机构集聚六大方面的9项创新案例。金融领域改革放松了对跨国公司投资运营的束缚，较好地体现了试验区内金融改革创新的出发点和落脚点，即服务实体经济、服务区内投资贸易活动，并非建设离岸金融中心。

自贸试验区的投资管理模式改革和扩大对外开放措施实施半年来，极大地激发了国内外企业的投资创业热情。到2014年3月底，上海自贸试验区累计接待办理企业登记咨询9万人次，已办理企业名称预核准的有5000多家，经批准新设企业7772家。新设企业中外商投资企业有661家，投资总额33亿美元，平均每家企业投资额为500万美元。目前区内各类注册企业共有13000家，就业人数达26万人，其中外籍人士约1万人。区内新设企业中，金融和投资类企业占17%，拥有金融机构牌照的43家，股权投资企业、融资租赁公司等类金融企业102家，投资和资产管理公司近1000家。①

取消对投资准入的事前审批之后，建立事中事后监管体系变得更加重要。试验区开展事中事后监管体系建设的主要任务包括六方面：建立外商投资国家安全审查机制、反垄断审查机制、企业年报公示制度、企业信用管理体系、综合执法体系、部门监管信息共享机制。监管体系建设涉及的问题较多，目前取得的成果有限，外商投资国家安全审查机制和反垄断审查机制的具体改革措施仍未发布。工商登记部门在区内实行注册资本认缴登记制和"先照后证"登记制，暂停企业年检，试行企业年度报告公示、企业经营异常名录公示两项制度，加强对企业的信用约束，引导企业诚信经营。在企业信用管理体系方面，上海公共信用信息服务平台已上线运行，归集了50多个委办局、司法机关和公用事业单位拥有的个人和企业信用信息，涉及事项超过1100项，可查询区内企业的信用记录，发布区内企业的违法失信信息。在部门监管信息共享方面，目前主要以建立国际贸易"单一窗口"申报模式为突破口，推动各有关部门实现信息、数据、辅助系统共用共享。

三 对自贸试验区负面清单的分析

（一）负面清单的开放程度

负面清单直观地体现了试验区扩大对外开放的程度，清单越短，开放程度越高。目前实施的2013版负面清单，在国民经济行业分类1069个小类中保留了190项管理措施。从实施效果看，上海官方认为总体上达到了扩大外资准入的预期作用，依据是新设外商投资项目在负面清单以外、实行备案管理的占比

---

① 数据来源于笔者于2014年4月17日对上海自贸试验区管委会的调研访谈。

为93%。外界普遍认为2013版负面清单在对外开放方面不够，保留的准入管理措施太多，清单太长。2013版负面清单是我国第一份外商投资市场准入负面清单，尽管外界对它的期望很高，但实际上它的出台时间非常仓促，在技术准备上不充分、清单本身不完善，是可以理解的。

为理解上海市制订负面清单的背景和局限性，须从我国外商投资政策的决策体系特点出发。首先，实施负面清单管理模式并不一定伴随着开放程度扩大，在维持现有开放水平不变的情况下，将原有市场准入限制措施从正面清单表述转换为负面清单表述，从理论上看是完全可能的。其次，国务院授权上海市政府制定和发布负面清单，应理解为授权上海市政府在落实自贸试验区"总体方案"的前提下开展工作，而不是授权它可以自行突破"总体方案"规定的对外开放程度。上海市政府在制定负面清单时受到国家各部委的制约，尽管负面清单是上海市政府制定和发布的，但是扩大开放并不是上海市政府决定的，必须经与国务院主管部门会商同意。最后，我国外商投资市场准入法规体系主要是由国务院规章和各部委规章组成的，地方政府制定的行政规章不能与国务院法规和规章相抵触，一般情况下也需注意不与国务院各行业管理部门制定的规章相抵触。国务院批准的上海自贸区试验区总体方案包括了六大服务业对外资扩大开放的23条措施，这是在申报过程中历经地方政府与国家部委多次讨价还价的结果，自然是可以排除在负面清单之外的。但以上海市政府令的效力突破国家层面法规对其他行业领域设置的市场准入条件，是缺乏法律依据的。所以我们可以理解，"自下而上"的改革试点很难突破现行法规政策的限制，负面清单需要国家层面的顶层设计。

即使是国务院在"总体方案"中批准的服务业开放领域，也还有一些没有落实具体实施细则。在试验区挂牌运行一个月时，23条服务业开放措施，12项已可以实施，接受企业注册申请，还有7项开放措施（游戏游艺设备生产销售、演出经纪、娱乐场所、教育培训、职业技能培训、医疗机构、增值电信）需制定相应的管理办法，在暂停实施国务院相关行政法规和文件后得以落实[①]。其余4项（远洋货物运输、国际船舶管理、有限牌照银行、律师服

---

① 来源于中国（上海）自由贸易试验区正式挂牌运行一个月，管委会对媒体的介绍。

务）在2014年4月还没有落实，需修订相关行政法规或与国家有关部委进一步明确政策口径后落实相关操作细则。如果加大开放力度，负面清单将至少还有缩减20%的潜力。今后组织修订负面清单时，要同时开展扩大对外开放的政策争取工作，地方政府需要与国家相关行业主管部门开展新一轮磋商，必要时还需要国家领导人的政治魄力推动。只有在获得国家同意进一步扩大开放领域的前提下，才可能将开放措施反映在负面清单上，大幅缩减负面清单的长度。

（二）负面清单的政策透明度

我国对外商投资市场准入目前实行多头管理，各部门设置的准入条件不仅多而杂，而且缺乏透明度。对外商投资市场准入的管理权分散在至少三个部门，国家发改委负责对外商投资项目进行核准，商务部对设立外商投资企业的合同、章程进行审批，特定的服务业领域投资还要求服务业主管部门进行前置审批。此外，工商登记部门在企业注册登记时会对各个前置审批要求进行审核把关，外汇管理部门要对外商投资企业注册资本金、外债比例、外汇投资资金兑换和用途进行管理，对房地产外商投资实行宏观总量调控和备案管理。设定市场准入条件的不仅有《外商投资产业指导目录》《政府核准的投资项目》两个重要文件，还有更多各部门规章和规范性文件对具体投资项目设置的单项管理规定。比如，外商投资国内商业店铺要审核是否符合城市商业网点规划，外商投资企业设立异地分支机构要征询企业注册地外资主管部门的意见，对外商投资设立投资性公司和总部企业设置达标条件。根据我国对国际条约在国内实施的法律规定，我国对外贸易和投资协定谈判中达成的外商投资市场准入开放措施，包括CEPA及其9个补充协定，都不能直接作为政府部门审批管理的依据，必须将这些国际条约转换为国内法律、国务院及其部门的规章，甚至要制定非常具体的实施细则，才能够得到执行，这就令境外投资者更加难以把握。

由正面清单式的"非允许不许进入"，转为负面清单式的"非禁止即允许进入"，负面清单管理模式提高了投资准入政策的透明度。李克强总理指出，对市场主体而言，"法无禁止即可为"，对政府而言，"法无授权不可为"，这是负面清单管理模式的理念基础。以负面清单明确列出政府保留的各项投资准入管理措施，限制政府采取其他隐蔽、随意的准入限制行为，提高了外商投资准入政策的透明度和可预期的稳定性。从上海颁布的2013版负面清单看，并没有很好地贯彻政策透明度原则，外界对它的一项批评就是认为其透明度不够。2013版负面清单在国民经济行业分类1069个小类中保留了190项管理措施，有38项是禁止投资类，有118项列明了投资形式、股比、规模等明确限制，有34项仅注明限制外商投资，比如"限制投资棉花（籽棉）加工"，并没有详细说明如何限制，有何要求。投资者不得不等待政策进一步明晰，等待实施细则出台。

下一步对负面清单组织修订，应注重提高管理措施的透明度，各种限制措施的表述要更加清晰明确。要平衡好负面清单的"长度"与"透明度"的关系，在开放水平不变的情况下，政策梳理越充分，保留管理措施的描述越细致，透明度越高，清单看起来就会越长。但如果人为要求缩短清单长度，可能就会采取合并分类、简化表述、遗漏项目等方式，以失去透明度为代价。在负面清单"长度"与"透明度"的取舍之间，从科学严谨实用的角度，应该首选"透明度"，在保证"透明度"的前提下，通过真正扩大开放来缩短清单"长度"。

（三）负面清单与国民待遇

根据改革目标，试验区要对外商投资给予"准入前国民待遇"，负面清单是与国民待遇不符的例外措施。然而，上海颁布的负面清单并不是严格意义上的与国民待遇不符措施，而是将一些对内资和外资都适用的限制性措施一并列入了，比如"禁止投资博彩业"。负面清单把所有对外资设有限制的领域（不管是否对内资也同样限制）都列出来，其好处是方便实际操作，清单载明了所有需要保留外资审批、不适用备案登记程序的投资领域，主管部门工作人员对照看一张负面清单，就知道什么项目不能做、什么项目不该批。从管理实践需要上考虑，如果负面清单严格按照"与国民待遇不符措施"列出，那么还应该有另外一个"内资和外资同样受限制的措施"的清单，只有把两张清单一起对照看，才能确定一个外资项目是否要审批还是适用备案程序。但是我国目前并没有对内资投资制订统一、清晰的市场准入条件和负面清单，投资准入的"国民待遇"并未明确,也就无法提出对外商投资的"与国民待遇不符措施"究竟包括哪些内容。上海2013版负面清单没有处理好这个问题,可能的原因就在此。

此外,上海市负面清单也没有完全符合给予外资"准入前与准入后全面的国民待遇"的原则。美国BIT是高标准的投资协定,上述原则主要是美方的要求,代表了发达市场经济国家期望的标准。上海负面清单只是对市场准入的特别管理措施清单,并不包括准入后非国民待遇的清单,并没有将外商投资企业设立后面临的与国民待遇不符的措施也列进去,与美方要求的"准入前与准入后全面的国民待遇"还有差别。既然"总体方案"并未在自贸园区内给予外商投资全面的(包括准入前和准入后阶段)国民待遇,负面清单就不必包括对准入后外商投资企业全生命周期的特别管理措施。清理准入前和准入后对外商投资企业的非国民待遇措施,涉及面非常广泛,工作非常困难,据悉商务部初步清理了16万条有关措施,这是地方政府在有限时间和资源条件下难以做到。

2013版负面清单在特别管理措施的全面性、完备性方面也有欠缺。负面清单模式改革涉及商务部和国家发改委两部门的管理模式,两部门共用一个负面清单。发改部门对外商投资项目保留核准制(不适用备案制)的范围,除了负面清单列举的领域,还包括国务院规定对国内投资项目保留核准的项目,目前主要是《政府核准的投资项目目录》。那么在实际操作上,国家发改委要遵循两个清单管理。在下一步修订负面清单时,应注意负面清单的完备性,不仅要以《外商投资产业指导目录》为依据,还要涵盖《政府核准的投资项目目录》的有关内容。此外,散见于各行业部门的外资专项管理法律法规、对外资进入的经营资质要求、高管要求等其他非股比限制措施,同样要予以梳理和纳入。

(四)负面清单与最惠国待遇

上海自贸试验区定位于对全世界投资者开放,负面清单应定位为对全世界投资者适用(即符合最惠国待遇原则)的准入管理措施。有一种观点认为,负面清单不仅包括与国民待遇不符措施,还要包括与最惠国待遇不符措施。我国现已签署多个FTA协定(包括内地与港澳签署的CEPA),协定给予签约伙伴在外资准入方面更加开放的权利。负面清单要不要体现这些对特定国家和区域投资者的特殊开放政策，是必须处理的一个问题。

上海负面清单在发布说明中有一条规定："香港特别行政区、澳门特别行政区、台湾地区投资者在自贸试验区内投资参照负面清单执行。内地与香港特别行政区、澳门特别行政区《关于建立更紧密经贸关系的安排》及其补充协议、《海峡两岸经济合作框架协议》及其后续《海峡两岸服务贸易协议》、我国签署的自贸协定中适用于自贸试验区并对符合条件的投资者有更优惠的开放措施的，按照相关协议或协定的规定执行"。有了这条规定，CEPA及其他对特定国家和区域投资者的优惠措施就不必在负面清单中一一注明了。但是2013版负面清单并未彻底贯彻这一原则，在一些行业分类下注明了针对港澳投资者的特殊措施，但又并不全面完整，使人难以理解，容易引起混乱。既然上海自贸试验区定位于对全世界投资者开放，建议在未来修订负面清单时，应明确负面清单措施需符合最惠国待遇原则，把对港澳CEPA和我国签署的其他FTA协定所规定的仅对签约成员适用的特殊差别待遇剔除出去。

如何处理自贸园区与CEPA扩大开放的关系，一直是广东自贸园区方案设计的一个难点。自贸园区立足于面向全球，负面清单要对全世界投资者适用。自贸园区又要体现港澳优先的原则，那么就可以研究另一个对港澳投资者适用的负面清单，并将其纳入CEPA补充协议中。CEPA采用正面清单的模式已经扩展实施了十年，在开放领域和深度上都已取得了很大突破，仅有少数行业和业务领域没有开放，以负面清单模式列举出来是可能的。CEPA负面清单与自贸试验区负面清单的结构有所不同，其特点是：①仅包括服务业，不包括农业、制造业等其他行业，行业分类体系采用服务部门分类（GNS/W/120）；②不仅针对设立外商投资企业这一种市场准入方式，而且涵盖服务贸易的全部四种形式，包括跨境交付、境外消费、商业存在、自然人移动；③CEPA负面清单应该比自贸试验区负面清单更短，体现对港澳投资者比对全球投资者更加开放。通过基于负面清单模式的CEPA补充协议，将能促进CEPA进一步扩大开放和提高政策透明度，达到国务院提出的在"十二五"期末内地与港澳基本实现服务贸易自由化的目标。

(五)负面清单的行业分类体系

上海自贸试验区负面清单采用国民经济行业分类体系(GB/T 4754 - 2011),理由是使外资备案与投资核准备案、工商登记、统计等环节衔接,这些都是采用国民经济行业分类。制订2013版负面清单的主要参考来源是《外商投资产业指导目录》,也是采用国民经济行业分类。负面清单根据国民经济18个行业门类,包括89个大类、419个中类和1069个小类,在中类水平上列出管理措施,把对行业小类的管理措施合并到行业中类上表述。如果按照行业小类来列出管理措施,恐怕清单更长。

需注意到,国际投资协定并没有统一的行业分类体系,对负面清单制订工作带来困难。WTO、FTA和CEPA的服务贸易市场准入承诺表采用的是世贸组织制定的服务部门分类(GNS/W/120),它基于联合国产品总分类表(CPC, ST/ESA/STAT/SER. M/77/Ver. 1.1),本质上是基于产品而非基于行业的分类体系。目前各国签订的国际投资协定采用的行业分类比较随意,国际上没有统一的分类标准。在制订服务业负面清单措施时,往往需要根据WTO、FTA、CEPA对服务业开放措施,将其对应到负面清单的国民经济行业分类体系中。目前没有这两个行业分类体系的对应转换关系,我们对此问题作了初步探索,感觉难度很大。目前只能根据研究人员自己对行业分类表的理解去对应,缺乏科学性。此外,《政府核准的投资项目目录》并非根据国民经济行业分类表列出的,而是根据国家发改委对投资项目的理解作分类,要把该目录纳入到负面清单中,必须首先回答投资项目如何对应行业分类的问题。同样,把各行业主管部门的外资专项管理措施纳入负面清单,也一样要面对行业分类的问题。

四 外商投资管理体制改革探讨

按现行体制,我国对外商投资的市场准入管理主要由国家发改委与商务部两个部门承担。上海自由贸易试验区目前仍然保留了国家发改委与商务部两个部门在投资准入环节的管理职责不变,只是限于管理模式改革,并不涉及管理体制改革。我国对企业投资项目（固定资产投资项目）实行核准和备案制，主要由国家发改委负责管理。国家发改委核准的投资项目，对内资企业而言是指固定资产投资项目，不牵涉固定资产投资的项目，比如服务业投资项目，是不用经过国家发改委项目核准的。但对于外商投资而言，不管是否涉及固定资产投资，现行规定是都要纳入投资项目核准制管理，在商务部批准设立外商投资企业之前，由国家发改委进行核准或备案。[1] 国家发改委对企业投资项目准予核准的条件是[2]：对企业投资项目是否符合国家法律法规、国家宏观调控政策、发展建设规划及准入标准，是否影响国家安全、生态安全以及社会稳定风险等方面进行审查。对于取消核准改为备案的项目，由企业自主决策、自负盈亏、自担风险，不得以任何名义变相审批。除不符合国家法律法规、产业政策禁止发展、需报政府核准的项目外，均应当予以及时备案。

国家发改委对外商投资项目的核准条件是[3]：（1）符合国家有关法律法规和《外商投资产业指导目录》《中西部地区外商投资优势产业目录》的规定；（2）符合发展规划、产业政策及准入标准；（3）合理开发并有效利用了资源；（4）不影响国家安全和生态安全；（5）对公众利益不产生重大不利影响；（6）符合国家资本项目管理、外债管理的有关规定。外商投资项目备案需符合国家有关法律法规、发展规划、产业政策及准入标准，符合《外商投资产业指导目录》《中西部地区外商投资优势产业目录》。

对比国家发改委对内资和外商投资项目的核准和备案条件，除了与内资项目一致的普遍要求外，对外资项目独有的核准条件只有两条，一是符合外商投资产业指导目录，二是符合国家资本项目管理和外债管理的有关规定。这两项核准条件实际上分别都有业务主管部门把关，《外商投资产业指导目录》是商务部审批设立外资企业的主要依据，对企业资本项目和外债进行管理可由外汇管理局实施，没有必要由国家发改委重复把关。将来我国逐步放开资本项目下

---

[1] 参见《国家发展改革委关于进一步加强和规范外商投资项目管理的通知》（发改外资〔2008〕1773号）要求，要坚持外商投资先核准项目，再设立企业的原则，防止设立空壳公司。各类外商投资项目，包括中外合资、中外合作、外商独资项目、外商购并境内企业项目、外商投资企业增资项目和再投资项目等，均要实行核准制。

[2] 参见《关于改进规范投资项目核准行为加强协同监管的通知》（发改投资〔2013〕2662号）。

[3] 参见《外商投资项目核准和备案管理办法》（国家发展和改革委员会令第12号）。

外汇管理和外债管理，企业开业全面实行商事登记制度，对外商投资项目普遍实行核准和备案管理既没有充分依据，也缺乏实际需要。建议取消准入前对外商投资项目的核准和备案管理，落实外商投资企业的准入后国民待遇，按照对内资企业固定资产投资项目的管理模式进行管理。

将来进一步深化外商投资管理体制改革，有必要对商务部和国家发改委两个部门对外商投资的管理职责进行调整。商务部负责对境外投资者设立外商投资企业的市场准入实施管理，国家发改委负责对外商投资企业的固定资产投资行为实施管理，投资项目核准后移到外商投资企业开业环节之后。与此体制改革措施配合，将来需要制订两个负面清单，一是由商务部实施的、设立外商投资企业的负面清单，是对外商投资准入阶段给予国民待遇的例外，以《外商投资产业指导目录》为基础，与国际投资协定谈判相衔接。二是国家发改委实施的，国内企业法人（不区分内外资企业）固定资产投资项目的负面清单，以《政府核准的投资项目》为基础，不包含对境外投资者设置的市场准入条件。

五　总结讨论

外商投资负面清单管理模式改革是我国涉外经济体制改革的主要任务之一，上海自贸试验区在此方面做出了初步探索，有成功经验，也有不足之处。本文分析认为，负面清单是外商投资由"审批制"改为"备案制"的基础，决定了自贸试验区的对外开放程度和政策透明度，而2013版负面清单在处理扩大对外开放、政策透明度、国民待遇原则适用、最惠国待遇原则适用、行业分类体系等问题上存在不足。究其原因，既有我国外资政策决策程序导致的局限性，也有制订负面清单的技术方法不成熟因素。同时，试验区的改革也有局限性，局限于管理模式改革（审批制改备案制），而没有触动管理体制改革，国家发改委与商务部两个部门在外商投资准入环节的管理职责不变，这并非最优安排。

结合对存在问题的分析，文中分别探讨了进一步深化改革的若干方向，这里总结提出六条深化改革的建议措施：一是商请国家支持，进一步扩大开放领域,缩短负面清单长度;二是加强法规政策梳理,提高投资准入管理措施的透明度;三是剔除内外资一致的投资准入限制措施,确保负面清单是国民待遇的例外措施;四是基于最惠国待遇列出对全球投资者负面清单,研究以 CEPA 补充协议形式实施对港澳投资者负面清单;五是研究国民经济行业分类与服务贸易行业分类的对应关系,探索国际投资协定适用的行业分类体系;六是协调部门利益,探索外商投资管理体制改革。

国家批准设立上海自贸试验区并开展投资体制改革试点,并不是为促进上海更快发展而给予特殊优惠政策,而是要求上海立足于深化改革,为我国提供可复制可推广的制度创新经验。2014 年 1 月 15 日,中美双边投资保护协定第 11 轮谈判结束,从这一轮起中美双方正式开始了文本谈判,谈判取得了积极进展,双方商定加快谈判节奏。商务部发言人说,"商务部将按照十八届三中全会通过的《决定》的部署,认真总结上海自由贸易试验区等国内试点的经验,探索实行准入前国民待遇加负面清单的管理模式,建立安全、高效、公开、透明与国际接轨的外资管理体制"。这意味着,外商投资负面清单管理模式将成为全国范围内改革的目标模式,而具体实施时间将视中美投资协定谈判的完成进度而定。

参考文献

[1] 崔凡:《美国 2012 年双边投资协定范本与中美双边投资协定谈判》,《国际贸易问题》2013 年第 2 期。

[2] 联合国秘书处经济和社会事务部:《国际服务贸易统计手册》(ISBN 978 - 92 - 1 - 730238 - 1),联合国出版物,纽约,2012。

[3] 联合国经济和社会事务部统计司:《产品总分类(CPC)版本 1.1》(ST/ESA/STAT/SER. M/77 /Ver. 1.1),纽约,2007。

[4] 桑百川、靳朝晖:《中美双边投资协定前景分析》,《国际经济合作》2011 年第 11 期。

[5] 上海市人民政府:《政府工作报告(2014)》。

[6] 上海市人民政府:《中国(上海)自由贸易试验区外商投资项目备案管理办法》(沪府发〔2013〕71 号)。

［7］上海市人民政府:《中国（上海）自由贸易试验区外商投资企业备案管理办法》（沪府发〔2013〕73号）。

［8］上海市人民政府:《中国（上海）自由贸易试验区外商投资准入特别管理措施（负面清单）（2013年)》（沪府发〔2013〕75号）。

［9］田丰:《中美双边投资协定对中国经济的影响——基于美国双边投资协定范本（2004）的分析》,《当代亚太》2010年第3期。

［10］2012 U. S. Model Bilateral Investment Treaty, USTR, 2012.

B.15 后　记

近几年，广东在推进外经贸发展转型过程中问题不断涌现。广东外语外贸大学国际经贸研究中心进行了连续的专题研究。根据中心学术委员会议要求，我们坚持"蓝皮书"的资讯特色，坚持"公正立场、专家观点"的宗旨，主要以专家和学者们关于广东外贸、外资、外经发展的各类研究报告为主，既注重学理分析又紧贴现实，既以当前问题为重点又兼顾中长期问题研究，既以政策研究为重点又渗透理论分析；目的是为政府部门决策和企业发展选择提供参考依据。

我国改革开放的许多政策首先在经济功能区试验，早期的经济特区、国家级经济技术开发区，后来的广东特殊监管区、中外合作区以及一系列出口功能基地，近几年的国家新区、自由贸易园区等经济功能园区，展示了我国改革开放政策的演变逻辑。2013年9月，中国（上海）自由贸易试验区的设立，对全国经济功能区发展产生较大影响。引起社会各界对"自由贸易（园）区"的探讨，各地政府跃跃欲试，纷纷向中央申报"自由贸易（园）区"。为了配合广东区域改革和发展，我们选择广东内部区域及其经济功能区问题作为2013年研究专题，向校内外公开选题、自愿申报、专家评审，最后由基地学术委员会确定。3月底完成选题征集工作，并发布选题指南，4月完成了各个专题研究的公开招标和申请，5月评审并由学术委员会议确定研究团队，并与各项目承担者签订合同和明确任务。12月底汇集了13项专题研究成果，分成以下四个部分。

"总报告"部分有2篇研究报告，"广东外经贸形势分析报告（2013~2014年）"由肖鹞飞和邹霞影合作完成；"广东外经贸区域协调发展问题的研究"由陈万灵和曹莹莹合作完成。

"广东区域外经贸发展专题"部分汇集了4篇不同范围的研究报告。"广东服务业外商直接投资技术效应研究"由钟晓君和刘德学合作完成;"珠三角地区研发外包与技术创新的关系研究"由崔萍执笔;"东莞加工贸易企业转型升级的过程和经验"由陈万灵、肖奎喜与杨岩合作完成;"湛江外经贸发展的评价与战略选择"由张士海执笔。

"广东外经贸功能园区专题"有4篇研究报告,"广东外经贸功能园区的制度创新及其发展的分析"由尤玉平和陈万灵合作完成;"广东服务外包产业区域问题研究"由林吉双执笔;"广州南沙新区政策演变与产业发展方向"由李晓莉和申明浩合作完成;"深圳建立自由贸易园区的探讨"由刘伟丽执笔完成;"提升广东外贸竞争力的研究"由蔡春林执笔完成。

"区域比较研究专题"有3篇研究报告,"珠三角地区和长三角地区服务贸易竞争力的比较分析"由李晓峰、姚传高合作完成;"中国沿海地区外向型企业转型升级的实证研究"由张媛媛、张捷合作完成;"外商投资负面清单管理模式改革探讨"由陈磊执笔完成。

本书初稿形成后,我们组成编委会进行了初步审稿,编委由国际经贸研究中心、广东国际战略研究院、国际服务外包研究院、国际经济贸易学院、国际商贸中心重点研究基地等机构的专家构成,他们对各篇报告和论文提出了宝贵的修改意见,使本书的研究成果得以完善。

本书研究还得到了国际经贸研究中心学术顾问和学术委员的指导,他们是隋广军、温思美、吴军、郑建荣、肖振宇、许罗丹、张捷、黄静波、陈磊、丘杉、熊启泉、林勇、肖鹞飞、李铁立等;另外还得到《国际经贸探索》杂志、粤商研究所等的支持。我中心将继续聚集广东各高校和研究机构的研究力量,坚持对广东外经、外贸、外资发展的跟踪研究,以其创新的研究成果不断为政府和企业提供咨询服务。

在此,对上述提到的专家、学者的热心参与和贡献以及机构的支持表示衷心感谢!并欢迎关心广东外经贸发展的广大读者和各界人士多提宝贵意见。

"广东外经贸蓝皮书"编委会

2014年4月

Abstract

The transformation of development modes of foreign economics and trade is a long-term problem noticed by all sectors of the society, particularly the regional harmonious development of foreign economics and trade has become the major issue for Chinese government for many years, which needs to be vigorously promoted and solved. "Guidance on Accelerating the Transformation of the Development Mode of Foreign Economics and Trade (2012)" issued by the Ministry of Commerce and other 10 ministries states that "optimizing the domestic regional layout of foreign economics and trade" is the main task to accelerate the transformation of development mode of foreign economics and trade. The Ministry of Finance and Ministry of Commerce jointly issue "Temporary Methods of Administrating the Funds for Promoting Regional Harmonious Development of Foreign Economics and Trade (2008)", which try to promote regional harmonious development of foreign economics and trade through public finances. It presents that regional harmonious development of foreign economics and trade has become an important issue in the transformation of development modes of foreign economics and trade. As the frontier of reform and opening up, Guangdong has become a big province of foreign trade and economic cooperation over the years, which leads to the foreign economics and trade of China leaning to southern China, resulting in regional imbalance and unharmonious development of foreign economics and trade in our country. However, there are also problems of regional development of foreign economics and trade in Guangdong.

In theory, development mode of foreign economics and trade contains the structure of foreign economics and trade and the structure of regional distribution. The structural problem of foreign economics and trade is characterized by regional problems in space, having the problems of regional imbalance and unharmonious development of foreign economics and trade. Based on this, the "Blue Book of Foreign Economics & Trade on Guangdong" focused on the research of "the development modes of foreign economics and trade in Guangdong (2011)", "the diversification of export market (2012)", "the development of services trade (2013)" and other issues. This annual Blue Book (2013/2014) focuses on "regional development of foreign economics and trade in Guangdong" and is divided into three levels: First, to explore the four regions, Pearl River Delta, eastern, western and northern Guangdong, in the distribution of foreign economics and trade and the differences in their development level. Second, to analyze the development trend of Guangdong functional economic and foreign trade park. Third, to make a comparative study on exploring the development level, development capacity and development trend of foreign economics and trade among Guangdong and the major coastal areas across the country. So in this year, besides the "General Report", the Blue Book also chooses three topics of "regional development of foreign economics and trade", "functional park" and "regional comparative study".

The "General Report" section arranges 2 research reports to analyze the situation of Guangdong foreign economics and trade and predict future development trends, and to sort out regional development in Guangdong foreign economics and trade. *A Situational Analysis of Guangdong Foreign Economy and Trade (2013 - 2014)* analyzes the trend of domestic macroeconomic situation and world economy on the basis of economic situation, making a detail analysis on the characteristics of Guangdong foreign economics and trade in 2013, predicting the trend in 2014. In 2013, the import and export value of Guangdong was U.S. MYM 1091.57 billion and topped MYM1 trillion for the first time, a year-on-year growth of 10.9%; export growth was 10.9%, 3% higher than the average growth of China; import growth was 11%, 3.7% higher than the average growth of China. The import and export increased in fluctuations on the monthly data, the monthly growth in January was 53.9% and in September was -5.2%. The utilization of foreign capital was U.S. MYM 24.952 billion, increased by 5.96%. The export and import growth of Guangdong is expected to be about 10% in 2014. *Research of regional harmonious development in Guangdong foreign trade* uses a series of data to reveal an imbalance in regional development of Guangdong foreign economics and trade. The foreign trade of nine cities in the Pearl River Delta accounted for more than 95% of Guangdong's, the utilization of foreign investment accounted for more than 80% of Guangdong's, the utilization of foreign investment and economic cooperation by "going out" strategy are also concentrated in Shenzhen and Guangzhou. The cause of this unbalanced regional development are complex, mainly due to the Pearl River Delta is located in the center of Hong Kong international trade and other areas received less radiation and impact because of far away from Hong Kong; besides institutional and policy factors are also the reason of regional imbalance in foreign economics and trade. Accordingly, it is necessary to put forward the idea of regional harmonious development: to deepen the institutional reform and mechanism innovation, to improve the opening level of all regions; to strengthen linkages among regions, to rationalize regional division and industrial layout, and to promote the development of developed regions of Pearl River Delta; to improve regional transportation and infrastructure, to promote the transferring of capital, industry, technology, personnel to eastern, western, northern Guangdong, to form a pattern of regional harmonious development of Guangdong.

In the "Subject on Regional Development of Foreign Economics and Trade", there are 4 research reports and papers, focusing on several major issues of regional development in Guangdong foreign trade. *Technology Effect of Foreign Direct Investment in Services: Empirical Research Based on Data of Guangdong* analyzes the technology effect of foreign direct investment in service. Based on DEA-Malmquist index method, this paper measures the effects of service in Guangdong between the years 1985 – 2010: foreign direct investment in service has significant technology effect, every 1% increase of foreign direct investment will lead to 0.080 increase in total factor productivity index, 0.068 increase in technological progress index. This illustrates that foreign service companies in Guangdong generate technology spillover effect on service by forward-backward linkages and turnover. Technological efficiency effect is not significant due to the poor driving force of domestic factors, and only when domestic service enterprises cross the "technical threshold effect" and "adaptation effect", technology effect of foreign direct investment can be completely revealed. The technology effect of foreign direct investment in service is exerted mainly by promoting technology progress and improving total factor productivity. *An Analysis on the Relationship between the Pearl River Delta's R&D Outsourcing and Its Technological Innovation* explores the relationship between undertaking R&D outsourcing and the technological innovation of the Pearl River Delta, focusing on the status of R&D outsourcing and technological innovation in "Demonstration City of Service

Outsourcing in Guangdong (2013)", including Guangzhou, Shenzhen, Zhuhai, Dongguan, Foshan. Empirical studies show that there is a positive relationship between undertaking R&D outsourcing and the technological innovation of Pearl River Delta. Human resources, degree of dependence on foreign trade, value added service, labor cost, FDI, fixed asset investments in service significantly affect the interaction of undertaking R&D outsourcing and the technological innovation of Pearl River Delta. Moreover, degree of dependence on foreign trade and value added service help Pearl River Delta to undertake more R&D outsourcing; FDI weakens the ability of technological innovation of Pearl River Delta; labor quality helps improve technological innovation of Pearl River Delta; labor cost negatively affects undertaking R&D outsourcing of Pearl River Delta, which means that the advantages of Pearl River Delta mainly lie in the cheap labor cost. So it is necessary for Pearl River Delta to develop more advanced R&D outsourcing to survive in the severe competition. *The Dilemma of the Transformation and Upgrading of the Processing Trade of Dongguan and Its Countermeasures* analyzes the development history of the processing trade of Dongguan, revealing the great shock of the international finance crisis on the processing trade of Dongguan, finding the problems of the lack of core technology and self-owned brands, along with the insufficiency support of fund, information and talents, which forces Dongguan to carry out the transformation and upgrading of processing trade positively. It summarizes the experience of transformation and upgrading from the practice of processing trade in Dongguan: changing "three to fill a" corporate nature, conferring processing trade enterprises to "domestic market", encouraging processing trade enterprises to create brands, building a platform of transformation and upgrading for processing trade enterprises, expanding trade with emerging markets, reducing the burden on enterprises, improving the business environment. Dongguan is an epitome on the development of processing trade in China, its few achievements and experience in transformation and upgrading provide the useful reference. *The Evaluation and Strategic Choice of Foreign Trade Development in Zhanjiang*, Zhanjiang is the first batch of open coastal cities in China, with the first batch of national economic and technological development zones, creating a relatively favorable conditions for foreign trade and economic development. This paper makes a strategic analysis on foreign trade and economic development in Zhanjiang, through the development process, changes in foreign trade structure,

utilization of foreign investment and development zone, combining with the location of Zhanjiang, influence factors and their advantages and disadvantages. It proposes strategic position and direction for Zhanjiang foreign trade development: to build a regional trade center and logistics center; to build a regional shipping center relying on the Zhanjiang Port, to deepen the market diversification strategy and optimize the layout of the global market, to develop heavy chemical industry in harbor areas and improve industrial concentration level, to improve the quality and level of utilization of foreign capital, to construct all kinds of function park and enhance the foreign trade capabilities of development zone, to "Bringing in" and "going out" simultaneously, to strengthen economic and trade cooperation with ASEAN, to promote the sustainable development of foreign trade in Zhanjiang.

Through these studies it can initially figure out that: the foreign economics and trade in Guangdong has entered a critical period of the transformation, the basic problem is "adjust structure, transform modes and improve quality", focusing on developing modern service industry and service trade. However, there are differences in regional development of foreign economics and trade in Guangdong, including development scale, development level and development direction, the overall transformation and upgrading must be based on the realization of regional harmonious development of foreign economics and trade. The basic idea is to deepen institutional reform and mechanism innovation, to improve the opening up level of all regions; to rationalize the regional division and the industrial layout by planning and guidance; to promote the development of developed regions of Pearl River Delta by optimizing the Pearl River Delta economic zone; to promote the development of eastern, western, northern Guangdong by enhancing the economic ability of the function park in less developed areas, to form a pattern of regional harmonious development in Guangdong. Pearl River Delta has entered the era of service industry and service trade, noticing the openness of service sector and the utilization of foreign investment, developing service trade by undertaking the offshore service outsourcing, particularly R&D service outsourcing, improving the R&D level and technological innovation. Dongguan achieves the initial transformation, having experience in the upgrading of processing trade, its main structure, trade pattern and trade growth pattern are changing. Therefore, the main problems in the transformation of foreign trade in Pearl River Delta are to expand the opening up of service, to enhance the attractiveness of FDI in the service industry; to expand consumer demand for service by improving labor income ratio, to promote industrial division and industrial chain upgrading, to expand producer demand for service, thereby to enhance the attractiveness of FDI in the service industry; to increase financial investment in education and vocational training, to enhance the human capital level in service; to improve the business environment of investment and service development. Zhanjiang is on behalf of the less developed regions. Zhanjiang is located in the western Guangdong and has the potential to become a regional economic center, with relatively favorable conditions for the development of foreign trade, but its development is still facing the shortage of foreign capital and small-scale foreign trade. The eastern, western and northern Guangdong are away from the international economic center, Hong Kong, and the export-oriented economy center, Pearl River Delta, whose problems in foreign economics and trade are "bigger", "stronger" and stable development.

In the "Subject on Guangdong Functional park", there are 5 research reports and papers, focusing on the development status and innovation of functional foreign economics and trade park. *An Analysis of Institutional Innovation and Development of Foreign Economic and Trade Functional Parks in Guangdong* sorts out the development of Foreign Economic and Trade Functional Parks (FETFP), summarizing the experiences of structural reform and finding its problem, proposing the institutional reform of the FETFP under the background of China (Shanghai) Pilot Free Trade Zone, exploring how to utilize the demonstration effect of existing economic zone, making full use of the preferential policies, making breakthrough of institutional reform and opening up, proposing general idea on of the reform and opening up of FETFP, and the direction of institutional innovation. *Research on Regional Problems of Guangdong Service Outsourcing Industry* analyzes the geographical distribution of Guangdong service outsourcing industry; it is mainly concentrated in Pearl River Delta, especially in Guangzhou and Shenzhen. In 2013, the implementation of service outsourcing in Guangzhou accounts for 54.86% of Guangdong's, and Shenzhen accounts for 42.17%, the sum of two areas account for 97.5%, other cities of the Pearl River Delta only account for 2.5%. It presents that regional differences in Guangdong service outsourcing industry are relatively large. The influencing factors are mainly industrial base, city comprehensive competitiveness;

government's supporting measures, human resources, infrastructure construction, business environment and etc. The development of Guangdong service outsourcing industry and service trade are still in their infancy, it is necessary to increase policy support, to improve modern service system, to strengthen the construction of service outsourcing base and infrastructure, to improve the development level of modern service industry and the competitiveness of service trade. *Analysis on Orientation of Industry Development in Nansha New Zone* focuses on the functional evolution of the Nansha new zone and the change of its policy and industrial location. Nansha develops into a modern coastal city from the original unreclaimed land and beaches, the orientation of industrial development is changing and wavering, mainly affected by the policy change. From the early 1990s, "Little Nansha" era, in 1990, eastern Nansha (22 square kilometers) identified as the priority area of opening up and economic development zones. In 1993, the Nansha upgraded to national economic and technological development zone (9.9 square kilometers). In 2005, Nansha expanded into an independent administrative district and became into Nansha district, Guangzhou (527.65 square kilometers). In 2010, Nansha established the CEPA pilot demonstration area. In 2013, Nansha district converted to national new zone (803 square kilometers), undertaking national strategic task, carrying out pilot CEPA, enhancing Nansha's economic and trade cooperation with Hong Kong and Macao and promoting their the openness and development of services industry. With the evolution of regional functions and policies, Nansha is adjusting the direction of industrial development; now its basic orientation is modern industrial system driven by modern service industry and advanced manufacturing industry, undertaking the strategic mission of service trade liberalization between Guangdong and Hong Kong and trade liberalization of Nansha with Hong Kong and Macao. Nansha evolves from a functional economic zone to a comprehensive administrative region hosting numerous social functions, representing one evolution direction of Guangdong functional economic park. *Shenzhen Free Trade Zone: Based on Services Trade Liberalization* focuses on the policy evolution and tasks of future reform and opening up of Shenzhen as a functional economic zone. The future reform and opening up and development direction of the Shenzhen Special Economic Zone has become the focus of attention, under the background of China (Shanghai) Pilot Free Trade Zone. Firstly, the paper outlines the concept and features of Free Trade Zone, and analyzes the necessity and feasibility of Shenzhen Free Trade Zone. Secondly, the paper researches the Free Trade Zone based on services trade liberalization from construction, function, goal, arrangement and vector. Finally, the paper puts forward the countermeasure of Shenzhen Free Trade Zone's development. In the fifth papers, *On the Reform of Negative List Model for Foreign Investment Management* makes an analysis of the experiences and deficiencies of the negative list model for foreign investment management in Shanghai Pilot Free Trade Zone, and points out the problems that still exist in *Negative List* (2013 version) in dealing with market access of foreign investors, the transparency of policy, the National Treatment, Most-Favored-Nation Treatment and the industry classification system. In response to the above-mentioned problems, the paper puts forwards some proposals to intensify the reform.

In the "Subject on regional comparative study", there are 3 research reports and papers, focusing on the comparison between Guangdong and other coastal areas in China, exploring differences of regional competitiveness and trends of the transformation and upgrading of export-oriented enterprises in coastal areas. *Promotion of Guangdong's Foreign Trade Competitiveness and the Countermeasures & Proposals* chooses 22 indicators belonging to 5 categories, including economic fundamentals, trade position, trade growth, trade structure and financial support, to comprehensively analyze the foreign trade competitiveness of Guangdong, Jiangsu, Shanghai, Zhejiang and Shandong. According to the final result, the international trade competitiveness score of Guangdong is higher than the others. However, when it comes to individual item, Guangdong province does not get the highest score, which means it could be caught and exceeded at any moment. *The Comparison of International Competitiveness on Service Trade between The Pearl River Delta and The Yangtze River Delta* makes a comparative analysis on the current situation of service trade in Pearl River Delta and Yangtze River Delta, using trade competitiveness index (TC index), revealed comparative advantage index (RCA index) and Lafay index analyze the international competitiveness on service trade of Pearl River Delta and the Yangtze River Delta. The results show that the international competitiveness of service trade of Pearl River Delta is stronger than Yangtze River Delta's. Both regions have competitive advantages in traditional services sectors, but both of them have the opposite results in modern services trade sectors. From the perspective of

global value chains specialization, *Empirical Research on Transformation and Upgrading of Export-oriented Enterprises in Coastal Areas in China: From the Perspective of Relocation of Global Value Chains* utilizes decision tree method to research on the problem that how the export-oriented enterprises in China keep sustainable development under the pressure of increased factor costs and weakened foreign demand, based on the survey data collected from 509 export enterprises located in the coastal areas in 2012. The results show that transformation and upgrading is a more sustainable alternative in the long term for export-oriented enterprises; and establishing national value chains, developing critical abilities such as innovation, advanced manufacturing, and marketing, and accumulating critical resources such as fund and human capital will apparently improve the process of transformation and upgrading. Especially the domestic market will be a practical choice for those enterprises to upgrade and relocate themselves in global value chains.

This part of the report proposes approaches and policy options from different aspects to enhance the competitiveness of regional foreign trade. First, to accelerate the comprehensive institutional reform, to explore innovative management mode of the openness in service, to provide a favorable institutional environment for the three national development zones, including Qianhai, Hengqin and Nansha. Second, to implement various policies to support the transformation of foreign trade development; to promote the fully openness of Guangdong (PRD), to accelerate the construction of Guangdong- Hong Kong- Macao Trade Zone. Third, to enlarge the driving effect of finance on foreign trade, to promote the symmetrical development of financial and trade; to establish an interactive mechanism for trade and finance, to accelerate financial liberalization, to nurture and build a comprehensive trade and finance group, to offer a full range of financial services for foreign trade enterprises. Fourth, to accelerate the adjustment of industrial layout and the management strategy of enterprises, to eliminate low-value-added products, to promote the development of high-tech industries and strategic emerging industries. Fifth, to strengthen the brand construction of export-oriented enterprises, to expand the sale of processing trade products in domestic market and to open up the domestic market. Sixth, to store the professionals for the transformation and upgrade, and to maintain the human capital advantage, aiming to provide a good human resource base for their upgrade and service development.

To sum up, there are three main levels in the regional development of foreign economics and trade in Guangdong:

First, the status of Guangdong's foreign economics and trade in the whole country. In 2013, Guangdong's import and export value (U. S. MYM 1091. 57 billion) accounted for 26. 2% of China's, exports accounting for 28. 8%; imports accounting for 23. 3%. Which shows that Guangdong still occupies an important position in China. Then Guangdong's foreign trade competitiveness index ranks first, but compared with other coastal provinces as Jiangsu, Shanghai, Zhejiang and Shandong, Guangdong's foreign trade does not have an absolute advantage, which means it could be caught and exceeded at any moment. Mainly because the two indicators, economic fundamentals and trade structure, are lower than other provinces, it indicates that Guangdong has a weak foundation in foreign trade development, so it must strengthen the foundation and accelerate the transformation and upgrading of foreign trade.

Second, the coordinated development of four regions, that is Pearl River Delta, eastern, western and northern Guangdong. For a long time, import and export scale of PRD has always accounted for over 95% of Guangdong's, while the eastern, western and underdeveloped areas account for less than 5%. In 2013, the distribution of Guangdong 's foreign trade values is: PRD accounted for 95. 94%, eastern Guangdong accounted for 2. 02%, western Guangdong accounted for 1. 21% and northern Guangdong accounted for 0. 83%; the distribution of PRD's foreign trade is mainly in Shenzhen, Dongguan and Guangzhou, they respectively accounted for 49. 23%, 14. 02% and 10. 89% of Guangdong's, and the sum accounted for 74. 14%. In 2012, the dependence on foreign trade of four regions respectively were 124. 64%, 30. 73%, 10. 73% and 20. 60%. So there are great regional differences in Guangdong's foreign trade, resulting in the serious problems of unbalanced, uncoordinated regional development, hindering the transformation and upgrading of Guangdong's foreign trade and sustainable development.

Third, the development of functional park in Guangdong. Guangdong has all kinds of economic functional park with the complete system, including special economic zones, national economic and technological development zone, national new zone, all kinds of special surveillance zone, national high-tech industrial development zone, Sino-foreign cooperation zone, CEPA pilot comprehensive

demonstration zone and various functional professional export base, such as the national software export innovation base, national auto and auto parts export base, ship manufacturing base, the state pharmaceutical export base, service outsourcing base. These functional economic parks play an important role in Guangdong's foreign trade development and the process of building an open economy.

The next steps are how to guide institutional reform and incentive the potential of preferential policy; how to innovate organizational model, operational mechanism and management system, to drive technological innovation and industrial transformation and upgrading, to improve the competitiveness of industries in Guangdong; how to promote intensive development, to achieve the transformation of development mode, to promote the sustainable development of Guangdong's foreign trade, and to enhance the quality and level of foreign trade.

Contents

B I General Report

B. 1 A Situational Analysis of Guangdong Foreign Economy and
Trade (2013 -2014) *Xiao Yaofei, Zou Xiaying* / 001

Abstract: This paper analyzes the trend of our countries's economic situation and the world economic on the basic of domestic macroeconomic situation in 2013, then give a prediction of world economic and domestic economic trend in 2014. Then the article detailed analyzed Guangdong's economic and trade characteristics, and predict the trend of Guangdong's economic and foreign trade in 2014. Guangdong's import and export of goods increased by 10.9% in 2013, of which exports rose by 10.9%, imports increased by 11%. We have a forecast: 2014, Guangdong's import and export of goods increased by about 5%.

Keywords: Foreign Trade Economic; Economic Trend; Prediction; Guangdong

B. 2 Research of Regional Harmonious Development in
Guangdong Foreign Trade *Chen Wanling, Cao Yingying* / 018

Abstract: Guangdong is a big foreign trade province, with a serious imbalance in the interior region. Foreign trade of nine cities in the Pearl River Pelta accounted for more than 95% of the total foreign trade of Guangdong province, the utilization of foreign investment concentrated more than 80% of the total of Guangdong, the utilization of foreign investment and economic cooperation of "going out" strategy are also most concentrated in Shenzhen and Guangzhou, and mainly is foreign investment by Huawei and ZTE. The causes of this unbalanced regional development are complex, mainly due to the Pearl River Delta is located in the center of Hong Kong international trade and other areas received less radiation and impact because of far away from Hong Kong; besides institutional and policy factors are also the reason of regional imbalance in foreign trade and economic. Accordingly, it is necessary to take some measures to improve regional transportation and infrastructure, foster regional economic center and its hinterland industry, adjust the industrial structure, provide quality labor and human capital, conduct institutional innovation and so on. So as to mitigate this imbalance, promote the coordinated development of foreign trade in Guangdong area; achieve sustainable regional economic development in Guangdong.

Keywords: Foreign Trade; Utilize Foreign Investment; Regional Economy; Guangdong

B Ⅱ Subject on Region Developing of Foreign Economic and Trade in Guangdong

B. 3 Technology Effect of Foreign Direct Investment in Services: Empirical Research Based on Data of Guangdong

Zhong Xiaojun, Liu Dexue / 043

Abstract: This paper analyzes the mechanism of technology effect of foreign direct investment in Services. Based on DEA-Malmquist index method, this paper measures total factor productivity index, technological progress index and technological efficiency index of service industry in Guangdong between the years 1985 – 2010. Using the above three indexes as explained variables, we make an empirical research on technology effect of foreign direct investment in services. The results show that foreign direct investment in services has significant technology effect, and this technology effect is exerted mainly by promoting technology progress and improving total factor productivity. However, technological efficiency effect is not significant, and it seems that the driving force of technological efficiency improvement comes from domestic factors. Moreover, there exists "Technical threshold effect" and "Adaptation effect". Only when domestic service enterprises cross the technical threshold and adaptive phase, technology effect of foreign direct investment could be completely revealed.

Keywords: Services Industry; Foreign Direct Investment; Technology Effect

B.4 An Analysis on the Relationship between the Pearl River Delta's R & D Outsourcing and Its Technological Innovation

Cui Ping / 069

Abstract: This research explores the relationship between undertaking R&D outsourcing and the technological innovation of the Pearl River Delta on the practice of the Pearl River Delta. Empirical studies show that there is a positive relationship between undertaking R&D outsourcing and the technological innovation of the Pearl River Delta. Human resources, degree of dependence on foreign trade, value added services, labor cost, FDI, fixed asset investments in service significantly affect the interaction of undertaking R&D outsourcing and the technological innovation of the Pearl River Delta. Moreover, studies also show that human resources help improvement of technological innovation of Pearl River Delta while FDI weakens the ability of technological innovation of Pearl River Delta. Degree of dependence on foreign trade and value added services help Pearl River Delta to undertake more R&D outsourcing while labor costs and human resources negatively affect undertaking R&D outsourcing of Pearl River Delta, which means that the advantages of Pearl River Delta mainly lie in the cheap labor costs instead of good quality of labor, this advantage may not last long. So it is necessary for Pearl River Delta to develop more advanced R&D outsourcing to survive in the severe competition.

Keywords: Pearl River Delta; R&D; Outsourcing; Technological Innovation

B.5 The Dilemma of the Transformation and Upgrading of the Processing Trade of Dongguan and Its Countermeasures

Chen Wanling, Xiao Kuixi and Yang Yan / 108

Abstract: The Processing Trade has improved the development of the economy of China greatly. Dongguan is an epitome of the development of Processing Trade in China in spite of the great shock from the international finance crisis. In recent years, Dongguan seized the opportunities, and has gained rather satisfactory achievements by carrying out the transformation and upgrading of processing trade positively. However there are still serious problems, such as the lack of core technology and self-owned brands, along with the insufficiency support of fund, information and talents. This article analyses the development history of the processing trade of Dongguan, explores the dilemma of its transformation and upgrading of the Processing Trade of Dongguan. This paper points out that the way-out to solve the dilemma is to open up emerging markets and to carry out the going out strategy, so as to provide the useful reference for the transformation and upgrading of the processing trade of China.

Keywords: Processing trade; Transformation and upgrading; Dongguan

B.6 The Evaluation and Strategic Choice of Foreign Trade Development in Zhanjiang *Zhang Shihai* / 137

Abstract: Since the last decade, the foreign trade economy of Zhanjiang has entered a new period of development. During the process of slow growth, main characteristics are presented as follows: the export commodity structure is gradually optimized; the under-diversified export market is preliminary formed; the foreign-invested enterprises having a higher proportion in foreign trade; general trade remains dominant in its trade method. But there are still many problems in the economic development of foreign trade. Its main problems on export economy include the small-scale exports, the "three- low" condition of export products, and the unreasonable use of foreign investment. Besides, a low degree of industrial concentration and uneven development between regions are also having certain impact on it. Although foreign trade position improved, foreign trade development in Zhanjiang still has fallen behind coastal cities in the Pearl River Delta, what's worse, the contribution of it to economic growth in Zhanjiang is not high, and continue to reduce. Through the analysis of the environmental characteristics of foreign trade development and its influencing factors, the authorities should stand in a higher angle to position the strategic direction of its foreign trade from three levels: the international, national, and Guangdong Province. Furthermore, six strategic development paths are proposed as a strategic choice for the future development of Zhanjiang foreign trade.

Keywords: Region Foreign Trade; FDI, Foreign Trade Development Strategic; Zhanjiang

ⅠB Ⅲ Subject on Functional Parks of Foreign Economic and Trade in Guangdong

B.7 An Analysis of Institutional Innovation and Development of Foreign Economic and Trade Functional Parks in Guangdong

You Yuping, Chen Wanling / 161

Abstract: Foreign Economic and Trade Functional Park (FETFP) is an exclusive geo-economic jurisdictional zone of international trade and investment functions. Foreign Trade Functional Parks not only provide the impetus for Guangdong's economic development, but also set an example for the whole country. The FETFP includes Special Economic Zone, Special Supervision Area of the Customs, Economic-Technological Development Area, High-tech development zone and all kinds of export base, and the meaning of its institutional forms and institutional change is very rich. Through intensive studies of various functional parks, we find that the essence of them is the institutional innovation of "antecedence and foretaste" and the institutional arrangements of "positive list plus preferential policies", which make a historic contribution to promoting Guangdong

and the country's economic reform. The FETFP gather various elements at home and abroad by institutional innovation, resulting in rational allocation of elements and the formation of economic zone with industrial structure optimization, output efficiency and competitive advantage. Under the background of new political and economic situation, Guangdong functional parks are facing unprecedented challenges, we must carry out "institutional recreation" and explore the mode of "negative list, access to national treatment, after the access regulation", creating a fair competition environment, achieving the free flow of elements and efficient allocation and continuing to lead the regional institutional innovation and economic development.

Keywords: Foreign Economic and Trade Functional Park; Institutional Innovation; Free Trade Park; Guangdong Foreign Trade

B. 8　Research on Regional Problems of Guangdong
　　　Service Outsourcing Industry　　　　Lin Jishuang / 194

Abstract: The Geographical distribution of Guangdong Service Outsourcing Industry is mainly concentrated in the Pearl River Delta, especially in Guangzhou and Shenzhen. The influencing factors are mainly industrial base, city comprehensive competitiveness, government's supporting measures, human resources, infrastructure construction, business environment and etc. In other cities of the Pearl River Delta, service outsourcing industry also get certain development. If government's supporting measures, potentials, and superiorities are increased, tapped and exerted, there will be a good momentum of development in service outsourcing industry of these cities.

Keywords: Service Outsourcing; Regional Foreign Trade; Guangdong

B. 9　Analysis on Orientation of Industry Development in
　　　Nansha New Zone　　　　Li Xiaoli, Shen Minghao / 205

Abstract: This paper analyzes the adjustment of regional function, the evolution process of industrial policy and the present situation of industry development in Nansha New Zone. It proposes that the main thought for industrial development of Nansha New Zone should be focused on the economic cooperation among Guangdong, Hongkong and Macau, improving the competitiveness of service industry on the basis of manufacturing industry to build the economic center in South China. The industry development should be orientated in the direction to develop the modern service industry, the advanced manufacturing industry, and the strategic emerging industry. Nansha New Zone should take the opportunity of further opening service sector wider, promote actively service trade liberalization, the early and pilot implementation of CEPA in the district, and the reform on system and mechanism.

Keywords: Industry Development; Industrial Transformation and Upgrading; Modern Service Industry; System Reform; Nansha New Zone

B.10 Shenzhen Free Trade Zone: Based on Services Trade Liberalization   *Liu Weili* / 223

Abstract: This paper outlines the concept and features of Free Trade Zone. Secondly, the paper analyzes the necessity and feasibility of Shenzhen Free Trade Zone. Thirdly, the paper researches the Free Trade Zone based on services trade liberalization from construction, function, goal, arrangement and vector. Finally, the paper puts forward the countermeasure of Shenzhen Free Trade Zone's development.

Keywords: Free Trade Zone; Services Trade Liberalization; CEPA; Shenzhen

B.11 Promotion of Guangdong's Foreign Trade Competitiveness and the Countermeasures & Proposals   *Cai Chunlin* / 235

Abstract: In this paper, we choose 22 indicators belonging to 5 categories, including economic fundamentals, trade position, trade growth, trade structure and financial support, to comprehensively analyze the foreign trade competitiveness of

广东外经贸蓝皮书

Guangdong, Jiangsu, Shanghai, Zhejiang and Shandong. According to the final result, the international trade competitiveness score of Guangdong is higher than the others. However, when it comes to individual item, Guangdong province does not get the highest score, which means it could be caught and exceeded at any moment. Therefore, in order to improve the competitiveness of Guangdong foreign trade, it is highly recommended that the government should fulfill supporting policy and release reforming bonus to promote the transformation of foreign trade development. Meanwhile, it is necessary to accelerate financial liberalization, concerning on the financial reforming activities of related provinces. The government should establish the financial interaction mechanism as soon as possible to reduce the negative influence of exchange rate fluctuates and so on.

Keywords: Trade; Finance; Competitiveness

B IV Subject on Comparative Studies between Regions

B.12 The Comparison of International Competitiveness on Service Trade between The Pearl River Delta and The Yangtze River Delta   Li Xiaofeng, Yao Chuangao / 253

Abstract: Firstly, the article analyzes the current situation of the Pearl River Delta and Yangtze River Delta's trade in services. On this basis, we use trade competitiveness index (TC index), revealed comparative advantage index (RCA index) and Lafay index analyze the International competitiveness of trade in services of the Pearl River Delta and the Yangtze River Delta. The results show that the International competitiveness of trade in services of the Pearl River Delta is stronger than the Yangtze River Delta's. Both regions have competitive advantages in traditional services sectors, but both of them have the opposite results in modern services trade sectors. In response to these results, we propose some policy recommendations.

Keywords: Service Trade; International Competitiveness; TC Index; RCA Index; Lafay Index

B. 13　Empirical Research on Transformation and Upgrading of
　　　　Export-oriented Enterprises in Coastal Areas in China—
　　　　From the Perspective of Relocation of Global Value Chains

Zhang Yuanyuan, Zhang Jie / 274

Abstract: From the perspective of global value chains specialization, this paper utilizes decision tree method to research on the problem that how the export-oriented enterprises in China keep sustainable development under the pressure of increased factor costs and weakened foreign demand, based on the survey data collected from 509 export enterprises located in the coastal areas in 2012. The results show that transformation and upgrading is a more sustainable alternative in the long term for export-oriented enterprises; and establishing national value chains, developing critical abilities such as innovation, advanced manufacturing, and marketing, and accumulating critical resources such as fund and human capital will apparently improve the process of transformation and upgrading. Especially the expansion of domestic market will be a practical choice for those enterprises to upgrade and relocate themselves in global value chains.

Keywords: Global Value Chains; Transformation and Upgrading; Export-oriented Enterprises; Factor Endowment; Domestic Market

B. 14　On the Reform of Negative List Model for Foreign
　　　　Investment Management　　　　　　　　　　*Chen Lei* / 297

Abstract: This paper makes an analysis of the experiences and deficiencies of the negative list model for foreign investment management in Shanghai Pilot Free Trade Zone, and points out the problems that still exist in *Negative List* (2013 version) in dealing with market access of foreign investors, the transparency of policy, the National Treatment, Most-Favored-Nation Treatment and the industry classification system. In response to the above-mentioned problems, the paper puts

forwards six proposals to intensify the reform. First, further expand opening-up and reduce the negative list under the approval of the central government. Second, enhance transparency of the negative list by clarifying the administrative regulations of market access. Third, remove the same items for domestic and foreign investors, and make sure that the negative list is the exception of the National Treatment. Fourth, create separate negative lists respectively for global investors and for Hong Kong & Macau investors and the latter should be enacted as the Supplementary Agreement of CEPA. Fifth, solve the problem of correspondence between Industry Classification used in China and that of Free Trade Agreement, and study the industry classification system applicable to the International Investment Agreement. Last, coordinate the interests of different ministries, and reform their management functions and powers for foreign investment.

Keywords: FDI; Pre-establishment National Treatment; Negative List

B.15 Postscript / 312

中国皮书网

www.pishu.cn

发布皮书研创资讯，传播皮书精彩内容
引领皮书出版潮流，打造皮书服务平台

栏目设置：

- □ 资讯：皮书动态、皮书观点、皮书数据、皮书报道、皮书新书发布会、电子期刊
- □ 标准：皮书评价、皮书研究、皮书规范、皮书专家、编撰团队
- □ 服务：最新皮书、皮书书目、重点推荐、在线购书
- □ 链接：皮书数据库、皮书博客、皮书微博、出版社首页、在线书城
- □ 搜索：资讯、图书、研究动态
- □ 互动：皮书论坛

中国皮书网依托皮书系列"权威、前沿、原创"的优质内容资源，通过文字、图片、音频、视频等多种元素，在皮书研创者、使用者之间搭建了一个成果展示、资源共享的互动平台。

自2005年12月正式上线以来，中国皮书网的IP访问量、PV浏览量与日俱增，受到海内外研究者、公务人员、商务人士以及专业读者的广泛关注。

2008年、2011年中国皮书网均在全国新闻出版业网站荣誉评选中获得"最具商业价值网站"称号。

2012年，中国皮书网在全国新闻出版业网站系列荣誉评选中获得"出版业网站百强"称号。

皮书数据库

权威报告　热点资讯　海量资源

当代中国与世界发展的高端智库平台

皮书数据库　www.pishu.com.cn

　　皮书数据库是专业的人文社会科学综合学术资源总库，以大型连续性图书——皮书系列为基础，整合国内外相关资讯构建而成。该数据库包含七大子库，涵盖两百多个主题，囊括了近十几年间中国与世界经济社会发展报告，覆盖经济、社会、政治、文化、教育、国际问题等多个领域。

　　皮书数据库以篇章为基本单位，方便用户对皮书内容的阅读需求。用户可进行全文检索，也可对文献题目、内容提要、作者名称、作者单位、关键字等基本信息进行检索，还可对检索到的篇章再作二次筛选，进行在线阅读或下载阅读。智能多维度导航，可使用户根据自己熟知的分类标准进行分类导航筛选，使查找和检索更高效、便捷。

　　权威的研究报告、独特的调研数据、前沿的热点资讯，皮书数据库已发展成为国内最具影响力的关于中国与世界现实问题研究的成果库和资讯库。

皮书俱乐部会员服务指南

1. 谁能成为皮书俱乐部成员？

- 皮书作者自动成为俱乐部会员
- 购买了皮书产品（纸质皮书、电子书）的个人用户

2. 会员可以享受的增值服务

- 加入皮书俱乐部，免费获赠该纸质图书的电子书
- 免费获赠皮书数据库100元充值卡
- 免费定期获赠皮书电子期刊
- 优先参与各类皮书学术活动
- 优先享受皮书产品的最新优惠

卡号：0716849885753732
密码：

3. 如何享受增值服务？

（1）加入皮书俱乐部，获赠该书的电子书

　　第1步 登录我社官网（www.ssap.com.cn），注册账号；

　　第2步 登录并进入"会员中心"—"皮书俱乐部"，提交加入皮书俱乐部申请；

　　第3步 审核通过后，自动进入俱乐部服务环节，填写相关购书信息即可自动兑换相应电子书。

（2）免费获赠皮书数据库100元充值卡

　　100元充值卡只能在皮书数据库中充值和使用

　　第1步 刮开附赠充值的涂层（左下）；

　　第2步 登录皮书数据库网站（www.pishu.com.cn），注册账号；

　　第3步 登录并进入"会员中心"—"在线充值"—"充值卡充值"，充值成功后即可使用。

4. 声明

　　解释权归社会科学文献出版社所有

皮书俱乐部会员可享受社会科学文献出版社其他相关免费增值服务，有任何疑问，均可与我们联系
联系电话：010-59367227　企业QQ：800045692　邮箱：pishuclub@ssap.cn
欢迎登录社会科学文献出版社官网（www.ssap.com.cn）和中国皮书网（www.pishu.cn）了解更多信息

社会科学文献出版社

皮书系列

"皮书"起源于十七、十八世纪的英国，主要指官方或社会组织正式发表的重要文件或报告，多以"白皮书"命名。在中国，"皮书"这一概念被社会广泛接受，并被成功运作、发展成为一种全新的出版形态，则源于中国社会科学院社会科学文献出版社。

皮书是对中国与世界发展状况和热点问题进行年度监测，以专业的角度、专家的视野和实证研究方法，针对某一领域或区域现状与发展态势展开分析和预测，具备权威性、前沿性、原创性、实证性、时效性等特点的连续性公开出版物，由一系列权威研究报告组成。皮书系列是社会科学文献出版社编辑出版的蓝皮书、绿皮书、黄皮书等的统称。

皮书系列的作者以中国社会科学院、著名高校、地方社会科学院的研究人员为主，多为国内一流研究机构的权威专家学者，他们的看法和观点代表了学界对中国与世界的现实和未来最高水平的解读与分析。

自20世纪90年代末推出以《经济蓝皮书》为开端的皮书系列以来，社会科学文献出版社至今已累计出版皮书千余部，内容涵盖经济、社会、政法、文化传媒、行业、地方发展、国际形势等领域。皮书系列已成为社会科学文献出版社的著名图书品牌和中国社会科学院的知名学术品牌。

皮书系列在数字出版和国际出版方面成就斐然。皮书数据库被评为"2008~2009年度数字出版知名品牌"；《经济蓝皮书》《社会蓝皮书》等十几种皮书每年还由国外知名学术出版机构出版英文版、俄文版、韩文版和日文版，面向全球发行。

2011年，皮书系列正式列入"十二五"国家重点出版规划项目；2012年，部分重点皮书列入中国社会科学院承担的国家哲学社会科学创新工程项目；2014年，35种院外皮书使用"中国社会科学院创新工程学术出版项目"标识。

法律声明

"皮书系列"（含蓝皮书、绿皮书、黄皮书）由社会科学文献出版社最早使用并对外推广，现已成为中国图书市场上流行的品牌，是社会科学文献出版社的品牌图书。社会科学文献出版社拥有该系列图书的专有出版权和网络传播权，其LOGO（ ）与"经济蓝皮书"、"社会蓝皮书"等皮书名称已在中华人民共和国工商行政管理总局商标局登记注册，社会科学文献出版社合法拥有其商标专用权。

未经社会科学文献出版社的授权和许可，任何复制、模仿或以其他方式侵害"皮书系列"和LOGO（ ）、"经济蓝皮书"、"社会蓝皮书"等皮书名称商标专用权的行为均属于侵权行为，社会科学文献出版社将采取法律手段追究其法律责任，维护合法权益。

欢迎社会各界人士对侵犯社会科学文献出版社上述权利的违法行为进行举报。电话：010-59367121，电子邮箱：fawubu@ssap.cn。

社会科学文献出版社

权威·前沿·原创

社会科学文献出版社

皮书系列

2014年

盘点年度资讯 预测时代前程

社会科学文献出版社 学术传播中心 编制

社会科学文献出版社
SOCIAL SCIENCES ACADEMIC PRESS (CHINA)

社会科学文献出版社成立于1985年，是直属于中国社会科学院的人文社会科学专业学术出版机构。

成立以来，特别是1998年实施第二次创业以来，依托于中国社会科学院丰厚的学术出版和专家学者两大资源，坚持"创社科经典，出传世文献"的出版理念和"权威、前沿、原创"的产品定位，社科文献立足内涵式发展道路，从战略层面推动学术出版的五大能力建设，逐步走上了学术产品的系列化、规模化、数字化、国际化、市场化经营道路。

先后策划出版了著名的图书品牌和学术品牌"皮书"系列、"列国志"、"社科文献精品译库"、"中国史话"、"全球化译丛"、"气候变化与人类发展译丛""近世中国"等一大批既有学术影响又有市场价值的系列图书。形成了较强的学术出版能力和资源整合能力，年发稿3.5亿字，年出版新书1200余种，承印发行中国社科院院属期刊近70种。

2012年，《社会科学文献出版社学术著作出版规范》修订完成。同年10月，社会科学文献出版社参加了由新闻出版总署召开加强学术著作出版规范座谈会，并代表50多家出版社发起实施学术著作出版规范的倡议。2013年，社会科学文献出版社参与新闻出版总署学术著作规范国家标准的起草工作。

依托于雄厚的出版资源整合能力，社会科学文献出版社长期以来一直致力于从内容资源和数字平台两个方面实现传统出版的再造，并先后推出了皮书数据库、列国志数据库、中国田野调查数据库等一系列数字产品。

在国内原创著作、国外名家经典著作大量出版，数字出版突飞猛进的同时，社会科学文献出版社在学术出版国际化方面也取得了不俗的成绩。先后与荷兰博睿等十余家国际出版机构合作面向海外推出了《经济蓝皮书》《社会蓝皮书》等十余种皮书的英文版、俄文版、日文版等。

此外，社会科学文献出版社积极与中央和地方各类媒体合作，联合大型书店、学术书店、机场书店、网络书店、图书馆，逐步构建起了强大的学术图书的内容传播力和社会影响力，学术图书的媒体曝光率居全国之首，图书馆藏率居于全国出版机构前十位。

作为已经开启第三次创业梦想的人文社会科学学术出版机构，社会科学文献出版社结合社会需求、自身的条件以及行业发展，提出了新的创业目标：精心打造人文社会科学成果推广平台，发展成为一家集图书、期刊、声像电子和数字出版物为一体，面向海内外高端读者和客户，具备独特竞争力的人文社会科学内容资源供应商和海内外知名的专业学术出版机构。

社长致辞

我们是图书出版者,更是人文社会科学内容资源供应商;

我们背靠中国社会科学院,面向中国与世界人文社会科学界,坚持为人文社会科学的繁荣与发展服务;

我们精心打造权威信息资源整合平台,坚持为中国经济与社会的繁荣与发展提供决策咨询服务;

我们以读者定位自身,立志让爱书人读到好书,让求知者获得知识;

我们精心编辑、设计每一本好书以形成品牌张力,以优秀的品牌形象服务读者,开拓市场;

我们始终坚持"创社科经典,出传世文献"的经营理念,坚持"权威、前沿、原创"的产品特色;

我们"以人为本",提倡阳光下创业,员工与企业共享发展之成果;

我们立足于现实,认真对待我们的优势、劣势,我们更着眼于未来,以不断的学习与创新适应不断变化的世界,以不断的努力提升自己的实力;

我们愿与社会各界友好合作,共享人文社会科学发展之成果,共同推动中国学术出版乃至内容产业的繁荣与发展。

社会科学文献出版社社长
中国社会学会秘书长

2014 年 1 月

社会科学文献出版社　皮书系列

"皮书"起源于十七、十八世纪的英国,主要指官方或社会组织正式发表的重要文件或报告,多以"白皮书"命名。在中国,"皮书"这一概念被社会广泛接受,并被成功运作、发展成为一种全新的出版形态,则源于中国社会科学院社会科学文献出版社。

皮书是对中国与世界发展状况和热点问题进行年度监测,以专家和学术的视角,针对某一领域或区域现状与发展态势展开分析和预测,具备权威性、前沿性、原创性、实证性、时效性等特点的连续性公开出版物,由一系列权威研究报告组成。皮书系列是社会科学文献出版社编辑出版的蓝皮书、绿皮书、黄皮书等的统称。

皮书系列的作者以中国社会科学院、著名高校、地方社会科学院的研究人员为主,多为国内一流研究机构的权威专家学者,他们的看法和观点代表了学界对中国与世界的现实和未来最高水平的解读与分析。

自 20 世纪 90 年代末推出以经济蓝皮书为开端的皮书系列以来,至今已出版皮书近 1000 余部,内容涵盖经济、社会、政法、文化传媒、行业、地方发展、国际形势等领域。皮书系列已成为社会科学文献出版社的著名图书品牌和中国社会科学院的知名学术品牌。

皮书系列在数字出版和国际出版方面成就斐然。皮书数据库被评为"2008~2009 年度数字出版知名品牌";经济蓝皮书、社会蓝皮书等十几种皮书每年还由国外知名学术出版机构出版英文版、俄文版、韩文版和日文版,面向全球发行。

2011 年,皮书系列正式列入"十二五"国家重点出版规划项目,一年一度的皮书年会升格由中国社会科学院主办;2012 年,部分重点皮书列入中国社会科学院承担的国家哲学社会科学创新工程项目。

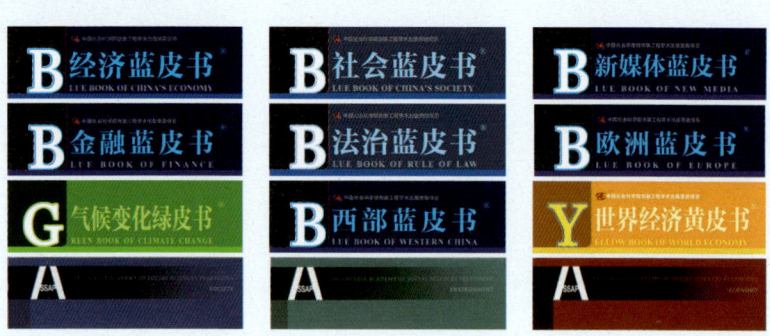

经济类

经 济 类

经济类皮书涵盖宏观经济、城市经济、大区域经济，提供权威、前沿的分析与预测

经济蓝皮书
2014年中国经济形势分析与预测
李 扬 / 主编　　2013年12月出版　　定价：69.00元

◆ 本书课题为"总理基金项目"，由著名经济学家李扬领衔，联合数十家科研机构、国家部委和高等院校的专家共同撰写，对2013年中国宏观及微观经济形势，特别是全球金融危机及其对中国经济的影响进行了深入分析，并且提出了2014年经济走势的预测。

世界经济黄皮书
2014年世界经济形势分析与预测
王洛林　张宇燕 / 主编　　2014年1月出版　　定价：69.00元

◆ 2013年的世界经济仍旧行进在坎坷复苏的道路上。发达经济体经济复苏继续巩固，美国和日本经济进入低速增长通道，欧元区结束衰退并呈复苏迹象。本书展望2014年世界经济，预计全球经济增长仍将维持在中低速的水平上。

工业化蓝皮书
中国工业化进程报告（2014）
黄群慧　吕　铁　李晓华 等 / 著　　2014年11月出版　　估价：89.00元

◆ 中国的工业化是事关中华民族复兴的伟大事业，分析跟踪研究中国的工业化进程，无疑具有重大意义。科学评价与客观认识我国的工业化水平，对于我国明确自身发展中的优势和不足，对于经济结构的升级与转型，对于制定经济发展政策，从而提升我国的现代化水平具有重要作用。

皮书系列重点推荐　经济类

金融蓝皮书
中国金融发展报告（2014）
李　扬　王国刚 / 主编　2013年12月出版　定价:65.00元

◆ 由中国社会科学院金融研究所组织编写的《中国金融发展报告（2014）》，概括和分析了2013年中国金融发展和运行中的各方面情况，研讨和评论了2013年发生的主要金融事件。本书由业内专家和青年精英联合编著，有利于读者了解掌握2013年中国的金融状况，把握2014年中国金融的走势。

城市竞争力蓝皮书
中国城市竞争力报告 No.12
倪鹏飞 / 主编　2014年5月出版　定价:89.00元

◆ 本书由中国社会科学院城市与竞争力研究中心主任倪鹏飞主持编写，汇集了众多研究城市经济问题的专家学者关于城市竞争力研究的最新成果。本报告构建了一套科学的城市竞争力评价指标体系，采用第一手数据材料，对国内重点城市年度竞争力格局变化进行客观分析和综合比较、排名，对研究城市经济及城市竞争力极具参考价值。

中国省域竞争力蓝皮书
"十二五"中期中国省域经济综合竞争力发展报告
李建平　李闽榕　高燕京 / 主编　2014年3月出版　定价:198.00元

◆ 本书充分运用数理分析、空间分析、规范分析与实证分析相结合、定性分析与定量分析相结合的方法，建立起比较科学完善、符合中国国情的省域经济综合竞争力指标评价体系及数学模型，对2011~2012年中国内地31个省、市、区的经济综合竞争力进行全面、深入、科学的总体评价与比较分析。

农村经济绿皮书
中国农村经济形势分析与预测(2013~2014)
中国社会科学院农村发展研究所　国家统计局农村社会经济调查司 / 著
2014年4月出版　定价:69.00元

◆ 本书对2013年中国农业和农村经济运行情况进行了系统的分析和评价，对2014年中国农业和农村经济发展趋势进行了预测，并提出相应的政策建议，专题部分将围绕某个重大的理论和现实问题进行多维、深入、细致的分析和探讨。

经济类　皮书系列 重点推荐

西部蓝皮书
中国西部经济发展报告（2014）

姚慧琴　徐璋勇/主编　　2014年7月出版　　估价：69.00元

◆ 本书由西北大学中国西部经济发展研究中心主编，汇集了源自西部本土以及国内研究西部问题的权威专家的第一手资料，对国家实施西部大开发战略进行年度动态跟踪，并对2014年西部经济、社会发展态势进行预测和展望。

气候变化绿皮书
应对气候变化报告（2014）

王伟光　郑国光/主编　　2014年11月出版　　估价：79.00元

◆ 本书由社科院城环所和国家气候中心共同组织编写，各篇报告的作者长期从事气候变化科学问题、社会经济影响，以及国际气候制度等领域的研究工作，密切跟踪国际谈判的进程，参与国家应对气候变化相关政策的咨询，有丰富的理论与实践经验。

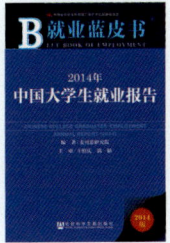

就业蓝皮书
2014年中国大学生就业报告

麦可思研究院/编著　王伯庆　周凌波/主审
2014年6月出版　　定价：98.00元

◆ 本书是迄今为止关于中国应届大学毕业生就业、大学毕业生中期职业发展及高等教育人口流动情况的视野最为宽广、资料最为翔实、分类最为精细的实证调查和定量研究；为我国教育主管部门的教育决策提供了极有价值的参考。

企业社会责任蓝皮书
中国企业社会责任研究报告（2014）

黄群慧　彭华岗　钟宏武　张蒽/编著
2014年11月出版　　估价：69.00元

◆ 本书系中国社会科学院经济学部企业社会责任研究中心组织编写的《企业社会责任蓝皮书》2014年分册。该书在对企业社会责任进行宏观总体研究的基础上，根据2013年企业社会责任及相关背景进行了创新研究，在全国企业中观层面对企业健全社会责任管理体系提供了弥足珍贵的丰富信息。

社会政法类

社会政法类

社会政法类皮书聚焦社会发展领域的热点、难点问题，提供权威、原创的资讯与视点

社会蓝皮书
2014年中国社会形势分析与预测

李培林　陈光金　张　翼 / 主编　2013年12月出版　定价:69.00元

◆ 本报告是中国社会科学院"社会形势分析与预测"课题组2014年度分析报告，由中国社会科学院社会学研究所组织研究机构专家、高校学者和政府研究人员撰写。对2013年中国社会发展的各个方面内容进行了权威解读，同时对2014年社会形势发展趋势进行了预测。

法治蓝皮书
中国法治发展报告No.12（2014）

李　林　田　禾 / 主编　2014年2月出版　定价:98.00元

◆ 本年度法治蓝皮书一如既往秉承关注中国法治发展进程中的焦点问题的特点，回顾总结了2013年度中国法治发展取得的成就和存在的不足，并对2014年中国法治发展形势进行了预测和展望。

民间组织蓝皮书
中国民间组织报告（2014）

黄晓勇 / 主编　2014年8月出版　估价:69.00元

◆ 本报告是中国社会科学院"民间组织与公共治理研究"课题组推出的第五本民间组织蓝皮书。基于国家权威统计数据、实地调研和广泛搜集的资料，本报告对2013年以来我国民间组织的发展现状、热点专题、改革趋势等问题进行了深入研究，并提出了相应的政策建议。

社会政法类　　皮书系列 重点推荐

社会保障绿皮书
中国社会保障发展报告（2014）No.6
王延中 / 主编　2014年9月出版　定价:79.00元

◆ 社会保障是调节收入分配的重要工具，随着社会保障制度的不断建立健全、社会保障覆盖面的不断扩大和社会保障资金的不断增加，社会保障在调节收入分配中的重要性不断提高。本书全面评述了2013年以来社会保障制度各个主要领域的发展情况。

环境绿皮书
中国环境发展报告（2014）
刘鉴强 / 主编　　2014年5月出版　　定价:79.00元

◆ 本书由民间环保组织"自然之友"组织编写，由特别关注、生态保护、宜居城市、可持续消费以及政策与治理等版块构成，以公共利益的视角记录、审视和思考中国环境状况，呈现2013年中国环境与可持续发展领域的全局态势，用深刻的思考、科学的数据分析2013年的环境热点事件。

教育蓝皮书
中国教育发展报告（2014）
杨东平 / 主编　2014年5月出版　定价:79.00元

◆ 本书站在教育前沿，突出教育中的问题，特别是对当前教育改革中出现的教育公平、高校教育结构调整、义务教育均衡发展等问题进行了深入分析，从教育的内在发展谈教育，又从外部条件来谈教育，具有重要的现实意义，对我国的教育体制的改革与发展具有一定的学术价值和参考意义。

反腐倡廉蓝皮书
中国反腐倡廉建设报告 No.3
李秋芳 / 主编　2014年1月出版　定价:79.00元

◆ 本书抓住了若干社会热点和焦点问题，全面反映了新时期新阶段中国反腐倡廉面对的严峻局面，以及中国共产党反腐倡廉建设的新实践新成果。根据实地调研、问卷调查和舆情分析，梳理了当下社会普遍关注的与反腐败密切相关的热点问题。

行业报告类

行业报告类皮书立足重点行业、新兴行业领域，提供及时、前瞻的数据与信息

房地产蓝皮书
中国房地产发展报告 No.11（2014）

魏后凯 李景国/主编　2014年5月出版　定价:79.00元

◆ 本书由中国社会科学院城市发展与环境研究所组织编写，秉承客观公正、科学中立的原则，深度解析2013年中国房地产发展的形势和存在的主要矛盾，并预测2014年及未来10年或更长时间的房地产发展大势。观点精辟，数据翔实，对关注房地产市场的各阶层人士极具参考价值。

旅游绿皮书
2013~2014年中国旅游发展分析与预测

宋瑞/主编　2013年12月出版　定价:79.00元

◆ 如何从全球的视野理性审视中国旅游，如何在世界旅游版图上客观定位中国，如何积极有效地推进中国旅游的世界化，如何制定中国实现世界旅游强国梦想的线路图？本年度开始，《旅游绿皮书》将围绕"世界与中国"这一主题进行系列研究，以期为推进中国旅游的长远发展提供科学参考和智力支持。

信息化蓝皮书
中国信息化形势分析与预测（2014）

周宏仁/主编　2014年7月出版　估价:98.00元

◆ 本书在以中国信息化发展的分析和预测为重点的同时，反映了过去一年间中国信息化关注的重点和热点，视野宽阔，观点新颖，内容丰富，数据翔实，对中国信息化的发展有很强的指导性，可读性很强。

企业蓝皮书

中国企业竞争力报告（2014）

金 碚 / 主编　　2014 年 11 月出版　　估价 :89.00 元

◆　中国经济正处于新一轮的经济波动中，如何保持稳健的经营心态和经营方式并进一步求发展，对于企业保持并提升核心竞争力至关重要。本书利用上市公司的财务数据，研究上市公司竞争力变化的最新趋势，探索进一步提升中国企业国际竞争力的有效途径，这无论对实践工作者还是理论研究者都具有重大意义。

食品药品蓝皮书

食品药品安全与监管政策研究报告（2014）

唐民皓 / 主编　　2014 年 7 月出版　　估价 :69.00 元

◆　食品药品安全是当下社会关注的焦点问题之一，如何破解食品药品安全监管重点难点问题是需要以社会合力才能解决的系统工程。本书围绕安全热点问题、监管重点问题和政策焦点问题，注重于对食品药品公共政策和行政监管体制的探索和研究。

流通蓝皮书

中国商业发展报告（2013~2014）

荆林波 / 主编　　2014 年 5 月出版　　定价 :89.00 元

◆　《中国商业发展报告》是中国社会科学院财经战略研究院与香港利丰研究中心合作的成果，并且在 2010 年开始以中英文版同步在全球发行。蓝皮书从关注中国宏观经济出发，突出中国流通业的宏观背景反映了本年度中国流通业发展的状况。

住房绿皮书

中国住房发展报告（2013~2014）

倪鹏飞 / 主编　　2013 年 12 月出版　　定价 :79.00 元

◆　本报告从宏观背景、市场主体、市场体系、公共政策和年度主题五个方面，对中国住宅市场体系做了全面系统的分析、预测与评价，并给出了相关政策建议，并在评述 2012~2013 年住房及相关市场走势的基础上，预测了 2013~2014 年住房及相关市场的发展变化。

皮书系列 重点推荐

国别与地区类

国别与地区类

国别与地区类皮书关注全球重点国家与地区，提供全面、独特的解读与研究

亚太蓝皮书
亚太地区发展报告（2014）

李向阳 / 主编　　2014年1月出版　　定价：59.00元

◆ 本书是由中国社会科学院亚太与全球战略研究院精心打造的又一品牌皮书，关注时下亚太地区局势发展动向里隐藏的中长趋势，剖析亚太地区政治与安全格局下的区域形势最新动向以及地区关系发展的热点问题，并对2014年亚太地区重大动态作出前瞻性的分析与预测。

日本蓝皮书
日本研究报告（2014）

李薇 / 主编　　2014年3月出版　　定价：69.00元

◆ 本书由中华日本学会、中国社会科学院日本研究所合作推出，是以中国社会科学院日本研究所的研究人员为主完成的研究成果。对2013年日本的政治、外交、经济、社会文化作了回顾、分析与展望，并收录了该年度日本大事记。

欧洲蓝皮书
欧洲发展报告(2013~2014)

周弘 / 主编　　2014年5月出版　　估价：89.00元

◆ 本年度的欧洲发展报告，对欧洲经济、政治、社会、外交等面的形式进行了跟踪介绍与分析。力求反映作为一个整体的欧盟及30多个欧洲国家在2013年出现的各种变化。

国别与地区类　　皮书系列 重点推荐

拉美黄皮书
拉丁美洲和加勒比发展报告（2013~2014）

吴白乙 / 主编　2014年4月出版　定价：89.00元

◆ 本书是中国社会科学院拉丁美洲研究所的第13份关于拉丁美洲和加勒比地区发展形势状况的年度报告。本书对2013年拉丁美洲和加勒比地区诸国的政治、经济、社会、外交等方面的发展情况做了系统介绍，对该地区相关国家的热点及焦点问题进行了总结和分析，并在此基础上对该地区各国2014年的发展前景做出预测。

澳门蓝皮书
澳门经济社会发展报告（2013~2014）

吴志良　郝雨凡 / 主编　2014年4月出版　定价：79.00元

◆ 本书集中反映2013年本澳各个领域的发展动态，总结评价近年澳门政治、经济、社会的总体变化，同时对2014年社会经济情况作初步预测。

日本经济蓝皮书
日本经济与中日经贸关系研究报告（2014）

王洛林　张季风 / 主编　2014年5月出版　定价：79.00元

◆ 本书对当前日本经济以及中日经济合作的发展动态进行了多角度、全景式的深度分析。本报告回顾并展望了2013~2014年度日本宏观经济的运行状况。此外，本报告还收录了大量来自于日本政府权威机构的数据图表，具有极高的参考价值。

美国蓝皮书
美国问题研究报告（2014）

黄平　倪峰 / 主编　2014年6月出版　估价：89.00元

◆ 本书是由中国社会科学院美国所主持完成的研究成果，它回顾了美国2013年的经济、政治形势与外交战略，对2013年以来美国内政外交发生的重大事件以及重要政策进行了较为全面的回顾和梳理。

皮书系列
重点推荐

地方发展类

地方发展类

 地方发展类皮书关注大陆各省份、经济区域，提供科学、多元的预判与咨政信息

社会建设蓝皮书
2014年北京社会建设分析报告
宋贵伦/主编　2014年9月出版　估价:69.00元

◆ 本书依据社会学理论框架和分析方法，对北京市的人口、就业、分配、社会阶层以及城乡关系等社会学基本问题进行了广泛调研与分析，对广受社会关注的住房、教育、医疗、养老、交通等社会热点问题做了深刻了解与剖析，对日益显现的征地搬迁、外籍人口管理、群体性心理障碍等进行了有益探讨。

温州蓝皮书
2014年温州经济社会形势分析与预测
潘忠强　王春光　金浩/主编　　2014年4月出版　定价：69.00元

◆ 本书是由中共温州市委党校与中国社会科学院社会学研究所合作推出的第七本"温州经济社会形势分析与预测"年度报告，深入全面分析了2013年温州经济、社会、政治、文化发展的主要特点、经验、成效与不足，提出了相应的政策建议。

上海蓝皮书
上海资源环境发展报告（2014）
周冯琦　汤庆合　任文伟/著　　2014年1月出版　定价：69.00元

◆ 本书在上海所面临资源环境风险的来源、程度、成因、对策等方面作了些有益的探索，希望能对有关部门完善上海的资源环境风险防控工作提供一些有价值的参考，也让普通民众更全面地了解上海资源环境风险及其防控的图景。

地方发展类

广州蓝皮书
2014年中国广州社会形势分析与预测

张强 陈怡霓 杨秦/主编　2014年9月出版　估价:65.00元

◆ 本书由广州大学与广州市委宣传部、广州市人力资源和社会保障局联合主编,汇集了广州科研团体、高等院校和政府部门诸多社会问题研究专家、学者和实际部门工作者的最新研究成果,是关于广州社会运行情况和相关专题分析与预测的重要参考资料。

河南经济蓝皮书
2014年河南经济形势分析与预测

胡五岳/主编　2014年3月出版　定价:69.00元

◆ 本书由河南省统计局主持编纂。该分析与展望以2013年最新年度统计数据为基础,科学研判河南经济发展的脉络轨迹、分析年度运行态势;以客观翔实、权威资料为特征,突出科学性、前瞻性和可操作性,服务于科学决策和科学发展。

陕西蓝皮书
陕西社会发展报告(2014)

任宗哲 石英 牛昉/主编　2014年2月出版　定价:65.00元

◆ 本书系统而全面地描述了陕西省2013年社会发展各个领域所取得的成就、存在的问题、面临的挑战及其应对思路,为更好地思考2014年陕西发展前景、政策指向和工作策略等方面提供了一个较为简洁清晰的参考蓝本。

上海蓝皮书
上海经济发展报告(2014)

沈开艳/主编　2014年1月出版　定价:69.00元

◆ 本书系上海社会科学院系列之一,报告对2014年上海经济增长与发展趋势的进行了预测,把握了上海经济发展的脉搏和学术研究的前沿。

广州蓝皮书
广州经济发展报告（2014）

李江涛　朱名宏/主编　　2014年6月出版　　估价:65.00元

◆ 本书是由广州市社会科学院主持编写的"广州蓝皮书"系列之一，本报告对广州2013年宏观经济运行情况作了深入分析，对2014年宏观经济走势进行了合理预测，并在此基础上提出了相应的政策建议。

文化传媒类

文化传媒类皮书透视文化领域、文化产业，
探索文化大繁荣、大发展的路径

新媒体蓝皮书
中国新媒体发展报告 No.4(2013)

唐绪军/主编　　2014年6月出版　　估价:69.00元

◆ 本书由中国社会科学院新闻与传播研究所和上海大学合作编写，在构建新媒体发展研究基本框架的基础上，全面梳理2013年中国新媒体发展现状，发表最前沿的网络媒体深度调查数据和研究成果，并对新媒体发展的未来趋势做出预测。

舆情蓝皮书
中国社会舆情与危机管理报告（2014）

谢耘耕/主编　　2014年8月出版　　估价:85.00元

◆ 本书由上海交通大学舆情研究实验室和危机管理研究中心主编，已被列入教育部人文社会科学研究报告培育项目。本书以新媒体环境下的中国社会为立足点，对2013年中国社会舆情、分类舆情等进行了深入系统的研究，并预测了2014年社会舆情走势。

经济类

产业蓝皮书
中国产业竞争力报告（2014）No.4
著（编）者：张其仔　2014年5月出版 / 估价：79.00元

长三角蓝皮书
2014年率先基本实现现代化的长三角
著（编）者：刘志彪　2014年6月出版 / 估价：120.00元

城市竞争力蓝皮书
中国城市竞争力报告No.12
著（编）者：倪鹏飞　2014年5月出版 / 定价：89.00元

城市蓝皮书
中国城市发展报告No.7
著（编）者：潘家华　魏后凯　2014年7月出版 / 估价：69.00元

城市群蓝皮书
中国城市群发展指数报告(2014)
著（编）者：刘士林　刘新静　2014年10月出版 / 估价：59.00元

城乡统筹蓝皮书
中国城乡统筹发展报告（2014）
著（编）者：程志强、潘晨光　2014年9月出版 / 估价：59.00元

城乡一体化蓝皮书
中国城乡一体化发展报告（2014）
著（编）者：汝信　付崇兰　2014年8月出版 / 估价：59.00元

城镇化蓝皮书
中国新型城镇化健康发展报告（2014）
著（编）者：张占斌　2014年5月出版 / 定价：79.00元

低碳发展蓝皮书
中国低碳发展报告（2014）
著（编）者：齐晔　2014年3月出版 / 定价：89.00元

低碳经济蓝皮书
中国低碳经济发展报告（2014）
著（编）者：薛进军　赵忠秀　2014年5月出版 / 估价：79.00元

东北蓝皮书
中国东北地区发展报告（2014）
著（编）者：鲍振东　曹晓峰　2014年8月出版 / 估价：79.00元

发展和改革蓝皮书
中国经济发展和体制改革报告No.7
著（编）者：邹东涛　2014年7月出版 / 估价：79.00元

工业化蓝皮书
中国工业化进程报告（2014）
著（编）者：黄群慧　吕铁　李晓华　等
2014年11月出版 / 估价：89.00元

国际城市蓝皮书
国际城市发展报告（2014）
著（编）者：屠启宇　2014年1月出版 / 定价：69.00元

国家创新蓝皮书
国家创新发展报告（2013~2014）
著（编）者：陈劲　2014年6月出版 / 估价：69.00元

国家竞争力蓝皮书
中国国家竞争力报告No.2
著（编）者：倪鹏飞　2014年10月出版 / 估价：98.00元

宏观经济蓝皮书
中国经济增长报告（2014）
著（编）者：张平　刘霞辉　2014年10月出版 / 估价：69.00元

减贫蓝皮书
中国减贫与社会发展报告
著（编）者：黄承伟　2014年7月出版 / 估价：69.00元

金融蓝皮书
中国金融发展报告（2014）
著（编）者：李扬　王国刚　2013年12月出版 / 定价：65.00元

经济蓝皮书
2014年中国经济形势分析与预测
著（编）者：李扬　2013年12月出版 / 定价：69.00元

经济蓝皮书春季号
2014年中国经济前景分析
著（编）者：李扬　2014年5月出版 / 定价：79.00元

经济信息绿皮书
中国与世界经济发展报告（2014）
著（编）者：杜平　2013年12月出版 / 定价：79.00元

就业蓝皮书
2014年中国大学生就业报告
著（编）者：麦可思研究院　2014年6月出版 / 估价：98.00元

流通蓝皮书
中国商业发展报告（2013~2014）
著（编）者：荆林波　2014年5月出版 / 定价：89.00元

民营经济蓝皮书
中国民营经济发展报告No.10（2013~2014）
著（编）者：黄孟复　2014年9月出版 / 估价：69.00元

民营企业蓝皮书
中国民营企业竞争力报告No.7（2014）
著（编）者：刘迎秋　2014年9月出版 / 估价：79.00元

农村绿皮书
中国农村经济形势分析与预测（2013~2014）
著（编）者：中国社会科学院农村发展研究所
　　　　　国家统计局农村社会经济调查司　著
2014年4月出版 / 定价：69.00元

企业公民蓝皮书
中国企业公民报告No.4
著（编）者：邹东涛　2014年7月出版 / 估价：69.00元

企业社会责任蓝皮书
中国企业社会责任研究报告（2014）
著（编）者：黄群慧　彭华岗　钟宏武　等
2014年11月出版 / 估价：59.00元

气候变化绿皮书
应对气候变化报告（2014）
著（编）者：王伟光　郑国光　2014年11月出版 / 估价：79.00元

皮书系列 2014全品种

经济类・社会政法类

区域蓝皮书
中国区域经济发展报告（2013~2014）
著(编)者：梁昊光　2014年4月出版 / 定价:79.00元

人口与劳动绿皮书
中国人口与劳动问题报告No.15
著(编)者：蔡昉　2014年6月出版 / 估价:69.00元

生态经济（建设）绿皮书
中国经济（建设）发展报告（2013~2014）
著(编)者：黄浩涛　李周　2014年10月出版 / 估价:69.00元

世界经济黄皮书
2014年世界经济形势分析与预测
著(编)者：王洛林　张宇燕　2014年1月出版 / 定价:69.00元

西北蓝皮书
中国西北发展报告（2014）
著(编)者：张进海　陈冬红　段庆林
2013年12月出版 / 定价:69.00元

西部蓝皮书
中国西部发展报告（2014）
著(编)者：姚慧琴　徐璋勇　2014年7月出版 / 估价:69.00元

新型城镇化蓝皮书
新型城镇化发展报告（2014）
著(编)者：沈体雁　李伟　宋敏　2014年9月出版 / 估价:69.00元

新兴经济体蓝皮书
金砖国家发展报告（2014）
著(编)者：林跃勤　周文　2014年9月出版 / 估价:79.00元

循环经济绿皮书
中国循环经济发展报告（2013~2014）
著(编)者：齐建国　2014年12月出版 / 估价:69.00元

中部竞争力蓝皮书
中国中部经济社会竞争力报告（2014）
著(编)者：教育部人文社会科学重点研究基地
南昌大学中国中部经济社会发展研究中心
2014年7月出版 / 估价:59.00元

中部蓝皮书
中国中部地区发展报告（2014）
著(编)者：朱有志　2014年10月出版 / 估价:59.00元

中国科技蓝皮书
中国科技发展报告（2014）
著(编)者：陈劲　2014年4月出版 / 定价:69.00元

中国省域竞争力蓝皮书
"十二五"中期中国省域经济综合竞争力发展报告
著(编)者：李建平　李闽榕　高燕京　2014年3月出版 / 定价:198.00元

中三角蓝皮书
长江中游城市群发展报告（2013~2014）
著(编)者：秦尊文　2014年6月出版 / 估价:69.00元

中小城市绿皮书
中国中小城市发展报告（2014）
著(编)者：中国城市经济学会中小城市经济发展委员会
《中国中小城市发展报告》编纂委员会
2014年10月出版 / 估价:98.00元

中原蓝皮书
中原经济区发展报告（2014）
著(编)者：刘怀廉　2014年6月出版 / 估价:68.00元

社会政法类

殡葬绿皮书
中国殡葬事业发展报告（2014）
著(编)者：朱勇　副主编 李伯森　2014年9月出版 / 估价:59.00元

城市创新蓝皮书
中国城市创新报告（2014）
著(编)者：周天勇　旷建伟　2014年7月出版 / 估价:69.00元

城市管理蓝皮书
中国城市管理报告2014
著(编)者：谭维克　刘林　2014年7月出版 / 估价:98.00元

城市生活质量蓝皮书
中国城市生活质量指数报告（2014）
著(编)者：张平　2014年7月出版 / 估价:59.00元

城市政府能力蓝皮书
中国城市政府公共服务能力评估报告（2014）
著(编)者：何艳玲　2014年7月出版 / 估价:59.00元

创新蓝皮书
创新型国家建设报告（2013~2014）
著(编)者：詹正茂　2014年5月出版 / 定价:69.00元

慈善蓝皮书
中国慈善发展报告（2014）
著(编)者：杨团　2014年5月出版 / 估价:79.00元

法治蓝皮书
中国法治发展报告No.12（2014）
著(编)者：李林　田禾　2014年2月出版 / 定价:98.00元

反腐倡廉蓝皮书
中国反腐倡廉建设报告No.3
著(编)者：李秋芳　2014年1月出版 / 定价:79.00元

非传统安全蓝皮书
中国非传统安全研究报告（2014）
著(编)者：余潇枫　2014年5月出版 / 估价:69.00元

社会政法类 | 皮书系列 2014全品种

妇女发展蓝皮书
福建省妇女发展报告（2014）
著(编)者：刘群英　　2014年10月出版 / 估价:58.00元

妇女发展蓝皮书
中国妇女发展报告No.5
著(编)者：王金玲　高小贤　2014年5月出版 / 估价:65.00元

妇女教育蓝皮书
中国妇女教育发展报告No.3
著(编)者：张李玺　　2014年10月出版 / 估价:69.00元

公共服务满意度蓝皮书
中国城市公共服务评价报告（2014）
著(编)者：胡伟　　2014年11月出版 / 估价:69.00元

公共服务蓝皮书
中国城市基本公共服务力评价（2014）
著(编)者：侯惠勤　辛向阳　易定宏
2014年10月出版 / 估价:55.00元

公民科学素质蓝皮书
中国公民科学素质报告（2013~2014）
著(编)者：李群　许佳军　2014年3月出版 / 定价:79.00元

公益蓝皮书
中国公益发展报告（2014）
著(编)者：朱健刚　　2014年5月出版 / 估价:78.00元

国际人才蓝皮书
中国国际移民报告（2014）
著(编)者：王辉耀　　2014年1月出版 / 定价:79.00元

国际人才蓝皮书
中国海归创业发展报告（2014）No.2
著(编)者：王辉耀　路江涌　2014年10月出版 / 估价:69.00元

国际人才蓝皮书
中国留学发展报告（2014）No.3
著(编)者：王辉耀　　2014年9月出版 / 估价:59.00元

国家安全蓝皮书
中国国家安全研究报告（2014）
著(编)者：刘慧　　2014年5月出版 / 定价:98.00元

行政改革蓝皮书
中国行政体制改革报告（2013）No.3
著(编)者：魏礼群　　2014年3月出版 / 定价:89.00元

华侨华人蓝皮书
华侨华人研究报告（2014）
著(编)者：丘进　　2014年5月出版 / 估价:128.00元

环境竞争力绿皮书
中国省域环境竞争力发展报告（2014）
著(编)者：李建平　李闽榕　王金南
2014年12月出版 / 估价:148.00元

环境绿皮书
中国环境发展报告（2014）
著(编)者：刘鉴强　　2014年5月出版 / 定价:79.00元

基本公共服务蓝皮书
中国省级政府基本公共服务发展报告（2014）
著(编)者：孙德超　　2014年9月出版 / 估价:69.00元

基金会透明度蓝皮书
中国基金会透明度发展研究报告（2014）
著(编)者：基金会中心网　2014年7月出版 / 估价:79.00元

教师蓝皮书
中国中小学教师发展报告（2014）
著(编)者：曾晓东　　2014年9月出版 / 估价:59.00元

教育蓝皮书
中国教育发展报告（2014）
著(编)者：杨东平　　2014年5月出版 / 定价:79.00元

科普蓝皮书
中国科普基础设施发展报告（2014）
著(编)者：任福君　　2014年6月出版 / 估价:79.00元

口腔健康蓝皮书
中国口腔健康发展报告（2014）
著(编)者：胡德渝　　2014年12月出版 / 估价:59.00元

老龄蓝皮书
中国老龄事业发展报告（2014）
著(编)者：吴玉韶　　2014年9月出版 / 估价:59.00元

连片特困区蓝皮书
中国连片特困区发展报告（2014）
著(编)者：丁建军　冷志明　游俊　2014年9月出版 / 估价:79.00元

民间组织蓝皮书
中国民间组织报告（2014）
著(编)者：黄晓勇　　2014年8月出版 / 估价:69.00元

民调蓝皮书
中国民生调查报告（2014）
著(编)者：谢耕耘　　2014年5月出版 / 定价:128.00元

民族发展蓝皮书
中国民族区域自治发展报告（2014）
著(编)者：郝时远　　2014年6月出版 / 估价:98.00元

女性生活蓝皮书
中国女性生活状况报告No.8（2014）
著(编)者：韩湘景　　2014年4月出版 / 估价:79.00元

汽车社会蓝皮书
中国汽车社会发展报告（2014）
著(编)者：王俊秀　　2014年9月出版 / 估价:59.00元

皮书系列 2014全品种
社会政法类·行业报告类

青年蓝皮书
中国青年发展报告（2014）No.2
著(编)者：廉思　2014年4月出版 / 定价:59.00元

全球环境竞争力绿皮书
全球环境竞争力发展报告（2014）
著(编)者：李建平　李闽榕　王金南　2014年11月出版 / 估价:69.00元

青少年蓝皮书
中国未成年人新媒体运用报告（2014）
著(编)者：李文革　沈杰　季为民　2014年6月出版 / 估价:69.00元

区域人才蓝皮书
中国区域人才竞争力报告No.2
著(编)者：桂昭明　王辉耀　2014年6月出版 / 估价:69.00元

人才蓝皮书
中国人才发展报告（2014）
著(编)者：潘晨光　2014年10月出版 / 估价:79.00元

人权蓝皮书
中国人权事业发展报告No.4（2014）
著(编)者：李君如　2014年7月出版 / 估价:98.00元

世界人才蓝皮书
全球人才发展报告No.1
著(编)者：孙学玉　张冠梓　2014年9月出版 / 估价:69.00元

社会保障绿皮书
中国社会保障发展报告（2014）No.6
著(编)者：王延中　2014年9月出版 / 估价:69.00元

社会工作蓝皮书
中国社会工作发展报告（2013~2014）
著(编)者：王杰秀　邹文开　2014年8月出版 / 估价:59.00元

社会管理蓝皮书
中国社会管理创新报告No.3
著(编)者：连玉明　2014年9月出版 / 估价:79.00元

社会蓝皮书
2014年中国社会形势分析与预测
著(编)者：李培林　陈光金　张翼　2013年12月出版 / 定价:69.00元

社会体制蓝皮书
中国社会体制改革报告No.2（2014）
著(编)者：龚维斌　2014年4月出版 / 定价:79.00元

社会心态蓝皮书
2014年中国社会心态研究报告
著(编)者：王俊秀　杨宜音　2014年9月出版 / 估价:59.00元

生态城市绿皮书
中国生态城市建设发展报告（2014）
著(编)者：李景源　孙伟平　刘举科　2014年6月出版 / 估价:128.00元

生态文明绿皮书
中国省域生态文明建设评价报告（ECI 2014）
著(编)者：严耕　2014年9月出版 / 估价:98.00元

世界创新竞争力黄皮书
世界创新竞争力发展报告（2014）
著(编)者：李建平　李闽榕　赵新力　2014年11月出版 / 估价:128.00元

水与发展蓝皮书
中国水风险评估报告（2014）
著(编)者：苏杨　2014年9月出版 / 估价:69.00元

土地整治蓝皮书
中国土地整治发展报告No.1
著(编)者：国土资源部土地整治中心　2014年5月出版 / 定价:89.00元

危机管理蓝皮书
中国危机管理报告（2014）
著(编)者：文学国　范正青　2014年8月出版 / 估价:79.00元

小康蓝皮书
中国全面建设小康社会监测报告（2014）
著(编)者：潘璠　2014年11月出版 / 估价:59.00元

形象危机应对蓝皮书
形象危机应对研究报告（2014）
著(编)者：唐钧　2014年9月出版 / 估价:118.00元

行政改革蓝皮书
中国行政体制改革报告（2013）No.3
著(编)者：魏礼群　2014年3月出版 / 定价:89.00元

医疗卫生绿皮书
中国医疗卫生发展报告No.6（2013~2014）
著(编)者：申宝忠　韩玉珍　2014年4月出版 / 定价:75.00元

政治参与蓝皮书
中国政治参与报告（2014）
著(编)者：房宁　2014年7月出版 / 估价:58.00元

政治发展蓝皮书
中国政治发展报告（2014）
著(编)者：房宁　杨海蛟　2014年6月出版 / 估价:98.00元

宗教蓝皮书
中国宗教报告（2014）
著(编)者：金泽　邱永辉　2014年8月出版 / 估价:59.00元

社会组织蓝皮书
中国社会组织评估报告（2014）
著(编)者：徐家良　2014年9月出版 / 估价:69.00元

政府绩效评估蓝皮书
中国地方政府绩效评估报告（2014）
著(编)者：贠杰　2014年9月出版 / 估价:69.00元

行业报告类

保健蓝皮书
中国保健服务产业发展报告No.2
著(编)者:中国保健协会 中共中央党校
2014年7月出版 / 估价:198.00元

保健蓝皮书
中国保健食品产业发展报告No.2
著(编)者:中国保健协会
　　　　中国社会科学院食品药品产业发展与监管研究中心
2014年7月出版 / 估价:198.00元

保健蓝皮书
中国保健用品产业发展报告No.2
著(编)者:中国保健协会　2014年9月出版 / 估价:198.00元

保险蓝皮书
中国保险业竞争力报告(2014)
著(编)者:罗忠敏　2014年9月出版 / 估价:98.00元

餐饮产业蓝皮书
中国餐饮产业发展报告(2014)
著(编)者:中国烹饪协会 中国社会科学院财经战略研究院
2014年5月出版 / 估价:59.00元

测绘地理信息蓝皮书
中国地理信息产业发展报告(2014)
著(编)者:徐德明　2014年12月出版 / 估价:98.00元

茶业蓝皮书
中国茶产业发展报告(2014)
著(编)者:李闽榕 杨江帆　2014年9月出版 / 估价:79.00元

产权市场蓝皮书
中国产权市场发展报告(2014)
著(编)者:曹和平　2014年9月出版 / 估价:69.00元

产业安全蓝皮书
中国烟草产业安全报告(2014)
著(编)者:李孟刚 杜秀亭　2014年1月出版 / 定价:69.00元

产业安全蓝皮书
中国出版与传媒安全报告(2014)
著(编)者:北京交通大学中国产业安全研究中心
2014年9月出版 / 估价:59.00元

产业安全蓝皮书
中国医疗产业安全报告(2013~2014)
著(编)者:李孟刚 高献书　2014年1月出版 / 定价:59.00元

产业安全蓝皮书
中国文化产业安全蓝皮书(2014)
著(编)者:北京印刷学院文化产业安全研究院
2014年4月出版 / 估价:69.00元

产业安全蓝皮书
中国出版传媒产业安全报告(2014)
著(编)者:北京印刷学院文化产业安全研究院
2014年4月出版 / 定价:89.00元

典当业蓝皮书
中国典当行业发展报告(2013~2014)
著(编)者:黄育华 王力 张红地
2014年10月出版 / 估价:69.00元

电子商务蓝皮书
中国城市电子商务影响力报告(2014)
著(编)者:荆林波　2014年5月出版 / 估价:69.00元

电子政务蓝皮书
中国电子政务发展报告(2014)
著(编)者:洪毅 王长胜　2014年9月出版 / 估价:59.00元

杜仲产业绿皮书
中国杜仲橡胶资源与产业发展报告(2014)
著(编)者:杜红岩 胡文臻 俞瑞
2014年9月出版 / 估价:99.00元

房地产蓝皮书
中国房地产发展报告No.11(2014)
著(编)者:魏后凯 李景国　2014年5月出版 / 定价:79.00元

服务外包蓝皮书
中国服务外包产业发展报告(2014)
著(编)者:王晓红 李皓　2014年9月出版 / 估价:89.00元

高端消费蓝皮书
中国高端消费市场研究报告
著(编)者:依绍华 王雪峰　2014年9月出版 / 估价:69.00元

会展经济蓝皮书
中国会展经济发展报告(2014)
著(编)者:过聚荣　2014年9月出版 / 估价:65.00元

会展蓝皮书
中外会展业动态评估年度报告(2014)
著(编)者:张敏　2014年8月出版 / 估价:68.00元

基金会绿皮书
中国基金会发展独立研究报告(2014)
著(编)者:基金会中心网　2014年8月出版 / 估价:58.00元

交通运输蓝皮书
中国交通运输服务发展报告(2014)
著(编)者:林晓言 卜伟 武剑红
2014年10月出版 / 估价:69.00元

金融监管蓝皮书
中国金融监管报告(2014)
著(编)者:胡滨　2014年5月出版 / 定价:69.00元

金融蓝皮书
中国金融中心发展报告(2014)
著(编)者:中国社会科学院金融研究所
　　　　中国博士后特华科研工作站 王力 黄育华
2014年10月出版 / 估价:59.00元

皮书系列 2014全品种 — 行业报告类

金融蓝皮书
中国商业银行竞争力报告（2014）
著(编)者：王松奇　2014年5月出版 / 估价：79.00元

金融蓝皮书
中国金融发展报告（2014）
著(编)者：李扬　王国刚　2013年12月出版 / 定价：65.00元

金融蓝皮书
中国金融法治报告（2014）
著(编)者：胡滨　全先银　2014年9月出版 / 估价：65.00元

金融蓝皮书
中国金融产品与服务报告（2014）
著(编)者：殷剑峰　2014年6月出版 / 估价：59.00元

金融信息服务蓝皮书
金融信息服务业发展报告（2014）
著(编)者：鲁广锦　2014年11月出版 / 估价：69.00元

抗衰老医学蓝皮书
抗衰老医学发展报告（2014）
著(编)者：罗伯特·高德曼　罗纳德·科莱兹
　　　　尼尔·布什　朱敏　金大鹏　郭弋
2014年9月出版 / 估价：69.00元

客车蓝皮书
中国客车产业发展报告（2014）
著(编)者：姚蔚　2014年12月出版 / 估价：69.00元

科学传播蓝皮书
中国科学传播报告（2014）
著(编)者：詹正茂　2014年9月出版 / 估价：69.00元

流通蓝皮书
中国商业发展报告（2013~2014）
著(编)者：荆林波　2014年5月出版 / 定价：89.00元

旅游安全蓝皮书
中国旅游安全报告（2014）
著(编)者：郑向敏　谢朝武　2014年6月出版 / 估价：79.00元

旅游绿皮书
2013~2014年中国旅游发展分析与预测
著(编)者：宋瑞　2014年9月出版 / 定价：79.00元

旅游城市绿皮书
世界旅游城市发展报告（2013~2014）
著(编)者：张辉　2014年1月出版 / 估价：69.00元

贸易蓝皮书
中国贸易发展报告（2014）
著(编)者：荆林波　2014年5月出版 / 估价：49.00元

民营医院蓝皮书
中国民营医院发展报告（2014）
著(编)者：朱幼棣　2014年10月出版 / 估价：69.00元

闽商蓝皮书
闽商发展报告（2014）
著(编)者：李闽榕　王日根　2014年12月出版 / 估价：69.00元

能源蓝皮书
中国能源发展报告（2014）
著(编)者：崔民选　王军生　陈义和
2014年10月出版 / 估价：59.00元

农产品流通蓝皮书
中国农产品流通产业发展报告（2014）
著(编)者：贾敬敦　王炳南　张玉玺　张鹏毅　陈丽华
2014年9月出版 / 估价：89.00元

期货蓝皮书
中国期货市场发展报告（2014）
著(编)者：荆林波　2014年6月出版 / 估价：98.00元

企业蓝皮书
中国企业竞争力报告（2014）
著(编)者：金碚　2014年11月出版 / 估价：89.00元

汽车安全蓝皮书
中国汽车安全发展报告（2014）
著(编)者：中国汽车技术研究中心
2014年4月出版 / 估价：79.00元

汽车蓝皮书
中国汽车产业发展报告（2014）
著(编)者：国务院发展研究中心产业经济研究部
　　　　中国汽车工程学会　大众汽车集团（中国）
2014年7月出版 / 估价：79.00元

清洁能源蓝皮书
国际清洁能源发展报告（2014）
著(编)者：国际清洁能源论坛（澳门）
2014年9月出版 / 估价：89.00元

人力资源蓝皮书
中国人力资源发展报告（2014）
著(编)者：吴江　2014年9月出版 / 估价：69.00元

软件和信息服务业蓝皮书
中国软件和信息服务业发展报告（2014）
著(编)者：洪京一　工业和信息化部电子科学技术情报研究所
2014年6月出版 / 估价：98.00元

商会蓝皮书
中国商会发展报告 No.4（2014）
著(编)者：黄孟复　2014年9月出版 / 估价：59.00元

商品市场蓝皮书
中国商品市场发展报告（2014）
著(编)者：荆林波　2014年7月出版 / 估价：59.00元

上市公司蓝皮书
中国上市公司非财务信息披露报告（2014）
著(编)者：钟宏武　张旺　张蒽　等
2014年12月出版 / 估价：59.00元

皮书系列 2014全品种 — 行业报告类

食品药品蓝皮书
食品药品安全与监管政策研究报告（2014）
著(编)者：唐民皓　2014年7月出版 / 估价:69.00元

世界能源蓝皮书
世界能源发展报告（2014）
著(编)者：黄晓勇　2014年9月出版 / 估价:99.00元

私募市场蓝皮书
中国私募股权市场发展报告（2014）
著(编)者：曹和平　2014年9月出版 / 估价:69.00元

体育蓝皮书
中国体育产业发展报告（2014）
著(编)者：阮伟 钟秉枢　2014年9月出版 / 估价:69.00元

体育蓝皮书·公共体育服务
中国公共体育服务发展报告（2014）
著(编)者：戴健　2014年12月出版 / 估价:69.00元

投资蓝皮书
中国投资发展报告（2014）
著(编)者：杨庆蔚　2014年4月出版 / 定价:128.00元

投资蓝皮书
中国企业海外投资发展报告（2013~2014）
著(编)者：陈文晖 薛誉华　2014年9月出版 / 定价:69.00元

物联网蓝皮书
中国物联网发展报告（2014）
著(编)者：龚六堂　2014年9月出版 / 估价:59.00元

西部工业蓝皮书
中国西部工业发展报告（2014）
著(编)者：方行明 刘方健 姜凌等
2014年9月出版 / 估价:69.00元

西部金融蓝皮书
中国西部金融发展报告（2014）
著(编)者：李忠民　2014年10月出版 / 估价:69.00元

新能源汽车蓝皮书
中国新能源汽车产业发展报告（2014）
著(编)者：中国汽车技术研究中心
　　　　　日产（中国）投资有限公司
　　　　　东风汽车有限公司
2014年9月出版 / 估价:69.00元

信托蓝皮书
中国信托业研究报告（2014）
著(编)者：中建投信托研究中心　中国建设建投研究院
2014年9月出版 / 估价:59.00元

信托蓝皮书
中国信托投资报告（2014）
著(编)者：杨金龙 刘屹　2014年7月出版 / 估价:69.00元

信托市场蓝皮书
中国信托业市场报告（2013~2014）
著(编)者：李旸　2014年1月出版 / 定价:198.00元

信息化蓝皮书
中国信息化形势分析与预测（2014）
著(编)者：周宏仁　2014年7月出版 / 估价:98.00元

信用蓝皮书
中国信用发展报告（2014）
著(编)者：章政 田侃　2014年9月出版 / 估价:69.00元

休闲绿皮书
2014年中国休闲发展报告
著(编)者：刘德谦　唐兵　宋瑞
2014年6月出版 / 估价:59.00元

养老产业蓝皮书
中国养老产业发展报告（2013~2014年）
著(编)者：张车伟　2014年9月出版 / 估价:69.00元

移动互联网蓝皮书
中国移动互联网发展报告（2014）
著(编)者：官建文　2014年5月出版 / 估价:79.00元

医药蓝皮书
中国医药产业园战略发展报告（2013~2014）
著(编)者：裴长洪　房书亭　吴瀿心
2014年3月出版 / 定价:89.00元

医药蓝皮书
中国药品市场报告（2014）
著(编)者：程锦锥 朱恒鹏　2014年12月出版 / 估价:79.00元

中国林业竞争力蓝皮书
中国省域林业竞争力发展报告No.2（2014）
（上下册）
著(编)者：郑传芳 李闽榕 张春霞 张会儒
2014年8月出版 / 估价:139.00元

中国农业竞争力蓝皮书
中国省域农业竞争力发展报告No.2（2014）
著(编)者：郑传芳 宋洪远 李闽榕 张春霞
2014年7月出版 / 定价:128.00元

中国总部经济蓝皮书
中国总部经济发展报告（2013~2014）
著(编)者：赵弘　2014年5月出版 / 定价:79.00元

珠三角流通蓝皮书
珠三角商圈发展研究报告（2014）
著(编)者：王先庆 林至颖　2014年8月出版 / 估价:69.00元

住房绿皮书
中国住房发展报告（2013~2014）
著(编)者：倪鹏飞　2013年12月出版 / 定价:79.00元

资本市场蓝皮书
中国场外交易市场发展报告（2014）
著(编)者：高峦　2014年9月出版 / 估价:79.00元

皮书系列 2014全品种　文化传媒类

资产管理蓝皮书
中国信托业发展报告（2014）
著(编)者：智信资产管理研究院　2014年7月出版 / 估价：69.00元

支付清算蓝皮书
中国支付清算发展报告（2014）
著(编)者：杨涛　2014年5月出版 / 定价：45.00元

文化传媒类

传媒蓝皮书
中国传媒产业发展报告（2014）
著(编)者：崔保国　2014年4月出版 / 定价：98.00元

传媒竞争力蓝皮书
中国传媒国际竞争力研究报告（2014）
著(编)者：李本乾　2014年9月出版 / 估价：69.00元

创意城市蓝皮书
武汉市文化创意产业发展报告（2014）
著(编)者：张京成　黄永林　2014年10月出版 / 估价：69.00元

电视蓝皮书
中国电视产业发展报告（2014）
著(编)者：卢斌　2014年9月出版 / 估价：79.00元

电影蓝皮书
中国电影出版发展报告（2014）
著(编)者：卢斌　2014年9月出版 / 估价：79.00元

动漫蓝皮书
中国动漫产业发展报告（2014）
著(编)者：卢斌　邓晓明　牛兴侦　2014年9月出版 / 估价：79.00元

广电蓝皮书
中国广播电影电视发展报告（2014）
著(编)者：庞井君　杨明品　李岚
2014年6月出版 / 估价：88.00元

广告主蓝皮书
中国广告主营销传播趋势报告NO.8
著(编)者：中国传媒大学广告主研究所
　　　　　中国广告主营销传播创新研究课题组
　　　　　黄升民　杜国清　邵华冬等
2014年5月出版 / 估价：98.00元

国际传播蓝皮书
中国国际传播发展报告（2014）
著(编)者：胡正荣　李继东　姬德强
2014年9月出版 / 估价：69.00元

纪录片蓝皮书
中国纪录片发展报告（2014）
著(编)者：何苏六　2014年10月出版 / 估价：89.00元

两岸文化蓝皮书
两岸文化产业合作发展报告（2014）
著(编)者：胡惠林　肖夏勇　2014年6月出版 / 估价：59.00元

媒介与女性蓝皮书
中国媒介与女性发展报告（2014）
著(编)者：刘利群　2014年8月出版 / 估价：69.00元

全球传媒蓝皮书
全球传媒产业发展报告（2014）
著(编)者：胡正荣　2014年12月出版 / 估价：79.00元

视听新媒体蓝皮书
中国视听新媒体发展报告（2014）
著(编)者：庞井君　2014年6月出版 / 估价：148.00元

文化创新蓝皮书
中国文化创新报告（2014）No.5
著(编)者：于平　傅才武　2014年4月出版 / 定价：79.00元

文化科技蓝皮书
文化科技融合与创意城市发展报告（2014）
著(编)者：李凤亮　于平　2014年7月出版 / 估价：79.00元

文化蓝皮书
中国文化产业发展报告（2014）
著(编)者：张晓明　王家新　章建刚
2014年4月出版 / 定价：79.00元

文化蓝皮书
中国文化产业供需协调增长测评报（2014）
著(编)者：王亚楠　2014年2月出版 / 定价：79.00元

文化蓝皮书
中国城镇文化消费需求景气评价报告（2014）
著(编)者：王亚南　张晓明　祁述裕
2014年5月出版 / 估价：79.00元

文化蓝皮书
中国公共文化服务发展报告（2014）
著(编)者：于群　李国新　2014年10月出版 / 估价：98.00元

文化蓝皮书
中国文化消费需求景气评价报告（2014）
著(编)者：王亚南　2014年2月出版 / 估价：79.00元

文化蓝皮书
中国乡村文化消费需求景气评价报告（2014）
著(编)者：王亚南　2014年5月出版 / 估价：79.00元

文化蓝皮书
中国中心城市文化消费需求景气评价报告（2014）
著(编)者：王亚南　2014年9月出版 / 估价：79.00元

文化传媒类·地方发展类

皮书系列 2014全品种

文化蓝皮书
中国少数民族文化发展报告（2014）
著(编)者:武翠英 张晓明 张学进
2014年9月出版 / 估价:69.00元

文化建设蓝皮书
中国文化发展报告（2013）
著(编)者:江畅 孙伟平 戴茂堂
2014年4月出版 / 定价:138.00元

文化品牌蓝皮书
中国文化品牌发展报告（2014）
著(编)者:欧阳友权 2014年4月出版 / 定价:79.00元

文化软实力蓝皮书
中国文化软实力研究报告（2014）
著(编)者:张国祚 2014年7月出版 / 估价:79.00元

文化遗产蓝皮书
中国文化遗产事业发展报告（2014）
著(编)者:刘世锦 2014年9月出版 / 估价:79.00元

文学蓝皮书
中国文情报告（2013~2014）
著(编)者:白烨 2014年5月出版 / 估价:59.00元

新媒体蓝皮书
中国新媒体发展报告No.5（2014）
著(编)者:唐绪军 2014年6月出版 / 估价:69.00元

移动互联网蓝皮书
中国移动互联网发展报告（2014）
著(编)者:官建文 2014年6月出版 / 估价:79.00元

游戏蓝皮书
中国游戏产业发展报告（2014）
著(编)者:卢斌 2014年9月出版 / 估价:79.00元

舆情蓝皮书
中国社会舆情与危机管理报告（2014）
著(编)者:谢耘耕 2014年8月出版 / 估价:85.00元

粤港澳台文化蓝皮书
粤港澳台文化创意产业发展报告（2014）
著(编)者:丁未 2014年9月出版 / 估价:69.00元

地方发展类

安徽蓝皮书
安徽社会发展报告（2014）
著(编)者:程桦 2014年4月出版 / 定价:79.00元

安徽经济蓝皮书
皖江城市带承接产业转移示范区建设报告（2014）
著(编)者:丁海中 2014年4月出版 / 定价:69.00元

安徽社会建设蓝皮书
安徽社会建设分析报告（2014）
著(编)者:黄家海 王开玉 蔡宪 2014年9月出版 / 估价:69.00元

北京蓝皮书
北京公共服务发展报告（2013~2014）
著(编)者:施昌奎 2014年2月出版 / 定价:69.00元

北京蓝皮书
北京经济发展报告（2013~2014）
著(编)者:杨松 2014年4月出版 / 定价:79.00元

北京蓝皮书
北京社会发展报告（2013~2014）
著(编)者:缪青 2014年5月出版 / 定价:79.00元

北京蓝皮书
北京社会治理发展报告（2013~2014）
著(编)者:殷星辰 2014年4月出版 / 定价:79.00元

北京蓝皮书
中国社区发展报告（2013~2014）
著(编)者:于燕燕 2014年8月出版 / 估价:59.00元

北京蓝皮书
北京文化发展报告（2013~2014）
著(编)者:李建盛 2014年4月出版 / 定价:79.00元

北京旅游绿皮书
北京旅游发展报告（2014）
著(编)者:鲁勇 2014年7月出版 / 估价:98.00元

北京律师蓝皮书
北京律师发展报告No.2（2014）
著(编)者:王隽 周塞军 2014年9月出版 / 估价:79.00元

北京人才蓝皮书
北京人才发展报告（2014）
著(编)者:于淼 2014年10月出版 / 估价:89.00元

城乡一体化蓝皮书
中国城乡一体化发展报告·北京卷（2014）
著(编)者:张宝秀 黄序 2014年6月出版 / 估价:59.00元

创意城市蓝皮书
北京文化创意产业发展报告（2014）
著(编)者:张京成 王国华 2014年10月出版 / 估价:69.00元

皮书系列 2014全品种 — 地方发展类

创意城市蓝皮书
重庆创意产业发展报告（2014）
著(编)者:程宁宁　2014年4月出版 / 定价:89.00元

创意城市蓝皮书
青岛文化创意产业发展报告（2013~2014）
著(编)者:马达　2014年9月出版 / 估价:69.00元

创意城市蓝皮书
无锡文化创意产业发展报告（2014）
著(编)者:庄若江　张鸣年　2014年8月出版 / 估价:75.00元

服务业蓝皮书
广东现代服务业发展报告（2014）
著(编)者:祁明　程晓　2014年1月出版 / 估价:69.00元

甘肃蓝皮书
甘肃舆情分析与预测（2014）
著(编)者:陈双梅　郝树声　2014年1月出版 / 定价:69.00元

甘肃蓝皮书
甘肃县域经济综合竞争力报告（2014）
著(编)者:刘进军　柳民　曲玮　2014年9月出版 / 估价:69.00元

甘肃蓝皮书
甘肃县域社会发展评价报告（2014）
著(编)者:魏胜文　2014年9月出版 / 估价:69.00元

甘肃蓝皮书
甘肃经济发展分析与预测（2014）
著(编)者:朱智文　罗哲　2014年1月出版 / 定价:69.00元

甘肃蓝皮书
甘肃社会发展分析与预测（2014）
著(编)者:安文华　包晓霞　2014年1月出版 / 定价:69.00元

甘肃蓝皮书
甘肃文化发展分析与预测（2014）
著(编)者:王福生　周小华　2014年1月出版 / 定价:69.00元

广东蓝皮书
广东省电子商务发展报告（2014）
著(编)者:黄建明　祁明　2014年11月出版 / 估价:69.00元

广东蓝皮书
广东社会工作发展报告（2014）
著(编)者:罗观翠　2014年9月出版 / 估价:69.00元

广东外经贸蓝皮书
广东对外经济贸易发展研究报告（2014）
著(编)者:陈万灵　2014年9月出版 / 估价:65.00元

广西北部湾经济区蓝皮书
广西北部湾经济区开放开发报告（2014）
著(编)者:广西北部湾经济区规划建设管理委员会办公室　广西社会科学院　广西北部湾发展研究院
2014年7月出版 / 估价:69.00元

广州蓝皮书
2014年中国广州经济形势分析与预测
著(编)者:庚建设　郭志勇　沈奎　2014年6月出版 / 估价:69.00元

广州蓝皮书
2014年中国广州社会形势分析与预测
著(编)者:易佐永　杨秦　顾涧清　2014年5月出版 / 估价:65.00元

广州蓝皮书
广州城市国际化发展报告（2014）
著(编)者:朱名宏　2014年9月出版 / 估价:59.00元

广州蓝皮书
广州创新型城市发展报告（2014）
著(编)者:李江涛　2014年8月出版 / 估价:59.00元

广州蓝皮书
广州经济发展报告（2014）
著(编)者:李江涛　刘江华　2014年6月出版 / 估价:65.00元

广州蓝皮书
广州农村发展报告（2014）
著(编)者:李江涛　汤锦华　2014年8月出版 / 估价:59.00元

广州蓝皮书
广州青年发展报告（2014）
著(编)者:魏国华　张强　2014年9月出版 / 估价:65.00元

广州蓝皮书
广州汽车产业发展报告（2014）
著(编)者:李江涛　杨再高　2014年10月出版 / 估价:69.00元

广州蓝皮书
广州商贸业发展报告（2014）
著(编)者:陈家成　王旭东　荀振英　2014年7月出版 / 估价:69.00元

广州蓝皮书
广州文化创意产业发展报告（2014）
著(编)者:甘新　2014年10月出版 / 估价:59.00元

广州蓝皮书
中国广州城市建设发展报告（2014）
著(编)者:董皞　冼伟雄　李俊夫　2014年8月出版 / 估价:69.00元

广州蓝皮书
中国广州科技与信息化发展报告（2014）
著(编)者:庚建设　谢学宁　2014年8月出版 / 估价:59.00元

广州蓝皮书
中国广州文化创意产业发展报告（2014）
著(编)者:甘新　2014年10月出版 / 估价:59.00元

广州蓝皮书
中国广州文化发展报告（2014）
著(编)者:徐俊忠　汤应武　陆志强　2014年8月出版 / 估价:69.00元

地方发展类

皮书系列 2014全品种

贵州蓝皮书
贵州法治发展报告（2014）
著(编)者:吴大华　2014年3月出版 / 定价:69.00元

贵州蓝皮书
贵州人才发展报告（2014）
著(编)者:于杰　吴大华　2014年3月出版 / 定价:69.00元

贵州蓝皮书
贵州社会发展报告（2014）
著(编)者:王兴骥　2014年3月出版 / 定价:69.00元

贵州蓝皮书
贵州农村扶贫开发报告（2014）
著(编)者:王朝新　宋明　2014年9月出版 / 估价:69.00元

贵州蓝皮书
贵州文化产业发展报告（2014）
著(编)者:李建国　2014年9月出版 / 估价:69.00元

海淀蓝皮书
海淀区文化和科技融合发展报告（2014）
著(编)者:陈名杰　孟景伟　2014年5月出版 / 估价:75.00元

海峡经济区蓝皮书
海峡经济区发展报告（2014）
著(编)者:李闽榕　王秉安　谢明辉（台湾）
2014年10月出版 / 估价:78.00元

海峡西岸蓝皮书
海峡西岸经济区发展报告（2014）
著(编)者:福建省人民政府发展研究中心
2014年9月出版 / 估价:85.00元

杭州蓝皮书
杭州市妇女发展报告（2014）
著(编)者:魏颖　揭爱花　2014年9月出版 / 估价:69.00元

杭州都市圈蓝皮书
杭州都市圈发展报告（2014）
著(编)者:董祖德　沈翔　2014年5月出版 / 估价:89.00元

河北经济蓝皮书
河北省经济发展报告（2014）
著(编)者:马树强　金浩　张贵　2014年4月出版 / 定价:79.00元

河北蓝皮书
河北经济社会发展报告（2014）
著(编)者:周文夫　2014年1月出版 / 定价:69.00元

河南经济蓝皮书
2014年河南经济形势分析与预测
著(编)者:胡五岳　2014年3月出版 / 定价:69.00元

河南蓝皮书
2014年河南社会形势分析与预测
著(编)者:刘道兴　牛苏林　2014年1月出版 / 定价:69.00元

河南蓝皮书
河南城市发展报告（2014）
著(编)者:谷建全　王建国　2014年1月出版 / 定价:59.00元

河南蓝皮书
河南法治发展报告（2014）
著(编)者:丁同民　闫德民　2014年3月出版 / 定价:69.00元

河南蓝皮书
河南金融发展报告（2014）
著(编)者:喻新安　谷建全　2014年4月出版 / 定价:69.00元

河南蓝皮书
河南经济发展报告（2014）
著(编)者:喻新安　2013年12月出版 / 定价:69.00元

河南蓝皮书
河南文化发展报告（2014）
著(编)者:卫绍生　2014年1月出版 / 定价:69.00元

河南蓝皮书
河南工业发展报告（2014）
著(编)者:龚绍东　2014年1月出版 / 定价:69.00元

河南蓝皮书
河南商务发展报告（2014）
著(编)者:焦锦淼　穆荣国　2014年5月出版 / 定价:88.00元

黑龙江产业蓝皮书
黑龙江产业发展报告（2014）
著(编)者:于渤　2014年10月出版 / 估价:79.00元

黑龙江蓝皮书
黑龙江经济发展报告（2014）
著(编)者:张新颖　2014年1月出版 / 定价:69.00元

黑龙江蓝皮书
黑龙江社会发展报告（2014）
著(编)者:艾书琴　2014年1月出版 / 定价:69.00元

湖南城市蓝皮书
城市社会管理
著(编)者:罗海藩　2014年10月出版 / 估价:59.00元

湖南蓝皮书
2014年湖南产业发展报告
著(编)者:梁志峰　2014年4月出版 / 定价:128.00元

湖南蓝皮书
2014年湖南电子政务发展报告
著(编)者:梁志峰　2014年4月出版 / 定价:128.00元

湖南蓝皮书
2014年湖南法治发展报告
著(编)者:梁志峰　2014年9月出版 / 估价:79.00元

湖南蓝皮书
2014年湖南经济展望
著(编)者:梁志峰　2014年4月出版 / 定价:128.00元

皮书系列 2014全品种 — 地方发展类

湖南蓝皮书
2014年湖南两型社会发展报告
著(编)者:梁志峰　2014年4月出版 / 定价:128.00元

湖南蓝皮书
2014年湖南社会发展报告
著(编)者:梁志峰　2014年4月出版 / 定价:128.00元

湖南蓝皮书
2014年湖南县域经济社会发展报告
著(编)者:梁志峰　2014年4月出版 / 定价:128.00元

湖南县域绿皮书
湖南县域发展报告No.2
著(编)者:朱有志　袁准　周小毛　2014年7月出版 / 估价:69.00元

沪港蓝皮书
沪港发展报告(2014)
著(编)者:尤安山　2014年9月出版 / 估价:89.00元

吉林蓝皮书
2014年吉林经济社会形势分析与预测
著(编)者:马克　2014年1月出版 / 定价:79.00元

济源蓝皮书
济源经济社会发展报告(2014)
著(编)者:喻新安　2014年4月出版 / 定价:69.00元

江苏法治蓝皮书
江苏法治发展报告No.3(2014)
著(编)者:李力　龚廷泰　严海良　2014年8月出版 / 估价:88.00元

京津冀蓝皮书
京津冀发展报告(2014)
著(编)者:文魁　祝尔娟　2014年3月出版 / 定价:79.00元

经济特区蓝皮书
中国经济特区发展报告(2013)
著(编)者:陶一桃　2014年4月出版 / 定价:89.00元

辽宁蓝皮书
2014年辽宁经济社会形势分析与预测
著(编)者:曹晓峰　张晶　2014年1月出版 / 定价:79.00元

流通蓝皮书
湖南省商贸流通产业发展报告No.2
著(编)者:柳思维　2014年10月出版 / 估价:75.00元

内蒙古蓝皮书
内蒙古经济发展蓝皮书(2013~2014)
著(编)者:黄育华　2014年7月出版 / 估价:69.00元

内蒙古蓝皮书
内蒙古反腐倡廉建设报告No.1
著(编)者:张志华　无极　2013年12月出版 / 定价:69.00元

浦东新区蓝皮书
上海浦东经济发展报告(2014)
著(编)者:沈开艳　陆沪根　2014年1月出版 / 估价:59.00元

侨乡蓝皮书
中国侨乡发展报告(2014)
著(编)者:郑一省　2014年9月出版 / 估价:69.00元

青海蓝皮书
2014年青海经济社会形势分析与预测
著(编)者:赵宗福　2014年2月出版 / 估价:69.00元

人口与健康蓝皮书
深圳人口与健康发展报告(2014)
著(编)者:陆杰华　江捍平　2014年10月出版 / 估价:98.00元

山西蓝皮书
山西资源型经济转型发展报告(2014)
著(编)者:李志强　2014年5月出版 / 定价:98.00元

陕西蓝皮书
陕西经济发展报告(2014)
著(编)者:任宗哲　石英　裴成荣　2014年2月出版 / 定价:69.00元

陕西蓝皮书
陕西社会发展报告(2014)
著(编)者:任宗哲　石英　牛昉　2014年2月出版 / 定价:65.00元

陕西蓝皮书
陕西文化发展报告(2014)
著(编)者:任宗哲　石英　王长寿　2014年3月出版 / 定价:59.00元

上海蓝皮书
上海传媒发展报告(2014)
著(编)者:强荧　焦雨虹　2014年1月出版 / 定价:79.00元

上海蓝皮书
上海法治发展报告(2014)
著(编)者:叶青　2014年4月出版 / 定价:69.00元

上海蓝皮书
上海经济发展报告(2014)
著(编)者:沈开艳　2014年1月出版 / 定价:69.00元

上海蓝皮书
上海社会发展报告(2014)
著(编)者:卢汉龙　周海旺　2014年1月出版 / 定价:69.00元

上海蓝皮书
上海文化发展报告(2014)
著(编)者:蒯大申　2014年1月出版 / 定价:69.00元

上海蓝皮书
上海文学发展报告(2014)
著(编)者:陈圣来　2014年1月出版 / 定价:69.00元

上海蓝皮书
上海资源环境发展报告(2014)
著(编)者:周冯琦　汤庆合　任文伟　2014年1月出版 / 定价:69.00元

上海社会保障绿皮书
上海社会保障改革与发展报告(2013~2014)
著(编)者:汪泓　2014年9月出版 / 估价:65.00元

地方发展类·国别与地区类

皮书系列 2014全品种

上饶蓝皮书
上饶发展报告（2013~2014）
著(编)者:朱寅健　2014年3月出版 / 定价:128.00元

社会建设蓝皮书
2014年北京社会建设分析报告
著(编)者:宋贵伦　2014年9月出版 / 估价:69.00元

深圳蓝皮书
深圳经济发展报告（2014）
著(编)者:吴忠　2014年6月出版 / 估价:69.00元

深圳蓝皮书
深圳劳动关系发展报告（2014）
著(编)者:汤庭芬　2014年6月出版 / 估价:69.00元

深圳蓝皮书
深圳社会发展报告（2014）
著(编)者:吴忠　余智晟　2014年7月出版 / 估价:69.00元

四川蓝皮书
四川文化产业发展报告（2014）
著(编)者:侯水平　2014年2月出版 / 定价:69.00元

四川蓝皮书
四川企业社会责任研究报告（2014）
著(编)者:侯水平　盛毅　2014年4月出版 / 定价:79.00元

温州蓝皮书
2014年温州经济社会形势分析与预测
著(编)者:潘忠强　王春光　金浩　2014年4月出版 / 定价:69.00元

温州蓝皮书
浙江温州金融综合改革试验区发展报告（2013~2014）
著(编)者:钱水土　王去非　李义超
2014年9月出版 / 估价:69.00元

扬州蓝皮书
扬州经济社会发展报告（2014）
著(编)者:张爱军　2014年9月出版 / 估价:78.00元

义乌蓝皮书
浙江义乌市国际贸易综合改革试验区发展报告（2013~2014）
著(编)者:马淑琴　刘文革　周松强
2014年9月出版 / 估价:69.00元

云南蓝皮书
中国面向西南开放重要桥头堡建设发展报告（2014）
著(编)者:刘绍怀　2014年12月出版 / 估价:69.00元

长株潭城市群蓝皮书
长株潭城市群发展报告（2014）
著(编)者:张萍　2014年10月出版 / 估价:69.00元

郑州蓝皮书
2014年郑州文化发展报告
著(编)者:王哲　2014年7月出版 / 估价:69.00元

中国省会经济圈蓝皮书
合肥经济圈经济社会发展报告No.4(2013~2014)
著(编)者:董昭礼　2014年4月出版 / 定价:79.00元

国别与地区类

G20国家创新竞争力黄皮书
二十国集团（G20）国家创新竞争力发展报告（2014）
著(编)者:李建平　李闽榕　赵新力
2014年9月出版 / 估价:118.00元

阿拉伯黄皮书
阿拉伯发展报告（2013~2014）
著(编)者:马晓霖　2014年4月出版 / 定价:79.00元

澳门蓝皮书
澳门经济社会发展报告（2013~2014）
著(编)者:吴志良　郝雨凡　2014年4月出版 / 定价:79.00元

北部湾蓝皮书
泛北部湾合作发展报告（2014）
著(编)者:吕余生　2014年7月出版 / 定价:79.00元

大湄公河次区域蓝皮书
大湄公河次区域合作发展报告（2014）
著(编)者:刘稚　2014年8月出版 / 估价:69.00元

大洋洲蓝皮书
大洋洲发展报告（2014）
著(编)者:魏明海　喻常森　2014年7月出版 / 估价:69.00元

德国蓝皮书
德国发展报告（2014）
著(编)者:李乐曾　郑春荣等　2014年5月出版 / 估价:69.00元

东北亚黄皮书
东北亚地区政治与安全报告（2014）
著(编)者:黄凤志　刘雪莲　2014年6月出版 / 估价:69.00元

东盟黄皮书
东盟发展报告（2013）
著(编)者:崔晓麟　2014年5月出版 / 定价:75.00元

东南亚蓝皮书
东南亚地区发展报告（2013~2014）
著(编)者:王勤　2014年4月出版 / 定价:79.00元

27

皮书系列 2014全品种 — 国别与地区类

俄罗斯黄皮书
俄罗斯发展报告（2014）
著(编)者:李永全　2014年7月出版 / 估价:79.00元

非洲黄皮书
非洲发展报告No.15（2014）
著(编)者:张宏明　2014年7月出版 / 估价:79.00元

港澳珠三角蓝皮书
粤港澳区域合作与发展报告（2014）
著(编)者:梁庆寅　陈广汉　2014年6月出版 / 估价:59.00元

国际形势黄皮书
全球政治与安全报告（2014）
著(编)者:李慎明　张宇燕　2014年1月出版 / 定价:69.00元

韩国蓝皮书
韩国发展报告（2014）
著(编)者:牛林杰　刘宝全　2014年6月出版 / 定价:69.00元

加拿大蓝皮书
加拿大发展报告（2014）
著(编)者:仲伟合　2014年4月出版 / 定价:89.00元

柬埔寨蓝皮书
柬埔寨国情报告（2014）
著(编)者:毕世鸿　2014年6月出版 / 估价:79.00元

拉美黄皮书
拉丁美洲和加勒比发展报告（2013~2014）
著(编)者:吴白乙　2014年4月出版 / 定价:89.00元

老挝蓝皮书
老挝国情报告（2014）
著(编)者:卢光盛　方芸　吕星　2014年6月出版 / 估价:79.00元

美国蓝皮书
美国问题研究报告（2014）
著(编)者:黄平　倪峰　2014年5月出版 / 估价:79.00元

缅甸蓝皮书
缅甸国情报告（2014）
著(编)者:李晨阳　2014年9月出版 / 估价:79.00元

欧亚大陆桥发展蓝皮书
欧亚大陆桥发展报告（2014）
著(编)者:李忠民　2014年10月出版 / 估价:59.00元

欧洲蓝皮书
欧洲发展报告（2014）
著(编)者:周弘　2014年9月出版 / 估价:79.00元

葡语国家蓝皮书
巴西发展与中巴关系报告2014（中英文）
著(编)者:张曙光　David T. Ritchie
2014年8月出版 / 估价:69.00元

日本经济蓝皮书
日本经济与中日经贸关系研究报告（2014）
著(编)者:王洛林　张季风　2014年5月出版 / 定价:79.00元

日本蓝皮书
日本发展报告（2014）
著(编)者:李薇　2014年3月出版 / 定价:69.00元

上海合作组织黄皮书
上海合作组织发展报告（2014）
著(编)者:李进峰　吴宏伟　李伟　2014年9月出版 / 估价:98.00元

世界创新竞争力黄皮书
世界创新竞争力发展报告（2014）
著(编)者:李建平　2014年9月出版 / 估价:148.00元

世界能源黄皮书
世界能源分析与展望（2013~2014）
著(编)者:张宇燕 等　2014年9月出版 / 估价:69.00元

世界社会主义黄皮书
世界社会主义跟踪研究报告（2013~2014）
著(编)者:李慎明　2014年3月出版 / 估价:198.00元

泰国蓝皮书
泰国国情报告（2014）
著(编)者:邹春萌　2014年6月出版 / 估价:79.00元

亚太蓝皮书
亚太地区发展报告（2014）
著(编)者:李向阳　2014年1月出版 / 估价:59.00元

印度蓝皮书
印度国情报告（2012~2013）
著(编)者:吕昭义　2014年5月出版 / 估价:89.00元

印度洋地区蓝皮书
印度洋地区发展报告（2014）
著(编)者:汪戎　2014年3月出版 / 估价:79.00元

越南蓝皮书
越南国情报告（2014）
著(编)者:吕余生　2014年8月出版 / 定价:65.00元

中东黄皮书
中东发展报告No.15（2014）
著(编)者:杨光　2014年10月出版 / 估价:59.00元

中欧关系蓝皮书
中欧关系研究报告（2014）
著(编)者:周弘　2013年12月出版 / 定价:98.00元

中亚黄皮书
中亚国家发展报告（2014）
著(编)者:孙力　2014年9月出版 / 估价:79.00元

皮书大事记

☆ 2012年12月，《中国社会科学院皮书资助规定（试行）》由中国社会科学院科研局正式颁布实施。

☆ 2011年，部分重点皮书纳入院创新工程。

☆ 2011年8月，2011年皮书年会在安徽合肥举行，这是皮书年会首次由中国社会科学院主办。

☆ 2011年2月，"2011年全国皮书研讨会"在北京京西宾馆举行。王伟光院长（时任常务副院长）出席并讲话。本次会议标志着皮书及皮书研创出版从一个具体出版单位的出版产品和出版活动上升为由中国社会科学院牵头的国家哲学社会科学智库产品和创新活动。

☆ 2010年9月，"2010年中国经济社会形势报告会暨第十一次全国皮书工作研讨会"在福建福州举行，高全立副院长参加会议并做学术报告。

☆ 2010年9月，皮书学术委员会成立，由我院李扬副院长领衔，并由在各个学科领域有一定的学术影响力、了解皮书编创出版并持续关注皮书品牌的专家学者组成。皮书学术委员会的成立为进一步提高皮书这一品牌的学术质量、为学术界构建一个更大的学术出版与学术推广平台提供了专家支持。

☆ 2009年8月，"2009年中国经济社会形势分析与预测暨第十次皮书工作研讨会"在辽宁丹东举行。李扬副院长参加本次会议，本次会议颁发了首届优秀皮书奖，我院多部皮书获奖。

社会科学文献出版社
SOCIAL SCIENCES ACADEMIC PRESS (CHINA)

社会科学文献出版社成立于1985年,是直属于中国社会科学院的人文社会科学专业学术出版机构。

成立以来,特别是1998年实施第二次创业以来,依托于中国社会科学院丰厚的学术出版和专家学者两大资源,坚持"创社科经典,出传世文献"的出版理念和"权威、前沿、原创"的产品定位,社科文献立足内涵式发展道路,从战略层面推动学术出版的五大能力建设,逐步走上了学术产品的系列化、规模化、数字化、国际化、市场化经营道路。

先后策划出版了著名的图书品牌和学术品牌"皮书"系列、"列国志"、"社科文献精品译库"、"中国史话"、"全球化译丛"、"气候变化与人类发展译丛""近世中国"等一大批既有学术影响又有市场价值的系列图书。形成了较强的学术出版能力和资源整合能力,年发稿3.5亿字,年出版新书1200余种,承印发行中国社科院院属期刊近70种。

2012年,《社会科学文献出版社学术著作出版规范》修订完成。同年10月,社会科学文献出版社参加了由新闻出版总署召开加强学术著作出版规范座谈会,并代表50多家出版社发起实施学术著作出版规范的倡议。2013年,社会科学文献出版社参与新闻出版总署学术著作规范国家标准的起草工作。

依托于雄厚的出版资源整合能力,社会科学文献出版社长期以来一直致力于从内容资源和数字平台两个方面实现传统出版的再造,并先后推出了皮书数据库、列国志数据库、中国田野调查数据库等一系列数字产品。

在国内原创著作、国外名家经典著作大量出版,数字出版突飞猛进的同时,社会科学文献出版社在学术出版国际化方面也取得了不俗的成绩。先后与荷兰博睿等十余家国际出版机构合作面向海外推出了《经济蓝皮书》《社会蓝皮书》等十余种皮书的英文版、俄文版、日文版等。

此外,社会科学文献出版社积极与中央和地方各类媒体合作,联合大型书店、学术书店、机场书店、网络书店、图书馆,逐步构建起了强大的学术图书的内容传播力和社会影响力,学术图书的媒体曝光率居全国之首,图书馆藏率居于全国出版机构前十位。

作为已经开启第三次创业梦想的人文社会科学学术出版机构,社会科学文献出版社结合社会需求、自身的条件以及行业发展,提出了新的创业目标:精心打造人文社会科学成果推广平台,发展成为一家集图书、期刊、声像电子和数字出版物为一体,面向海内外高端读者和客户,具备独特竞争力的人文社会科学内容资源供应商和海内外知名的专业学术出版机构。

中国皮书网

发布皮书研创资讯，传播皮书精彩内容
引领皮书出版潮流，打造皮书服务平台

栏目设置：

- 资讯：皮书动态、皮书观点、皮书数据、皮书报道、皮书新书发布会、电子期刊
- 标准：皮书评价、皮书研究、皮书规范、皮书专家、编撰团队
- 服务：最新皮书、皮书书目、重点推荐、在线购书
- 链接：皮书数据库、皮书博客、皮书微博、出版社首页、在线书城
- 搜索：资讯、图书、研究动态
- 互动：皮书论坛

www.pishu.cn

中国皮书网依托皮书系列"权威、前沿、原创"的优质内容资源，通过文字、图片、音频、视频等多种元素，在皮书研创者、使用者之间搭建了一个成果展示、资源共享的互动平台。

自2005年12月正式上线以来，中国皮书网的IP访问量、PV浏览量与日俱增，受到海内外研究者、公务人员、商务人士以及专业读者的广泛关注。

2008年10月，中国皮书网获得"最具商业价值网站"称号。

2011年全国新闻出版网站年会上，中国皮书网被授予"2011最具商业价值网站"荣誉称号。

皮书数据库

权威报告　热点资讯　海量资源

当代中国与世界发展的高端智库平台

皮书数据库 www.pishu.com.cn

皮书数据库是专业的人文社会科学综合学术资源总库,以大型连续性图书——皮书系列为基础,整合国内外相关资讯构建而成。包含七大子库,涵盖两百多个主题,囊括了近十几年间中国与世界经济社会发展报告,覆盖经济、社会、政治、文化、教育、国际问题等多个领域。

皮书数据库以篇章为基本单位,方便用户对皮书内容的阅读需求。用户可进行全文检索,也可对文献题目、内容提要、作者名称、作者单位、关键字等基本信息进行检索,还可对检索到的篇章再作二次筛选,进行在线阅读或下载阅读。智能多维度导航,可使用户根据自己熟知的分类标准进行分类导航筛选,使查找和检索更高效、便捷。

权威的研究报告,独特的调研数据,前沿的热点资讯,皮书数据库已发展成为国内最具影响力的关于中国与世界现实问题研究的成果库和资讯库。

皮书俱乐部会员服务指南

1. 谁能成为皮书俱乐部会员?
- 皮书作者自动成为皮书俱乐部会员;
- 购买皮书产品(纸质图书、电子书、皮书数据库充值卡)的个人用户。

2. 会员可享受的增值服务:
- 免费获赠该纸质图书的电子书;
- 免费获赠皮书数据库100元充值卡;
- 免费定期获赠皮书电子期刊;
- 优先参与各类皮书学术活动;
- 优先享受皮书产品的最新优惠。

阅读卡

3. 如何享受皮书俱乐部会员服务?

(1)如何免费获得整本电子书?

购买纸质图书后,将购书信息特别是书后附赠的卡号和密码通过邮件形式发送到 pishu@188.com,我们将验证您的信息,通过验证并成功注册后即可获得该本皮书的电子书。

(2)如何获赠皮书数据库100元充值卡?

第1步:刮开附赠卡的密码涂层(左下);
第2步:登录皮书数据库网站(www.pishu.com.cn),注册成为皮书数据库用户,注册时请提供您的真实信息,以便您获得皮书俱乐部会员服务;
第3步:注册成功后登录,点击进入"会员中心";
第4步:点击"在线充值",输入正确的卡号和密码即可使用。

皮书俱乐部会员可享受社会科学文献出版社其他相关免费增值服务
您有任何疑问,均可拨打服务电话:010-59367227　QQ:1924151860
欢迎登录社会科学文献出版社官网(www.ssap.com.cn)和中国皮书网(www.pishu.cn)了解更多信息

皮书大事记

☆ 2012年12月,《中国社会科学院皮书资助规定(试行)》由中国社会科学院科研局正式颁布实施。

☆ 2011年,部分重点皮书纳入院创新工程。

☆ 2011年8月,2011年皮书年会在安徽合肥举行,这是皮书年会首次由中国社会科学院主办。

☆ 2011年2月,"2011年全国皮书研讨会"在北京京西宾馆举行。王伟光院长(时任常务副院长)出席并讲话。本次会议标志着皮书及皮书研创出版从一个具体出版单位的出版产品和出版活动上升为由中国社会科学院牵头的国家哲学社会科学智库产品和创新活动。

☆ 2010年9月,"2010年中国经济社会形势报告会暨第十一次全国皮书工作研讨会"在福建福州举行,高全立副院长参加会议并做学术报告。

☆ 2010年9月,皮书学术委员会成立,由我院李扬副院长领衔,并由在各个学科领域有一定的学术影响力、了解皮书编创出版并持续关注皮书品牌的专家学者组成。皮书学术委员会的成立为进一步提高皮书这一品牌的学术质量、为学术界构建一个更大的学术出版与学术推广平台提供了专家支持。

☆ 2009年8月,"2009年中国经济社会形势分析与预测暨第十次皮书工作研讨会"在辽宁丹东举行。李扬副院长参加本次会议,本次会议颁发了首届优秀皮书奖,我院多部皮书获奖。

皮书数据库
www.pishu.com.cn

皮书数据库三期即将上线

- 皮书数据库（SSDB）是社会科学文献出版社整合现有皮书资源开发的在线数字产品，全面收录"皮书系列"的内容资源，并以此为基础整合大量相关资讯构建而成。

- 皮书数据库现有中国经济发展数据库、中国社会发展数据库、世界经济与国际政治数据库等子库，覆盖经济、社会、文化等多个行业、领域，现有报告30000多篇，总字数超过5亿字，并以每年4000多篇的速度不断更新累积。2009年7月，皮书数据库荣获"2008~2009年中国数字出版知名品牌"。

- 2011年3月，皮书数据库二期正式上线，开发了更加灵活便捷的检索系统，可以实现精确查找和模糊匹配，并与纸书发行基本同步，可为读者提供更加广泛的资讯服务。

更多信息请登录

| 中国皮书网 | 皮书微博 | 皮书博客 | 皮书微信 |
| http://www.pishu.cn | http://weibo.com/pishu | http://blog.sina.com.cn/pishu | 皮书说 |

请到各地书店皮书专架/专柜购买，也可办理邮购

咨询/邮购电话：010-59367028　59367070　　　　邮　　箱：duzhe@ssap.cn
邮购地址：北京市西城区北三环中路甲29号院3号楼华龙大厦13层读者服务中心
邮　　编：100029
银行户名：社会科学文献出版社
开户银行：中国工商银行北京北太平庄支行
账　　号：0200010019200365434
网上书店：010-59367070　　qq：1265056568
网　　址：www.ssap.com.cn　　www.pishu.cn